数字治理

探索新时代互联网司法治理之路

北京互联网法院 编
姜颖 主编

知识产权出版社
全国百佳图书出版单位
—北京—

图书在版编目（CIP）数据

数字治理：探索新时代互联网司法治理之路/北京互联网法院编；姜颖主编. —北京：知识产权出版社，2023.8（2024.9重印）

ISBN 978-7-5130-8865-7

Ⅰ.①数…　Ⅱ.①北…②姜…　Ⅲ.①互联网络—科学技术管理法规—研究—中国　Ⅳ.①D922.174

中国国家版本馆CIP数据核字（2023）第151081号

责任编辑：王小玲　　　　　　　　责任校对：潘凤越
封面设计：研美设计　　　　　　　责任印制：刘译文

数字治理

探索新时代互联网司法治理之路

北京互联网法院　编

姜　颖　主编

出版发行	知识产权出版社有限责任公司	网　址	http://www.ipph.cn
社　址	北京市海淀区气象路50号院	邮　编	100081
责编电话	010-82000860转8252	责编邮箱	shdwxl2010@163.com
发行电话	010-82000860转8101/8102	发行传真	010-82000893/82005070/82000270
印　刷	北京九州迅驰传媒文化有限公司	经　销	新华书店、各大网上书店及相关专业书店
开　本	787mm×1092mm　1/16	印　张	22
版　次	2023年8月第1版	印　次	2024年9月第2次印刷
字　数	404千字	定　价	120.00元

ISBN 978-7-5130-8865-7

出版权专有　侵权必究

如有印装质量问题，本社负责调换。

编委会

主　编　姜　颖

副主编　李威娜　许身健

编　务　高虹燕

执笔人（按姓氏笔画排序）

王红霞	毛春联	方小康	卢正新	史兆欢
朱　阁	刘书涵	刘更超	刘承祖	孙铭溪
李　珂	李文超	李雨晨	李昕豫	李明櫹
李威娜	李绪青	肖　伟	吴红娜	张　倩
张　博	张乃毓	张亚光	张连勇	张怀文
张夏意	陈志宇	武一帆	孟丹阳	经雯洁
赵　琪	赵长新	赵瑞罡	侯荣昌	姜　颖
袁建华	高　雅	高虹燕	龚　娉	韩　武
曾智湄	颜　君	潘　昌		

序

当前，全球新一轮科技革命和产业变革深入推进，网络信息技术日新月异，深刻改变着全球经济格局、利益格局、安全格局，互联网成为影响世界的重要力量。习近平总书记指出，要提高网络综合治理能力，确保互联网在法治轨道上健康运行，自主创新推进网络强国建设。北京互联网法院应时而建，是司法主动适应互联网发展大趋势的一项重要举措，同时也肩负着实现互联网审判体系创新发展、强化互联网空间秩序规范治理、推广互联网空间全球治理中国经验的重要使命。

作为北京互联网法院的老朋友，我陪着她一路走来，见证了她的成长。自2018年9月9日挂牌成立以来，北京互联网法院的法官们守义持正，笔判春秋，将法之道义浓缩在法律文书的字里行间、灌注入理论文章的辨法析理、贯彻于公正司法的细枝末节，在实践磨砺与沉淀下，他们审理了全球首例"人工智能著作权案""暗刷流量案""图解电影案"等一系列涉互联网典型案件，在创造性地解决个案纠纷的同时，孵化了一系列互联网技术赋能司法的科技创新成果，提供了一系列可资各类线上诉讼规则借鉴的智慧和方案，贡献了一系列互联网空间行为规则，取得了一系列互联网司法治理成果，为推动网络空间治理法治化、健全网络法治体系提供了宝贵的司法经验。建院五年来的实践充分表明，作为"网上案件网上审理"且全程在线的法院，北京互联网法院不仅展示了司法正义"不打烊"的决心和能力，让全社会全天候地感受着司法正义和司法公信力的持续提升，实现了自身的高质量发展，而且在"两个一百年"的历史交汇期，为推进全球网络空间治理体系变革、构建网络空间命运共同体贡献着中国的司法智慧。

北京互联网法院在成立五年之际出版《数字治理——探索新时代互联网司法治理之路》一书，是一次五年调研成果的集中展示，更是一份接受群众检阅、回应时代使命的精彩答卷。北京互联网法院在本书编著过程中，爬罗剔抉，磨砻淬励，系统呈现了理论筑基、模式建设、规则探索、治理突破上的研究成果，亮明了坚持依法治网、保障公民权利、引导技术向上向善、营造公平交易氛围、坚决维护数字正义的鲜明态度。"筑基·互联网司法前沿"一编，梳理了互联网司法领域的前沿问题，展现了北京互联网法院以习近平法治思想为根本遵循，以依法治网为基础性手段，以数字治理为切入点，积极推动数字产业化、产业数字化，引导数字经济与实体经济深度融合，推动数字经济高质量发展的探索心得。智慧法院建设的过程，也是技术与司法深度融合的过程，是技术对司法流程的解构及再造，"建设·互联网司法模式"一编，再现了北京互联网法院以智能司法为核心的智慧法院建设之路，揭示了人工智能、大数据、云计算、区块链等技术集成应用在建设网络法庭、完善审理机制、优化证据审查的技术逻辑和实践应用。北京互联网法院始终坚持以裁判树规则，以规则促治理，立足于互联网审判中的典型案件及类型化特征，"探索·互联网司法规则"一编以知识产权、交易秩序、网络人格权、未成年人保护四个篇章，介绍数字时代网络空间行为准则与治理规则，发出尊法学法守法用法的时代号召。互联网经济的突出特点是终端法律关系简单但基础结构复杂，要求法官必须以更高的政治站位，更强的业务能力，精准把握市场运行规律、科技创新规律、产业发展规律和法治规律，将复杂技术支撑的法律关系重新解构，"突破·数字治理"一编从产业角度介绍了诉源治理和平台治理成果，积极引导新业态和新技术向上向善，激发数字经济创新创作活力。

总之，选集中的文章既着眼于微观进行规则研究，展示了数字中国法治建设理论和实践的创新成果，又放眼于宏观的系统性建设，体现着数字社会司法治理的前沿探索，可为互联网法治研究者和关心数字中国建设发展的法律同行提供有益的借鉴和参考。我相信，北京互联网法院未来将继续深化数字法院建设，完善互联网司法模式，做实为大局服务，为人民司法，努力实现审判工作现代化，为创造更加公平、更富效率、更高水平的数字文明贡献更多司法智慧。

时建中
二〇二三年八月十八日

目 录

筑基·互联网司法前沿

习近平法治思想与网络空间治理法治化研究 ………………… 3
司法服务保障数字经济发展研究报告 …………………………… 28
　　——司法视角下的数字治理创新
数字正义视阈下的互联网司法白皮书 …………………………… 52

建设·互联网司法模式

关于网上审判方式与审理机制的调研报告 ……………………… 73
关于在线诉讼中庭审规范性问题情况调研报告 ………………… 118
关于在线诉讼中证据审查现状的调研报告 ……………………… 165

探索·互联网司法规则

知识产权篇 …………………………………………………… **181**
短视频著作权司法保护研究 ……………………………………… 181
北京互联网法院网络音乐著作权案件审理情况报告 …………… 198

交易秩序篇 …………………………………………………… **206**
关于涉电子商务合同纠纷类案件的统计分析 …………………… 206
　　——以北京互联网法院2018年至2022年涉电子商务合同纠纷类案件统计
　　数据为研究样本

· 1 ·

推动首都互联网金融向数据金融转变……218

网络人格权篇 227

数字经济视阈下的个人信息权益民事司法保护研究……227
关于青少年涉网侵害名誉权案件的调研报告……249

未成年人保护篇 260

北京互联网法院未成年人网络司法保护情况报告……260

· 突破·数字治理 ·

诉源治理篇 273

关于网络侵权纠纷中虚拟账号特点及诉源治理情况的调研报告……273
关于涉网图片类著作权案件情况的调研报告……295

平台治理篇 306

关于互联网平台法律责任的调研报告……306

筑基·互联网司法前沿

习近平法治思想与网络空间治理法治化研究

文/北京互联网法院课题组[*]

2020年11月，中央全面依法治国工作会议明确了习近平法治思想在全面依法治国工作中的指导地位。习近平法治思想是顺应实现中华民族伟大复兴时代要求应运而生的重大理论创新成果，是马克思主义法治理论中国化最新成果，是习近平新时代中国特色社会主义思想的重要组成部分，是全面依法治国的根本遵循和行动指南。其中，"互联网不是法外之地""坚持在法治轨道上推进国家治理体系和治理能力现代化"是习近平法治思想的重要组成部分，是新时代中国法治建设的根本遵循和重要指南。

党的十八大以来，在习近平法治思想科学指引下，我国深入贯彻落实全面依法治国的部署要求，围绕网络强国的战略目标，把依法治网作为基础性手段，利用信息化技术拓展国家治理新领域，全面推进网络空间法治化。

一、正确理解习近平法治思想与网络空间治理法治化之间内在联系的三个维度

思想是行动的先导，而思想只有准确表达时代精神、时代特征，才能成为正确行动的先导。习近平法治思想正是从我国革命、建设、改革的实践出发，在新时代波澜壮阔的治国理政实践中应运而生，并在坚持和完善中国特色社会主义制度、推进国家治理体系和治理能力现代化进程中不断创新发展，日益成熟完备。[1] 作为现实空间的延伸和国家治理的重要领域，网络空间治理对贯彻党中央决策部署、顺应时代和群众需要有着重大意义。习近平法治思想从理论指引、实践基础和思想方法三个维度为网络空间治理法治化建设指明了方向，提供了遵循。

---

[*] 课题主持人：张雯；执笔人：姜颖、赵瑞罡、李威娜、李文超、孟丹阳、武一帆、方小康、潘昌、张乃毓、高虹燕。

[1] 谢波：《习近平法治思想对新时代国家安全法治建设的三重意义》，https://www.ccpph.com.cn/xjpxsdzgtsshzysx/202104/t20210428_345252.html，访问日期：2023年8月1日。

（一）理论维度：习近平法治思想为网络空间治理提供了根本遵循和行动指南

信息技术的发展重塑了数字化、网络化、智慧化的网络空间，也带来了一定的问题和挑战。坚持依法治网，让互联网始终在法治轨道上健康运行，是对新时代实践新需求的积极回应，是信息化环境中治理好网络空间、满足人民群众日益增长的新诉求的伟大工程，而伟大的工程离不开伟大理论的指导。习近平法治思想正是顺应实现中华民族伟大复兴时代要求而生的重大理论创新成果，是马克思主义法治理论中国化最新成果，是习近平新时代中国特色社会主义思想的重要组成部分，是全面依法治国的根本遵循和行动指南。❶ 网络空间治理法治化作为依法治国的应有之义，应始终坚持以习近平法治思想为根本遵循和行动指南。

1. 习近平法治思想是网络空间治理法治化的根本遵循

习近平法治思想开辟了马克思主义法治理论新境界，具有重要理论引领力。❷ 习近平法治思想的核心要义可以概括为"十一个坚持"，其中坚持党对全面依法治国的领导、坚持以人民为中心、坚持在法治轨道上推进国家治理体系和治理能力现代化等所包含的理念和价值是贯穿网络空间治理法治化始终的。

（1）坚持党对全面依法治国的领导。这是全面依法治国的根本保证，也是推进网络空间治理法治化的根本保证。2018年4月20日，在全国网络安全和信息化工作会议上的讲话中，习近平总书记提出必须旗帜鲜明、毫不动摇坚持党管互联网，加强党中央对网信工作的集中统一领导，确保网信事业始终沿着正确方向前进。❸ 网络空间治理作为网信工作的极为重要的环节，摆在首位的，也是"坚持党的集中统一领导"。可以看到，网络空间治理法治化对习近平法治思想中统领性、全局性的原则的坚持和承继。

（2）坚持以人民为中心。这是全面依法治国的根本立场，也是推进网络空间治理法治化的根本宗旨。在网络安全和信息化工作座谈会上的讲话中，习近平总书记指出，网络空间是亿万民众共同的精神家园。网络空间天朗气

---

❶ 习近平：《习近平在中央全面依法治国工作会议上强调 坚定不移走中国特色社会主义法治道路 为全面建设社会主义现代化国家提供有力法治保障》，载《人民日报》2020年11月18日第1版。

❷ 陈一新：《学习贯彻习近平法治思想需要把握好十大关系》，载《人民日报》2021年12月7日第10版。

❸ 习近平：《在全国网络安全和信息化工作会议上的讲话》（2018年4月20日）。

清、生态良好，符合人民利益。网络空间乌烟瘴气、生态恶化，不符合人民利益。互联网不是法外之地，我们要本着对社会负责、对人民负责的态度，依法加强网络空间治理。坚持以人民为中心，始终将人民的利益作为出发点和落脚点，是网络空间治理法治化的立场和原则。❶ 通过这些表述，可以看出网络空间治理法治化是对习近平法治思想的继承和发展，与习近平法治思想是一脉相承、一以贯之的，是习近平法治思想在网络空间治理中的具体表达。

（3）坚持在法治轨道上推进国家治理体系和治理能力现代化。这是习近平法治思想的重要组成部分，是新时代中国法治建设的重要指南和基本遵循。❷ 习近平总书记在党的十九大报告中指出，依法治国是党领导人民治理国家的基本方式，全面依法治国是国家治理的一场深刻革命。面对互联网技术和应用的飞速发展及线上线下交融耦合，互联网虚拟空间对社会空间产生的影响越来越明显，在此发展背景下，加大网络空间的治理力度，完善互联网治理体系和治理能力建设，坚持在法治轨道上推进网络空间治理有着重要意义。

2. 习近平法治思想是网络空间治理法治化的科学指引

网络和信息安全牵涉到国家安全和社会稳定，是我们面临的新的综合性挑战。❸ 面对这一挑战，习近平法治思想为网络空间治理提供了科学的道路和方向。习近平法治思想中明确要坚持中国特色社会主义法治道路。网络空间治理法治化正是以习近平法治思想为指引，在网络空间治理领域践行中国特色社会主义法治道路的具体体现。习近平总书记强调，要把依法治网作为基础性手段，继续加快制定完善互联网领域法律法规，推动依法管网、依法办网、依法上网，确保互联网在法治轨道上健康运行。❹

（1）坚持依法治网，加快网络立法进程，让网络空间治理有法可依。在全国网络安全和信息化工作会议上，习近平总书记指出，网络空间不是法外之地，要依法严厉打击网络黑客、电信网络诈骗、侵害公民个人隐私等违法犯罪行为，切断网络犯罪利益链条，持续形成高压态势，维护人民群众合法权益。数据安全问题比较突出，决不能掉以轻心。要深入实施《中华人民共和国网

---

❶ 习近平：《在网络安全和信息化工作座谈会上的讲话》，载《论党的宣传思想工作》，中央文献出版社 2020 年版，第 196 页。

❷ 支振锋：《在法治轨道上推进国家治理体系和治理能力现代化》，载《光明日报》2021 年 4 月 20 日第 4 版。

❸ 习近平：《关于〈中共中央关于全面深化改革若干重大问题的决定〉的说明》，载《论坚持全面深化改革》，中央文献出版社 2018 年版，第 39 页。

❹ 习近平：《在全国网络安全和信息化工作会议上的讲话》（2018 年 4 月 20 日）。

络安全法》，加强数据安全管理，加大个人信息保护力度，规范互联网企业和机构对个人信息的采集使用，特别是做好数据跨境流动的安全评估和监管。❶ 为应对网络空间快速发展的新形势，习近平总书记指出要加快网络立法进程，完善依法监管措施，化解网络风险。❷ 互联网领域的立法持续加强，一系列法律法规相继出台，网络空间法治化持续推进。

（2）推动依法管网、依法办网、依法上网，确保互联网在法治轨道上健康运行。通过总结互联网发展规律的经验，要学会主动适应互联网的要求，不断提高对于互联网规律的把握能力，要用法治的思维和法治方式解决互联网快速发展给经济社会带来的深层次问题。从历史上看，人类先后经历了农业革命、工业革命、信息革命，每一次产业技术革命，都给人类的生产生活带来了巨大的影响，给社会治理也提出了不同的要求。现在，以互联网为代表的信息技术在拓展国家治理领域的同时，也给治理提出了新的标准和要求。只有以法治为依托，依法开展网络空间治理，才能保证网络发展在正确的轨道上行稳致远。与此同时，网络空间治理的主体不是单一的，而是需要全社会的共同参与。

习近平总书记在第二届世界互联网大会开幕式上的讲话中指出，网络空间同现实社会一样，既要提倡自由，也要保持秩序。我们既要尊重网民交流思想、表达意愿的权利，也要依法构建良好网络秩序，这有利于保障广大网民合法权益。❸ 由此可见，良好网络秩序的构建，离不开各方主体的参与。网络空间是虚拟的，但运用网络空间的主体是现实的，大家都应该遵守法律，明确各方权利义务。要坚持依法治网、依法办网、依法上网，让互联网在法治轨道上健康运行。❹

（二）实践维度：网络空间治理法治化是习近平法治思想在网络空间治理的重要体现

习近平法治思想从全面依法治国伟大实践中产生，指引我国社会主义法治建设取得历史性成就、发生历史性变革，经过实践检验，彰显实践伟力，具有

---

❶ 习近平：《在全国网络安全和信息化工作会议上的讲话》（2018年4月20日）。
❷ 习近平：《在网络安全和信息化工作座谈会上的讲话》，载《论党的宣传思想工作》，中央文献出版社2020年版，第207页。
❸ 习近平：《在第二届世界互联网大会开幕式上的讲话》，载《论党的宣传思想工作》，中央文献出版社2020年版，第173页。
❹ 习近平：《在第二届世界互联网大会开幕式上的讲话》，载《论党的宣传思想工作》，中央文献出版社2020年版，第173页。

鲜明的实践性。❶ 网络空间法治化也是习近平法治思想下对网络空间治理这一时代课题的理性实践与表达。

1. 网络空间治理法治化是习近平法治思想社会治理逻辑向网络空间的延伸

网络空间治理法治化是习近平法治思想社会治理逻辑向网络空间的延伸，体现了网络空间治理中的利益平衡与价值协调。随着时代和实践的发展，人民群众对安全开放、清朗有序的网络空间的要求越来越高，习近平法治思想在网络空间治理全局中的地位更加突出、作用更加重大。习近平法治思想，既是立足于网络空间治理中的挑战和问题的现实考量，也是着眼于长远的战略谋划。这就要求我们站在国家网络安全和信息化全局的战略高度，来重视和厉行习近平法治思想，为网络空间治理提供根本性、全局性、长期性的制度保障。通过习近平法治思想在价值性、科学性、多边性和原则性的时代引领，推动实践，确保网络空间治理既创新发展又安全有序。

（1）以人民为中心的价值性。新时代下，人民群众对于美好生活有了新要求和新期待。习近平总书记指出："要把体现人民利益、反映人民愿望、维护人民权益、增进人民福祉落实到全面依法治国各领域全过程。"我们必须坚持法治为了人民、依靠人民，积极回应人民群众新要求新期待。织密法治之网，强化法治之力，切实让人民群众感受到法治建设在身边、有实招、见成效，不断增强人民群众的获得感、幸福感、安全感。❷ 在网络信息技术全面而深刻地影响和改变着人们生产生活的方方面面的背景下，网络空间治理成为摆在新时代面前的崭新课题。正如习近平法治思想深刻回答了法治中国建设为了谁、依靠谁的问题，科学指明了新时代全面依法治国的根本立场一样，网络空间法治化只有传承以人民为中心的价值性，厘清为了谁、依靠谁这一根本问题，才能发挥出应有的治理成效。

（2）以发展为规律的科学性。网络安全和信息化是相辅相成的，安全是发展的前提，发展是安全的保障，安全和发展要同步推进。❸ 以科学的规律认识为前提，推进网络空间治理符合治理对象的发展逻辑和特点。从世界范围看，网络安全威胁和风险日益突出，并日益向政治、经济、文化、社会、生

---

❶ 张文显：《准确把握习近平法治思想的鲜明理论品格》，载《人民日报》2021年12月6日第9版。

❷ 周佑勇：《法治建设为了人民 依靠人民》，载《人民日报》2021年5月28日第13版。

❸ 习近平：《在第二届世界互联网大会开幕式上的讲话》，载《论党的宣传思想工作》，中央文献出版社2020年版，第202页。

态、国防等领域传导渗透。特别是，国家关键信息基础设施面临较大风险隐患，网络安全防控能力薄弱，难以有效应对国家级、有组织的高强度网络攻击。这对世界各国都是一个难题，我们当然也不例外。❶

习近平总书记在网络安全和信息化工作座谈会上的讲话中指出，网络安全是整体的而不是割裂的，是动态的而不是静态的，是开放的而不是封闭的，是相对的而不是绝对的，是共同的而不是孤立的。面对复杂严峻的网络安全形势，我们要保持清醒头脑，各方面齐抓共管，切实维护网络安全。❷ 因此，要想取得治理成效，应了解互联网问题背后的深层次原因，及时跟住互联网技术发展规律，掌握互联网产业发展趋势，以便找到有效契合的治理方法和路径。

（3）以共治为人文的多边性。互联网是人类共同的家园。互联网给人们的工作、学习和生活带来丰富和便利的同时，也相应地带来了侵害个人隐私、平台治理难题、数据不当利用等新型问题，甚至在世界范围内存在网络犯罪、网络监听、网络攻击等活动。对于网络空间治理这个全球性问题和挑战，只有加强各国之间的沟通合作，才能更加平衡和反映大多数国家的意愿，共同构建网络空间命运共同体，才能使互联网健康发展。习近平总书记指出，面对这些问题和挑战，国际社会应该在相互尊重、相互信任的基础上，加强对话合作，推动互联网全球治理体系变革，共同构建和平、安全、开放、合作的网络空间，建立多边、民主、透明的全球互联网治理体系。❸

（4）以公正为法理的原则性。网络空间治理在实践中的具体体现就是规范各方主体权利义务关系、平衡产业发展和受损权利保护问题。法治是网络空间治理的保障，只有在法治轨道上，互联网才能健康发展。只有推进网络空间治理法治化，通过健全网络空间治理法治化体系，在立法、执法、司法、守法的全过程和各方面体现公平正义的要求，才能实现人民群众对公平正义的期盼，才能满足人民对网络空间向上向善发展的向往。

2. 网络空间治理法治化是习近平法治思想关于网络空间主权的实践表达

习近平法治思想，是在全面总结我国法治实践经验的基础上深入回应法治建设实践难题而形成的重大理论创新成果，是解决我国法治领域突出问题的迫

---

❶ 习近平：《在网络安全和信息化工作座谈会上的讲话》，载《论党的宣传思想工作》，中央文献出版社 2020 年版，第 202 页。

❷ 习近平：《在网络安全和信息化工作座谈会上的讲话》，载《论党的宣传思想工作》，中央文献出版社 2020 年版，第 202 页。

❸ 习近平：《在第二届世界互联网大会开幕式上的讲话》，载《论党的宣传思想工作》，中央文献出版社 2020 年版，第 171 页。

切需要，反映了法治建设实践逻辑的必然趋势。❶ 习近平法治思想从历史和现实、国际和国内的角度回应了网络空间治理法治化需求的必然性。

（1）历史和现实。网络社会是虚拟空间，在网络中进行活动的主体就是现实社会中的人类，而并非虚拟的人物。因此，网络空间必须和现实社会一样，有秩序地进行运作。在秩序良好的网络空间，每个网民在确保人身自由的同时，可以安全地进行各类活动。从人类历史的发展来看，维持秩序可以依靠君王独裁，也可以依靠德治，但是最为有效的方式还是法治。事实证明，法治是人类社会最有效的治理方式，也是社会秩序最有力的保障，而实现法治的首要条件就是要制定完备的法律。❷

（2）国际和国内。网络空间治理法治化是习近平法治思想关于主张和行使我国网络空间主权、坚持和尊重各国网络空间主权的实践表达。

走法治道路，是立足我国基本国情的必然选择。我国的国情和传统法律文化决定了我们必须坚持从实际出发，走自己的法治道路。同时，从国情实际出发，不等于关起门来搞法治，我们要坚持以我为主、为我所用，认真鉴别、合理吸收世界上优秀的法治文明成果。❸ 网络空间治理法治化也应以我国国情和文化传统为基础，强调发展共同推进、安全共同维护、治理共同参与、成果共同分享，携手建设和平、安全、开放、合作的网络空间。❹ 正如习近平总书记指出，不同国家和地区信息鸿沟不断拉大，现有网络空间治理规则难以反映大多数国家意愿和利益；世界范围内侵害个人隐私、侵犯知识产权、网络犯罪等时有发生，网络监听、网络攻击、网络恐怖主义活动等成为全球公害。❺ 因此，网络空间治理法治化不仅是国内问题，更需要国际社会的协商合作。这也是践行习近平法治思想中关于坚持统筹推进国内法治和涉外法治的具体实践主张。

---

❶ 白清平，杨志强：《深刻认识习近平法治思想的生成逻辑》，http：//www.fxcxw.org.cn/dyna/content.php? id = 20797，访问日期：2021 年 12 月 16 日。

❷ 刘晓林：《中华法系新诠》，载《法制与社会发展》2022 年第 5 期。

❸ 中共中央宣传部：《习近平新时代中国特色社会主义思想学习问答》，学习出版社、人民出版社 2021 年版，第 172 页。

❹ 习近平：《在全国网络安全和信息化工作会议上的讲话》，载中共中央党史和文献研究院：《习近平关于网络强国论述摘编》，中央文献出版社 2021 年版，第 45 页。

❺ 习近平：《在第二届世界互联网大会开幕式上的讲话》，载《论党的宣传思想工作》，中央文献出版社 2020 年版，第 171 页。

（三）思想维度：习近平法治思想为网络空间治理法治化提供了科学的思维方法

科学的思维方法对于人们认识世界改造世界具有重要指导作用。❶ 习近平法治思想不仅立足全局、洞察时代大势，还着眼长远、应对世界变局，从战略思维、辩证思维、系统思维、理论思维等视角为网络空间治理法治化提供了深刻的思维方法。

1. 战略思维

习近平总书记指出，网络安全和信息化是事关国家安全和国家发展、事关广大人民群众工作生活的重大战略问题，要从国际国内大势出发，总体布局，统筹各方，创新发展，努力把我国建设成为网络强国。❷ 同时，习近平总书记还指出，要抓紧制定立法规划，完善互联网信息内容管理、关键信息基础设施保护等法律法规，依法治理网络空间，维护公民合法权益。❸ 这一论述反映了习近平法治思想高瞻远瞩、统揽全局，深刻把握网络安全和信息化的发展总体趋势和方向。

网络和信息技术的发展成就了继海陆空和太空的第五大空间——网络空间，进而使数字经济成为当代经济的重要形态之一。❹《世界互联网发展报告2021》聚焦全球互联网发展实践新技术、新应用、新发展、新问题，选取全球48个国家和地区进行评估排名，结果显示，美国、中国、英国、德国、加拿大综合排名前5位。❺

习近平总书记从总体战略全局的角度出发谋篇布局、运筹帷幄。网络空间治理法治化，即在习近平法治思想指导下，不断增强网络空间安全防御能力，用网络信息技术推进网络空间治理，努力实现网络强国战略目标，不断提升我国对网络空间的国际话语权和规则制定权。

---

❶ 谢波：《习近平法治思想对新时代国家安全法治建设的三重意义》，https：//www.ccpph.com.cn/xjpxsdzgtsshzysx/202104/t20210428_345252.html，访问日期：2023年8月1日。

❷ 习近平：《努力把我国建设成为网络强国》，载《习近平谈治国理政》（第一卷），外文出版社2018年版，第197页。

❸ 习近平：《努力把我国建设成为网络强国》，载《习近平谈治国理政》（第一卷），外文出版社2018年版，第198—199页。

❹ 王贵国：《"一带一路"数字经济与网络空间国际治理》，载《中国法律评论》，2021年第2期。

❺《中国互联网发展报告2021》和《世界互联网发展报告2021》蓝皮书发布，https：//www.sohu.com/a/492382346_121106994，访问日期：2021年10月6日。

2. 辩证思维

推进网络空间治理法治化过程中会出现一些重要的关系范畴，例如，国内法治和涉外法治关系、网络安全和发展的关系等。正确处理这些关系的一个重要思维方法即辩证思维，习近平法治思想提供了辩证思维的指导，即正确处理局部和全局、当前和长远、重点和非重点的关系。

全面依法治国，要求统筹推进国内法治和涉外法治。这就要求在全面依法治国进程中，必须统筹运用国内法和国际法，推进国际法治领域合作。要加快涉外法治工作战略布局，抓紧国内法域外适用法律体系建设，加强国际法研究和运用，提高涉外工作法治化水平，更好地维护国家主权、安全、发展利益，为全球治理体系改革和建设提供中国方案。❶ 身处世界百年未有之大变局，国内治理和国际治理不是相互割裂，而是相辅相成、互为补充、协同发展的，国内治理是国际治理的基础和前提，国际治理是国内治理的延伸和保障。❷

习近平在全国网络安全和信息化工作会议上的讲话中指出，我们认识到，网信工作涉及众多领域，要加强统筹协调、实施综合治理，形成强大工作合力。要把握好安全和发展、自由和秩序、开放和自主、管理和服务的辩证关系，整体推进网络内容建设、网络安全、信息化、网络空间国际治理等各项工作。❸

3. 系统思维

习近平总书记指出，网络安全和信息化对一个国家很多领域都是牵一发而动全身的，要认清我们面临的形势和任务，充分认识做好工作的重要性和紧迫性，因势而谋，应势而动，顺势而为。网络安全和信息化是一体之两翼、驱动之双轮，必须统一谋划、统一部署、统一推进、统一实施。做好网络安全和信息化工作，要处理好安全和发展的关系，做到协调一致、齐头并进，以安全保发展、以发展促安全，努力建久安之势、成长治之业。❹ 在全国网络安全和信息化工作会议上，习近平总书记指出，网络安全牵一发而动全身，深刻影响政治、经济、文化、社会、军事等各领域安全。没有网络安全就没有国家安全，

---

❶ 王轶：《坚持统筹推进国内法治和涉外法治》，载《人民日报》2021年3月19日第11版。
❷ 王轶：《坚持统筹推进国内法治和涉外法治》，载《人民日报》2021年3月19日第11版。
❸ 习近平：《在全国网络安全和信息化工作会议上的讲话》，载中共中央党史和文献研究院：《习近平关于网络强国论述摘编》，中央文献出版社2021年版，第45页。
❹ 习近平：《努力把我国建设成为网络强国》，载《习近平谈治国理政》（第一卷），外文出版社2018年版，第197—198页。

就没有经济社会稳定运行,广大人民群众利益也难以得到保障。❶

网络空间治理是一个有机整体,应以习近平法治思想为指引,着眼于网络空间治理大局,以系统思维推进网络空间治理,完善网络空间治理系统,做到整体的同频共振、共同发力。应立足全球互联网治理的战略高度,着眼国际国内网络空间治理,积极推动构建网络命运共同体。应厘清网络空间中各方主体的权利义务,建立多部门协调联动机制。应加强网络安全产业统筹规划和整体布局,坚持在国家战略、法律法规、技术保障、标准建设、行业自律等方面统筹协调。

4. 理论思维

习近平总书记强调:"推进全面依法治国是国家治理的一场深刻变革,必须以科学理论为指导,加强理论思维,不断从理论和实践的结合上取得新成果,总结好、运用好党关于新时代加强法治建设的思想理论成果,更好指导全面依法治国各项工作。"❷

法治是人类政治文明的重要成果,是现代社会治理的基本手段,既是国家治理体系和治理能力的重要依托,也是维护世界和平与发展的重要保障。❸ 只有加快构建法治理论,才能为推进全面依法治国提供有力的理论指导和学理支撑。对网络空间治理,同样需要理论思维方法的运用,聚焦网络空间实践和法治领域突出问题,及时总结在网络空间治理特别是在推进国家治理体系和治理能力现代化方面形成的创新经验,探索形成习近平法治思想中关于网络空间治理的理论成果,更好地指导网络空间治理。

二、准确把握习近平法治思想下网络空间治理法治化的实践成效

(一)推进国家治理体系和治理能力现代化

党的十九届四中全会通过的《中共中央关于坚持和完善中国特色社会主义制度 推进国家治理体系和治理能力现代化若干重大问题的决定》指出:当今世界正经历百年未有之大变局,我国正处于实现中华民族伟大复兴关键时期。必须在坚持和完善中国特色社会主义制度、推进国家治理体系和治理能力

---

❶ 习近平:《在全国网络安全和信息化工作会议上的讲话》,载中共中央党史和文献研究院:《习近平关于网络强国论述摘编》,中央文献出版社2021年版,第97—98页。

❷ 习近平:《坚定不移走中国特色社会主义法治道路,为全面建设社会主义现代化国家提供有力法治保障》,载《人民日报》2021年3月1日第1版。

❸ 王轶:《坚持统筹推进国内法治和涉外法治》,载《人民日报》2021年3月19日第11版。

现代化上下更大功夫。当前网络空间与现实生活正在深度融合，网络社会已然成型，而网络社会所固有的特点也使其在公众舆论、网络文化、意识形态等方面都对国家的治理体系和治理能力产生重要影响。因此，管好用好互联网是治国理政的重要方面，提升网络空间治理能力既是推进国家治理体系和治理能力现代化的必然要求，也是推进国家治理体系和治理能力现代化的重要途径。

1. 有效回应互联网时代治理难题

正如习近平总书记深刻指出的，"互联网发展给生产力和生产关系带来的变革是前所未有的，给世界政治经济格局带来的深刻调整是前所未有的，给国家主权和国家安全带来的冲击是前所未有的，给不同文化和价值观念交流交融产生的影响也是前所未有的"。互联网是把"双刃剑"，网络世界并非真空和净土。互联网在提供"红利"和方便的同时，也带来了诸多风险，给国家治理体系和治理能力带来了更加深刻的影响和挑战。在此背景下，我国坚持依法治网，积极回应数据安全、个人信息保护、网络内容管理等时代难题，推进网络空间治理体系和治理能力现代化。

（1）数据安全顶层设计明确，网络安全制度细化。随着数字化和全球化进程的不断加快，数据在提振一国整体数字经济发展中发挥着不可估量的作用，数据安全问题在国家整体安全中的重要性更加凸显。我国在关注网络安全的基础上更加注重国家整体数据安全治理，通过顶层设计和配套立法的方式，充实法律依据，提高具体可操作性。从2015年国务院发布的《促进大数据发展行动纲要》开始，到2018年国务院发布《科学数据管理办法》，2020年国务院发布《关于构建更加完善的要素市场化配置体制机制的意见》，2021年3月12日新华社受权播发了《中华人民共和国国民经济和社会发展第十四个五年规划和2035年远景目标纲要》，数据安全政策导向明确，国家数据战略清晰。2021年6月10日，十三届全国人大常委会第二十九次会议通过了《中华人民共和国数据安全法》，这部法律是数据领域的基础性法律，也是国家安全领域的一部重要法律。❶

（2）个人信息保护立法加快，执法司法同步推进。个人信息保护问题目前仍是我国互联网法治建设中的重点内容。虽然近年来我国个人信息保护力度不断加大，但在现实生活中，随意收集、违法获取、过度使用、非法买卖个人信息，利用个人信息侵扰人民群众生活安宁、危害人民群众财产安全和生命健

---

❶ 《〈数据安全法〉全面解读》，http：//www.iii.tsinghua.edu.cn/info/1058/2668.htm，访问日期：2021年12月11日。

康等问题仍十分突出。近年来，我国相关部门在推动科学立法、严格执法、精细司法等方面不断发力，进一步推动我国个人信息保护水平持续提高。在立法层面，《中华人民共和国民法典》（以下简称《民法典》）完善了民事领域个人信息权益的保护，《中华人民共和国个人信息保护法》的颁布则开启了我国个人信息保护领域统一立法的元年，两部立法分别从民事角度和行政角度明确了个人信息保护的具体规则。例如，个人信息的定义不断完善、隐私和个人信息进行区分、个人信息保护权利制度确立、个人信息处理具体规则有所明确等。在执法层面，我国执法机构通过专项行动、严格执法等举措重点针对疫情期间危害个人信息权益以及多个 App 违法违规收集使用个人信息的违法行为进行了整治。在司法层面，我国相关立法对个人信息保护的基本原则进行了明确，但对实践中的很多问题未给出确切答案。对此，以互联网法院为代表的法院在司法实践过程中，从现行立法规定和基本精神出发，审理了"腾讯读书案""校友录头像被爬案""人脸识别第一案"等具有典型意义的互联网案件，形成了具有现实指导意义的裁判规则。

（3）网络内容管理不断强化，平台责任持续落实。为有效肃清网络不良风气、营造良好网络生态环境，针对网络违法和不良信息，我国通过出台立法、严格执法进行严厉打击。随着网络新技术新业务的不断推陈出新，新型问题随之涌现，平台责任确定和划分成为新挑战。对此，相关部委发布了针对音视频业务、直播营销业务的管理规定，在整体管理思路上也做出了"两分法"到"三分法"的转变。[1] 2019 年 12 月，国家互联网信息办公室室务会议审议通过《网络信息内容生态治理规定》，这是我国在网络信息内容管理领域的一部重要立法，为促进网络信息内容生态健康有序发展提供了重要指引，突破性地将内容管理方式从"两分法"调整为"三分法"，明确依法规范和管理平台上的违法信息、防范和抵制不良信息传播是网络信息服务提供者必须承担的社会责任，也是法律责任，为保护公民、法人和其他组织的合法权益，维护国家安全和公共利益提供了有力保障。与此同时，平台在网络内容治理中的地位角色及其承担的社会责任和法律责任越发受到社会和政府的关注，针对没有履行法律义务、放任违法和不良内容在网上发布和传播的平台，相关部门组织整治平台虚假信息和不良内容，依法规范网络平台传播秩序。

2. 推动形成多元主体综合治网格局

当今时代，网络综合治理已成为国家和社会治理面临的一个重大课题。党

---

[1] 中国信息通信研究院：《互联网法律白皮书（2020 年）》，2020 年 12 月。

的十九大报告提出，要加强互联网内容建设，建立网络综合治理体系，营造清朗的网络空间。随着信息技术的迅猛发展和互联网普及程度的不断提升，传统网络治理模式和手段面临挑战，需要不断创新治理理念、加强网络综合治理。要紧密结合我国经济社会发展实际，着眼信息技术发展需要，以创新理念指导网络治理，推动互联网这个最大变量变成事业发展的最大增量。

互联网进入中国之初，由于法律法规不完善、管理经验落后等原因，一度存在多头管理的情况，且多部门之间彼此缺乏有效的沟通衔接，造成"九龙治水"的尴尬局面，一定程度上削弱了我国对互联网的有效管理。党的十八大后，习近平总书记审时度势，及时成立中央网络安全和信息化领导小组（后改名中央网络安全和信息化委员会），并亲自担任组长。领导小组统筹党政军各领域网络安全和信息化重大工作，统筹网上网下，中央网信办具体负责协调和组织国家互联网治理各项工作，标志着网络安全、信息化和网上意识形态等工作从"九龙治水"跨入了"全国一盘棋"的崭新历史时期。[1]

2018年，习近平总书记在网信工作座谈会上指出，"要提高网络综合治理能力，形成党委领导、政府管理、企业履责、社会监督、网民自律等多主体参与，经济、法律、技术等多种手段相结合的综合治网格局"。"综合治网格局"的提出，克服了传统网络治理模式的权责归属问题，回应了新时代中国网络空间治理的战略重点，体现出现代化国际治理理论在中国的与时俱进和本土适应。我国互联网也在"先发展、后管理、再治理"的路径摸索中，逐步形成了政府权威引导、网信行业自律、公民行为规范等多方主体综合参与的互联网治理新格局。

（二）为全球网络空间治理变革擘画中国方案

互联网空间治理法治化是全球治理重构的关键环节。当前，全球治理体系正在转型，互联网作为一种变革性的力量，具有超越时空边界的影响力，互联网治理必然在全球治理秩序重构中扮演重要角色。中国政府和人民也在全球网络空间治理进程中，贡献着自己的智慧和方案。[2]

1. 构建中国特色、世界领先的互联网司法模式

2020年12月，中共中央印发了《法治社会建设实施纲要（2020—2025年）》，对"依法治理网络空间"作出专门要求，特别提出要完善"互联网+

---

[1] 任贤良：《扎实推动网络空间治理体系和治理能力现代化》，https://cdo.develpress.com/？p＝8829，访问日期：2021年12月16日。

[2] 孙南翔：《打造网络空间法治化治理的中国方案》，载《中国社会科学报》2017年9月15日。

诉讼"模式，推动科技创新成果同司法工作深度融合。2020年9月，周强出席最高人民法院互联网法院工作座谈会时强调，要准确把握时代发展大势，充分发挥制度优势，全面深化智慧法院建设，推动司法模式转型升级，努力建设中国特色、世界领先的互联网司法模式，创造更高水平的数字正义。

在互联网时代，人民法院深入推进互联网司法建设，是贯彻落实习近平总书记网络强国思想的具体实践，是落实中央改革决策部署的重要举措，是顺应时代要求和群众需求的必然选择。❶

（1）重塑传统审判流程机制。互联网司法最直接的表现是信息技术手段在司法各个具体环节流程的运用，数字技术与审判执行深度融合。大数据、云计算、人工智能、区块链、5G等现代科技全方位应用于诉讼服务、案件审理、审判管理、案件执行等各个领域，实现技术层面的"互联网+司法"。当前，我国互联网司法事业蓬勃发展，北京、杭州、广州三家互联网法院先行先试，各地法院积极推进智慧法院建设，广泛开展在线诉讼。尤其是在新冠疫情期间，我国智慧法院建设的软硬件都经受了一次重大考验，为助力疫情防控和社会经济发展作出了重要贡献，真正实现"审判执行不停摆、公平正义不止步"。

（2）构建互联网时代诉讼制度。推进互联网司法就是要探索构建一套适应互联网时代和信息化社会的诉讼规则。2018年9月，最高人民法院印发了《最高人民法院关于互联网法院审理案件若干问题的规定》，开创性地确立了在线诉讼相关程序规则。新冠疫情发生后，最高人民法院又专门印发了《关于新冠肺炎疫情防控期间加强和规范在线诉讼工作的通知》，进一步明确在线诉讼的相关程序要求。2021年6月16日，最高人民法院印发《人民法院在线诉讼规则》，并于2021年8月1日正式施行，这是我国首部全流程全领域规范在线诉讼活动的司法解释，构建了贯穿立案、调解、询问、证据交换、庭审、执行全流程的在线程序规则，是目前关于在线诉讼内容最全、适用面最广、效力层级最高的制度规范，有效填补了中国在线诉讼领域的制度空白。

（3）促进网络空间规则治理。互联网司法的核心价值就是要及时对新型的互联网纠纷作出调整，确立和完善互联网领域的裁判规则，实现互联网领域的规则之治。互联网法院是创造数字正义的"标杆法院"，公正高效的在线审判是基础，裁判规则的持续输出是核心，规则的有效执行和遵守是目标。互联网法院秉承"以裁判树规则、以规则促治理、以治理促发展"的方法和思路

---

❶ 中共最高人民法院党组：《习近平法治思想领航法治中国阔步向前》，载《人民日报》2021年5月18日第13版。

持续输出数字正义的最新成果，审理了一大批具有规则意义的互联网案件。❶ 近年来，以互联网法院为代表的各级法院准确把握互联网司法的核心功能，探索并确立了公共数据、虚拟财产、数字货币、智能作品等新客体的保护规则，依法规范直播带货、付费点播、知识分享等新兴业态，严厉打击暗刷流量、不当采信、网络刷单、空包洗钱等网络灰黑产业，清晰界定网络平台的主体责任和权利边界，有力推动了数字产业、线上经济、网络空间的创新发展。❷

（4）打造"互联网司法"名片。习近平总书记指出，利用好、发展好、治理好互联网必须深化网络空间国际合作。我国互联网法院自成立以来，以讲好中国互联网司法故事为出发点，加强互联网法治领域国际交流合作，充分展现和传播互联网治理的中国思想、中国主张。以北京互联网法院为例，截至2021年6月30日，北京互联网法院接待外宾来访60场，共计1768人次，覆盖了全球六大洲的48个国家和地区。国际法院院长优素福评价北京互联网法院"为司法活动的未来样式奠定了基础"。北京互联网法院还应邀参与了首届世界互联网法治论坛、2019年AIPPI世界知识产权大会、第二届计算法学国际论坛等多个国际会议，利用各种场合积极宣介中国互联网司法的建设理念、发展路径和实践经验。同时开通互联网法院英文官方网站，全力打造集权威信息发布、精品案例解读、新闻报道集纳、法治文化展示、公共法律服务于一体的国际化窗口，不断向全世界展示中国互联网司法的良好形象。❸

2. 携手推动共建网络空间命运共同体

网络空间是人类共同的活动空间。习近平总书记指出，各国应该共同构建网络空间命运共同体，推动网络空间互联互通、共享共治，为开创人类发展更加美好的未来助力。一个安全、稳定、繁荣的网络空间，对一国乃至世界和平与发展越来越具有重大意义。《中华人民共和国国民经济和社会发展第十四个五年规划和2035年远景目标纲要》提出："推动构建网络空间命运共同体。"积极推动构建网络空间命运共同体，不仅是实现全球互联网健康、安全、可持续发展的必然选择，也是营造开放、健康、安全数字生态的题中应有之义。❹

（1）共享数字时代红利。当前，互联网、大数据、人工智能等信息技术

---

❶ 北京互联网法院：《数字正义视阈下的互联网司法白皮书》，2021年9月16日。
❷ 刘峥：《推进互联网司法建设的四个重点》，载《学习时报》2021年10月27日。
❸ 北京互联网法院：《数字正义视阈下的互联网司法白皮书》，2021年9月16日。
❹ 刘武根：《建设安全、稳定、繁荣的网络空间 推动构建网络空间命运共同体》，https://baijiahao.baidu.com/s?id=1715628339280960585&wfr=spider&for=pc，访问日期：2023年8月4日。

推动了数字产业化和产业数字化,世界经济加速向数字化转型。数字经济发展为共享数字时代红利提供了可能,但全球数字鸿沟也因数字经济发展不平衡而不断拉大。习近平总书记指出,让更多国家和人民搭乘信息时代的快车,共享互联网发展成果。对此,我国一方面加强顶层设计,采取更加积极、包容、协调、普惠的政策,加快全球网络基础设施建设,多措并举、多管齐下向发展中国家提供技术、设备、服务等数字援助。另一方面,积极推动打造开放、公平、公正、非歧视的数字市场和发展环境,建立多边、透明、包容的数字领域国际贸易规则,以让各国共乘数字经济发展的快车。

(2)携手应对网络安全问题。习近平总书记指出,网络安全是全球性挑战,没有哪个国家能够置身事外、独善其身,维护网络安全是国际社会的共同责任。在第二届世界互联网大会开幕式上的讲话中,习近平主席首次阐述了尊重网络主权、维护和平安全、促进开放合作、构建良好秩序的推进全球互联网治理体系变革"四项原则"和加快全球网络基础设施建设、打造网上文化交流共享平台、推动网络经济创新发展等"五点主张"。在致第四届世界互联网大会的贺信中,习近平主席进一步向国际社会发出"尊重网络主权,发扬伙伴精神,大家的事由大家商量着办,做到发展共同推进、安全共同维护、治理共同参与、成果共同分享"的倡议,强调要携手应对网络安全问题,坚持相互尊重、互信共治的基本原则,践行开放合作的网络安全理念,坚持安全与发展并重,共同维护网络空间和平安全。

(3)推动树立全球互联网治理体系。蓬勃发展的互联网给人类创造了数字化、网络化、智能化的增长动能和发展机遇,但互联网领域发展不平衡、规则不健全、秩序不合理等问题日益凸显,推动建立多边、民主、透明的全球互联网治理体系日益成为国际社会的广泛共识。习近平总书记强调,世界各国虽然国情不同、互联网发展阶段不同、面临的现实挑战不同,但推动数字经济发展的愿望相同、应对网络安全挑战的利益相同、加强网络空间治理的需求相同。各国应该深化务实合作,以共进为动力、以共赢为目标,走出一条互信共治之路,让网络空间命运共同体更具生机活力。

三、习近平法治思想背景下网络空间治理法治化的未来展望

(一)牢抓机遇,开辟网络空间法治化新路径

1. 确立网络空间主权,拓展国家治理新领域

网络空间,是指在全球信息基础结构范围内,用数字化手段或者电子手段

进行交流的虚拟世界。❶ 网络空间虽然具有非中心化、开放性和无界性等特点❷，但它无疑是现实社会的组成部分，也属于现实社会中人们彼此互动联系的特殊场域❸。国家对现实社会的治理经验会自然向网络空间延伸，人们在网络空间中的行为与关系同样受到法律规范的调整与约束。国家通过行使立法权以实现网络空间治理的法治化，本质上是在确立国家在网络空间的主权。正如习近平总书记所说，"虽然互联网具有高度全球化的特征，但每一个国家在信息领域的主权权益都不应受到侵犯，互联网技术再发展也不能侵犯他国的信息主权"❹。

网络空间主权是国家主权在网络空间的表现与延伸。传统意义的主权是指国家独立自主处理内外事务的权利，表现在管辖权、独立权、自卫权和平等权等方面。网络空间主权的边界包括物理层、逻辑层和内容层三个层次。物理层是指国家对网络空间物理层的主权权利，如网络基础设施；逻辑层是不可见的、无形的存在，如网络域名；内容层则主要指网络信息和数据，兼具虚拟与现实的双重属性。

国家治理的领域从现实社会扩展到了网络空间，和现实社会坚持中国特色社会主义法治道路一样，网络空间的治理需要走符合网络特征、中国特色的法治道路。

2. 多元主体齐抓共管，开辟网络空间治理新路径

发挥联动作用，坚持依法治网、依法办网、依法上网，走出一条齐抓共管、良性互动的新路。

（1）依法治网，多主体齐抓共管网络空间治理。关于治网主体，习近平总书记强调，要提高网络综合治理能力，形成党委领导、政府管理、企业履责、社会监督、网民自律等多主体参与，经济、法律、技术等多种手段相结合的综合治网格局。❺ 网络空间治理是一项系统性工程，需要构建多主体协同合作治理的良好环境，也需要公众参与网络空间治理，激发网民的责任心，发挥网民的积极性，形成"全民参与、全民治理"的新格局。

众多治理主体中，司法机关作为最后一道防线，在依法治网中扮演了激浊

---

❶ 周辉：《变革与选择：私权力视角下的网络治理》，北京大学出版社2016年版，第28页。

❷ 杜志朝，南玉霞：《网络主权与国家主权的关系探析》，载《西南石油大学学报（社会科学版）》2014年第6期。

❸ 郭玉锦，王欢：《网络社会学》，中国人民大学出版社2010年版，第11—18页。

❹ 习近平：《弘扬传统友好　共谱合作新篇》，载《人民日报》2014年7月18日第2版。

❺ 习近平：《敏锐抓住信息化发展历史机遇　自主创新推进网络强国建设》，载《人民日报》2018年4月22日。

扬清、一锤定音的重要角色。司法机关以裁判树立规则，教育各方在网络空间中规范言行；以规则促治理，指引各方共同维护网络空间清朗有序；以治理助发展，促进各方在网络空间中获得更长远的发展。

（2）依法办网，网络平台积极承担社会责任。互联网企业应坚持经济效益与社会效益相统一，规范自身网络行为的同时，引导网络用户文明上网。此外，各类网络媒介组织也是重要的参与主体，包括各类网站、网络媒体等。网络信息的发展促成了网络媒介组织的兴起与发展，海量网络信息的汇聚与传播有力冲击了网民们的传统价值观念，网络媒介组织应对网络信息严格把关，加强内容建设和主流价值引导，维护清朗有序的网络环境。

（3）依法上网，引导网民树立网络规则意识。网民的规则意识是指网民对规则的遵守以及能够以规则进行自我约束、自我管理的自觉意识。网民规则意识的树立对我国网络空间治理意义重大，具体体现在，树立规则意识有助于维护网民自身安全、填补传统治理漏洞、营造风清气正的网络环境、构建公平的网络空间。加强塑造网民依法上网的规则意识，可从如下两方面入手：一是健全网络规则的认同路径，促使广大网民能理解规则、培育规则意识，尤其是明晰网络规则的边界，辨明网络越轨行为、网络违法行为和网络犯罪行为的界限；二是针对网民群体差异，划分规则主体。对网民规则意识的塑造不能采取一刀切的方法，针对不同的对象应采取不同方式，如对于猎奇心强、求知欲旺盛的未成年人，主要手段还是开展多种形式的教育，种下规则意识的种子；对于价值观基本养成、有一定判断力的青年人，主要手段是引导，充分保障其知情权，司法机关和主流媒体可通过舆论引导，提升青年人对规则的信仰和敬畏；对于网络依赖程度较低的中老年人，对其进行适当的提示，加大线下宣传力度，潜移默化提升中老年人对网络规则的遵循。

（4）依法治网、办网和上网，重点在依法。完善网络空间立法，是推进网络空间治理法治化的必要前提。习近平总书记指出："要抓紧制定立法规划，完善互联网信息内容管理、关键信息基础设施保护等法律法规，依法治理网络空间，维护公民合法权益。"❶ 网络立法，就要确认网络秩序关系，明确每个网络主体的权利义务责任，厘清自由与秩序的边界。因此，网络立法不追求绝对的自由和秩序，而是寻求自由和秩序的平衡。

推动网络空间法治化，也需要司法机关运用法律手段，建立和维护文明、和谐、安全、共享、共治的网络空间新秩序，让所有人共享网络红利。网络空间是虚拟的，但由于网络空间的主体是现实的，参与网络空间的各主体都应该

---

❶ 习近平：《习近平谈治国理政》，外文出版社2014年版，第198—199页。

遵守法律，明确各方权利义务。面对网络空间纠纷，司法机关应依法依规，在持续推进网络空间法治化的进程中，保护各方合法权益、平衡各方利益，为网络空间有序发展保驾护航。

（二）拥抱挑战，持续推进网络空间法治化

新兴互联网技术在市场经济领域的广泛运用，不仅催生了新业态的发展，还突破了传统法律规范，给网络空间治理法治化带来了新的挑战，对司法机关参与网络空间治理提出了更高的要求。在国家全面依法治国战略与深化司法体制改革的大格局中，北京互联网法院积极掌控新格局、应对新挑战，大力推进科技创新和司法创新的深度融合，积极探索和建立适应互联网时代需求的诉讼规则和裁判规则，持续为网络空间治理法治化输出北互经验、贡献北互力量。

1. 依法保护数据信息，兼顾安全和发展

大数据时代，数据在推动经济发展、促进国家治理能力现代化、增进人类福祉等方面发挥着日益重要的作用，"数据驱动"开始成为现代社会运行的基本模式。[1] 但数据在存储和传输过程中，未经授权地使用、更改和泄露而引发的数据安全风险，关系着个人、组织的权益，甚至会威胁到国家政治、军事安全。

（1）保护个人数据信息，平衡商业合法利用。就个人数据安全而言，随着现代社会不断数字化，人类也获得了数字属性，从"生物人类"迈向"数字人类"，塑造了数字时代中"生物—信息"的双重人性。[2] "数字人类"的安全问题中，个人信息安全和隐私保护至关重要。非法获取个人信息已成为其他犯罪的前提，数据类犯罪已成为网络诈骗等多种犯罪的上游犯罪。回顾我国个人信息保护立法的历程，我国已构建了一套以个人信息权为核心的个人信息保护法律制度，个人信息权已经形成以个人信息的知情同意权能、获取权能、异议更正权能、拒绝权能、删除权能等核心权能的权利体系。[3]

在司法实践中，应秉承"严格保护、利益平衡"的司法原则，明确用户个人数据信息商业使用规则和边界，督促互联网企业合法合规收集、使用个人数据，在个人数据信息保护和商业利用中取得平衡。在北京互联网法院审理的"微信读书案"中，法院认为平台在关联产品间迁移用户信息应征得用户同

---

[1] 黄道丽，胡文华：《中国数据安全立法形势、困境与对策——兼评〈数据安全法（草案）〉》，载《北京航空航天大学学报（社会科学版）》2020年第6期。

[2] 马长山：《数字时代的人权保护境遇及其应对》，载《求是学刊》2020年第4期。

[3] 申卫星：《论个人信息权的构建及其体系化》，载《比较法研究》2021年第5期。

意,收集、使用个人信息时,应根据信息性质、使用方式、使用场景等,以合理方式让用户获得清晰认知,并征得用户有效同意。平台在收集、开发和利用信息数据时应以保护个人信息权利和隐私权为前提,严格遵守"告知—同意"原则和"最小必要"原则。北京互联网法院通过该案的判决,明晰数字经济发展和互联网产品技术创新规则,规范与指引数据产业行业规则的建立,推动健全数字领域政策法规体系,加快完善数据权利司法保护规则,促进数字经济数据要素市场规范化运转。❶

(2)界定个人隐私范围,维护网络空间安宁。对于个人信息和隐私的保护,因为对隐私和个人信息的保护是自由的基础,涉及个人意思自治、言论自由、信息处分权以及反歧视,所以有必要将隐私和个人信息保护提升至基本权利的高度。❷ 个人私密信息是个人隐私与个人信息的交集,是隐私权的核心保护范围,不仅受隐私权保护,还受到个人信息权益保护,《民法典》确立了优先适用隐私权保护和处理须获权利人明确同意等严格保护规则。❸

《民法典》明确了隐私的概念,强调了隐私的核心为私密性,并对个人的隐私权予以保护。自然人享有隐私权,任何组织或者个人不得以刺探、侵扰、泄露、公开等方式侵害他人的隐私权。隐私是自然人的私人生活安宁和不愿为他人知晓的私密空间、私密活动、私密信息。随着自媒体的蓬勃发展,人人都有条件成为新闻的制作者、传播者,在公共场所拍摄他人视频,并传播至个人自媒体平台,也存在侵害个人隐私权的可能。因此,在网络空间中,个人隐私的范围会影响网络空间中信息传播的范围和界限。

北京互联网法院受理了一起公共场所拍摄他人视频涉隐私权纠纷案件。法院经审理认为,虽然隐私强调私密性,但并不意味着在公开场所进行的活动就一定不构成隐私。如果这些在特定公开场所进行的是仅为一部分人所知悉的活动,一旦被大范围公开即会给权利人的人格利益造成重大损害,亦应当作为隐私予以保护。因此,认定隐私是否存在及其范围,应当从权利人本身的意愿和社会一般合理认知两个视角共同去界定。通过该判决,北京互联网法院明确了自然人在公共场合也享有隐私权,也建立了界定公共空间范围隐私的两个维度。

(3)打击网络黑灰产业,助力企业数字经济发展。目前,网络黑灰产业

---

❶ 北京互联网法院:《数字正义视阈下的互联网司法白皮书》,第5页。
❷ 李忠夏:《数字时代隐私权的宪法建构》,载《华东政法大学学报》2021年第3期。
❸ 李卫华:《民法典时代政府信息公开中个人私密信息保护研究》,载《政治与法律》2021年第10期。

的规模已经超过千亿元人民币,部分领域已经发展到高度社会化分工协同的水平,网络黑灰产业已经成为互联网行业的"毒瘤",严重破坏互联网企业公平竞争,危害网络空间环境,损害数字经济发展。❶ 以"暗刷流量"行为为例,其不仅违反商业道德底线,使同业竞争者的诚实劳动价值被减损,破坏正当的市场竞争秩序,侵害不特定市场竞争者的利益,而且也会欺骗、误导网络用户选择与其预期不相符的网络产品,长此以往,会造成网络市场"劣币驱逐良币"的不良后果,最终减损广大网络用户的利益。在北京互联网法院审理的"暗刷流量"合同交易无效案中,法院判定原被告双方签订的以非法技术手段提高点击量、制造虚假流量误导网络游戏玩家的网络服务合同无效。互联网法院通过个案裁判,明确互联网司法对虚假流量交易行为的否定态度,坚决打击了流量作假的网络乱象。北京互联网法院通过依法裁判有效治理网络黑灰产业,明确互联网行业发展的法律边界,提升了治理网络黑灰产业的法治水平,助力数字经济健康发展,持续发挥司法在网络空间法治化中的治理作用。

(4)保护国家数据安全,兼顾数据发展价值。国家数据安全问题已成为大国博弈的重要变量,在各国角逐 5G 通信技术、人工智能等新兴市场背景下,数据安全的立法及政策深刻影响了国家的数据安全。2021 年 9 月 1 日起施行的《中华人民共和国数据安全法》,以法律的形式强化数据安全制度,确立了个人、组织、数据交易中介机构、重要数据处理者以及有关部门的数据安全保护义务和职责,可作为我国数据安全领域的基础性法律。数据安全保护依然面临许多理论与实践难题,构建并完善我国数据安全立法的制度体系,以法律形式捍卫国家数据主权安全任重道远。

我国在重视数据保护的同时,也不能遗漏数据的跨境利用。开展跨国数据合作、抓住数字经济的发展机遇,是构建"网络命运共同体"的应然之义。在跨境数据立法中,我国还应进一步完善。首先,应根据数据的重要性对数据进行更细致的分类,而后对数据跨境流动分类管理。其次,应该完善数据跨境流动机制和具体标准建设,争取在国际数据竞争中增强话语权,维护数据主权。最后,应在立法中分配国家、企业和个人的数据权,采取合理的措施鼓励数据跨境流动,做到既维护国家数据主权,又能照顾企业和个人利益,利用数据促进经济发展。❷ 在我国未来的数据安全法治发展中,应平衡私人利益与公共利益,兼顾数据安全和发展两种价值。

---

❶ 北京互联网法院:《数字正义视阈下的互联网司法白皮书》,第 8 页。
❷ 卜学民,马其家:《论数据主权谦抑性:法理、现实与规则构造》,载《情报杂志》2021 年第 8 期。

2. 依法规制网络平台，平衡各方合法权益

互联网新技术的大规模应用，对互联网行业发展模式带来深刻影响甚至是革命性改变，一些原来不存在或隐藏的平台问题逐渐产生乃至爆发，客观上给平台治理带来了更新的挑战，提出了更高的要求。此外，我国的人口红利呈现衰减趋势，流量见顶，我国互联网行业进入存量竞争的时代，平台的功能和性质由单一纯粹演变为多样复杂。随着互联网技术和平台经营模式的发展，互联网平台不再限于单一服务类型的功能，而转向兼具互联网技术服务和内容服务的综合性平台。目前，平台已经对市场资源的配置产生了举足轻重的影响，甚至出现了具有公共产品属性的超大型互联网平台。

然而，网络平台在高速扩张和颠覆传统经济的同时，也暴露出发展中的乱象。平台乱象的受害者首当其冲的就是个人用户，主要体现在平台对个人信息、隐私的过度获取。平台软件是强大的信息搜集和加工的工具，能够不动声色地搜集到以往沉睡在社会角落里的信息，并通过一定的商业模式将它们转换为昂贵的市场资源。❶ 网络平台在未经用户完全同意的前提下，以专业且隐蔽的技术手段搜索、获取及加工用户信息，又以该数据换取平台技术红利，无疑损害了用户的个人信息权益和隐私。

（1）规制网络平台算法推荐，保护消费者知情权。网络平台在获取数据的基础上，以其算法技术，在针对消费者的商业活动中获得优势地位。算法选择本质上是通过自动分配与某些选定信息的相关性来定义，涵盖搜索、预测、监视发展到过滤、推荐和内容生成等功能。在日常商业领域，基于搜索、浏览记录，消费者日益感受到算法对于生活的渗透，部分有歧义的页面展示信息可能导致消费者产生选择疑虑，损害消费者的知情权。北京互联网法院审理的陈某某诉某外卖平台网络服务合同纠纷一案中，陈某某在某外卖平台订餐，选择商品时显示配送费为6元，多次刷新后，最终结账时却显示配送费为7元，原告陈某某认为平台在其后台修改配送费，构成欺诈。外卖平台认为，因用户订单首页地址为智能定位推荐的地址，与原告订单实际填写的地址不同，显示的配送费基于首页定位计算，实际配送费根据最终填写地址计算，不存在欺诈情形。互联网法院经审理认定平台在主观上不存在欺诈故意，且原告在下单时多次刷新时注意到配送费出现的差异，不足以认定被告的行为构成欺诈。但被告在本案中未尽到提示义务，在缔约过程中存在过错，判决被告赔偿原告1元配

---

❶ 张兆曙，段君：《网络平台的治理困境与数据使用权创新——走向基于网络公民权的数据权益共享机制》，载《浙江学刊》2020年第6期。

送费差价。互联网法院通过该判决，对平台提供服务应尽的合理注意义务进行了指引，即平台应充分发挥算法有利因素，提供匹配性、精准性、人性化的消费服务，充分保障消费者知情权，规制算法推荐的无序性，推动网络空间法治化。

（2）鼓励平台新型商业模式，保护消费者权益。网络平台在探索新型商业模式的过程中，需要警惕其可能伴随损害消费者权益的情况发生。即便是在消费者逐渐习以为常的新型商业模式下，也不乏损害消费者权益的情形，司法机关在支持平台企业创新发展的同时，也应敦促平台依法规范发展，将保障消费者权益作为创新发展的前提。

2020 年，视频平台上架的多部热播网剧采用"超前点播"的商业模式，消费者在购买平台会员的前提下，还可以选择付费的方式超前点播。有消费者认为视频平台对网剧采取"超前点播"，侵犯了其作为视频平台 VIP 会员的消费者合法权益，构成违约。北京互联网法院经审理认定，网络服务平台探索新的商业模式，不得损害已承诺于用户的合同权利，网络服务平台可以设立单方变更权，但是其享有单方变更权的同时，也有不损害用户利益的当然法律义务。北京互联网法院通过裁判明确了平台在探索新型商业模式的进程中必须遵循公平原则、尊重用户感受、遵守法律规定，在鼓励新型商业模式的同时，还应保障用户权益。以裁判保障数字经济和消费者权益，提升网络空间法治化水平。❶

（3）反对平台垄断价格，保障商家公平竞争。除了个人用户，入驻平台的商业主体及整个市场也是平台乱象的受害者，这一损害主要体现在平台企业对内部市场的过度整合。平台具有一种网络外部性效应，即某个用户使用一种商品或服务所获得的效用随着使用该产品的用户人数增加而增加。❷ 在这一基础上，如果能率先在平台上获取较大规模的用户需求，平台商品或服务的效用就会越高，吸引的用户就会越多。平台为了吸引更多的用户，通常会采取低价倾销、固定价格等侵害入驻商家利益的价格垄断行为来补贴用户。平台为追求自身利益，以其集中优势对内部市场的公平竞争和整体利润分配进行操控，损害了入驻商家的利益，也破坏了公平竞争、市场定价的市场秩序。

平台治理的特性源于网络空间治理的特性，平台治理需要放在网络空间治理的历史和理论视野中分析。网络空间治理有多边主义与多方主义两种理念。

---

❶ 北京互联网法院：《数字正义视阈下的互联网司法白皮书》，第 7 页。

❷ 傅瑜，隋广军，赵子乐：《单寡头竞争性垄断：新型市场结构理论构建——基于互联网平台企业的考察》，载《中国工业经济》2014 年第 1 期。

多边主义以主权国家为决策核心，主张政府在互联网事务中起主导作用，其他主体协同参加；多方主义更注重互联网各参与方的利益诉求，将决策权交给各利益方，强调各主体平等参与、去政府化管理。❶ 我国目前选择的平台治理模式偏向于多边主义，同时强调平台的参与和协作。平台应当培植公平、有序的竞争土壤，入驻平台的商家应积极维护自身的权益。司法机关在处理平台纠纷中，应考虑多方主体利益，鼓励平台良性发展、反对价格垄断，深化网络法治规则创新，坚持"以裁判树规则促治理"，实现更高水平的数字正义，提升网络空间法治化水平。

未来的网络平台治理方向应从"谁治理""以何种形式治理""谁受益"三方面把握。关于治理主体，牢牢遵循习近平法治思想中的坚持中国共产党的领导，结合多边主义与多方主义的优点，政府、私有平台公司、网络用户作为网络平台的治理主体，均应坚持党的绝对领导。关于受益主体，习近平总书记指出："网信事业要发展，必须贯彻以人民为中心的发展思想。"❷ 我国积极推进网络平台治理，为的就是人民，必须始终坚持以人民为中心。治理网络平台最终是为了增强人民群众的获得感、幸福感、安全感。关于治理手段，各治理主体可在法律的规范下达成契约，各治理主体权责分明，在保持平台商业化运营的基础上实现社会公共价值。

3. 司法引导网络舆论，营造良好的网络氛围

一次公正的司法判决，胜过千次的空洞说教。司法审判以其公平正义的内核引导网络舆论，进而维护清朗有序的网络环境。

随着互联网普及率的迅速提升和新型社交媒体应用的爆发式增长，互联网传媒和舆论动员的功能日益凸显。党的十八大后，中央成立了网络安全和信息化领导小组，并由中央网信办承担互联网信息内容的管理和互联网信息化发展职责。但鉴于我国的网民数量和网络媒体平台日益增长、行政资源有限，由政府直接管理网络信息内容显然不切实际。习近平总书记强调，"在我国，7亿多人上互联网，肯定需要管理，而且这个管理是很复杂、很繁重的。企业要承担企业的责任，党和政府要承担党和政府的责任，哪一边都不能放弃自己的责任。网上信息管理，网站应负主体责任，政府行政管理部门要加强监管"❸。目前，我国已经形成了由网站对网络信息内容负主体责任，由政府行政管理部门履行监管职责的新局面。

---

❶ 崔保国，刘金河：《论网络空间中的平台治理》，载《全球传媒学刊》2020年第1期。
❷ 习近平：《在网络安全和信息化工作座谈会上的讲话》，载《人民日报》2016年4月26日第2版。
❸ 习近平：《在网络安全和信息化工作座谈会上的讲话》，载《人民日报》2016年4月26日第2版。

网络社交媒体的蓬勃发展，不仅让传统媒体黯然失色，也对传统媒体的话语权产生了冲击。人人都可以在个人的社交媒体上发表意见、输出观点，如果缺少相应的制约机制，虚假的、片面的信息就可能误导社会公众，破坏网络舆论氛围，扰乱网络秩序。因此，营造良好的网络舆论氛围、规范网络信息传播秩序，是当前阶段面临的重大挑战。营造良好的网络舆论氛围，规范网络信息传播秩序，贯穿习近平互联网法治思想始终。❶ 习近平总书记强调："要把网上舆论工作作为宣传思想工作的重中之重来抓。"❷

对于网络舆论的引导，司法作为社会公正的最后一道防线，能发挥举足轻重的作用。北京互联网法院受理的涉网络名誉权纠纷中，不乏因网络言论不当导致侵权的情形，尤其涉及"粉丝文化"。由于名人效应的加持，失范的"粉丝文化"在网络空间给青少年树立了错误示范、造成了不良影响。在北京互联网法院审理的艺人张某某起诉的"粉丝微博评论艺人"侵害名誉权案中，被告在"新浪微博"平台发布27篇博文，文中涉及大量侮辱、诽谤原告的言论，原告诉至法院，主张被告侵犯其名誉权。原告起诉后，被告发布微博，号召网友对自己进行"打赏"，获得网友打赏金额3万余元。北京互联网法院经审理认定，被告的行为给原告的人格权造成了严重伤害，判决被告赔礼道歉并赔偿精神损害抚慰金10万元，被告通过微博获取网友打赏，属于借助涉案侵权行为获利的行为，违背了任何人不得因违法行为获益的基本法理，决定收缴被告的非法获利。判决生效后，被告主动履行了赔偿及缴纳收缴款的义务。法院通过裁判明确网络用户可以对公众人物进行合理评价，但不能逾越法律边界，更不能因违法行为而获取利益。

在网络舆论氛围的引导和营造中，司法应主动适应互联网发展的大趋势，以司法裁判引导网络用户遵守言论规范，助力良好网络舆论氛围的营造，积极推进网络空间治理法治化，实现法律效果和社会效果的有机统一。

---

❶ 周汉华：《习近平互联网法治思想研究》，载《中国法学》2017年第3期。
❷ 习近平：《在全国宣传思想工作会议上的讲话》，2013年8月19日。

司法服务保障数字经济发展研究报告*

——司法视角下的数字治理创新

文/北京互联网法院课题组**

当今世界正处于百年未有之大变局中,伴随科技革命、信息化、大数据、云计算、人工智能等的发展,生产关系已悄然发生变化,数据作为生产要素的作用不断凸显。与此同时,一系列带有新类型、新技术特点的治理难题不断涌现,为我国推进治理体系和治理能力现代化提出了新的挑战。数字治理作为新时代的新型治理方式,其利用现代信息技术手段解决新型治理难题,为治理体系和治理能力现代化注入了新的动力。

一、数字治理实践现状

数字治理作为舶来品,虽然在我国的理论发展时间并不长,但是相关实践却早已有之。如 2004 年,《中共中央办公厅 国务院办公厅关于加强信息资源开发利用工作的若干意见》中明确指出,"加强信息资源开发利用,是落实科学发展观、推动经济社会全面发展的重要途径,是增强我国综合国力和国际竞争力的必然选择"。近年来,随着互联网平台经济的迅猛发展,围绕平台治理、平台责任的讨论日益强烈,伴随数字技术的推动,数字经济发展迎来了爆发期,与此同时,数字治理的实践和难题亦日益凸显。较为典型的是国家与地方围绕数字治理出台的一系列法律政策文件和实践尝试,其目的在于保障数字经济的健康发展。

从笔者选取的相关政策文件(见表1)可以发现,无论是国家层面还是地方政府机构等,对于数字治理都十分重视。尤其是近年来,全国各地均围绕大数据发展战略展开地方实践,如贵州省早在 2016 年就开始推行政务数据资源的收集、共享和应用,且建立了贵阳大数据交易所,旨在激活数据资源,释放数据红利。广东、浙江、上海、山东、天津、山西、北京等省份和重点城市都

---

* 最高人民法院 2021 年度司法研究重大课题研究成果。
** 课题主持人:张雯;执笔人:姜颖、赵瑞罡、李威娜、李文超、武一帆、方小康。

出台了促进数据应用的各种法规和政策性文件，如2022年11月，北京市公布了《北京市数字经济促进条例》。其实，早在2021年3月31日，国内首家基于"数据可用不可见，用途可控可计量"新型交易范式的数据交易所——北京国际大数据交易所的正式成立，定位于打造国内领先的数据交易基础设施和国际重要的数据跨境流通枢纽，标志着我国大数据战略又迈上了新的台阶。

表1 我国围绕数字治理的相关政策文件

类别		名称
国家	法律	《中华人民共和国数据安全法》
		《中华人民共和国网络安全法》
		《中华人民共和国个人信息保护法》
	行政法规	《国务院关于印发促进大数据发展行动纲要的通知》
		《国务院办公厅关于促进和规范健康医疗大数据应用发展的指导意见》
		《国务院办公厅关于运用大数据加强对市场主体服务和监管的若干意见》
	司法解释	《最高人民法院办公厅关于推进司法数据中台和智慧法院大脑建设的通知》
		《道路交通事故损害赔偿纠纷"网上数据一体化处理"工作规范（试行）》
		《最高人民法院最高人民检察院公安部关于办理刑事案件收集提取和审查判断电子数据若干问题的规定》
	部门规章	《汽车数据安全管理若干规定（试行）》
		《个人信用信息基础数据库管理暂行办法》
		《工业和信息化部关于加强车联网网络安全和数据安全工作的通知》
地方	地方性法规	《山东省大数据发展促进条例》
		《安徽省大数据发展条例》
		《吉林省促进大数据发展应用条例》
		《贵州省政府数据共享开放条例》
		《天津市促进大数据发展应用条例》
		《深圳经济特区数据条例》
		《海南省大数据开发应用条例》
		《北京市数字经济促进条例》
	地方政府规章	《广东省公共数据管理办法》
		《湖北省政务数据资源应用与管理办法》
		《安徽省政务数据资源管理办法》
		《浙江省公共数据开放与安全管理暂行办法》
		《辽宁省政务数据资源共享管理办法》
		《上海市公共数据和一网通办管理办法》
	其他规范性文件	《北京市教育数据资源管理办法（试行）》
		《北京市数据中心统筹发展实施方案（2021—2023年）》
		《晋城市人民政府办公室关于进一步加强政务数据开放共享的通知》
		《山东省市场监督管理局 山东省大数据局关于促进标准化大数据发展的指导意见》

我国数字治理不仅在政策立法方面进行了丰富实践，各地早已围绕数字治理展开了政务平台建设、数据交易所（交易中心）建设、企业数据合规等实践尝试。

为推进数字治理和数字经济发展，我国各省（市）相继成立了专门的机构或部门对全省（市）的数据资源进行管理，且这些机构绝大多数为政府直属机构或政府部门管理的事业单位等（见表2）。由政府对数据资源进行统一的管理、应用，已成为各地政府数字治理的共识，推行政务数据开放、数据资源共享等亦成为全国各地实践的方向。

表2　全国各地负责数据资源管理的机构或部门实践情况

地方	名称	类型
北京	北京市大数据中心	政府部门管理的事业单位
天津	天津市大数据管理中心	政府部门管理的事业单位
上海	上海市大数据中心	政府部门管理的事业单位
浙江	浙江省大数据发展管理局	政府部门管理机构
广东	广东省政务服务数据管理局	政府直属机构
贵州	贵州省大数据发展管理局	政府直属机构
山东	山东省大数据局	政府直属机构
海南	海南省大数据管理局	企业法人
安徽	安徽省数据资源管理局	政府直属机构
吉林	吉林省政务服务和数字化建设管理局	政府直属机构
江苏	江苏省大数据管理中心	政府部门管理的事业单位
四川	四川省大数据中心	政府直属机构
山西	山西省工业和信息化厅大数据产业办公室	政府部门内设机构
黑龙江	黑龙江省政务大数据中心	政府部门管理的事业单位
福建	福建省大数据管理局	政府部门管理机构
河南	河南省大数据管理局	政府部门管理机构

数字治理作为新时代的治理理论，无论是在理论研究方面还是从各国实践层面，均得到了内容的丰富和发展。数字时代，无论是社会生活方式还是生存空间，都已发生改变。传统物理空间背景下的边界概念，在数字空间中并不是十分清晰，越来越多的行为、空间等存在交织，泾渭分明的边界理论已无法解释数字空间中发生的行为。与此同时，数字时代背景下的司法亦面临着理论与逻辑的重塑、转型，传统的司法理念和逻辑已无法应对和解决互联网、大数据、人工智能等带来的挑战，司法领域的治理逻辑、治理理念必须完成更新。

二、数字时代司法治理逻辑

(一) 双重空间逻辑

1. 传统物理空间逻辑的局限

我国当前的法律体系是建立在传统物理空间背景下,法治的重要基础是国家与社会的二分结构以及社会契约理论。数字时代却催生了新型经济关系和社会关系,尤其是平台经济的飞速发展,不仅形成了"国家—平台—社会"的三元结构,更对既有的法律体系和司法逻辑提出了挑战。[1] 一方面,我们的衣食住行和公共生活都离不开数字技术的应用,每个人都有着自己的数字身份和数字行为,以此形成了数字关系。传统"理性人"的法律建构标准,已无法涵盖数字空间的数字行为,主/客体二元对立的司法逻辑无法合理解决数字空间的某些行为关系,司法裁判无法解释平台的角色和利益分配,甚至在对立逻辑下,会采取牺牲平台利益的做法。另一方面,如果采用从物理时空生活中抽象出来的自由、平等、权利为轴心的法律逻辑,则面临着司法裁判矛盾的两难境地。如在数据产品的案件审理中,在遵循"物权法定"原则体系下,无法准确界定数据产品的权利属性,但从权利外观而言,数据产品明显具有财产权特征,属于平台运营者付出自身劳动、资本投入所创造的"产品"。

2. 双重空间的司法逻辑重塑

大量互联网新型案件的涌现以及司法裁判的无力,表明了单一物理空间的司法逻辑无法合理解决数字空间的法律行为。伴随着数据成为重要的生产要素,如今的生活空间呈现智能互联/分布共享、双层空间/虚实同构、人机共处/数字生态三大特征,法律关系亦表现为虚实同构、双重空间的特征。如何构建双重空间的司法审理逻辑,已成为当下理论界和实务界一大命题。

以数据产品的审理为例,物理空间的审理逻辑典型体现为"司法三段论"的形式逻辑,其中的关键在于作为大前提法律的寻找。"寻法"成为数据产品案件审理的一大难题。而在物理/数字的双重空间逻辑下,平台作为数字法律关系的主体之一,其制定的规则对规范数据市场主体行为具有现实约束力。在数字经济新型业态下,平台的身份已不再仅是作为普通企业参与,其拥有制定规则的"准立法权"、管理平台的准行政权以及争议纠纷解决的"准司法权",需要司法裁判者转变审理逻辑,全面看待平台身份(见图1)。

---

[1] 马长山:《迈向数字社会的法律》,法律出版社2021年版,第7页。

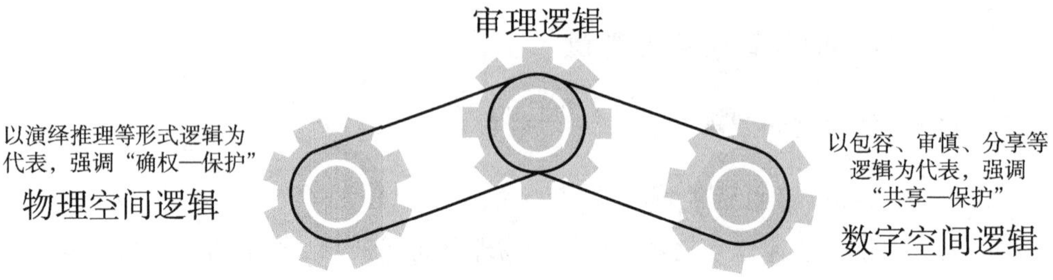

图 1　数据产品的审理逻辑

（二）包容分享逻辑

如上文所述，传统空间逻辑无法有效解决数字时代的治理难题，转以"双重空间"的法律逻辑能够有效解决数字难题。尤其是因数据开放、利用、储存、流动等行为而带来的诸多数据新型案件，如"生意参谋"等数据产品典型纠纷案件，更加需要司法转变固有的法律逻辑，代之以包容、分享的数字逻辑，推动数字时代的司法治理现代化。

1. 包容逻辑

包容逻辑是与非此即彼的"二元逻辑"相反的逻辑概念，在数字时代强调司法的包容性更多是从治理的主客体方面来考虑。虽然《中华人民共和国数据安全法》（以下简称《数据安全法》）、《中华人民共和国个人信息保护法》（以下简称《个人信息保护法》）等法律法规的出台为数据安全和流动提供了一定依据，但并未明确数据权属等基本问题。以数据产品纠纷为例，数据产品作为平台利益的载体，是平台参与数字经济的重要形式。若以主客体对立的逻辑审视数据产品，将数据产品严格限定在"非权利即义务"范畴，则忽视了平台的多元角色。司法裁判者必须转变"非此即彼"的二元对立逻辑，既要看到平台作为权利方对数据产品享有的权益，也要看到平台作为责任方在研发数据产品过程中应负有的义务，以主客体包容性逻辑准确看待平台的利益构成，避免片面性裁判。

2. 分享逻辑

物理空间的裁判逻辑建立在产权明晰和责任明确的制度之上，通过"确权—保护"的逻辑发挥司法作用，是一种典型的"确权经济"。[1]而在数字化、

---

[1] 马长山：《数字社会的治理逻辑及其法治化展开》，载《法律科学（西北政法大学学报）》2020 年第 5 期。

信息化时代，原来物理空间的阻隔和障碍被数据、算法进行了消解，为确权带来了难题。"确权—保护"的司法逻辑已日显疲态，尤其是在数字时代，因数据的无形性、非竞争性、多面性等特征，围绕原始数据、数据产品等权属的争议不断，传统的"确权—保护"逻辑在数字空间下异常艰难。因此，司法须服务于"不求所有、但求所用"的数字时代需求，从确权走向共享，以分享性司法逻辑服务保障经济发展。

（三）安全底线逻辑

数据价值的释放在于数据流动、交换、共享等行为，当前数据俨然成为国家重要的战略资源，数据亦成为个人、企业、国家的重要资产。围绕数据进行讨论的话题愈来愈激烈，以美国等西方国家为代表，强调以数据自由流动为政策推行其在数字领域的利益主张，实则是在扩张他们在数字领域的主权力量。因此，在数字经济发展过程中，我们必须清晰认识到世界各国在数字发展、数据流动、个人信息保护等方面政策主张的本质，坚持数据发展与安全并重的逻辑，在数据开发利用、数据跨境流动、数据共享等方面坚持安全底线。

1. 坚持国家安全底线

数据是支撑国家安全的重要战略资源，尤其是经济运行数据、地理信息数据等，对维护国家安全有重要意义。欧美等西方国家强调数据自由流通，利用"长臂管辖"手段和数字经济优势，将数据作为西方影响全球的新手段，给国家安全带来了一定的威胁。[1] 在数字经济时代，个人、企业等的信息数据可能涉及军事、国防、科技、政治、经济等多个领域，在科技手段的加持下，以往碎片化、个别性、不具备价值的数据，通过大数据分析、整合等方式，能够实现数据的整体化、价值化，进而从个人数据信息中获得有关国家的政治、经济、军事、科技等敏感信息，进而威胁国家安全。随着技术的发展，大量新型案件涌入法院，个人信息保护、隐私侵权、数据爬取、互联网不正当竞争等新类型案件，不仅为新时代司法带来了挑战，而且更涉及国家网络安全等领域。因此，数字经济时代人民法院的司法裁判必须树立国家安全的底线思维，不能仅盯个案中的法律问题，而应以更加宏观的视野，从国家利益视角审视每一起网络新型案件，实现政治效果、法律效果和社会效果的统一。

2. 坚持产业发展底线

围绕数据资源展开的企业竞争愈发激烈，近年来，大量涉及数据开发利

---

[1] 梅宏：《数据治理之论》，中国人民大学出版社2020年版，第126页。

用、数据存储等行为的纠纷为司法治理带来了新的挑战。以数据为核心的企业竞争已成为数字经济时代产业发展的新动力。新兴产业发展带来的不仅是法律适用方面的难题，而且更是利益衡量与保护的价值选择。针对每一起围绕数据资源进行的新类型案件审理，每一份司法文书的出台，每一项司法判断的作出，其背后所体现的均是司法的价值选择。新兴产业的发展需要良好的营商环境，而法治就是新兴产业发展最好的营商环境。以北京互联网法院为例，在涉及平台发展、算法歧视与规制、人工智能生成物判定等新类型案件中，不但从法律适用层面关注每一起新类型案件的法律关系，而且从社会和产业发展角度厘清背后的利益关系。在这个过程中，要妥善解决新类型案件所带来的法律适用难题，必须厘清个中的利益关系，坚持以法治保障产业发展。

3. 坚持个人权益底线

个人是数字经济发展过程中最为重要且最易受到伤害和忽视的群体。一方面，个人作为原始数据的提供者，一直影响着数字经济的发展。涉及个人出行、医疗、网购等大量个人数据信息，一直为相关企业的发展提供原始动力。从我国颁布的《数据安全法》和《个人信息保护法》等法律法规来看，个人数据信息安全和保护越来越受重视。然而，从另一方面来看，大量涉及个人信息泄露、隐私侵害、算法歧视、个人定向推荐等新型问题的出现，表示个人依然是数字经济时代最为弱势的一方。相比于企业拥有庞大的数据信息资源而言，在数字世界中，个人一直处在信息极为不对称一方，企业、平台等主体利用收集的用户个人信息，通过平台算法等技术手段，向用户定向推荐商品或服务，在不断输出的过程中极易产生"信息茧房"、算法歧视等侵害用户个人权益的事件。司法在面对此类案件时，不仅需要坚持国家安全和产业发展的底线，而且也需要保护用户个人的权益，产业利益和个人利益的保护权衡，是数字经济时代最为常见、最难抉择的时代课题。

三、数字时代司法治理的创新实践

（一）创新非诉纠纷解决机制

在中央全面深化改革委员会第十八次会议审议通过的《关于加强诉源治理 推动矛盾纠纷源头化解的意见》中，明确了加强诉源治理工作的顶层设计和专题部署，为人民法院诉源治理工作指明了方向和任务。随后，最高人民法院发布了《关于深化人民法院一站式多元解纷机制建设推动矛盾纠纷源头化解的实施意见》，确定了完善人民法院源头化解矛盾纠纷工作格局、健全人民法院源头化解矛盾纠纷工作机制以及加强重点领域矛盾纠纷源头化解工作，其中重点指出了"加强重点领域矛盾纠纷源头化解工作"和"加强互联网纠纷源头治理工作"。

在此背景下，北京互联网法院立足自身审判实际，根据案件具体类型和特点，围绕首都数字经济发展和北京"两区"建设，积极发挥功能型法院职能作用，深入调研诉源治理工作，并且通过大数据、区块链等技术，针对涉网知识产权纠纷、涉网互联网金融纠纷等案件，创新诉源治理机制手段。

1. 网络版权治理创新

网络版权是指著作权人对其作品在网络环境下所享有的人身权利和财产权利的总称，是传统版权在数字传播领域的扩张，涵盖网络环境下文学、艺术和科学领域内的一切以数字化形式存在或传播的智力成果。❶ 作为知识产权的重要一项，网络版权的相关案件已成为当前知识产权纠纷案件的"主流"，无论是在数量上，还是在新类型、新技术的审理难度上，网络版权类案件已成为知识产权纠纷中不可忽视的重要板块。

与此同时，以互联网为核心的知识产权纠纷数量近年来不断攀升，以北京互联网法院为例，自2018年9月至2022年12月，共受理案件167193件，其中涉网知识产权案件123824件，占比为74.06%（见表3）。❷

表3 2018年9月—2022年12月涉网知识产权案件

年份	总收案数（件）	涉网知产案件数（件）	占总收案数比例（%）
2018	3039	2391	78.68
2019	41665	32008	76.82
2020	36475	28926	79.30
2021	52310	38868	74.30
2022	33704	21631	64.18
合计	167193	123824	74.06

可见，涉网知识产权纠纷已成为北京互联网法院审理的重点案件类型。为进一步化解涉网知识产权纠纷，发挥互联网法院在依法治网、推进网络空间治理法治化的职能作用，北京互联网法院立足自身案件审理实际，通过借助区块链、大数据等前沿技术，构建互联网领域层次治理体系，创新诉源治理模式，

---

❶ 中国信息通信研究院：《"十三五"中国网络版权治理白皮书》，2021年9月，第1页。

❷ 数据来源于北京互联网法院可视化系统，http://129.3.21.174：8080/sjkshfx/api/index，访问日期：2023年8月4日。

推出全国首例针对网络版权案件的"e版权诉源共治体系"。

北京互联网法院探索形成"党委领导、府院联动、规则引领、多方参与、科技支撑"的版权纠纷多元化解新模式。

一是依托党委领导，主动融入党委统领下的社会矛盾纠纷预防化解机制。一方面，积极对接市委有关部门，紧紧围绕互联网著作权纠纷案件中存在的诉讼牟利、批量诉讼等涉诉突出问题，召开20余次研讨会、闭门会，积极报送意见建议，争取党委支持。另一方面，认真对标市委相关文件，将数字版权等重点领域批量纠纷化解作为服务首都数字经济高质量发展的切入点，北京互联网法院出台了《关于为促进北京数字经济创新发展提供有力互联网司法服务和法治保障的意见》，精准司法，为市域治理提供互联网司法保障，将党的领导贯彻到诉源治理全过程。

二是依托府院联动，深入推进常态化协同机制，打造行政、司法、行业共治主体联动的闭环。首先，坚持网络版权问题导向和结果导向，从审判终端进行问题倒推，通过与市委宣传部、市版权局等联席会商、发布典型案例等多种方式，为有关部门行政监管提供参考。其次，主动助力市版权局建立著作权数字登记平台，联合版权登记机关、数字文化企业、版权存证平台等多方力量，提供权利数字登记、电子存证、交易流转等服务，打通行政版权登记信息与司法审判之间的数据壁垒，实现版权登记信息实时交互、高效调取、高可信度。最后，积极联合市版权局发起倡议，倡导建设集约化数字著作权交易平台，覆盖确权、授权、用权和维权全过程，大大降低权利人举证难度和庭审对抗性，实质化提升庭审质效，推动构建良好版权生态。

三是依托技术赋能，实现"双链对接"，形成确权、鉴权、维权权利轨迹流转的闭环。首先，紧扣纠纷源头，在确权环节实现双标统一。针对版权纠纷权属不清、授权不明等焦点问题，进一步加强对图片权属、授权审查，出台类案审理问答，形成版权司法审查的确权规则，依靠"版权链"与"天平链"联通，实现司法认定标准与行政版权登记监管标准统一，提升版权登记的公信力，解决权属认定难题。其次，实现全程追溯，保证鉴权环节数据不可篡改。利用区块链点对点分布式记账、非对称加密、时间戳等技术优势，生成版权登记数字证书，与"天平链"进行联通对接，成为版权授权、许可和交易唯一标的，确保版权权利登记信息可信溯源，降低权利人举证难度和庭审对抗性。最后，确保精准对接，在维权环节建立快速通道。探索确定可信数据共享标准，简化"天平链"与"版权链"涉诉数据调取手续，实现版权登记信息一键调取，区块链跨链自动验证。2021年3月，北京互联网法院审结了首例依托"版权链—天平链协同治理平台"的版权案件，依职权调取了北京版权保护中心存档的涉案图片授权登记材料，完成了区块链跨链验证。

四是依托示范引领，统筹诉非衔接，构建线下有组织架构、线上有解纷路径的闭环。一方面，推动在线调解一体化运行，运用信息化手段搭建"云调E+"非诉平台。其中，29家特邀调解组织以"开店"形式统一入驻北京互联网法院在线调解平台，为当事人提供"一站式"全流程在线调解服务。如此前已成功化解的一批图片版权纠纷，涉及15名摄影师、6万余张图片，准备起诉案件高达4060件，利用"云调E+"非诉平台，最终促成双方达成一揽子和解协议。另一方面，充分发挥诉讼示范作用，加强互联网著作权纠纷源头治理。发挥社会各方解纷作用，积极联合行政机关、行业协会调解平台等专业力量，以版权诉非在线调解平台为支撑开展"云对接""云指导""云化解"，并附载到法院电子诉讼平台上。通过"一庭"（一次样板式庭审）、"一书"（一份示范性判决），用司法裁判"一揽子"推动更多纠纷在诉前解决。此外，北京互联网法院积极延伸诉讼服务触角，在央视网、小米网、腾讯、新浪等12家互联网平台开通诉服工作小站，将非诉调解、典型案例、示范庭审等线上功能进一步"移植"，让法律服务更加个性化、有精度，加强重点领域矛盾纠纷源头化解，推进源头治理进平台、进网络。

2. 互联网金融治理创新

有了网络版权领域的成功治理经验，面对北京近年来互联网金融纠纷案件的递增，尤其是异地金融案件存在批量涌入北京的司法现状，北京互联网法院在前期调研分析论证的基础上，根据数字经济的发展特点，充分发挥大数据分析作用，拓展了"e版权"治理思路，实现了互联网金融领域的诉源治理创新。

通过借鉴"e版权诉源共治体系"的治理经验和思路，针对互联网金融案件，北京互联网法院利用天平链的建设基础，通过侧链接入的方式开辟了"e贷诉源共治体系"。该体系是针对北京互联网法院互联网金融借款、小额借款纠纷案件搭建的矛盾纠纷社会共治体系。

"e贷诉源共治体系"作为侧链接入天平链，秉承"法院主导""协会推动""多方参与""技术赋能""治理创新"等基本原则，重点针对互联网案件量大、标的额小的小微案件建立新型互联网纠纷预防、化解的机制。即由北京互联网法院主导，联合电子商会等社会组织以及电信运营商、金融机构、公安部门、大数据平台、人工智能、区块链科技公司等多方参与，利用区块链、人工智能等技术赋能，创新治理思路，摆脱靠"人工法官"对抗"金融科技"的窘境，把大批量的金融案件化解甚至预防到前端，主要包括事前主动预防、事后多元化解、业务规范和联合惩戒信任体系四大部分（见图2）。

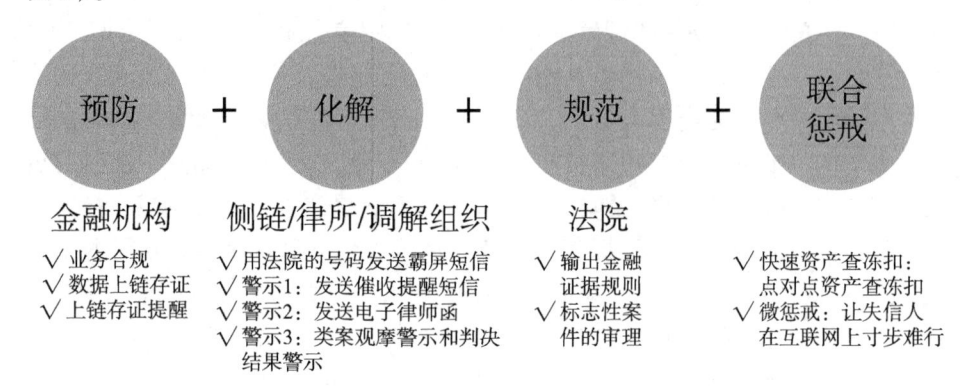

预防 ＋ **化解** ＋ **规范** ＋ **联合惩戒**

金融机构
√ 业务合规
√ 数据上链存证
√ 上链存证提醒

侧链/律所/调解组织
√ 用法院的号码发送霸屏短信
√ 警示1：发送催收提醒短信
√ 警示2：发送电子律师函
√ 警示3：类案观摩警示和判决结果警示

法院
√ 输出金融证据规则
√ 标志性案件的审理

√ 快速资产查冻扣：点对点资产查冻扣
√ 微惩戒：让失信人在互联网上寸步难行

图2 "e贷诉源共治体系"框架

（二）创新诉讼解纷裁判规则体系

1. 关注公民权利，坚持严格保护

随着《中华人民共和国民法典》《数据安全法》《个人信息保护法》等法律规定的出台，公民人格尊严侵犯、个人信息泄露、隐私侵害等问题得到了有效遏制。在数字经济背景下，网络空间的虚拟性、侵权手段的隐蔽性、侵害行为的高破坏性等特点，不仅给公民个人权利保护带来了难题，而且也对司法审判提出了挑战。如何在虚拟的网络空间中切实保护公民权利、如何在复杂难懂的技术原理中找准行为切入点等难题都对互联网司法提出了更高的要求和期待。

一是严格保护公民个人信息、隐私等权利。如在黄某起诉"微信读书"侵害用户个人信息案❶中，法院认定平台在关联产品间迁移用户信息应征得用户同意，收集、使用个人信息时，应根据信息性质、使用方式、使用场景等，以合理方式让用户获得清晰认知，并征得用户有效同意。通过个案裁判，法院明确了平台应当严格遵守"告知—同意"原则以及"最小必要"原则，收集、开发和利用信息数据应当以保护个人信息权利和隐私权为前提，合理规制了平台随意收集、违法获取、过度使用个人信息的行为，保护了互联网时代公民的信息隐私等权利。

---

❶ 参见北京互联网法院（2019）京0491民初16142号民事判决书。

二是严格保护私人生活安宁等人格权益。在法院审理的"丁某家书"案[1]中，针对网上公开拍卖他人家信的行为，明确了未经授权在交易平台公开展示他人书信及具有自我思想表达内容的手稿，构成对他人隐私的侵害。对于交易平台明知侵权行为而未加以审核、制止的情况，确定了与侵权人承担连带责任的裁判规则。该裁判厘清了涉及"名人隐私"保护范围的界定，强调名人的隐私权可以被合理限缩，但不等同于私人生活可以被完全曝光；强调与公共利益无关的私人信息应当受到充分保护。

2. 秉持技术中立，鼓励技术向善

一是坚持技术中立，保护合法权益。在审理的"软件智能生成物"著作权侵权案[2]中，北京互联网法院首次对计算机软件生成内容是否构成作品及如何保护的问题进行了司法回应，认定人工智能生成内容不构成作品，但由于软件使用者进行付费和探索，软件生成内容凝结了其投入，为促进文化传播和科学发展，应赋予软件使用者相应权益。他人如需使用软件生成内容，亦需征得软件使用者许可并支付一定报酬。

二是鼓励技术向善，制止侵权行为。如在"盘多多"案[3]中，法院明确网络用户使用网盘存储文件的主要目的是备份而非分享。出于保护知识产权和网络用户隐私的考量，网盘禁止通用搜索引擎抓取网盘存储的内容。如果不对专用于网盘的搜索链接服务予以制止，将会使网盘成为侵权作品存储和分享的"乐园"，极大地损害著作权人的合法权利。在该案中，法院通过依法裁判规范了对网盘资源分享链接进行搜索的服务行为。

可见，法院通过依法裁判，积极探索人工智能、大数据、网络搜索服务等新技术带来的新客体保护规则，合理划定新技术应用保护边界，鼓励新技术应用及其成果的分享，保障探索者的创新成果得到有力保护，让新技术应用成为数字经济发展的内驱动力。

3. 坚持规范引领，关注利益平衡

习近平总书记指出，我国平台经济发展正处在关键时期，要营造创新环境，解决突出矛盾和问题，推动平台经济规范健康持续发展。北京互联网法院始终坚持规范的引领作用，通过裁判合理界定平台责任，权衡各方利益，支持平台企业创新发展，增强国际竞争力，促进平台依法规范发展，健全数字规则。

---

[1] 参见北京互联网法院（2018）京0491民初1813号民事判决书。
[2] 参见北京互联网法院（2018）京0491民初239号民事判决书。
[3] 参见北京互联网法院（2019）京0491民初2826号民事判决书。

一是合理权衡用户权益与平台发展之间的利益。在审理的"超前点播"网络服务合同案❶中,法院经审理认定,网络服务平台探索新的商业模式,不得损害已承诺于用户的合同权利,网络服务平台可以设立单方变更权,但是其享有单方变更权的同时,也有不损害用户利益的当然法律义务。在该案中,法院通过依法裁判明确了网络服务提供者在探索新型商业模式的进程中必须遵循公平原则、尊重用户感受、遵守法律规定,一方面保障了用户权益,另一方面肯定了合理的商业模式,实现了用户利益与平台发展的平衡,有利于提升数字空间治理水平,保障数字经济的发展。

二是准确界定特殊群体与平台公司之间的权益划分。在"滴滴公司"网络服务合同纠纷案❷中,法院认定原告与被告为网络服务合同关系,被告制定的《平台用户规则》为服务合同的一部分,在不违反法律强制性规定时,具备法律效力,双方应按照规则行使权利、履行义务。被告有权基于安全保障义务,单方对司机的违规行为作出判定,并采取必要的处理措施;依据乘客投诉情况对原告违规作出初步判定,限制其"深夜服务卡"使用,符合平台规则,亦符合广大不特定乘客安全保障要求。在这一层面,肯定了平台公司的自主经营和管理的权利。同时,法院认为原告申诉后,被告未依照平台规则对违规事实进行核查,在原告并无过错的情况下采取账号限制措施缺乏依据。针对司机的申诉,平台应当进行核查,如申诉属实,应及时取消限制措施,切实维护司机的合法权益。该案判决明确了网约车平台经营者在进行平台管理时,应注重平衡广大不特定乘客的利益与司机群体的利益,促进网约车经营模式健康可持续发展。

4. 激发创作活力,保护创新创作

一是准确认定独创性,激发创作活力。在"抖音短视频"案❸中,法院认为短视频是否具有独创性与其长短没有必然联系,能够体现制作者的个性化表达、给观众带来精神享受的短视频具有独创性,构成作品。该案是对互联网环境下新型创作模式、创作行为的大胆肯定,传递了倡导和鼓励正能量作品制作与传播的价值导向,有利于满足公众多元文化需求,体现了司法对于互联网时代技术和商业模式变迁的快速回应与开放态度。

二是合理认定作品类型,保护创新创作。在北京互联网法院审理的周某某

---

❶ 参见北京互联网法院(2020)京0491民初3106号民事判决书。
❷ 参见北京互联网法院(2019)京0491民初17870号民事判决书。
❸ 参见北京互联网法院(2018)京0491民初1号民事判决书。

诉申屠某某侵害类电作品著作权纠纷一案❶中，延时摄影能否构成作品以及其作品属性，是法院审理该案件的主要难点。最终，法院经审理认定，利用照片素材通过电脑软件制作成涉案视频，赋予静止的照片以动态，形成具有美感的连续画面，在素材选取、主题内容的表达上具有独创性，属于"以类似摄制电影的方法创作的作品"。该案中，法院通过依法裁判界定了延时摄影的作品属性，有利于鼓励数字经济主体创新发展，为公众提供更为新颖、更加丰富的文化产品。

完善数字经济视阈下网络知识产权保护规则，鼓励和规范各类市场主体通过技术进步和科技创新实现数字产业迭代升级，激发数字经济市场活力，是新时代法院的职责与使命担当，依法妥善审理涉及数字经济的新技术、新模式、新业态的新类型案件，坚持鼓励创新、规范引领、审慎裁判，促进一大批新技术落地生根，一大批新业态活力迸发，为建设现代化经济体系和促进经济高质量发展营造良好的法治环境。

5. 准确界定边界，推动健康发展

发展数字经济，既需要技术支撑，也需要法律保障，良好的法治环境是发展数字经济的必要条件。数字经济的发展应当秉持诚信原则和公认的商业道德，应当充分运用法治思维和法治方式，通过裁判规则促进新业态、新模式在公平竞争、优质高效和维护各方利益的框架下发展，将新经济模式纳入法治轨道之中，对于破坏商业经营秩序的行为应坚决予以规制。

一是合理界定互联网"共享经济"。在北京互联网法院审理某公司起诉的"共享会员"侵害作品信息网络传播权及不正当竞争纠纷案❷中，法院经审理依法认定被告购买原告 VIP 会员账号后提供给自营 App 内注册用户共同使用的行为，并非合理意义上的共享经济模式创新，而是属于破坏原告经营活动、扰乱市场竞争秩序的不正当竞争行为。共享应以各方的互利共赢为前提，以不得损害他人的合法权益为边界。该案明确了共享经济实质和不正当竞争之间的边界，呵护数字经济新业态、新产业的蓬勃发展势头，维护既有商业领域经营秩序平稳运行，彰显了数字经济时代价值取舍导向，助力优化数字营商环境，促进数字经济可持续发展。

二是积极回应数字时代的司法需求。在审理的全国首例"直播带货"网络购物合同纠纷案❸中，主播许某在直播间销售仿冒手机，利用消费者对其身

---

❶ 参见北京互联网法院（2019）京0491民初8606号民事判决书。
❷ 参见北京互联网法院（2018）京0491民初429号民事判决书。
❸ 参见北京互联网法院（2020）京0491民初7972号民事判决书。

份的信任进行导流并实现流量变现。最终法院依法认定被告的该种行为构成欺诈，承担"退一赔三"的责任。此类直播带货交易模式是"粉丝经济"和"网红经济"的典型表现形式。这种新型交易模式一方面成为消费的"火爆增长点"，构成了繁荣数字经济的新动力；另一方面，在产品质量、消费者保护等领域也带来了全新的问题和挑战，需要司法作出及时的应对。法院通过司法裁判明确了直播带货中的私下交易应认定为主播实施的经营行为，为规范流量经济时代的直播带货行为提供指引。

6. 从严治理乱象，弘扬核心价值

目前，我国网络黑灰产业的规模已经超过千亿元人民币，部分领域已经发展到高度社会化分工协同的水平，网络黑灰产业已经成为互联网行业的"毒瘤"，严重危害网络生态环境与数字经济的健康发展。以"暗刷流量"行为为例，其不仅违反商业道德底线，使同业竞争者的诚实劳动价值被减损，破坏正当的市场竞争秩序，侵害不特定市场竞争者的利益，而且也会欺骗、误导网络用户选择与其预期不相符的网络产品，长此以往，会造成网络市场"劣币驱逐良币"的不良后果，最终减损广大网络用户的利益。从严治理网络黑灰产业等互联网行业乱象，弘扬核心价值，维护广大网络用户的利益可以从以下两方面入手。

一是深挖利益链条，严厉治理网络黑灰地域。在北京互联网法院审理的"暗刷流量"合同交易无效案[1]中，经过审理，法院判定原被告双方签订的以非法技术手段提高点击量、制造虚假流量误导网络游戏玩家的网络服务合同交易无效。同时认为双方当事人不得基于合意行为获得其所期待的合同利益，且虚假流量业已产生，如互相返还，无异于纵容当事人通过非法行为获益，违背了任何人不得因违法行为获益的基本法理，故另行制作决定书，对原被告双方在合同履行过程中的获利予以收缴，严厉打击了虚假流量交易行为，弘扬了诚信公平的社会主义核心价值观。

二是聚焦"粉丝文化"，整治"饭圈"乱象。在艺人张某某起诉的"粉丝微博评论艺人"侵害名誉权案[2]中，经过审理，法院判定被告的行为给张某某的人格权造成了严重伤害，判决被告赔礼道歉并赔偿精神损害抚慰金 10 万元，被告通过微博获取网友打赏，属于借助涉案侵权行为获利的行为，违背了任何人不得因违法行为获益的基本法理，决定收缴梁某非法获利。该案裁判明确了

---

[1] 参见北京互联网法院（2019）京 0491 民初 2547 号民事判决书。
[2] 参见北京互联网法院（2019）京 0491 民初 33743 号民事判决书。

网络用户可以对公众人物进行合理评价，但不能逾越法律边界，更不能因违法行为而获取利益。判决体现了法院主动适应互联网发展大趋势，弘扬社会主义核心价值观，实现了法律效果和社会效果的有机统一，维护了数字社会秩序。

7. 坚守司法主权，捍卫国家利益

网络空间主权作为国家主权的重要组成部分已成为各国共识，网络空间也成为各国争夺的领域。正因其具有虚拟性、无边界性等特点，针对网络空间的治理显得格外重要和困难。近年来，围绕网络空间、网络数据、网络知识产权等领域的司法案件越来越多，各国出于自身利益需要，出台了一系列政策法规，而有些国家甚至以本国国内法代替国际法规则在他国实行"长臂管辖"，❶破坏他国司法主权。针对域外国家"长臂管辖"不断扩张的情况，2021 年 1 月 9 日，经国务院批准，商务部公布了《阻断外国法律与措施不当域外适用办法》，维护了我国国家主权和安全、经济贸易的发展以及本国法律主体的合法权益。

在"最低限度联系"原则下，以美国为代表的国家试图在网络空间、数据等新兴领域继续沿用"长臂管辖"权。❷ 在民事纠纷案件中，存在大量的格式条款排除我国法律和管辖适用，将争议纠纷解决的司法管辖权严格限定在域外。如"亚马逊海外购系列案"❸ 中，涉案公司在涉案合同中就有排除我国管辖的服务条款，一旦用户或消费者选择概括同意服务条款，便视为接收域外管辖的"知情—同意"。面对此种情形，如若承认管辖条款的约束力，也就意味着我国法院不具有司法管辖权，我国消费者的维权则需前往域外，这无疑是对国家司法主权和公民利益的巨大挑战。为了充分维护我国国家利益，保障消费者权益，保护国外企业在我国的合法权益，经过前期大量的审理和调解工作，法院在坚持否定域外管辖中不合理限制我国消费者权利条款效力的原则下，以调解方式妥善、有效地化解了此类纠纷，有力维护了我国司法主权和消费者合法权益，同时也充分保障了国外企业在我国的合法利益。

（三）创新建立数据安全管理机制

党的十九届四中全会提出，"健全劳动、资本、土地、知识、技术、管理、数据等生产要素由市场评价贡献、按贡献决定报酬的机制"。数据要素市场化配置上升到国家战略高度。北京是全国大数据资源最丰富的地方，同时也具有非常

---

❶ 宋晓：《域外管辖的体系构造：立法管辖与司法管辖之界分》，载《法学研究》2021 年第 3 期。

❷ 邵怿：《网络数据长臂管辖权——从"最低限度联系"标准到"全球共管"模式》，载《法商研究》2021 年第 6 期。

❸ 参见北京互联网法院（2020）京 0491 民初 1472 号民事判决书等涉及亚马逊的系列案件。

好的发展大数据的生态环境基础，拥有大量的大数据关键核心技术。在2021年3月31日，北京国际大数据交易所（以下简称北数所）正式成立，标志着北京在培育数据要素市场、促进数字经济开放发展上迈出了里程碑式的一步。然而，数据交易流程中仍面临着一系列数据确权、数据安全、数据监管等难题，这些问题的解决是数据交易得以正常进行的保证。因此，创新建立数据安全管理机制是解决当前数据交易、促进数字经济健康高质量发展的关键一步。

1. 当前数据安全、数据交易亟须解决的难题

一是数据确权难题。数据的价值与其体量、使用频率呈正相关关系，数据共享是激发数据作为生产要素的重要外部机制。目前，从法律层面而言，国内外均无明确的数据确权法律制度。美国秉持着数据自由与网络自治的数据观念，通过扩张适用普通法的隐私权为个人数据提供保护，并针对金融、医疗、教育等特殊领域使用个人数据单独立法保护；❶ 而欧盟实施的《通用数据保护条例》以宪法性基本人权的严格保护模式为个人数据提供绝对控制保护；2021年我国公布的《中华人民共和国数据安全法》（以下简称《数据安全法》）中未规定数据确权制度。数据因其财产性、人格性与主权性的特征，❷ 为数据确权带来了诸多挑战。构建符合数据特性的中国特色确权制度，必须处理好数据与隐私保护、数据共享与垄断两组关系；❸ 明确数据确权的目的在于激发数据要素主体的市场活力，促进数据流动共享，实现数据资源价值。

二是数据交易规则难题。数据交易是一个包含事前、事中和事后交易的全流程，交易规则必须深入数据交易场景具体设定。大数据可分为数据获取、数据分析以及数据应用三大阶段，❹ 大数据交易须将数据整个流程考虑在内。我国《数据安全法》第十九条规定"国家建立健全数据交易管理制度，规范数据交易行为，培育数据交易市场"，但并未具体规定从哪些方面规范数据交易行为。针对数据交易流程规则，我国贵阳大数据交易所发布的《贵阳大数据交易所702公约》规定了数据交易的基本数据要求和内容，上海数据交易中心发布的《数据互联规则》明确列举了数据交易的原则以及禁止交易的数据。虽然已有大数据交易实践涉及数据交易规则的构建，但并未形成数据交易的完

---

❶ 崔淑洁：《数据权属界定及"卡—梅框架"下数据保护利用规则体系构建》，载《广东财经大学学报》2020年第6期。

❷ 连玉明：《数权法1.0：数权的理论基础》，社会科学文献出版社2018年版，第4页。

❸ 杨东，臧俊恒：《数据生产要素的竞争规制困境与突破》，载《国家检察官学院学报》2020年第6期。

❹ ［荷兰］玛农·奥斯特芬：《数据的边界：隐私与个人数据保护》，曹博译，上海人民出版社2020年版，第39页。

整规则。

三是数据监管难题。我国目前尚未有针对大数据交易监管的法律制度，从与大数据交易有关的国家政策、地方性法规以及部分数据交易平台的行业内部规范来看，涉及数据交易监管多为指导性内容，缺乏具体的数据交易监管制度。同时，数据交易平台的类别和法律地位差异决定了监管模式设置的不同。现有的大数据交易平台主要划分为第三方数据交易平台和综合数据服务平台两大类，前者如中关村数海大数据交易平台，后者以贵阳大数据交易所为代表，两者的本质区别在于前者仅提供中介服务，属于自律性法人，可采取自律监管；而后者除了提供中介服务外，还提供数据存储、数据产品出让等服务，既是居间商又是出让方，属于非自律性法人。❶ 北京国际大数据交易所有着数据信息登记、数据产品交易服务、数据运营管理服务等多项服务内容，同时其收集的数据目录中含有本市政府部门的公共数据以及企业的商业数据，须坚持以数据安全保发展的交易监管理念。

2. 创新建立数据安全管理机制的实践样本

北数所作为国内首家基于"数据可用不可见，用途可控可计量"新型交易范式的数据交易所，为创新建立数据安全管理机制提供了实践样本。其新的数据交易模式、数据安全和数据监管的技术理念，都为创新建立数据安全管理机制提供了实践支撑。

一是新的数据交易模式为数据安全和数据监管提供参考。以培育数据交易市场、释放数据要素价值为核心，北数所避开了传统的"数据所有权"交易痛点，与之前全国各数据交易平台相比，具有数据交易模式新、数据交易规则新以及数据交易生态新三方面优势。其依托长安链底层技术架构，实现数据存证、计算合约等交易行为确权；根据使用用途和数量频次，针对计算结果、数据服务等进行市场化定价；通过数据交易平台，采用区块链、多方安全计算等技术，支撑数据使用权交易。北数所在数据交易方面的实践经验为数据治理提供了新的思路，在创新建立数据安全管理机制上，亦可采用多方安全计算、隐私计算等信息技术手段（见图3），确保数据安全、可控。

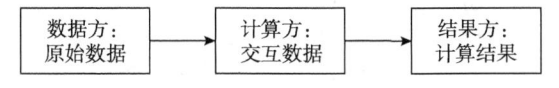

数据方：原始数据 → 计算方：交互数据 → 结果方：计算结果

图3　隐私计算原理示意

---

❶ 张敏：《大数据交易的双重监管》，载《法学杂志》2019年第2期。

二是新的数据治理模式为数据安全管理机制提供建设思路。现阶段，从功能设置看，北数所不仅是数据交易的市场交易主体，还是数据交易平台、数据交易运营商、数据要素市场"孵化器"。从参与身份看，北数所在整个数据交易中既是"运动员"也是"裁判员"，既是"生产员"也是"质检员"，更是整个过程的"服务者"。可以说，多功能合一设置方式契合了互联网融合发展的趋势，符合当前大数据交易所建设规律。因此，在数据安全管理机制建设上，不仅需要相关市场主体成为数据安全管理的"对象"，而且也要突出他们在数据安全管理方面作为"参与者""责任者"的主体地位，改变以往"二元分立"的治理思路，创新多元共治的数据治理模式。

3. 以数据安全为核心的"司法保护链"构建

数据治理过程的关键在于保证数据安全，在多维主体共同参与的综合治理模型中突出"司法保护链"。

一是利用技术构建多方参与的综合治理模型。利用区块链技术，以类型化数据为突破口，从数据的全生命周期出发，如通过构建数据监管链、交易链、司法链等，建立数据综合治理的生态模型（见图4）。在企业方面，可在行业数据交易中组建行业协会联盟，促进要素数字化流转，形成行业生态链；在政府等相关行政部门，可加强对于数据要素的管理和政策监管，以长安链等区块链底层技术为依托，建立数据管理链和政策监管链；在司法机关层面，可借助区块链等技术，建立司法保护链。

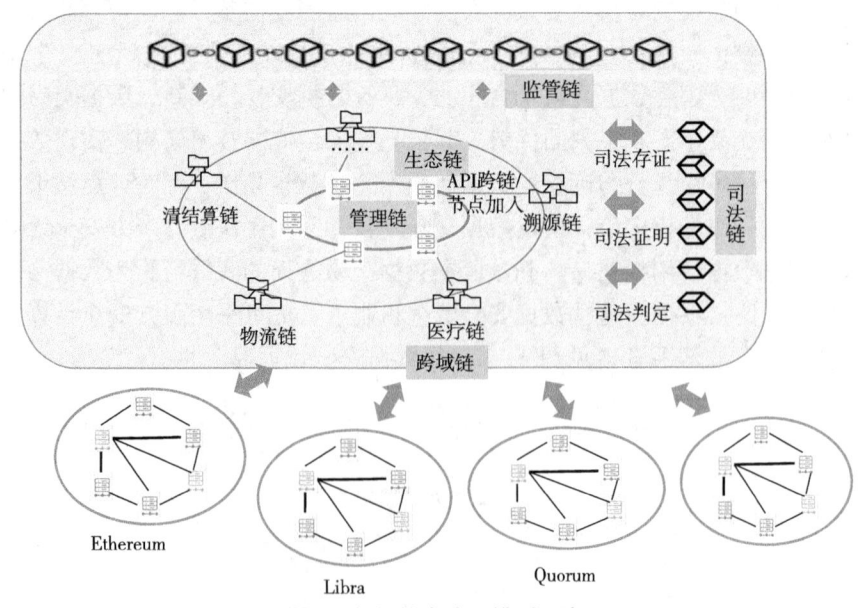

图 4　数据综合治理模型示意

二是以数据安全为核心构建"司法保护链"（见图5）。在数据综合治理模型中，"司法保护链"作为基础性存在，对数据安全、数据管理有着决定性意义。通过司法判断促进数据治理法治化以及法治数字化，不断在司法领域推动我国数字化进程。在"司法保护链"建设中，主要有三方主体：首先是作为企业的数据主权企业、数据托管企业以及数据需求企业，它们主要提出数据需求、寻找交易以及进行其他数据业务；其次是作为运作方的园区，以北京中关村科技园区为例，其主要为数据供需双方提供准入服务、引入技术提供方与运营方，为司法链的运营提供技术支撑与运营服务；最后是这一保护链中最为关键的主体——联盟方，以互联网法院为例，其主导司法链联盟，形成约束数据供需双方权利与义务的链上合约模板，在数据交易双方出现纠纷时，进行线上受理与快速判决，从而实现数字法律化和法律数字化，推动数据治理能力现代化。

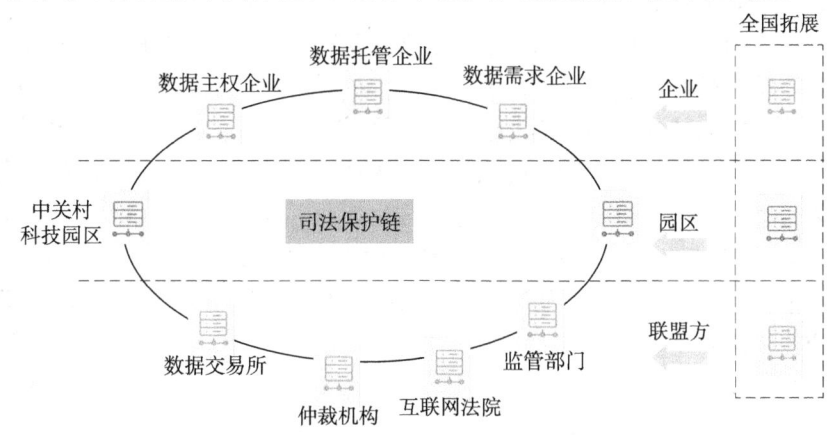

图5 司法保护链各方主体示意

以此为实践蓝本，可设想探索对法律进行数字时代的升级和转化、解构和重塑，将传统法律条文解构为数字要素，"翻译"成为标准数字行为，将司法判断标准、法律精神，提前放置在数据要素交易行为中，用法治化的"合规"，促进数据交易，构建以数据安全为核心的"司法保护链"，不断创新数据安全管理机制。

（四）探索互联网公益诉讼规则

民事公益诉讼是法定主体针对侵害公共利益之民事违法行为，诉诸法院以追究违法责任并借此捍卫公益的法律制度。在数字经济飞速发展的今天，互联网侵害现象频发、侵害范围日益扩大、互联网公益亟待救济的背景下，互联网民事公益诉讼已成为保障数字经济发展、促进数字治理的新兴路径。但囿于法律规范缺位、司法理念滞后、互联网公共利益定性不清等因素，司法实践中存在案件数量少、受案范围不明晰、规范理解有差异、审理程序不明确等问题，以致互联网公益诉讼制度设计的司法功能发挥严重受限。对此，应当进一步明确互联网民事"公益"的认定标准，论证互联网民事公益诉讼的必要性所在，构建互联网民事公益诉讼范围体系，进而完善互联网民事公益诉讼的程序设计流程，为司法实践提供参考借鉴。

1. 明确互联网民事公益诉讼受案范围

依据法律规定，案件受理的前提为"属法院受理案件范围和受诉法院管辖"。因此，在程序设计上，需首要解决案件"由谁受理"和"受理哪些"，即案件管辖原则和具体受案范围问题。具体而言，可以"例举式＋概括式＋排除式"明确具体受案范围。

一是明确具体类型和兜底条款。鉴于互联网公共利益自身的抽象性和不断扩张性，用例举式难以穷尽具体受案范围。故对当前涉及公共利益的热点事件进行分析并抽取其中共同公益因素，并结合前述各地出台的相关条文进行梳理，总结提炼关键词并统计其出现频率（见图6），最终以"例举式＋概括式"对具体受案范围予以明确。对此，笔者认为，对于利用互联网信息技术，侵害网络公共秩序、网络空间净化、个人信息保护、网络系统安全等互联网公共利益及其他公共利益的行为，检察机关依法提起互联网民事公益诉讼的，互联网法院应当依法受理。

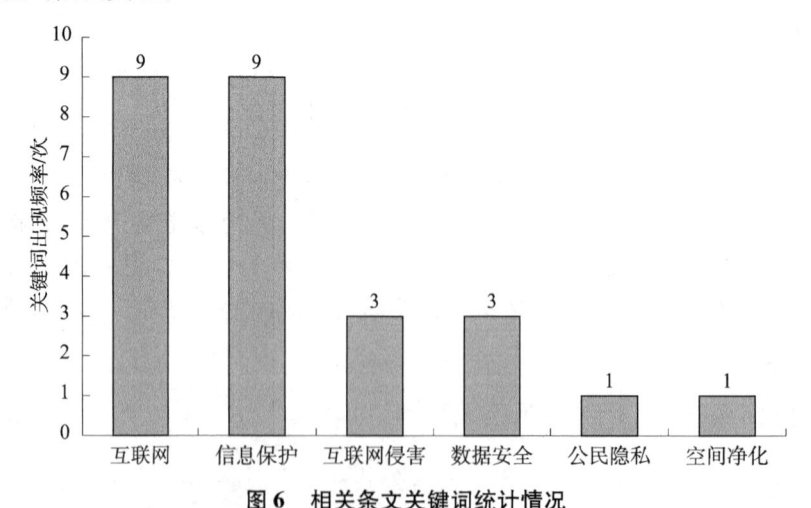

图6　相关条文关键词统计情况

注：对河北、内蒙古等各地人大常委会出台的《关于加强检察公益诉讼工作的决定》及2020年4月重庆市发布的《重庆市人民检察院关于拓展公益诉讼案件范围的指导意见（试行）》等进行关键词检索查询。

二是明确排除在外的案件类型。侵害互联网公共利益的行政违法行为案件、侵害国家利益的部分案件，以及侵害特定部分群体利益的非典型性案件应当排除在外。公共利益同时受到民事公益诉讼和行政公益诉讼制度的保护，而在我国公益诉讼体系中，前两者主要被纳入行政公益诉讼受案范围，故即使与互联网相关联也不应再纳入互联网民事公益诉讼之范围。后者则是因为受害群体的利益不具有典型性和扩散性，难以因典型影响和潜在扩散性而取得公益属性，故更适用普通私益模式或代表人诉讼模式，避免互联网公益诉讼过分侵蚀私益诉讼的适用空间。

2. 分类审查互联网民事公益诉讼启动程序

根据法律规定，法院受理民事公益诉讼案件，应当对公益起诉人主体资格、诉讼顺位、是否需要履行并已经履行诉前程序等公益诉讼启动程序进行审查。基于法经济学理论和当前立法状况，笔者认为，司法实践中法院应当根据互联网民事公益诉讼案件类型分类审查互联网民事公益启动程序。

一是传统领域涉网民事公益诉讼，严格履行诉前公告。传统领域涉网民事公益诉讼所针对的侵权行为主要是：以互联网为侵害行为工具在线侵犯资源环境、消费群体权益、英烈权益，以致公共利益受损的行为。考虑到资源环境的物理空间属性，该领域与互联网公益诉讼领域交叉较少。故本文仅对后两个领域涉网民事公益诉讼案件的启动程序进行分析。《中华人民共和国消费者权益保护法》和《中华人民共和国英雄烈士保护法》确定了符合条件的消费者协会、英烈近亲属享有民事公益诉讼优先诉权。即只有在三十日的公告期内，不存在上述合法主体或其决定放弃行使公益诉权的情况下，检察机关才可提起互联网民事公益诉讼。如在杭州互联网法院审理的保护英烈名誉权民事公益诉讼案件中，西湖区检察院作为公益诉讼人诉前进行依法公告，确定期间无任何英烈近亲属起诉后才诉至杭州互联网法院。

二是新兴领域互联网民事公益诉讼，检察机关直接起诉。新兴领域互联网民事公益诉讼主要针对的是，侵害个人信息保护、网络系统安全、网络空间秩序、网络空间净化等互联网公共利益行为。由于我国当前网络安全法中未对公益诉讼作出规定，故除检察机关为互联网民事公益诉讼案件的法定主体，何种诉讼主体还具有互联网民事公益诉讼案件主体资格仍不明确。故建议人民法院在受理此类型互联网民事公益诉讼案件时，可明确检察机关无须进行诉前公告程序。即检察机关在满足其他法定起诉条件情况下，可直接进行在线立案。

3. 构建案件全流程在线审理模式

结合互联网民事公益诉讼案件审理特点、在线审理优势以及在线诉讼程序运行情况，构建检察机关提起互联网民事公益诉讼的法院审理流程（见图7）。

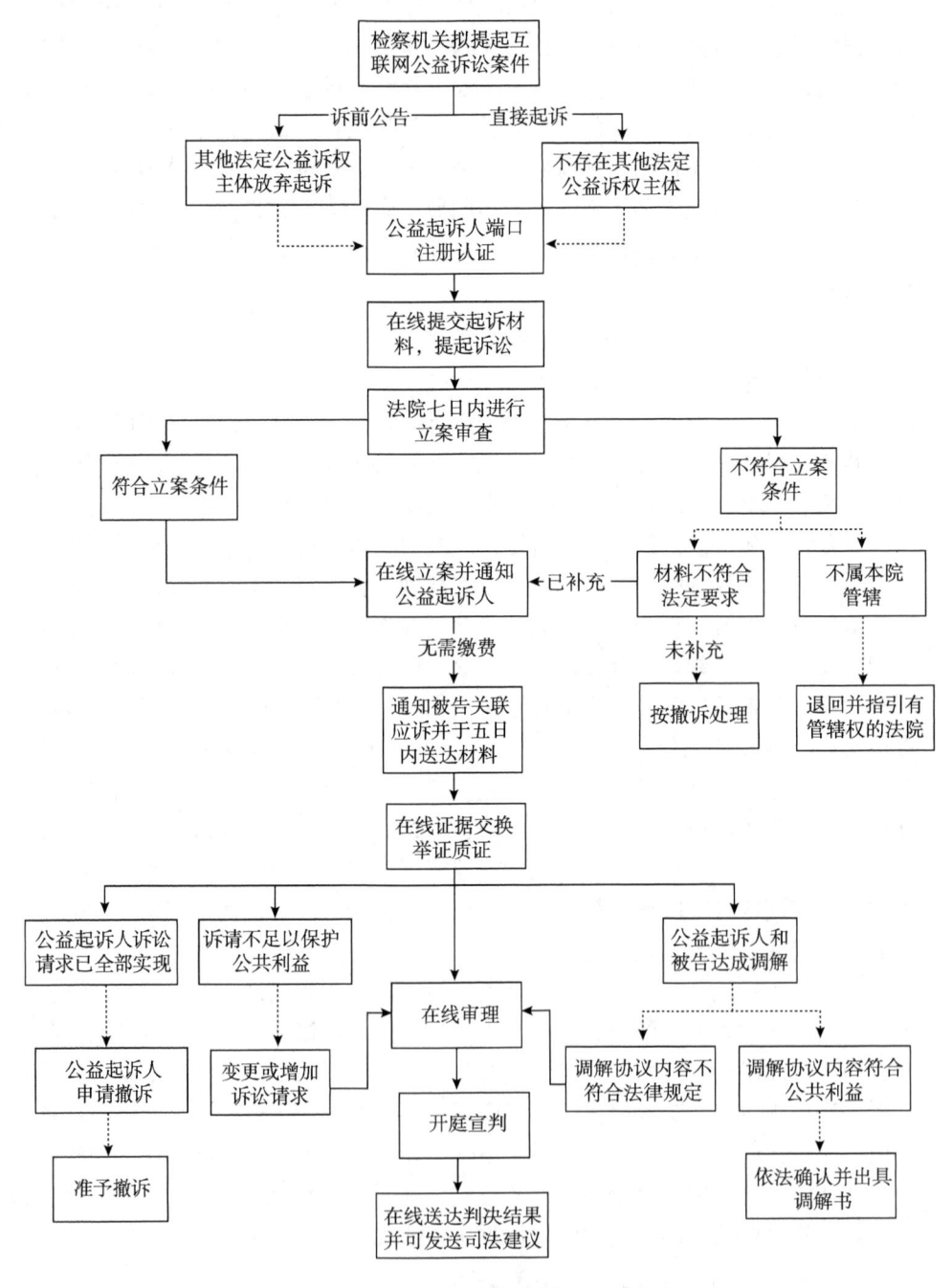

图7 互联网民事公益诉讼案件审理流程

4. 完善互联网民事公益诉讼配套机制

一是立法为基——提高法律效力层级，完善上位法依据。基于国家机关职权法定原则以及规定检察机关提起公益诉讼范围属于中央事权，应通过全国人大及其常委会以立法方式对人民检察院提起新类型公益诉讼案件的范围作出明确规定。由于《中华人民共和国民事诉讼法》对民事公益范围采取"列举＋概括"立法模式，不宜通过诉讼法的频繁修订逐一列举，但可借鉴我国单行法立法模式，建议在《个人信息保护法》《中华人民共和国网络安全法》等事关互联网公益的法律中，补充增加互联网民事公益诉讼的相关条款。

二是技术为器——依托智慧法院建设，提升司法效能。第一，借助区块链技术，破解证据难题。当前，三家互联网法院都已建成"区块链"技术平台，可在其基础上将检察机关接入区块链节点体系，既便于起诉人实现在线取证和存证，又可提高法院对证据的认定效率。第二，依托大数据平台，强化审查监测。因事关互联网公共利益，互联网纠纷往往也是社会关注度高的热点事件，其侵害后果具有潜在性和扩散性。故法院应当推动建立跨部门大数据办案平台，审查侵害行为后果扩散范围，关注社会公众舆情反应。

三是多方助力——强化空间协同治理，提升司法效能。一方面，立足互联网公益特性，需要建立在党委领导协调下的多方主体沟通联动机制。互联网空间治理本身就是多目标、多手段、多视角、多主体，涉及诸多因素的复杂体系。尤其是在取证认证、主体确定、事实调查等问题上更是需要多方协作，必须建立良好的沟通联动、协作配合机制，强化互联网空间协同治理。另一方面，积极履行司法建议职责，延伸司法职能。通过司法建议延伸审判职能，扩展审判效果，提升司法效能，强化司法公信力，回应社会关切。

综上所述，随着互联网、信息技术等的飞速发展，产业数字化、数字产业化的进程不断加快，相应数字经济时代的治理难题不断凸显。面对大量涌现的新型治理难题，传统的治理思维和逻辑已无法有效应对。司法作为公平正义的最后一道防线，更应紧跟时代步伐，重塑自身的治理思维和裁判逻辑。技术赋能司法、智慧司法、数字法院等建设已是大势所趋，人民法院应在数字洪流中创新司法治理的方式方法，面对新领域、新难题、新挑战，应积极主动应变，在国家社会利益、产业发展和个人权利保障之间做好"加减法"，妥善处理各类关系和难题，为数字经济的健康发展提供充分的司法保障。

数字正义视阈下的互联网司法白皮书

文/北京互联网法院课题组

习近平总书记在建党100周年庆祝大会上的"七一讲话"指出，我们实现了第一个百年奋斗目标，正在意气风发向着全面建成社会主义现代化强国的第二个百年奋斗目标迈进。新的征程上，我们必须全面深化改革开放，立足新发展阶段，完整、准确、全面贯彻新发展理念，构建新发展格局，推动高质量发展，推进科技自立自强，保障人民当家作主，坚持依法治国，坚持社会主义核心价值体系，坚持在发展中保障和改善民生，坚持人与自然和谐共生，协同推进人民富裕、国家强盛、中国美丽。

站在"两个一百年"奋斗目标的历史交汇点上，我国高度重视数字经济发展，在创新、协调、绿色、开放、共享的新发展理念指引下，正积极推进数字产业化、产业数字化，引导数字经济与实体经济深度融合，推动数字经济高质量发展。中国互联网络信息中心发布的第48次《中国互联网发展状况统计报告》显示，截至2021年6月，我国网民规模达10.11亿，数字经济新业态、新模式竞相涌现。国家互联网信息办公室发布的《数字中国发展报告（2020年）》显示，我国数字经济总量跃居世界第二，成为引领全球数字经济创新的重要策源地。2020年，我国数字经济核心产业增加值占国内生产总值比重达到7.8%。一方面，互联网的普及和产业的新发展，为数字经济发展打下了坚实的基础，另一方面，数字经济高质量发展对通过司法实现公平正义提出了更高的要求。

《2021年最高人民法院工作报告》指出，通过依法公正裁判，为数字经济发展和技术创新明晰规则，引导新技术、新业态、新模式在法治轨道上健康有序发展。2021年7月30日，北京市委办公厅、北京市人民政府办公厅印发的《北京市关于加快建设全球数字经济标杆城市的实施方案》指出，充分发挥北京互联网法院引领作用，强化知识产权保护，加快知识产权保护体系建设，加大打击侵权行为力度。面临数字时代的重大历史机遇，北京互联网法院自2018年9月9日成立以来，在国家全面依法治国战略与深化司法体制改革的大格局中，持续发挥功能型法院的职能作用，大力推进科技创新和司法创新的深度融合，积极探索和建立适应互联网时代需求的诉讼规则和裁判规则，在完善中国特色、全球领先互联网司法模式过程中向数字正义迈进，为首都加快建设全球数字经济标杆城市、构筑高质量发展新优势输出北互经验、贡献北互力量。

一、创造更高水平数字正义，是互联网司法的职责和使命

（一）数字正义是互联网司法的最高价值目标

"努力让人民群众在每一个司法案件中感受到公平正义"是习近平总书记对政法机关和政法工作提出的工作目标和明确要求。2020年9月，周强在出席最高人民法院互联网法院工作座谈会时强调，要准确把握时代发展大势，充分发挥制度优势，全面深化智慧法院建设，推动司法模式转型升级，努力建设中国特色、世界领先的互联网司法模式，创造更高水平的数字正义。

数字正义是人类发展到数字社会对公平正义更高水平需求的体现，是数字社会司法文明的重要组成部分，也是互联网司法的最高价值目标，数字正义以保护数字社会主体合法权益为出发点，以激励和保护数字经济依法有序发展为原则，以互联网司法模式的深度改革和高度发展为保障，以多方联动的数字治理为手段，数字正义可满足数字经济高质量发展对司法的新需求、规范数字空间秩序和数字技术应用伦理、消减因数字技术发展带来的数字鸿沟，进而实现数字社会更高水平的公平正义为目标。

从互联网司法的角度，我们认为，数字正义应该包括以下维度：

（1）数字正义必须以习近平法治思想为指导，符合社会主义核心价值观，贯彻新发展理念。数字正义的实现水平是数字社会司法文明发达程度的重要标准；

（2）数字正义是对人类正义观的丰富，二者一脉相承，数字正义具有明显的发展和进步，主要体现数字社会、数字经济的时代特征和正义需求，以满足数字经济高质量发展对司法的新需求、规范数字空间秩序和数字技术应用伦理为主要价值目标；

（3）数字正义是不断发展的，在数字社会发展的初级阶段，数字正义的实现是以互联网审判模式的完善和有效运行为基础，互联网法院作为智慧法院建设和互联网司法模式的领跑者，是数字正义创造和输出的引领力量；

（4）互联网法院是创造数字正义的"标杆法院"，公正高效的在线审判是基础、裁判规则的持续输出是核心、规则的有效执行和遵守是目标。互联网法院秉承"以裁判树规则、以规则促治理、以治理促发展"的方法和思路持续

输出数字正义的最新成果，代表着数字法院未来的发展方向；

（5）在数字技术的支撑下，实现正义的效率更高、更精准，但对于数字技术应用产生的数字鸿沟、技术向恶等问题则需要通过机制和规则的完善予以弥合，以促进数字技术创新活力不断释放；

（6）数字经济的发展和数字技术的不断进步，新类型纠纷不断出现，社会主体对数字正义的需求必然更加多元化，更高水平的数字正义需要社会各方协同来通过数字治理才能实现。

（二）互联网法院是实现数字正义的引领力量

1. 保护个人数据信息安全，规范数字经济数据要素市场

数据是数字经济的核心生产要素，是国家基础性战略资源。只有准确界定数据权属，规范数据保护、流转、交易等各环节，才能真正让数据赋能数字经济。要加强数据权利司法保护，推动形成数据资源汇集共享、数据流动安全有序、数据价值市场化配置的数据要素良性发展格局，司法裁判应秉承"严格保护、利益平衡"的司法原则，明确用户个人数据信息商业使用规则和边界，督促互联网企业收集使用个人数据信息时合法合规，加强对个人数据信息安全的保护。北京互联网法院通过依法裁判规制平台随意收集、违法获取、过度使用个人信息的行为。平台应当严格遵守"告知—同意"原则以及"最小必要"原则，收集、开发和利用信息数据应当以保护个人信息权利和隐私权为前提。在北京互联网法院审理的黄某起诉"微信读书"侵害用户个人信息案中，北京互联网法院经审理认定，平台在关联产品间迁移用户信息应征得用户同意，收集、使用个人信息时，应根据信息性质、使用方式、使用场景等，以合理方式让用户获得清晰认知，并征得用户有效同意。北京互联网法院通过依法裁判明晰数字经济发展和互联网产品技术创新规则，规范与指引数据产业行业规则的建立，推动健全数字领域政策法规体系，加快完善数据权利司法保护规则，促进数字经济数据要素市场规范化运转。

2. 完善知识产权保护规则，激发数字经济市场活力

积极应对数字经济背景下网络空间知识产权保护面临的新挑战，树立保护知识产权就是保护创新的理念，平衡保护创新发展理念与保障用户权益之间的关系，持续提升知识产权保护水平。依法妥善审理涉及数字经济的新技术、新模式、新业态的新类型案件，坚持鼓励创新、规范引领、审慎裁判，促进一大批新技术落地生根，一大批新业态活力迸发，为建设现代化经济体系和经济高质量发展营造良好的法治环境。在北京互联网法院审理的周某某诉申屠某某侵

害类电作品著作权纠纷一案中,本院认定延时摄影若具有独创性,应作为类电作品予以保护,未经著作权人许可,在网络上销售延时摄影的行为构成侵权。北京互联网法院通过依法裁判界定了延时摄影的作品属性,鼓励数字经济主体创新发展,为公众提供更为新颖、更加丰富的文化产品。完善数字经济视阈下网络知识产权保护规则,鼓励和规范各类市场主体通过技术进步和科技创新实现数字产业迭代升级,激发数字经济市场活力。

3. 规范互联网商业竞争秩序,优化数字经济营商环境

发展数字经济,既需要技术支撑,也需要法律保障,良好的法治环境是发展数字经济的必要条件。数字经济的发展应当秉持诚信原则和公认的商业道德,应当充分运用法治思维和法治方式,通过裁判规则促进新业态、新模式在公平竞争、优质高效和维护各方利益的框架下发展,将新经济模式纳入法治轨道之中,对于破坏商业经营秩序的行为应坚决规制。在北京互联网法院审理某公司起诉的"共享会员"侵害作品信息网络传播权及不正当竞争纠纷案中,被告购买原告的 VIP 会员账号,通过登录会员账号的方式获取原告的正版影视资源,从而向自身开发的 App 用户提供有偿播放服务。这类因数字社会的发展所催生的"共享经济",能够提高资源的利用效率、实现各方的互利共赢,但对于共享经济的管理要包容审慎。北京互联网法院经审理依法认定被告购买原告 VIP 会员账号后提供给自营 App 内注册用户共同使用的行为,并非合理意义上的共享经济模式创新,而是属于破坏原告经营活动、扰乱市场竞争秩序的不正当竞争行为。北京互联网法院通过依法裁判,明确共享经济实质和不正当竞争之间的边界,呵护数字经济新业态、新产业的蓬勃发展势头,维护既有商业领域经营秩序平稳运行,彰显了数字经济时代价值取舍导向,助力优化数字营商环境,促进数字经济可持续发展。

4. 准确界定数字平台责任,推动数字空间有效治理

习近平总书记指出,我国平台经济发展正处在关键时期,要营造创新环境,解决突出矛盾和问题,推动平台经济规范健康持续发展。北京互联网法院通过裁判合理界定平台责任,支持平台企业创新发展,增强国际竞争力,促进平台依法规范发展,健全数字规则。在北京互联网法院审理吴某某起诉的"超前点播"网络服务合同案中,原告认为被告在其运营的视频平台上对包括电视剧《庆余年》在内的剧集实行"付费超前点播",侵犯了其身为黄金 VIP 会员的消费者合法权益,构成违约。北京互联网法院经审理认定,网络服务平台探索新的商业模式,不得损害已承诺于用户的合同权利,网络服务平台可以设立单方变更权,但是其享有单方变更权的同时,也有不损害用户利益的当然

法律义务。北京互联网法院通过依法裁判明确了网络服务提供者在探索新型商业模式的进程中必须遵循公平原则、尊重用户感受、遵守法律规定,一方面保障了用户权益,另一方面肯定了合理的商业模式,有利于提升数字空间治理水平,保障数字经济的发展、助推数字正义实现。

5. 坚决打击网络黑灰产业,助力数字经济健康发展

目前,网络黑灰产业的规模已经超过千亿元人民币,部分领域已经发展到高度社会化分工协同的水平,网络黑灰产业已经成为互联网行业的"毒瘤",严重危害网络生态环境与数字经济的健康发展。以"暗刷流量"行为为例,其不仅违反商业道德底线,使同业竞争者的诚实劳动价值被减损,破坏正当的市场竞争秩序,侵害不特定市场竞争者的利益,而且也会欺骗、误导网络用户选择与其预期不相符的网络产品,长此以往,会造成网络市场"劣币驱逐良币"的不良后果,最终减损广大网络用户的利益。在北京互联网法院审理的"暗刷流量"合同交易无效案中,法院判定原被告双方签订的以非法技术手段提高点击量、制造虚假流量误导网络游戏玩家的网络服务合同交易无效,通过个案裁判,明确互联网司法对虚假流量交易行为的否定态度,给流量作假的网络乱象沉痛一击,弘扬了诚信公平的社会主义核心价值观。北京互联网法院通过依法裁判有效治理网络黑灰产业,支持行政部门包容审慎履行监管职责,明确行业发展的法律边界,打击了互联网黑灰产业的生存空间,提升了治理网络黑灰产业的法治化水平,助力数字经济健康发展,推动了数字正义的实现。

6. 划定新技术应用保护边界,加强创新成果司法保护

全球新一轮科技革命和产业变革兴起,数字经济蓬勃发展,以大数据、人工智能、物联网等为代表的数字技术正全面向经济社会各领域渗透。面对数字经济中的新技术应用,我们既要鼓励创新,拥抱数字化转型,也要合理划定边界,深入研究新技术应用及其影响,秉承"鼓励技术向善、维护技术中立、制止技术向恶"的裁判理念,致力于优化互联网创新创业环境,服务保障数字经济发展。在北京互联网法院审理的全国首例"软件智能生成物"著作权侵权案中,原告主张,被告在某平台发布文章的行为侵犯涉案文章的著作权,而被告认为涉案文章是采用法律统计数据分析智能生成的报告,不属于著作权法的保护范围。北京互联网法院首次对计算机软件生成内容是否构成作品及如何保护的问题进行了司法回应,认定人工智能生成内容不构成作品,但由于软件使用者进行付费和探索,软件生成内容凝结了其投入,为促进文化传播和科学发展,应赋予软件使用者相应权益。他人如需使用软件生成内容,亦需征得软件使用者许可并支付一定报酬。北京互联网法院通过依法裁判积极探索人工

智能、大数据等新技术带来的新客体保护规则，合理划定新技术应用保护边界，鼓励新技术应用及其成果的分享，保障探索者的创新成果得到有力保护，让新技术应用成为数字经济发展的内驱动力。

7. 注重涵养互联网新业态，助力数字经济新引擎

数字经济中，变革与挑战并存，互联网新技术、新业态不断翻新迭代，许多新类型的矛盾纠纷紧紧依附于新业态发展，与互联网相伴而生。司法审判应积极回应数字时代的需求，通过个案审理，确立裁判规则，循序渐进推动网络空间依法治理，让公平正义在数字空间不缺位、显成效。在北京互联网法院审理的全国首例"直播带货"网络购物合同纠纷案件中，主播许某在直播间销售仿冒手机，利用消费者对其身份的信任进行导流并实现流量变现，法院依法认定被告的该种行为构成欺诈，承担"退一赔三"的责任。此类直播带货交易模式是"粉丝经济"和"网红经济"的典型表现形式。这种新型交易模式一方面成为消费的"火爆增长点"，构成了繁荣数字经济的新动力；另一方面，在产品质量、消费者保护等领域也带来了全新的问题和挑战，需要司法作出及时的应对。北京互联网法院通过司法裁判明确了直播带货中的私下交易应认定为主播实施的经营行为，为规范流量经济时代的直播带货行为提供指引，以包容和审慎的司法态度为数字经济新业态护航，运用司法智慧为数字空间定标尺、明边界、促治理，保障数字经济健康有序发展。

8. 规制网络算法逻辑法则，助力数字社会信用体系构建

随着互联网的发展，算法作为互联网公司的核心商业利益，在针对消费者的消费活动中，产生了潜移默化的影响。算法选择本质上是通过自动分配与某些选定信息的相关性来定义，涵盖搜索、预测、监视发展到过滤、推荐和内容生成等功能。在日常商业领域，消费者日益感受到算法对于生活的全面渗透，部分有歧义的页面展示信息可能导致消费者产生选择疑虑，不利于对消费者知情权的保障。北京互联网法院审理的陈某某诉某外卖平台网络服务合同纠纷一案中，陈某某在某外卖 App 订餐，选择商品时显示配送费为 6 元，多次刷新后，最终结账时却显示配送费为 7 元，原告认为平台在其后台中修改了配送费，构成欺诈。平台认为，因用户订单首页地址为智能定位推荐的地址，与原告订单实际填写的地址不同，订单首页显示的配送费基于首页定位计算，实际配送费根据最终填写地址计算，不存在欺诈情形。经审理，北京互联网法院认定被告主观上不存在欺诈故意，且原告在下单或多次刷新时已注意到配送费出现的差异，不足以认定被告的行为构成欺诈。但是，由于被告在本案中未尽到提示义务，在缔约过程中存在过错，故判决被告赔偿原告 1 元配送费差价。北

京互联网法院通过该案指明了互联网公司在为消费者提供服务时需要注意的义务,在提供服务或消息时,应尽到合理的注意义务,充分发挥算法有利因素,提供匹配性、精准性、人性化消费服务,保障消费者知情权,推动互联网诚信空间建设。

9. 弘扬社会主义核心价值观,维护数字社会和谐秩序

习近平总书记指出,要把培育和弘扬社会主义核心价值观作为凝魂聚气、强基固本的基础工程,社会主义核心价值观是实现中华民族伟大复兴中国梦的价值引领。北京互联网法院积极实践将社会主义核心价值观融入裁判文书释法说理,让人民群众在每个数字纠纷案件中感受到数字正义,并就"粉丝文化"与青少年网络言论失范问题开展深入调研。在北京互联网法院审理艺人张某某起诉的"粉丝微博评论艺人"侵害名誉权案中,被告在"新浪微博"平台发布27篇博文,文中涉及大量侮辱、诽谤原告的言论,原告诉至法院,主张被告侵犯其名誉权。原告起诉后,被告发布微博,号召网友对其诉讼进行"打赏",获得网友打赏金额3万余元。北京互联网法院经审理认定,被告的行为给张某某的人格权造成了严重伤害,判决被告赔礼道歉并赔偿精神损害抚慰金10万元,被告通过微博获取网友打赏,属于借助涉案侵权行为获利的行为,违背了"任何人不得因违法行为获益"的基本法理,决定收缴梁某非法获利。判决生效后,被告主动履行了赔偿及缴纳收缴款的义务。北京互联网法院通过裁判明确网络用户可以对公众人物进行合理评价,但不能逾越法律边界,更不能因违法行为而获取利益,这是北京互联网法院主动适应互联网发展大趋势、弘扬社会主义核心价值观、实现法律效果和社会效果有机统一、维护数字社会秩序的典型体现。

二、坚持创新发展理念,为实现更高水平的数字正义打造互联网司法模式新样本

北京互联网法院坚持创新发展理念,牢牢把握数字时代发展大势,优化全流程在线诉讼新模式、探索信息技术与司法审判融合发展新路径、树立网络空间司法治理新规则,充分发挥示范引领作用,打造互联网司法模式新样本,提高实现更高水平的数字正义的效率与精准度。

(一)深化在线诉讼模式创新,释放"数字红利"

诉讼模式创新的时代,在线诉讼已经成为表达和司法服务数字经济高质量发展的必然选择。北京互联网法院遵循"开放包容、中立共享、创新升级、

安全可控"的建设理念,打造"多功能、全流程、一体化"的电子诉讼平台,提供从诉前调解、立案到审判、送达、执行的全流程在线服务。深度运用人脸识别技术,支持当事人在线注册与身份认证,实现线上立案率100%;深度运用即时通信技术,畅通法官与当事人沟通渠道,在送达文书的同时发送弹屏短信进行提醒;深度运用云视频技术与语音自动识别技术,支撑在线庭审及在线调解,节约庭审时间,在线庭审率达到99.8%,庭审平均时长37分钟,比普通线下诉讼节约时间约四分之三;深度应用法律知识图谱技术,实现类案智能推送与文书自动生成,提高裁判文书撰写的高效性与准确性;深度应用数据安全交换技术,开发法官办案平台,实现疫情期间审判执行不停摆,数字正义不止步。

北京互联网法院将把握数字化、网络化、智能化融合发展的契机,持续优化界面友好、人机交互、智能便捷的电子诉讼平台,打造在线诉讼"样板间";打造用户体验"样板间",依托用户需求反馈制度,优化技术需求的获取、分析、排序变更管理体系,推进电子诉讼平台智能化升级;打造智能应用"样板间",依托司法大数据深度应用,推动实现当事人提交材料的智能审核,强化表格式、要素式、令状式裁判文书的自动生成。北京互联网法院通过深化在线诉讼模式创新,让诉讼参与人享受司法便民的"数字红利",让法院工作人员享受减负增效的"数字红利",让社会公众享受到公开透明的"数字红利",助推更高水平数字正义实现。

(二)深化区块链技术应用创新,建立"数字信任"

习近平总书记指出,把区块链作为核心技术自主创新重要突破口,加快推动区块链技术和产业创新发展。北京互联网法院积极探索"区块链+司法"模式,使区块链技术在建设智慧法院、发展数字经济方面发挥更大作用。为解决电子证据存证难、易篡改、验证难的痛点,主导建立区块链、联盟链、"天平链",实现了电子证据可信存证,高效验证。为保证上链数据安全与当事人隐私,北京互联网法院制定《天平链接入与管理规范细则》《天平链接入测评规范》等制度,规范"天平链"接入方的资质要求、电子数据的存证规则。为加强区块链技术在执行中的运用,解决"执行难"问题,北京互联网法院首次通过区块链智能合约技术实现自动执行,成为司法领域智能合约技术首个落地的应用。

北京互联网法院将抓住区块链技术融合、功能扩展、产业细分的契机,加快司法区块链的研究应用,深耕科技融合应用"试验田"。建起技术融合"试验田",进一步把区块链技术与人工智能、大数据、物联网等前沿信息技术融合起来，引领区块链司法技术应用方向。建起在线执行机制"试验田"，拓宽区块链"一键执行立案"的适用范围，进一步理顺机制、优化流程、细化标准，推动在线执行模式更加定型，力争为"解决执行难"工作创造领跑全国的经验。建起体系建设"试验田"，加强区块链体系化建设，完善区块链技术的行业标准。北京互联网法院通过深化区块链技术应用创新，建设区块链可信司法模式，以"数字信任"的强化助推更高水平的数字正义实现。

（三）深化网络治理规则创新，推动"数字治理"

习近平总书记指出，要以良法善治保障新业态、新模式健康发展。北京互联网法院利用管辖集中化、案件类型化、审理专业化的优势，审理了一批具有广泛社会影响力和能够推动规则树立的数字经济纠纷案件，创新完善涉互联网案件裁判规则。北京互联网法院通过审理一系列涉及个人信息保护案件，准确区分个人信息与隐私，兼顾人格权保护及数据合理利用，准确适用《中华人民共和国民法典》（以下简称《民法典》）精神；通过审理一系列涉及网络言论侵害他人名誉权的案件，明确公民的言论自由应以尊重他人合法权利为限，任何自然人的隐私权、名誉权均受法律保护，公众人物对社会评论的容忍义务以人格尊严为限。

北京互联网法院将深刻把握"十四五"时期发展目标、重大举措，落实完善典型案例培育机制，探索构建互联网审判"规则库"。建立文创产业"规则库"，培育与电子经济、科幻产业、网络视听等文化业态相关的典型案件，持续优化创新创业良好法治环境，服务首都国际科技中心、全国文化中心建设。建立新消费模式"规则库"，把握数字化发展模式下的消费新形态、新理念，加大对互联网领域涉及旅游消费、教育培训、通信服务等消费纠纷案件的审理力度。建立涉外"规则库"，探索完善互联网案件域外司法管辖制度，在跨境电商、平台治理、知识产权保护等领域，发挥裁判规则引领作用。北京互联网法院深化网络治理规则创新，坚持"以裁判树规则、促治理"，提升数字治理水平，以实现更高水平的数字正义。

三、坚持协调发展理念，为实现更高水平的数字正义提供优质的司法供给

数字社会，互联网经济飞速发展，新生业态不断涌现，对经济社会产生了颠覆性的影响，纠纷的种类和数量与日俱增，人民群众对公平正义的需求更为多元。因此，人民法院不仅需要构建与数字时代相匹配的多元解纷机制，还要充分发挥司法职能，打造共建共治共享的社会治理格局，满足人民群众对数字正义的新需求和新期待。

（一）建立诉源共治"e体系"，平衡解纷能力与解纷需求

人民法院将审判工作向纠纷源头防控延伸，在法治轨道上凝聚各方力量和资源，实现纠纷的源头化解，是推进数字社会治理体系和治理能力现代化的应有之义。北京互联网法院创新互联网司法供给方式，以技术重塑治理结构，探索形成分层递进、衔接配套的诉源共治"e体系"：府院联动建立行政—司法"e版权"协同机制。针对版权纠纷权属不清、授权不明等焦点问题，北京互联网法院从审判终端进行问题倒推，输出司法认定标准成为行政版权登记审查标准，解决权属认定难的问题，实现双标统一；简化"版权链"涉诉数据调取手续，实现版权登记信息一键调取，区块链跨链自动验证，实现双链对接；联合市版权局主管的首都版权协会发起正版图库计划，推动形成"先确权、再授权、后使用"的数字化版权新秩序，实现双驱促市、行业联动建立"e贷诉源共治体系"。针对互联网金融案件证据认定难、司法送达难、强制执行难等问题，北京互联网法院与中国电子商会合作建设"e贷"天平链侧链，对接互联网金融案件借贷全流程数据，为金融机构、调解组织和律师等开设专门端口，实现数据上链共享、全程留痕、跨链互信，奠定解纷基础；制定"e贷"案件上链规范指引体系，引导金融机构和小额贷款机构完善合同条款，规范证据留存，从源头避免、减少纠纷。

遵循上述工作思路和机制方法，北京互联网法院将继续拓展完善"诉源共治e体系"，深化大数据应用、区块链智能合约等技术支撑，加强司法与行政部门、行业组织多元主体的联合互动，推进司法数据、行政监管、金融征信、公共服务等相关信息的跨领域、跨地域依法共享和有序使用，不断拓宽诉源治理路径，为维护清朗的网络环境，建设良好的社会信用体系和数字经济的高质量发展贡献智慧和力量。

（二）搭建诉非"云联"调解平台，平衡解纷效率和解纷需求

为实现更高水平的数字正义，人民法院不仅需要公正司法，更需要提高解纷效率，让正义不缺席，不迟到。北京互联网法院坚持把"非诉讼纠纷解决机制挺在前面"，广泛发动多元解纷力量，优先参与到纠纷化解中，从而提高解纷效率，避免已经出现的纠纷形成诉讼，增加当事人诉累。积极对接行业调解组织、调解专家等解纷力量，将非诉解纷机制进一步前移到提交立案申请前，建立以"云对接""云指导""云化解"为核心的诉非"云联"机制，搭建非诉调解平台，并将其与电子诉讼平台进行关联，形成非诉解纷"直通

车"。设立法院"云工作站"，法官在线及时提供专业指导，形成诉讼与非诉讼解纷方式线上线下、分层递进工作体系。阿里巴巴人民调解委员会、奇虎360互联网纠纷人民调解委员会等互联网龙头企业调解组织也入驻法院，更有针对性地调解互联网专业领域的纠纷。诉非"云联"调解平台深化全链路调解，不仅给当事人提供了更加便捷的司法服务，同时修复了社会关系，推动纠纷实质性化解。

北京互联网法院将坚持改革创新和科技应用双轮驱动，在互联网技术赋能下，探索纠纷多元化解新方法，强化非诉和诉讼的实质性对接，建立健全诉前调解自动履行激励机制，完善纵向贯通、横向集成、共享共用、安全可靠的在线多元解纷平台体系，为群众提供"菜单式"解纷服务，以数字正义推动实现更高水平的公平正义。

（三）司法建议延伸审判职能，平衡司法管辖局限和社会治理需求

司法建议是人民法院依法行使司法裁判权的补充，进一步延伸了审判职能，将人民法院纳入了社会治理的整体格局。北京互联网法院以公正裁判树立行为规则、引领价值导向和社会风尚，通过向相关行政机关及互联网公司发送司法建议，以点带面解决潜在类案的法律问题和社会问题，促进了纠纷源头治理、实质性化解。在"超前点播"案中，北京互联网法院向北京市市场监督管理局发送司法建议，建议其以行政监管方式督促平台公司规范涉诉行为。北京市市场监督管理局接到司法建议后对平台公司进行行政指导。平台公司表示，尊重法院判决并已及时履行，对于"付费超前点播"模式引发的类似纠纷，将第一时间按照法院判决确定的标准自主化解，避免纠纷进入行政或司法程序。在"抖音短视频"著作权案中，北京互联网法院向北京市版权局发出司法建议，明确浮水印技术的使用规范，构筑"法律法规＋行政执法＋行业自律＋技术运用"的立体综合的版权保护体系。这一司法建议受到北京市委宣传部和北京市版权局的高度重视，北京市版权局在新出台的《关于加强版权保护的意见》中明确采纳了北京互联网法院关于运用浮水印等技术手段提升版权保护工作效能的建议。

司法建议是人民法院和地方党委、政府部门、公司企业的沟通桥梁，北京互联网法院将继续在完成好执法办案任务的同时，持续密切关注经济社会发展动态，发挥司法审判灵活性、开放性、包容性等优势，通过司法建议传递裁判理念，循序渐进推动网络空间依法治理，让公平正义在数字空间不缺位、显成效，为数字社会治理体系和治理能力现代化提供有力司法服务和保障。

四、坚持绿色发展理念，为实现更高水平的数字正义提供互联网法院建设新路径

北京互联网法院坚持绿色发展理念，把实现更加高效的司法参与、更加便捷的司法服务、更加经济的司法产品作为自身发展的新动能，以变应变，锐意创新，持续推进智慧服务全领域覆盖、智慧审判全维度铺开、聚力研发虚拟法庭，不断满足人民群众数字经济时代司法新需求、提供数字经济时代优质司法保障、打造数字经济时代智慧法庭新样板，实现更高水平数字正义的低成本。

（一）智慧服务全领域覆盖，满足人民群众数字经济时代司法新需求

数字经济时代，更加高效、便捷、经济的司法运行模式是人民群众的司法新需求，也是以信息化、智能化培育司法服务革新和司法保障体系建设的新动能。北京互联网法院始终坚持"网上案件网上审理"的原则，不断推进现代化智慧诉讼服务体系建设，将人工智能、区块链等新模式和新技术引入司法，重塑司法的组织方式和流程，以"不停歇"的诉讼服务、"全流程在线"的诉讼模式构筑坚实的"网上天平"，不断提升诉讼便利程度，降低当事人诉讼成本；持续完善全流程在线的诉讼机制，让司法服务超越时间、地域和组织架构限制，形成以庭审为中心、以用户为节点的信息交互和诉讼运行新模式，让当事人实现"指尖诉讼"；运用区块链智能合约技术推进智慧执行，实现一键执行立案和一键发还案款，实现每笔案款发还从三分钟缩短到 20 秒，以"数据流"代替"文件流"，让当事人从"少跑路"到"不跑路"，为人民群众提供增量司法服务，让公众一步"触达司法"。

为顺应在线诉讼数字化、网络化、便捷化的发展大势，回应人民群众普遍期待，北京互联网法院将根据网络空间争议解决机制"低成本""高效率""零距离"的特点，探寻智慧司法新路径，推动诉讼主体、要素、流程数字化、便捷化、智能化，探索完善在线诉讼规则、优化现代化诉讼服务体系。贴近服务对象、拓宽服务场景，让当事人足不出户、随时随地就能参与诉讼。北京互联网法院将顺应数字经济发展潮流，引领司法服务走向绿色发展新高度，促进数字正义向更高水平发展。

（二）智慧审判全维度铺开，提供数字经济时代优质司法保障

立足数字经济时代发展大势，数字正义的实现需以持续推进科技与司法深度融合为支撑，以不断深化司法供给侧结构性改革、重点落实繁简分流改革试点工作为抓手，推进审判体系和审判能力现代化建设形成新格局。北京互联网

法院紧紧抓住民事诉讼程序繁简分流改革契机，进一步提炼总结智慧审判程序规则，释放繁简分流工作效能。将繁简分流机制作为盘活整体案件运行管理的支点，进一步细化前后端繁简分流案件类型、分案比例和运行规则；坚决推进小额程序的适用，充分利用简易程序改革规范，积极拓展适用率，并大力推进庭审简化、文书简化，为互联网法院解决数字经济时代民事纠纷、服务营商环境助力；扩大普通程序独任制适用，推动审判组织与审理程序精准匹配。把繁简分流机制与智慧审判模式深度融合，突出重点，挖掘亮点，以扎实的数据和切实的制度建设，稳步提升审判质效，为数字正义的实现提供加速度。

推进案件繁简分流、轻重分离、快慢分道，核心目的是通过推进规则创新，释放程序效能，激发制度活力，让人民群众更加公正、高效、便捷、低成本地解决纠纷。北京互联网法院将继续探索建立系统完整的互联网诉讼规则，完善繁简分流运行机制，建立繁简分流改革试点配套机制，为服务国家数字经济社会繁荣发展贡献司法智慧，为数字正义更加公正、高效、权威实现提供优质司法保障。

（三）聚力研发虚拟法庭，打造数字经济时代智慧法庭新样板

新冠疫情期间，在线诉讼模式催生多样态办案及庭审需求，为保障审判工作不停摆，北京互联网法院以问题为导向推动突破创新，充分利用科技动能与司法效能深度融合优势，加速数字法庭建设转型升级。开通外网办案系统，研发创建"虚拟法庭"，应用虚拟成像技术，细化整合诉讼平台的各项功能，形成技术与审判深度嵌套、相互促进的集成性、系统性、开放性司法智能化生态系统，实现"打开电脑就有法庭""不在实体法庭也能开庭"；以互联网虚拟法庭上线为契机，研发搭建"虚拟法庭舱"，内部采用虚拟法庭技术，仅设法官席位及一台电脑，即具备完整庭审功能，占地面积仅3平方米左右，可满足小额诉讼庭审、简易庭审、证据交换、组织调解等功能，轻量、低碳、环保；发布《北京互联网法院电子诉讼庭审规范》，规范电子诉讼活动，维护在线庭审秩序，提高庭审效率，促进数字正义以看得见的方式和看得见的效率实现。"虚拟法庭"与"虚拟法庭舱"规范、智能、绿色、环保，积极拓宽了信息技术在司法程序中的应用场景，不仅创新了互联网法庭建设标准，有助于推动数字经济时代审判工具重塑，更改变了审判人员面对面审判的思维、当事人消费司法服务的习惯，解决了当事人的技术不能、距离不能、金钱不能等问题，推动技术普惠均等、打破数字壁垒，体现数字经济时代人民司法温度，彰显互联网司法人文关怀，助力实现更高水平的数字正义。

高效、便捷、经济地实现正义是数字正义的应有之义，北京互联网法院将

推动互联网与司法在更高层面、更深层次、更宽领域深度融合，努力提供全天候、零距离、无障碍的司法产品，让诉讼更加高效便捷，不断满足公众日益增长的多元司法需求。作为司法模式创新和网络空间治理的重要阵地，北京互联网法院将站在更高起点、秉持更大格局，推动司法产品实现更深层次迭代、更进一步突破时空限制，满足更高水平数字正义实现的要求，让数字正义的实现不仅具有司法温度，更有司法速度。

五、坚持开放发展理念，打造中国特色、世界领先的数字正义模式

北京互联网法院坚持开放发展的理念，以开放的姿态和国际化的视野，持续推进法院建设，努力构建中国特色、世界领先的互联网司法模式，创造更高水平的数字正义，为提升全球互联网治理水平，构建网络空间命运共同体贡献中国智慧和中国方案。

（一）紧跟数字时代步伐，提升司法公开质效

正义不仅要以看得见的形式实现，而且要以显而易见的形式实现。北京互联网法院依托前沿科技与司法的深度融合，不断提升互联网司法公开的广度、深度和维度，优化司法公开的形式，以更直观、更立体和全方位的形式升级优化"可视正义"，积极回应人民群众的司法需求，开启全流程在线公开新模式：为案件当事人提供一揽子审理信息，将承办团队、审理时限、案件进展等节点信息全面公开，充分保障案件信息透明；庭审公开作为司法公开的"最集中彻底的方式"，北京互联网法院依托线上庭审全网直播，公众可随时随地旁听或回看，打造经得起"围观"的庭审；文书晒网，公众可随时检索、查阅，以最广视角接受人民监督，实现公开促公正。

数字时代的司法公开，具有时间上的即时性、内容上的全面性和受众上的广泛性。北京互联网法院将进一步深化技术与司法的融合，提升司法公开的精细化、规范化、信息化水平，在全面公开的前提下，针对不同受众探索个性化推送，加快推进北京互联网法院各类平台的融合集成，以更宽广视野不断拓展司法公开发展新路径。

（二）深化对外交流合作，打造"互联网司法"国际名片

习近平总书记指出，利用好、发展好、治理好互联网必须深化网络空间国际合作，携手构建网络空间命运共同体。北京互联网法院以讲好中国互联网司法故事为出发点，加强互联网法治领域国际交流合作，充分展现和传播互联网治理的中国思想、中国主张。以接待外宾来访为契机，向全世界展示中国互联

网司法的良好形象。截至 2022 年 12 月 31 日，北京互联网法院接待外宾来访 69 场，共计 1834 人次，覆盖了全球六大洲的 48 个国家和地区。国际法院院长优素福评价北京互联网法院"为司法活动的未来样式奠定了基础"。北京互联网法院积极参与国际各界研讨，提供中国互联网司法实践方案，应邀参与了首届世界互联网法治论坛、2019 年 AIPPI 世界知识产权大会、第二届计算法学国际论坛等多个国际会议，利用各种场合积极宣介中国互联网司法的建设理念、发展路径和实践经验。开通互联网法院英文官方网站，全力打造集权威信息发布、精品案例解读、新闻报道集纳、法治文化展示、公共法律服务于一体的国际化窗口。截至 2022 年 12 月 31 日，北京互联网法院英文网站总访问量超 1800 万余次，浏览量超 22 万次。

北京互联网法院将继续坚持世界眼光、中国特色，不断为互联网司法发展蹚出新路子、树立新标杆；不断提高涉外工作法治化水平，推动人才队伍跨域成才；做好涉外互联网纠纷化解，保障数字经济在全球领域有序发展；加强与各国交流合作，共推治理、共促变革、共谋发展，让互联网更好地造福世界、造福人类、造福未来。

（三）回应数字正义需求，实现历史功能定位

北京互联网法院始终坚持以保障当事人诉权、积极探索互联网空间内规则治理为工作目标，切实履行创新互联网司法的职责和使命。北京互联网法院集中管辖北京市辖区内的网络购物合同纠纷、网络服务合同纠纷、网络侵权纠纷、网络著作权纠纷、网络金融借款合同纠纷等 11 类互联网案件。经过几年互联网司法的探索，北京互联网法院在互联网司法审判队伍建设、在线诉讼模式示范引领、网络空间司法治理规则与数字时代诉讼规则树立等方面取得了显著成果，形成了一系列可复制、可推广、可输出的经验。互联网空间内产生的纠纷具有新颖性、复合性、跨域性等特征，大量体现互联网时代鲜明特征，与数字经济健康有序发展密切相关的案件尚未纳入互联网法院管辖范围。北京互联网法院将在依法公正高效集中审理现有案件的基础上，积极探索研究大数据合法使用边界、公共数据商业化利用、平台封禁、网络虚拟财产保护等一系列前沿问题，大力加强专业型、复合型、国际型人才培养，为下一步集中审理涉网新类型、新业态、新模式类案件做好储备和积累，不断树立推动数字经济繁荣的互联网司法新规则，持续保障互联网法院为网络空间治理提供高质量司法供给能力，切实满足人民群众对互联网司法现实需求和公平正义的期待，努力实现互联网法院的功能定位和历史使命。

六、坚持共享发展理念，创造惠及人民的更高水平的公平正义

共享发展是中国特色社会主义的本质要求，是创新、协调、绿色、开放、共享的新发展理念的最终目标，是对马克思主义发展理念的继承和创新。在共享发展的过程中，要始终坚持以人民为中心的原则，坚持以公平正义作为共享发展的价值取向和本质要求。北京互联网法院在发展过程中，坚持以人民为中心，创造性地提出了包括"人民群众需要一个什么样的互联网法院"在内的"北互三问"，始终将回应人民群众的关切作为互联网法院发展的重要方向。

（一）建立多元立体化的诉讼引导，让互联网司法便利落到实处

北京互联网法院自筹备建立之时就以向人民群众提供立体化的诉讼服务和多元化的诉讼引导为努力方向，以让人民群众在寻求诉讼服务的过程中真正体验到流畅和便利为工作目标。自成立以来，陆续建立了由诉讼服务大厅、12368热线、电子诉讼平台、移动微法院、微信公众号、AI虚拟法官智能问答、淘宝微淘账号组成的"多位一体"综合性智慧诉讼服务中心，现已形成线上为主、线下为辅的智慧诉讼服务和诉讼指引，使诉讼服务引导工作由分散向系统转变的同时也从一元向多元转变。与此同时，北京互联网法院高度关注数字经济背景下诉讼服务的新需求和新特点，充分发挥现代信息网络手段和大数据技术的优势，借助微博、微信、抖音、快手、视频号等在人民群众中较为普及的新媒体形式和新服务平台及时发布诉讼信息，提供诉讼服务和指引，最大限度地降低当事人的诉讼成本，满足群众多元司法需求，促进诉讼服务规范化、标准化、便利化，让人民群众能够根据自身条件和需求在多样的诉讼参与途径和服务中任意选择一种或多种参与司法诉讼过程。北京互联网法院将进一步通过为群众提供多端口参与方式和多途径获取方式，缩小智能技术广泛运用于司法带来的"数字鸿沟"，为群众诉讼和审判执行工作提供智能精准服务，将司法便利落到实处，让数字正义成为真正惠及全体人民的公平正义。

（二）坚持以改革需求为导向，为社会治理提供司法供给

北京互联网法院的设立，是以习近平同志为核心的党中央着眼实施网络强国战略、推动网络空间治理法治化作出的重大改革部署，是人民法院贯彻落实党中央决策部署的重要举措。北京互联网法院始终牢记党中央设立互联网法院的决策部署，推进司法与社会多元共治，在发现治理漏洞、调动治理资源、促进各治理主体良性互动方面积极作为，发挥积极作用。在新冠疫情发生后，针对首都数字经济发展的新形势、新要求，准确识变，主动应变，出台《北京

互联网法院关于为促进北京数字经济创新发展提供有力互联网司法服务和法治保障的意见》，不断优化数字时代的司法供给。面对日新月异的世界发展形势，北京互联网法院坚定立足于国内国际双循环新发展格局，以北京建设数字贸易试验区为新起点，探索与互联网纠纷特点相适应的诉讼新机制，在5G、人工智能、云计算、区块链等新技术持续迭代更新的进程中，坚持聚焦数据产权、数据主权、数据安全，继续强化知识产权保护、公共利益保护和个人权益保护，为推动网络空间治理法治化、构建网络空间命运共同体贡献"北京智慧"。在北京筹备举办冬奥会、冬残奥会之际，北京互联网法院与北京冬奥组委积极接洽，并主动提出建立对接沟通机制，切实增强司法工作护航北京2022年冬奥会、冬残奥会的责任感、使命感和紧迫感，扣好实现数字正义过程中让互联网司法发挥至关重要作用这关键一环。

（三）依靠互联网司法工作优势，引领数字社会法治化核心价值

发挥司法裁判的引领力、影响力，探索建立互联网审判规则库，加强典型案件的培育和输出。除依法行使审判权力作出公正裁判外，积极发挥社会主义核心价值观的引导作用，深入贯彻落实进一步把社会主义核心价值观融入法治建设的工作要求，深入推进社会主义核心价值观融入裁判文书释法说理，将社会主义核心价值观作为理解立法目的和法律原则的重要指引，充分发挥司法裁判在国家治理、社会治理中的规则引领和价值导向作用，进一步增强司法裁判的公信力和权威性，努力实现富强、民主、文明、和谐的价值目标，努力追求自由、平等、公正、法治的价值取向，努力践行爱国、敬业、诚信、友善的价值准则。

坚持围绕网络黑灰产业、网络直播带货、互联网平台行为、《民法典》解读等重点案件和重点事例展开普法宣传，通过严格落实"谁执法、谁普法"的普法责任制，将互联网司法优势与普法责任紧密关联，以司法案例和典型事例相结合的方式将引领社会主义核心价值植入日常工作中。从典型案件来看，自建院至2022年年底，北京互联网法院共有40起热点案件登上微博热搜榜，话题阅读总量超过45亿次，各典型案件、发布会等直播观看总量近亿次。从重点案例来看，北京互联网法院以在线庭审工作经验为依托建立"普法直播间"，在"双十一""双十二""国家宪法日"等重点时间开展普法直播活动，累计在线观看及回看人次超千万。通过司法裁判和落实普法工作，深化互联网法院改革，努力把互联网司法工作提高到新水平，为推动我国互联网法治建设实现新发展、推进国家治理体系和治理能力现代化作出应有贡献。

七、结语

在产业数字化和数字产业化的背景下，北京互联网法院始终坚持以司法裁判服务保障各类主体的合法权益，努力实现数字正义，助力数字经济健康发展。北京互联网法院秉承以裁判树规则、以规则促治理、以治理促发展的理念，审理了一系列具有先导示范意义的互联网案件。我们研究平台经济飞速发展带来的个人信息保护、数据权属问题，致力于让数据赋能数字经济发展；我们积极拥抱行业变化，关注新模式、新业态，以求科学界定平台责任，实现平台科学治理；我们及时回应人工智能、算法、5G等新技术应用所带来的挑战，推动技术向上向善发展；我们注重对网络"黑灰产"的打击，亮明司法对网络乱象坚决说"不"的态度。

在实现数字正义的道路上，北京互联网法院成为网上诉讼纠纷优选地的趋势逐渐凸显，在网络空间治理中的影响力正逐渐形成。我们审理的案件是基于数字化时代的经济活动而产生的数字化纠纷，这些纠纷的审理与规则的确定，对划定数字经济中各方主体的权利与义务具有重要意义。我们以技术赋能司法，开展全流程在线诉讼服务，坚持"网上案件网上审理"，致力于构建系统完备的在线诉讼规则。

时代提出挑战，也酝酿机遇。在未来，北京互联网法院在实现数字正义方面应当更有所为，管辖范围向数字经济各领域延伸，深入挖掘能够进一步推动数字经济繁荣、促进网络空间治理的先进互联网司法规则，努力构建中国特色、世界领先的互联网司法模式，以数字正义推动实现更高水平的公平正义。这既是北京互联网法院的职责与使命所在，也是服务首都经济社会大局发展的有力举措，更是进一步落实网络强国战略的内在要求。

建设·互联网司法模式

关于网上审判方式与审理机制的调研报告

文/北京互联网法院课题组[*]

互联网技术和产业的高速发展，也深刻影响着人民法院的司法工作。从 21 世纪初开始，就有部分法院尝试将部分诉讼环节放在互联网上完成，以适应互联网时代人民群众对于诉讼便利的需求。从 2013 年开始，我国法院系统积极推动网络强国战略、大数据战略、"互联网＋"行动计划的实施。2017 年 4 月，最高人民法院发布实施《关于加快建设智慧法院的意见》，为全国法院加强信息化建设，发展全业务网上办理、全流程依法公开、全方位智能服务提供了进一步制度支持。其中，"全业务网上办理"可以说是网上审判方式发展的重要依据。截至 2019 年 6 月，全国"智慧法院"体系已基本建成。

在实践当中，一方面，司法解释仍有不适应互联网法院审判实际之处；另一方面，对于已经或正在探索网上审判模式的传统法院，亟须系统性的制度规范。由此，课题组以问题为导向，抓住网上审判的重点环节、重点问题，总结经验，形成符合当事人需求、审判规律、技术发展程度的网上审判方式及审理机制，并探索可以复制的经验。

一、网上审判的案件受理

（一）虚拟被告身份信息的确认

1. 实践现状

实践中，一种意见认为，如果网络交易平台提供者不能提供销售者的真实名称、地址和有效联系方式，消费者可以依据《中华人民共和国消费者权益保护法》（以下简称《消费者权益保护法》）第四十四条的规定，以网络侵权

---

[*] 课题主持人：张雯；执笔人：姜颖、孙铭溪、李文超、袁建华、张连勇、颜君、肖伟、孟丹阳、张亚光、武一帆。

责任纠纷为案由起诉网络平台提供者。按照这种方式，消费者在无法获得卖家信息时，需要先起诉一个网络侵权责任纠纷，获得平台披露的卖家信息后，再以卖家为被告起诉网络购物合同纠纷，该方式增加了当事人的诉累。另一种意见认为，确有证据证明网络交易平台提供者不能提供销售者的真实名称、地址和有效联系方式的，可以先允许消费者、被侵权人以网络交易平台提供者为被告起诉网络购物合同纠纷，要求平台提供者提供卖家信息，待平台提供卖家信息后，消费者、被侵权人可以在诉中变更被告及诉讼请求，减少不必要的诉累。另外，电子商务平台的卖家诉买家的案件呈增多的趋势，但由于缺乏平台披露买家信息的明确法律依据，普遍存在对买家信息披露不到位的情况。披露买家信息的障碍有两个：一方面由于目前平台对买家身份未强制实名，导致无法披露；另一方面由于平台对买家信息披露没有成熟的机制，卖家要求平台披露买家信息时往往只能个案处理，程序繁复，对卖家行使诉讼权利造成一定的影响。

2. 问题分析

（1）网络服务商的协助确定义务。网络服务商作为网络技术和资源的重要占有者，不可避免地在地理位置确认上应承担相应的协助确定义务，通过其技术手段以及服务协议，获取有关用户身份和地理位置等相应的基础信息。

实践中，网络服务商虽然可能不是涉网纠纷的当事人，但是互联网是由不同层次的大大小小的网络互联而成的，每个网站或主机本身都是互联网的组成部分，而作为这些网络和主机的运行者即网络服务商，无疑是互联网中的主导力量，或者说是网络空间形成的基础力量和建设者，他们既为网络用户提供包括网络连接、网站内容、访问以及信息等服务，同时，由于他们在互联网中的基础地位以及对技术的占有状况，使得他们不可避免地在网络管理中担负起相应的责任。

（2）网络虚拟账号查实的司法途径。在网络侵权高发的情况下，如何揭开网络虚拟账号神秘的面纱就成为不可回避的挑战，是当前网络空间治理的重要内容，也是对民事诉讼制度提出的新挑战，更是对网上审理提出的新考验。在司法实践中，一共有三种方案可供选择。

方案一：以网络虚拟账号所属的网络服务提供商为被告，要求被告提供网络虚拟账号实名信息，再根据实名信息起诉网络虚拟账号管理人。

方案二：以网络虚拟账号所属的网络服务提供商为被告，要求被告提供网络虚拟账号实名信息，再追加网络用户为被告。

方案三：参照上海、浙江等地法院的实践探索，由当事人在立案审查阶段

申请律师调查令，再根据披露的信息进行起诉。❶

课题组认为，侵权法的功能主要体现在，一是填补损害，二是预防损害。❷ 法谚云"迟来的正义非正义"，侵权赔偿与侵权行为之间的时间间隔越短，侵权损害越小，对侵权人越具有威慑力，从这一角度讲，方案三最能保护被侵权人利益，也更利于实现侵权法的功能，更利于网络空间治理（见表1）。

表1　三种方案下起诉到真实侵权人所需时间对比❸

方　案	具体思路	时间对比
方案一	以网络服务提供商为被告，再根据实名信息起诉网络虚拟账号管理人	3个月以内
方案二	以网络服务提供商为被告，再追加网络用户为被告	3个月以内
方案三	由当事人在立案审查阶段申请律师调查令，再根据披露的信息进行起诉	15日以内

3. 解决对策

（1）立案阶段律师调查令的提出。律师调查令制度，指民事诉讼当事人及其代理律师因客观原因不能自行调查取证时，向人民法院提出申请，人民法院经审查认为确有必要的，签发调查令，由持令律师在人民法院授权范围内向接受调查人调查收集证据。因此，从本质上讲，立案阶段律师调查令是律师调查取证的方式之一；从特征上看，其存在于立案审查阶段，是法院应当事人的律师申请签发的法律文书；从目的上看，是通过调查令的应用，揭开网络虚拟账号的面纱，从而起诉网络虚拟账号背后真正的侵权人。

（2）揭开网络虚拟账号面纱的正当性。是否以真面目示人是属于权利保护的范围，如果蒙着面纱去侵害他人权利，被侵权人就有权揭开其面纱，网络空间亦然。《中华人民共和国网络安全法》第十二条规定："国家保护公民、法人和其他组织依法使用网络的权利……任何个人和组织使用网络应当遵守宪法法律，遵守公共秩序，尊重社会公德，不得危害网络安全，不得利用网络从事危害国家安全、荣誉和利益，煽动颠覆国家政权、推翻社会主义制度，煽动分裂国家、破坏国家统一，宣扬恐怖主义、极端主义，宣扬民族仇恨、民族歧

---

❶ 参见2003年《上海市高级人民法院关于立案审查阶段适用调查令的操作规则（试行）》，2014年《浙江省高级人民法院关于民事诉讼立案审查阶段适用调查令的意见》。

❷ 王泽鉴：《侵权行为法》，中国政法大学出版社2001年版，第7—11页。

❸ 数据说明：方案一、方案二以简易民事案件审限进行估计，实践中调查令的有效期一般为15日，故方案三按不超过15日计算。

视，传播暴力、淫秽色情信息，编造、传播虚假信息扰乱经济秩序和社会秩序，以及侵害他人名誉、隐私、知识产权和其他合法权益等活动。"显然，如果网络虚拟账号利用网络实施了侵害他人名誉、隐私、知识产权和其他合法权益等活动，被侵权人就有正当理由揭开其面纱。

（3）立案阶段律师调查令制度的可行性。首先，立案阶段律师调查令制度具有优越性。从实践效果看，在浙江全省各级人民法院发出的11640件律师调查令中，成功调查收集证据的有11486件，占比为98.7%，在有效维护调查取证权、发挥律师依法调查收集证据的作用方面产生了积极效果，可以说取得了良好的社会效果。在网络侵权案件中，律师调查令制度可以迅速地起诉到真正的侵权人，有利于网络空间治理，所以，立案阶段的调查令具有制度优势。其次，立案阶段律师调查令制度具备合法性。根据第十届全国人大常委会第十七次会议审议的《全国人大常委会执法检查组关于检查〈中华人民共和国律师法〉实施情况的报告》的要求，人民法院可以在民事诉讼中积极探索和试行证据调查令做法，并认真研究相关问题，总结经验。《最高人民法院关于认真贯彻律师法依法保障律师在诉讼中执业权利的通知》（法〔2006〕38号）第三条规定："各级人民法院应当依照律师法和诉讼法的规定，结合本地的实际情况，制定各种行之有效的措施，创造良好的律师执业环境，维护正常的法律服务秩序。"因此，无论从立法机关还是最高人民法院，均认可人民法院试行律师调查令的做法。

（4）立案阶段律师调查令操作规则。立案阶段律师调查令制度的实施，一方面方便了当事人进行诉讼，有利于保护被侵权人，另一方面，如果不当使用也会对网络用户的个人信息造成侵害。良好的制度应当在保护被侵权人权利与保护个人信息之间寻求平衡点，以取得最有益社会的效果。这个平衡点，应当通过严格律师调查令的适用条件，并通过数据反馈其实践效果加以实现。

具体操作规则为：①申请主体限于律师。《中华人民共和国民事诉讼法》（以下简称《民事诉讼法》）明确规定，律师有权调查取证，全国人大常委会认为人民法院可以在民事诉讼中积极探索和试行证据调查令做法。同时，律师受《中华人民共和国律师法》约束，并接受所在律师事务所管理，在保护网络账号个人信息方面，也更有保障。②限定时间为提交立案申请后通过立案审查前的立案审查阶段。首先，当事人提交立案申请，是启动民事诉讼程序的前提条件，也是法院签发调查令的前提条件；其次，只有提交立案申请后，法院才可能根据当事人提交的材料初步判断对所诉的侵权行为是否具有管辖权。③限定律师调查令的取证范围。调查令的取证范围，仅限于网络账号的实名信息，即仅限于确定"明确的被告"，因此，调查令调查的信息，不属于《宪法》规定的"通信自由和通信秘密"的范围,仅限于个人信息的范围。④申请条件严格限定为存在侵权的高度概然性。在申请调查令的同时,申请人应当提交相关证据证明所诉侵权行为由相关的网络账号实施,如果不能证明网络虚拟账号存在侵权行为的高度概然性,显然不具有揭开网络虚拟账号面纱的正当性。⑤申请调查令的案件应当录入数据库。将相关信息录入数据库,不仅仅是为了记录备查,最主要的,是对调查令实行实时动态监管,记录调查令的实时数据,特别应当记录披露未起诉的信息数据,以及被告应诉后反映申请人滥用调查令的数据,为法官在审查判断是否签发调查令提供数据支持。

(二) 网上审判的案件受理范围

1. 实践现状

各地法院在探索网上审判方式的过程中,通过设立互联网审判庭(合议庭)等形式探索网上受理案件。其中,上海市长宁区人民法院成立了互联网法庭,其受理的案件类型主要包括:通过电子商务平台签订或履行网络购物合同而产生的纠纷(不包括产品质量纠纷);签订、履行行为均在互联网上完成的网络服务合同纠纷;签订、履行行为均在互联网上完成的金融贷款合同纠纷、小额借贷纠纷;在互联网上侵害他人人身权、财产权等民事权益而产生的纠纷,以及互联网特性突出、有利于确立互联网治理规则的其他案件。深圳市福田区人民法院创新融合"互联网+金融"审理案件范围,将涉互联网、涉金融的各类案件全部归类融合到其设立的互联网和金融审判庭审理,案件受理范围包括:一方当事人为电商平台的买卖合同纠纷、网络侵权责任纠纷(知识产权案件除外)、涉第三方支付的纠纷、涉网络借贷平台(P2P)的网络借贷纠纷、涉金融和互联网犯罪的刑事案件等共14类案件。

此外,山东省高级人民法院启用互联网法庭审理知识产权案件。成都市郫都区人民法院设立了该市首个互联网法庭,主要审理辖区内的涉互联网一审民商事案件,包括互联网购物合同纠纷,互联网服务合同纠纷,网络借款合同纠纷,互联网保险合同纠纷,互联网著作权和商标权权属、侵权纠纷,互联网侵权纠纷,互联网购物产品责任侵权纠纷,互联网域名纠纷,涉网不正当竞争纠纷,涉网信用卡纠纷十类纠纷。❶

自杭州、北京、广州三地设立互联网法院以来,互联网法院开启了"网

---

❶ 《西部首个互联网法庭在成都郫都区成立》,载成都市人民政府网 http://www.chengdu.gov.cn,www.ftcourt.gov.cn,访问日期:2019年9月10日。

上纠纷网上审"的审理模式。课题组发现当前互联网法院、互联网案件审判庭（合议庭）等在互联网纠纷案件管辖范围上存在以下不足：

（1）受理标准不明确。《最高人民法院关于互联网法院审理案件若干问题的规定》（以下简称《规定》）第二条仅以"特征＋案由"方式列举互联网法院受案范围，对受案范围实体标准缺乏界定。但在司法实践中，当事人及法院在受案范围方面存在难以把握判断的情形。如关于"网络服务合同纠纷"中网络服务的理解，以及"互联网"的内涵外延的界定等，导致在案件受理中出现理解适用不一致的情况。

①关于"网络服务合同纠纷"的范围。《规定》第二条第（二）项规定，互联网法院集中管辖"签订、履行行为均在互联网上完成的网络服务合同纠纷"。实践中存在两种观点：一种观点认为，应限缩理解，仅限于最高人民法院《民事案件案由规定》的服务合同纠纷下的四级案由"网络服务合同纠纷"；另一种观点是应当扩充理解为"涉网络"的服务合同纠纷，按照三级案由理解，具体可包括网络服务合同、法律服务合同、旅游合同、餐饮服务合同、娱乐服务合同等23项四级案由。

②关于"签订、履行行为均在互联网上完成"的理解。实践中存在两种观点：一种观点认为，签订、履行行为必须全部双线上完成，才符合互联网法院受理范围；另一种观点是用户与服务平台在互联网上签订合同，如果服务平台有部分服务内容在线上履行，部分服务内容在线下履行，如果双方存在争议的部分是在互联网上履行的服务，则相关的纠纷属于《规定》第二条第（二）项规定的网络服务合同纠纷，案件应当由互联网法院管辖。如果争议内容既有线上履行的内容，又有线下履行的内容，如果主要争议系线上部分，则由互联网法院一并审理；如果主要争议系线下部分，则不属于互联网法院管辖范围。

③关于互联网公益诉讼案件范围不明确。检察机关提起的互联网公益诉讼案件是否一律由互联网法院管辖，一种观点认为，应当属于互联网法院管辖范围；另一种观点认为，只有原应当由北京市辖区内基层人民法院受理的互联网公益诉讼案件，才属于互联网法院管辖范围。此外，《规定》第二条第（九）项系检察机关提起的互联网公益诉讼案件，检察院负责提起公益诉讼的案件范围包含生态环境和资源保护、食品药品安全、国有财产保护、国有土地使用权出让等领域，案由规定中涉及公益的案由仅有"316. 公益信托纠纷"。因此关于检察机关提起的互联网公益诉讼案件范围应予以明确。

（2）案件类型范围较窄。从当前适用网上审判方式的法院（法庭）看，《规定》中管辖涉及25个案由，但仍有大量具备"涉网因素"案件未纳入管辖。实践中，亟须对管辖类型中涉网案件进行区分，对于实质涉网案件，即互联网因素或者对案件的事实查明具有关键作用，或者对案件的法律适用具有特殊影响的涉网案件，比如，数据权属确权纠纷等"涉网因素"在证据形成与认定中具有关键影响的案件，目前尚不属于互联网法院管辖范围，但实践中又存在现实需要，例如上海市长宁区人民法院互联网审判庭、深圳市福田区人民法院互联网和金融审判庭都根据辖区案件实际需要，扩充了受理案件的范围，重点对互联网特性突出、有利于确立互联网治理规则的案件加以管辖，更突出服务互联网经济发展。

（3）存在非实质涉网案件。课题组认为，非实质涉网案件指实质涉网案件以外的其他涉网案件，即"涉网因素"在案件事实认定或法律适用中不具有重要或关键作用的案件。互联网法院作为综合性的网上审判方式法院，目前采用"特点+案由"列举方式划定互联网法院案件管辖标准，一方面导致大量涉网案件无法纳入管辖，另一方面又存在案件管辖泛化的倾向。课题组认为，应以审理实质涉网案件为原则，以审理非实质涉网案件为例外。

2. 解决对策

互联网法院要充分发挥推动网络空间法治化、树立互联网社会规则的作用，就必须坚持走迭代升级、创新发展的道路，要对在线审理模式、案件管辖范围、法院发展理念进行突破，要积极应对数字中国建设、数字社会发展所提出的新问题、新挑战，要密切关注数据主权安全、算法司法审查、平台规范管理、域外案件审判、网络虚拟财产继承及部分涉互联网犯罪的刑事案件审理，真正做到立足新技术、新业态、新模式，树立产业规则、治理规则、国际规则。

二、网上审判的管辖规则

1. 管辖连接点的争议处理

（1）实践现状。互联网空间的虚拟性、广泛性和实时性，使网络具备了虚拟性、无边界性以及网络管理的高度自治性。网络的这些特点使得网络参与者身份并不具有法律意义上识别的功能，网络地址与地理位置参与者也并非一一对应，使管辖连接点难以确定，对传统法院管辖连接点规则提出挑战。比如，传统法院管辖制度中诉讼标的物所在地、法律事实所在地等常见的管辖连接点通常可以与具体的空间进行对应，而在互联网空间中上述管辖连接点则无法与具体空间进行有效对应，致使"诉讼标的物所在地或法律事实所在地等管辖权连接点极难界定"❶。恰是涉网案件自身的"涉网因素"使传统的管辖连接点制度近乎失效、亟须变革。因此，必须正视互联网科技对传统的法院地域管辖制度的冲击，并根据和利用互联网技术特征设计适应互联网法院、涉网案件的新管辖规则。

管辖法院的确定，关系诉讼的成本和便利性，在司法环境不佳的状况下很可能影响案件的实体公正。比如在网络购物纠纷❷中，因多元连接点的存在，受法院之间案件裁量等因素影响，当事人存在自行创造管辖连接点现象，对互联网法院之间负担案件量的平衡性造成不利影响。比如原告可以将网络交易收货地设置在其目标法院管辖地域范围内，实现制造管辖连接点的目的，这些都是互联网环境下管辖连接点的新情况、新问题。

当前网上审判方式应用最为集中的是互联网法院，互联网案件中较为常见的争端类型是网络侵权纠纷和网络购物合同纠纷。在网络侵权纠纷中，现行有关管辖权规定，是以侵权行为地和被告住所地作为确定管辖权的一般规则，以侵权结果发生地为补充和例外。但在互联网世界中物理空间与网络空间并不完全对应，涉网案件可能无法在物理空间找到对应的管辖连接点。例如，网络交易中可能网络空间定位在国外，或存在大量空间定位情形，此时难以确定相对稳定的法律行为发生地。因管辖连接点问题发生不予受理、管辖权异议时，增加了当事人的诉讼成本。

（2）争议处理规则。现行有关互联网纠纷管辖权规定，是以侵权行为地和被告住所地作为确定管辖权的一般规则，以侵权结果发生地为补充和例外（见表2），其具体依据主要有：《民事诉讼法》第二十四条（合同履行地）、《民事诉讼法》第十八条（级别管辖规定）、《民事诉讼法》第二十二条（"原告就被告"规则）、《民事诉讼法》第二十九条（侵权行为地和被告住所地），以及《最高人民法院关于适用〈中华人民共和国民事诉讼法〉的解释》（以下简称《民事诉讼法司法解释》）第二十条（收货地为合同履行地）、《民事诉讼法司法解释》第二十五条（"原告就原告"规则）、《最高人民法院关于审理涉及计算机网络域名民事纠纷案件适用法律若干问题的解释》第二条（侵权行为地和被告住所地）等。

---

❶ 肖建国，庄诗岳：《论互联网法院涉网案件地域管辖规则的构建》，载《法律适用》2018年第3期。

❷ 《中华人民共和国民事诉讼法》第二十四条规定："因合同提起的诉讼，由被告住所地或者合同履行地人民法院管辖。"《最高人民法院关于适用〈中华人民共和国民事诉讼法〉的解释》第二十条规定："以信息网络方式订立的买卖合同，通过信息网络交付标的的，以买受人住所地为合同履行地；通过其他方式交付标的的，收货地为合同履行地。合同对履行地有约定的，从其约定。"

表2 互联网法院受理案件管辖连结点梳理分析

涉网特征	案　由	管辖连接点
通过电子商务平台签订或者履行	网络购物合同纠纷	被告住所地
		合同履行地 1. 买受人住所地 2. 收货地
在互联网上首次发表作品；在互联网上侵害在线发表或者传播作品的著作权	著作权权属和侵权纠纷（包括著作权权属纠纷、侵害作品发表权纠纷、署名权、修改权、表演权、改编权、侵害表演者权纠纷、侵害录音录像制作者权纠纷、侵害作品信息网络传播权纠纷）	被告住所地
		侵权行为地 1. 实施侵权行为的网络服务器、计算机终端等设备所在地 2. 原告发现侵权内容的计算机终端等设备所在地
签订、履行行为均在互联网上完成	网络服务合同纠纷	被告住所地
		合同履行地
侵权行为发生在互联网上	网络侵权责任纠纷 一般人格权纠纷 名誉权、肖像权、隐私权纠纷	被告住所地
		侵权行为地 1. 侵权行为实施地包括实施侵权行为的计算机等终端设备所在地 2. 侵权结果发生地包括被侵权人住所地
签订、履行行为均在互联网上完成	金融借款合同纠纷	被告住所地
		合同履行地
签订、履行行为均在互联网上完成	小额借款合同纠纷	被告住所地
		合同履行地
通过电子商务平台购买的产品	产品责任纠纷（包括产品生产者责任纠纷、产品销售者责任纠纷）	被告住所地
		产品制造地
		产品销售地
		侵权行为地

① 网络侵权类。涉互联网的特殊地域管辖案件，主要包括合同和侵权案件。实践中，在互联网空间中上述管辖连接点则无法与具体空间进行有效对应，致使"诉讼标的物所在地或法律事实所在地等管辖连接点极难界定"。为解决这一矛盾，我国采取的方式主要是在互联网案件中寻找可以依托的连接点，从而使传统管辖规则得到适用，例如网络服务器已成为重要的管辖权确定

的连结因素,而"原告发现侵权内容的计算机终端等设备所在地可以视为侵权行为地"的规定,则使原告也拥有了一定程度的选择法院的权利。

课题组认为互联网审理模式下,基于涉网纠纷多元连接点情况下,原则上可否定当事人对互联网法院的程序选择权❶,规定案件管辖连接点为原告住所地或被告住所地较为适宜。首先,传统确定的一般地域管辖的"抑制原告滥诉""方便法院审理和执行"的因素逐渐减弱,特别是涉网案件是时常存在难以确定当事人所在地的情况,一味严守一般地域管辖难免有碍当事人之间成本和利益平衡。其次,在一般地域管辖实践意义弱化的情况下,可以基于"当事人为中心"的理念适当扩大协议管辖的适用,并通过对"可选择法院"的限制保障在法院之间合理分配案源。最后,以原被告住所地为连接点,在实践中具有规则清晰、连接点明确和方便起诉的优势。更重要的是,增加原告住所地为一般管辖连接点,能更大限度地保障在境外发生的权益受损案件中我国公民的权益(见表3)。

表3 传统管辖连接点的失灵——以网络侵权纠纷为例

侵权案件类型	行为地	具体连接点	实际上的连接点
因产品、服务质量不合格造成财产、人身损害提起的诉讼	产品制造地	产品制造地	被告住所地
	销售地	网络行为	无法查找
	服务提供地	网络行为	无法查找
	人身或财产损害发生地	损害发生地	原告住所地
计算机网络著作侵权	侵权行为实施地	网络行为	无法查找
	侵权结果发生地	实施侵权行为的网络服务器、计算机终端等的所在地	原告住所地
计算机网络域名侵权	侵权行为实施地	网络行为	无法查找
	侵权结果发生地	发现域名侵权的计算机终端等设备所在地	原告住所地
网络信息侵权	实施侵权行为的计算机等信息设备所在地	网络行为	无法查找
	被侵权人住所地	被侵权人住所地	原告住所地

② 网络购物类。《民事诉讼法司法解释》第二十条规定,以信息网络方式

---

❶ 肖建国,庄诗岳:《论互联网法院涉网案件地域管辖规则的构建》,载《法律适用》2018年第3期。

订立的买卖合同,通过信息网络交付标的的,以买受人住所地为合同履行地;通过其他方式交付标的的,收货地为合同履行地。合同对履行地有约定的,从其约定。因此,网络购物合同在没有协议管辖的情况下,应当以收货地为合同履行地。在实践中,我们发现部分职业索赔人利用互联网审判的便利性,人为将合同履行地设置在北京市辖区内从而在北京互联网法院起诉。

比较典型的有两种情况:一是收货地为虚假地址,二是收货地址不具体,例如某蜂巢、某马路边等。合同履行地能够作为与合同纠纷具有密切联系的管辖连接点之一的前提条件就是该密切联系地点应当是真实有效的,若合同履行地为虚假的,则该地点与该合同就不具有密切联系,就不能作为管辖依据。因此,课题组认为,在能够认定收货地为虚假地址的前提下,可以排除适用收货地为合同履行地的管辖规则,依照相关法律规定依职权确定案件管辖;但是收货地址不具体是相对于具体明确的收货地址而言的,收货地址是一个地理概念,不具体或者是公共场所的并不意味着合同履行就存在障碍,不具体的收货地址与合同纠纷之间是否具有密切联系,还有待进一步讨论,建议仅在最高人民法院统一规制职业索赔的情况下个别适用,不建议普遍适用。

2. 实质涉网案件的区分判断标准

根据《规定》,互联网法院应当集中受理互联网特性突出、适宜在线审理的纠纷。这类纠纷主要依托互联网发生,证据也主要产生和储存于互联网,适合在线审理,也有利于确立依法治网规则。换言之,判断是否属于互联网审判庭收案范围的标准,主要是看涉案的主要法律行为是不是在互联网上发生,主要证据是否通过互联网产生,既要凸显互联网案件的网络特性,也要具备在线审理的可能性。互联网法院须以具有互联网专业性的案件为主要管辖范围,原则上非实质涉网案件❶应由传统基层法院审理。因此,课题组认为应将非实质涉网案件原则上排除于互联网法院管辖体系之外。而实质涉网案件即"涉网因素"构成案件事实认定或法律适用中专业知识的案件,这些案件具备较高的复杂性,应由互联网法院审理或者应当采取互联网审理模式审理。课题组认为实质涉网案件至少包括事实认定和法律适用两个方面:

一是涉网因素在事实认定中具有决定或关键作用的案件。例如,通过网络购买保险纠纷案件,该类案件健康咨询问卷填写、签名等环节均在互联网上完成,当涉及投保人是否如实告知时,需要提交涉及互联网形成的关键证据。此

---

❶ 非实质涉网案件指虽有涉网因素,但不具有互联网专业性的案件,例如通过电子商务平台签订合同后产生的货款纠纷。

类案件可细分为主要或关键证据资料形成、存储或展现于网络空间的案件,以及主要或关键事实逻辑需要借助互联网专业知识理解或构建的案件。

二是涉网因素在法律适用中具有决定或关键作用的案件。例如,在互联网交易中认定格式条款提供方是否对免除或者限制其责任条款完成提示义务时,关于"合理的方式"认定明显与传统规则不同。此类案件可细分法律适用所涉法律规范含义或主要或关键案件事实法律定性需要互联网专业知识的案件,以及基于互联网技术特性需要改变相关具体法律规范的案件。

3. 网上审判中管辖冲突的处理

(1) 集中管辖与其他管辖方式的关系。一是集中管辖与协议管辖。互联网法院的协议管辖是否造成互联网审判中的"挑选法院"(forum shopping)现象?"挑选法院"原本是指当事人利用国际民事管辖权的积极冲突,从众多有管辖权的法院中选择一个最能满足自己诉讼请求的法院去起诉的行为。在客观上,互联网法院的三足鼎立给涉网当事人挑选法院提供了一个契机。尽管有学者认为挑选法院对司法的统一适用不利,但从涉网审判便利当事人的角度看,互联网审判中"挑选法院"现象的存在有其合理性。在网络争议中,网络侵权行为的侵权行为地不易确定,"原告就被告"的传统管辖方式适用存在困难。尽管法院之间并无商业上的竞争关系,但"挑选法院"现象的存在对三家互联网法院如何在"依法有序、积极稳妥、遵循司法规律、满足群众需求"的目标导向下,提升互联网审判工作质量与效率提出了新要求。

此外,还要防止"挑选法院"条款形同虚设,即电子商务平台、网络内容服务提供者(ICP)和网络中介服务提供者(ISP)通过格式条款与用户订立管辖协议的,"选择"平台或服务提供者所在地或物理接近的互联网法院。因此,《规定》要求,电子商务经营者、网络服务提供商等采取格式条款形式与用户订立管辖协议的,应当符合法律及司法解释关于格式条款的规定。

从国际层面看,我国已于2017年9月12日签署了《选择法院协议公约》。该公约于2005年6月30日由海牙国际私法会议第二十次外交大会通过,2015年10月1日生效。公约保障国际民商事案件当事人排他性选择法院协议的有效性,被选择法院所作出的判决应当在缔约国得到承认和执行,这对加强国际司法合作、促进国际贸易与投资具有积极作用。对于电子商务中的涉外主体或跨境电子商务中的相关主体,如果能够积极将国内三家互联网法院作为管辖法院,那么中国互联网法院的国际影响将更深远。因此,我国应抓紧研究《选择法院协议公约》批准事宜,并在互联网审判中考虑涉外审判的可及性和国际传播。

二是集中管辖与级别管辖。《最高人民法院、最高人民检察院关于检察公益诉讼案件适用法律若干问题的解释》第五条规定："市（分、州）人民检察院提起的第一审民事公益诉讼案件，由侵权行为地或者被告住所地中级人民法院管辖。基层人民检察院提起的第一审行政公益诉讼案件，由被诉行政机关所在地基层人民法院管辖。"该条规定并未明确基层人民检察院提起第一审民事公益诉讼案件的管辖问题。对此，有观点认为，北京互联网法院作为基层人民法院，不符合审理检察院提起的民事公益诉讼的级别管辖条件，如果要放开互联网法院审理该类案件，就应该修改或出台新的司法解释。另有观点认为，如果法律和司法解释没有明确的限制性规定，互联网法院可以审理该类案件。根据《规定》第二条第（九）项的规定，互联网法院可以管辖"检察机关提起的互联网公益诉讼案件"，并未限制民事公益诉讼案件，从这个角度讲，应该包括民事公益诉讼案件。但根据《人民检察院提起公益诉讼试点工作实施办法》第二条的规定，"人民检察院提起民事公益诉讼的案件，一般由侵权行为地、损害结果地或者被告住所地的市（分、州）人民检察院管辖。有管辖权的人民检察院由于特殊原因，不能行使管辖权的，应当由上级人民检察院指定本区域其他试点地区人民检察院管辖。……有管辖权的人民检察院认为有必要将本院管辖的民事公益诉讼案件交下级人民检察院办理的，应当报请其上一级人民检察院批准"。因此，对检察机关提起的互联网民事公益诉讼是否属于互联网法院管辖仍有待相关法律或司法解释进一步明确。

三是集中管辖与专门管辖。从专门管辖与集中管辖的关系看，集中管辖不同于专门管辖。专门管辖通常是基于管辖案件的专业性或特殊性设立，由《中华人民共和国人民法院组织法》（以下简称《人民法院组织法》）明文规定。根据 2018 年 10 月 26 日第十三届全国人民代表大会常务委员会第六次会议修订的《人民法院组织法》第十五条第一款的规定，专门人民法院包括军事法院和海事法院、知识产权法院、金融法院等。据最高人民法院司法改革领导小组办公室规划处处长何帆在清华大学法学院纠纷解决研究中心主办的"互联网法院案件审理问题研讨会"中介绍，互联网法院不属于专门法院。集中管辖是在不涉及普通法院和特别法院的划分基础上就某些案件专属于某一法院的权限界定，而专门法院涉及特别法院的权限范围，是针对特别法院的管辖职能而言的。❶

---

❶ 张卫平：《民事诉讼法》，中国人民大学出版社 2015 年版，第 79—80 页。

(2) 明确管辖冲突处理规则。为避免不同法院对管辖权争夺或推诿[1]并影响当事人权益，须对管辖冲突问题进行规制。基于专业司法能力、专门法院功能定位等考虑，管辖冲突处理原则包括：

① 与普通法院管辖冲突规则。原则上，属于互联网法院管辖的涉网案件均由互联网法院审理，同级互联网法院司法区内其他普通法院不再管辖涉网案件。即使当事人协议管辖，应将协议管辖所选择的法院限定为互联网法院。

② 与其他专业法院管辖冲突规则。对"涉网因素"要求较高的案件，交由互联网法院审理；对除"涉网因素"外其他专业要求较高的案件，交由相应的专业法院审理。

三、网上审判的送达方式

（一）电子送达的现状分析

送达的本质是在法院和当事人之间进行信息传递和交互，进而保障当事人对诉讼事宜的知悉权利。电子送达程序的本质是将承载信息符号的物理介质电子化，进而推动诉讼行为和审判行为方式的改变。课题组围绕与送达相关的送达主体身份确认及送达载体创新、送达地址收集、送达效力判定等核心问题来论证电子送达制度的构建。

1. 送达主体的身份确认及送达载体创新

电子送达区别于传统送达，传统送达采取面对面的送达方式，受送达人通过对送达主体身份的核对，确认送达主体的官方性。而电子送达存在于虚拟空间，受送达人仅能通过虚拟空间的电子信息，确定送达主体的官方性和权威性。这与传统司法中，当事人信任建立基础存在颠覆性的区别，因此有必要建立网络空间官方认证系统等基于虚拟空间的真实性校验机制。

目前，我国电子送达系统一般依托于法院官方网站，通过"gov.cn"域名作为官方网站认证方式。与此同时，北京互联网法院还创新了多种技术载体的送达方式，例如，与阿里、京东等公司签订平台集约送达协议，在上述平台开设官方送达账号，通过淘宝"旺旺"、京东客服等即时通信软件进行线上送达。多种送达载体并存的情况下，通过阿里、京东等民营企业认证，确定送达主体官方性的方式，其正当性存在争议。此外，北京互联网法院正在联合三大

---

[1] 笔者访谈某知识产权法庭法官得知，由于案件数量较大，其更愿意将案件移送至互联网法院。从大多案件数量较多的法院考察，当出现管辖冲突时，法官都愿意将案件移送至其他法院，以减少自身工作量。由此可见，管辖权冲突可能导致管辖权争夺或推诿的发生。

通信运营商及主要移动终端制造商，为法院账户建立官方认证身份，直接显示发送账号者的名称，并且保证该账号不受常见安全杀毒软件、手机终端设置等的信息拦截[1]，既确保了信息到达的有效性，又能使当事人及时识别出法院所发送的短信，防止当事人被诈骗。

2. 送达地址的收集

我国是大陆法系国家，法院是送达的主体，为维护当事人的诉讼权利、推动诉讼程序续行，法院应当充分发挥信息技术优势，通过技术创新解决"送达难"问题。对于电子送达地址的收集，在原告无法提供时，为了保障诉讼的顺利进行，同时也避免公告送达方式对被告当事人权益的不利影响，法院应当充分利用技术优势，在现有能力基础上依职权收集送达地址。

《规定》明确，互联网法院可以将能够确认为受送达人本人的近三个月内处于日常活跃状态的手机号码、电子邮箱、即时通信账号等常用电子地址作为优先送达地址。从《规定》行文上看，"三个月活跃账号"是送达方式的收集途径之一。但是，对于此种送达方式是否能被视为有效送达方式尚存较大争议，同时，证明和验证"三个月活跃账号"这一事实较为困难，举证责任在法院和原告之间应当如何分配，尚需明确。

3. 送达的效力判定

（1）关于约定送达。根据《规定》，对于受送达人在事前约定的电子送达地址，送达信息到达该电子地址即为有效送达。三大互联网法院通过借助电商平台推广送达协议，扩展"约定送达"规定的适用范围。然而，通过电商平台订立的送达协议存在协议适用的相对性问题，也即，电商平台和商户之间的送达协议，能否当然适用于消费者和商户之间的纠纷，尚存争议。

（2）关于同意送达。根据《规定》，经受送达人确认的电子地址，送达信息到达该电子地址即为有效送达。北京互联网法院通过扩大地址确认书的适用范围推进"同意送达"规定的适用，与20家大型网络企业达成送达协议，将企业提交的地址确认书用于该企业所有在互联网法院涉诉案件的送达，逐步将此方式推广至律所、大型企业等受送达主体，并在电子诉讼平台建立地址确认书数据库，与当事人信息进行对接，自动关联送达地址，实现此类案件的一键送达。此种送达方式也存在争议，一般情况下，地址确认书是当事人或其代理人签订的，对某特定案件送达地址的同意，是否当然适用于其他案件或其他法院，尚存争议。

---

[1] 有当事人反映，存在法院电话被手机软件标注为骚扰电话的问题。

(3) 关于收悉送达。根据《规定》，确认收悉分为两种情形：第一种是不可推翻的确认，即受送达人回复已收到送达材料，或者根据送达内容作出相应诉讼行为情形时，视为送达成功。此种情形下，实际上已经构成了当事人对送达地址的确认，故此种收悉生效的效力不可推翻。第二种是可推翻的推定确认情形，即受送达人的媒介系统反馈受送达人已阅知，或者有其他证据可以证明受送达人已经收悉情形时，推定送达成功。此种情形在实务中比较棘手，与第一种收悉送达不同，此种收悉送达的电子地址实际上并没有得到受送达人的明确认可，因此也是可推翻的推定确认送达，若当事人举证证明非因其主观过错确未收悉，则不能视为有效送达。

此种效力判定方式以受送达人的应诉行为或技术反馈的收悉状态为推定收悉的条件，对于被告不配合应诉的，依托技术手段证明受送达人阅知信息则尤为重要。但此种送达方式是否为有效送达，尚存争议。

(4) 关于推定送达。互联网法院受理涉网知识产权侵权案件占比较大，被告包括众多散布全国各地的小型网站经营公司，此类案件的送达是互联网法院亟待解决的难题。原告往往仅能根据侵权网站页面显示、搜索引擎、"企查查"等方式获悉被告送达方式，例如座机号、电子邮箱、线下地址等。此类案件中，原告仅提交座机号码的情形较多，无法使用电子诉讼平台弹屏送达，北京互联网法院尝试通过受送达人在网上公示的联系电话、电子邮件地址进行送达。但是，电话、短信和电子邮件难以反映收悉状态，无法满足《规定》第十七条关于"受送达人的媒介系统反馈受送达人已阅知，或者有其他证据可以证明受送达人已经收悉的"的"推定完成有效送达"的条件，是否可以在确认账户活跃度的情况下实现推定送达，需要对此种送达方式的适用进一步论证和提供有力的法律支持。

(5) 关于公告送达。北京互联网法院尝试在其电子诉讼平台开设公告送达板块，并以网页飘窗形式提示登录者注意。同时，线上公告送达板块与案件审判系统实现无缝对接，公告送达信息的发布与反馈均较为便利，公告刊登准备时间由 20 天压缩至 30 分钟以内，且无须当事人负担任何公告费用，公告送达效率大幅提升。但是，此种公告方式是否能够代替人民法院公告，在信息发布辐射范围上能否达到法律要求的程序和要件，需要进一步验证和明确。

(二) 电子送达的基本原理

结合《规定》第十五至第十七条，各地法院通过技术革新对电子送达进行了多项机制层面和技术层面的尝试，三大互联网法院也进行了多方面的大胆探索，同时也集中遇到了一些问题，反观当前的电子送达创新机制的实践，甚至扩展到整个法律与技术深度融合的过程，存在着碎片化、无体系化、政策化的倾向。缺乏体系化的安排和制度化的建设，缺乏对程序规定内在法理的深度剖析，如对技术转换可行性和必要性的有力论证，使得某些创新机制在效率性和正当性平衡之间游离时，失去标靶和准星。

课题组认为，某项信息技术法律应用的考量，需要解决的核心理论问题为一项电子信息技术是否可镶嵌入传统审判程序，甚至替代已有操作方式，如何确立其合法性、正当性和必要性的标准问题。在这个过程中，主要取决于其是否具有程序合法性、法理正当性，以及该项技术的运用在成本付出、程序效率与公正上的投入产出比。

1. 在约定送达方面遵循诉讼契约的基本法理

对于双方当事人达成的诉讼契约是否可以及于第三人，或两两契约能否在广义上达成合意，例如，电商平台与商户之间有关送达、管辖的约定是否可以及于消费者，商户、消费者分别与电商平台达成内容相同的协议，能否推得消费者与商户之间可以适用的合意，由于合同的相对性，在既有的理论框架下，似乎很难通过解释论赋予民事主体双方订立的合同以及于第三人的效力，但是为了在特定条件下实现公平正义，合同的相对性也能得以突破。

具体到约定电子送达的问题上，"受送达人同意"作为民事诉讼法对电子送达设定的前置条件，体现当事人自愿的原则，但这种同意应包括明示和默示。明示同意即当事人明确同意采用电子送达方式的意思表示，包括肯定性答复、签署电子送达确认书等。默示同意则为一种推定同意，法院在不太可能取得明示同意时，应允许推定被告同意使用电子送达方式，并以受送达人的行为表征予以二次确认。

当被告唯一可联系方式是电子方式或穷尽其他方法无法送达或确实送达有困难时，这种推定同意对保证诉讼顺利进行显得更有意义。❶ 因此，实践中，一般情况下，电商平台在商家入驻及消费者注册时即已分别达成送达的协议，商户、消费者分别与电商平台达成内容相同的协议，可一定程度上推定商户、消费者对适用电子送达方式的同意，在当事人未明示选择其他送达方式时，可推得消费者与商户之间可以适用的合意。

2. 在收悉送达方面遵循不可否认性的法理

一方面，在互联网环境下，当事人对其公开的互联网联系方式送达应有一

---

❶ 胡谦：《从自我束缚到功能释放：电子送达的实现路径研究》，http://shhsfy.gov.cn/hsfyytwx/hsfyytwx/spdy1358/dycg1505/2019/02/19/2c93809968a999ec01690565d6e432d0.html，访问日期：2019年9月6日。

定注意义务。受送达人的户籍地、注册地可以直接用于送达而无须受送达人的同意，是因为法院默认受送达人本人应该在户籍地居住、在注册地经营，默认向该地址送达可以实现有效送达。反之，若电子送达方式可以与受送达人产生直接关联，即通过该方式送达就可以向受送达人本人有效送达，产生与向户籍地送达一样的效果，那么也就无须当事人明示同意。❶ 互联网公司在其网站中公示地址，即向他人宣告通过此电子方式可以联系到公司，自行建立了该公示地址与公司的直接关联，代表其已经放弃了自己与该联系方式无关这一抗辩权利。从社会契约论的角度来说，社会公权力的产生即是每个人私权利让渡的集合，既然受送达人已经让渡了抗辩权利，作为公权力机关的法院以此电子方式向受送达人送达，理论上即应视为受送达人默认同意了这种电子传输方式可以与受送达人本人直接关联，可以有效送达。平台公司对于对外宣示的注册地址，可以视为以此地址与外界发生交往交易的联系，具有一定的公示效力和可信度。平台公司对于其他民事主体因信任此类公示的效力而采取的民事法律行为应当承担一定的社会责任，因此按照这个地址寄送就视为送达。以网站、App 应用软件上记载"联系我们"的电子邮件、手机号码作为有效电子送达方式具有正当性基础。

另一方面，由于互联网法院管辖的特殊性，互联网法院受理案件的当事人一般都是对互联网环境适应度高、互联网媒介接触较为频繁、熟悉互联网操作规范的网络用户，涉互联网案件的当事人大多通过电子方式联系，甚至一个电话号码、电子邮箱、旺旺号等账号信息就代表了诉讼相对方，故与线下纠纷中实实在在的"居民"相比，账号信息代表了更为精准的"网民"。因此，"网民"应当而且能够更容易、更有效地接收电子文书，精准高效便捷的电子送达方式远优于线下户籍地址等传统的送达方式。❷ 法院根据其公示的送达地址与联系方式进行送达，尤其是通过即时通信软件进行的送达，依据当事人上线与否的状态分析等情况，使用公证、区块链等方式，对送达情况、地址活跃状态情况进行存证，以此推定受送达人收悉是符合互联网生活经验和实际情况的。因此，此种情形下由受送达人承担证明存在媒介系统错误、送达地址非本人所有或者使用、非本人阅知等情况未获送达的证明责任是合理的制度设计。

---

❶ 梁峙涛：《"互联网＋"时代下民事送达新路径探索—以实名制手机支付软件为核心的电子送达方式》，载《科技与法律》2019 年第 2 期。

❷ 陈东升、王春、童昊霞：《杭州互联网法院两周年带来了什么?》，http://baijiahao.baidu.com/s? id=1641896803917450569&wfr=spider&for=pc，访问日期：2019 年 9 月 12 日。

(三) 电子送达的制度创新

1. 建立全国层面政务主体电子认证系统

由于线上送达行为处于网络虚拟空间，当事人容易对送达主体的真实性产生怀疑，由于非官方平台具有开放性、大众性等特点，电子送达方式容易被不法分子冒用。因此，法院送达要有可识别性和确定性，如短信要以唯一的标识和电话号码向社会公众公开，提供可靠的真实性校验方式，并在技术手段上进行处理，可以借鉴域名注册方面的经验，例如 CN 域名下的 GOV 域名，即指代表中国政府机构的域名，仅有组织机构代码证的机构类型中含有"机关"字样的组织享有注册 GOV 域名的资格。❶ 此外，未来还可尝试在推进电子司法进程的过程中，为公证员、公务机关、来往频繁的注册律师等设立专门的电子邮箱，并有步骤地扩大这些人员或机关与法院之间进行电子交往的范围。

2. 拓展当事人协议送达的适用范围

温岭市人民法院通过温岭市律师协会与全市大部分律师签署电子送达确认书，确认在两级法院代理的案件均可通过微信发送电子文书。该院这一举措亦得到台州市中级人民法院的认可，台州市中级人民法院出台的《关于进一步加强送达工作实施意见》规定："在本市登记注册的执业律师和法律工作者，由各基层人民法院组织统一签署送达地址确认书并汇总至市中院建立的统一地址信息库备查，在本市代理的案件可不再另行逐案填写送达地址确认书。" 2017 年 8 月，北京市高级人民法院也与北京市律师协会签署了合作协议，北京市律师协会将配合北京市高级人民法院在律师中推广使用电子送达方式。此类同意送达方式是经过实践证明切实可行，能提升送达效率，也为受送达人所认可的方式。同时，为了提升送达的准确性，更好地保证当事人的诉讼权利，可以针对电子诉讼平台内的地址确认书数据库实行定期更新制度。

3. 确认多渠道电子载体送达的效力

课题组以目前实践中常用的通话、短信和电子邮箱为例，论证其送达的效力问题。

（1）关于通话送达。电话送达方式具有交互性，当时即可通过录音证明对方收悉送达信息，根据《中华人民共和国电子签名法》第四条对数据电文作出的规定，"能够有形地表现所载内容，并可以随时调取查用的数据电文，

---

❶ 董鑫，韩兵：《全国政府网站将统一域名后缀".gov.cn"不得滥用》，http://www.xinhuanet.com/zgjx/2018-09/07/c_137451165.htm，访问日期：2023 年 8 月 4 日。

视为符合法律、法规要求的书面形式",送达录音留存备查,应取得与书面送达回证同样的、可重现性的效力。实践中,经常存在通过电话能够联系到受送达人,但是受送达人拒绝直接领取文书且不配合签收邮寄文书等情形。通过录音存档的电话送达,既能够达到送达目的,录音存档也具有送达回证的功能,应等同于书面送达的效力。并且随着电子技术的不断发展,可对声音进行鉴定,同时随着4G技术的不断发展,可视电话的使用可以解决身份确认的问题,同步保存的音像资料也可用来存档备查,这都给法院事后证明电话录音送达的合法性提供了必要的技术空间,同时可以大大节省司法资源,因此,录音存档的电话送达应属于有效送达的一种。

(2)关于短信送达。当前手机的普及及手机实名制的推行确保了短信送达的可行性,短信送达可分为弹屏短信送达及普通短信送达,对于弹屏短信送达,"霸屏"的方式会引起接收人的重视,从而防止信息被漏读、误读和拒收,通过信息传输系统的自动反馈,可确认受送达人已知悉。而对于普通短信送达,因为没有区别于其他普通短信的外观,更可能出现被漏读、误读和拒收的情况。目前,无锡市中级人民法院创新保全送达凭证方式,无论采取直接短信送达,还是查号短信送达,送达成功后均自动生成包括发送时间、接收时间、文书类型等内容的送达报告,作为送达凭证自动归入电子卷宗或打印制作成纸质卷宗,使送达过程有迹可循、有据可查。❶ 但是对于普通短信而言,送达凭证可以确认送达,但未必能确认当事人"知悉",单凭信息传输系统的自动反馈,不足以确认受送达人已收悉。此时,还需要法院工作人员在发起电子送达后再进一步联系受送达人,确认信息的收悉情况。当然,随着电子送达技术的进一步发展,法院应当及时汇总信息传输系统反馈信息的差错现象,加强与电信运营商的沟通,逐步提高信息传输系统反馈信息的准确率,从而可以直接通过系统反馈来确认受送达人的知悉。❷ 目前,北京互联网法院通过短信通知被告关联平台是送达过程的关键步骤,不解决此环节送达效力问题,将对整个基于电子送达平台进行的送达机制造成极大阻碍。课题组认为,在解决短信送达的知悉问题后,短信送达应视为有效的送达方式,当事人在确认被通知关联信息后,拒不配合关联的,可视为自行放弃相应的应诉答辩权利。

(3)关于电子邮件送达。对于电子邮件送达方式,有阅读反馈功能的电

---

❶ 江苏省无锡市中级人民法院:《无锡法院统一电子送达平台》,http://www.faanw.com/zhihuifayuan/535.html,访问日期:2019年9月12日。

❷ 徐振华,韦苇,张朴田:《以手机短信为载体的电子送达方式研究》,载《人民司法》2019年第1期。

子邮件系统,可推定收悉,另外,法院也可以向服务商申请提供邮件回执,以此作为当事人收悉邮件的证据。但缺乏此种功能的电子邮件系统,则难以直接认定达到收悉的程度。此时,法院应进一步通过其他即时通信方式如电话核实当事人是否收悉,属于已收悉但未按时回复的,法院可以通过电话联系之录音作为有效送达的证据。

4. 明确网络环境下公告送达的范围

《民事诉讼法司法解释》规定,公告送达可以在法院的公告栏和受送达人住所地张贴公告,也可以在报纸、信息网络等媒体上刊登公告。因此,通过电子诉讼平台刊登公告具有合法性,且对于互联网法院审理的涉互联网案件当事人而言,采用信息网络方式刊登公告符合其互联网使用习惯。

但需注意的是,公告送达要确保线上公告送达适用的严谨性。北京互联网法院明确,穷尽所有送达手段仍是进行线上公告送达的前提。如果电子送达不能奏效,还应采用司法专邮向当事人住所地寄送需要送达当事人的诉讼文书,以及在必要时还可通过窗口预约送达等形式进行现场送达,最大限度保护当事人的诉讼知情权。但实务中,法院专递这样的传统送达方式可能会因为原告提供的地址有误、无人签收、拒签或代签甚至邮递人员的疏忽等情况的存在,而无法真正送达以保证当事人知情权的实现,因此公告送达在互联网法院司法实务中仍然是运用较为广泛的送达方式。但需要注意的是,不能因为线上公告送达的便利性突破现有法律对公告送达适用条件的规定,公告送达仍然是兜底性的送达方式,在穷尽其他送达方式依然无法送达时才能使用。

为了更好地通过互联网诉讼平台进行公告送达,互联网法院诉讼平台有必要提升诉讼平台对公告送达的适配性。比如,在不影响平台其他功能使用的前提下,提升飘窗的醒目性,以提示当事人注意;增强电子诉讼平台的稳定性,减少或避免系统崩溃、运行缓慢等情况的发生;按照一定的标准建立合理的公告送达信息检索体系,便于受送达人从一定数量的公告送达文书中快速锁定与己相关的信息。此外,为了扩大公告送达所辐射的范围,还可以逐步探索其他公告送达途径,比如在互联网法院官方微信、微博、微淘账号等建设公告送达栏目。

四、网上审判的庭审程序

(一)网上庭审的现状分析

1. 审理模式

《规定》第一条第一款明确互联网法院审理案件应当以全程在线为基本原

则,实现"能在线、尽在线"。所谓"全程在线",是指各个诉讼环节,从受理、送达到庭审、宣判一般应当在网上完成。主体方面,要求当事人的诉讼行为在线实施,法院受理的案件在线审理。流程方面,全部流程或主要环节均应在线上完成,仅某一个具体环节在线完成,不能被视为在线审理。

同时,《规定》第一条第二款规定:"根据当事人申请或者案件审理需要,互联网法院可以决定在线下完成部分诉讼环节。"有两个因素可以启动线下审理,一是当事人申请,二是案件审理需要,由此款规定看,在一定程度上赋予了当事人选择审理模式的权利,但应由法院审查决定。

如果当事人申请线下审理,法院应采用何种审查标准,实践中存在以下几种观点。第一种观点是严格审查标准(以当事人不能为标准)。基于"全程在线"原则,对当事人提出的线下审理申请应严格审查,如非必要,则不准许。这种审查标准的依据是《规定》中很多地方都采用"应当"。但此标准的问题是,申请理由应限定在何范围内?可否将标准确定为当事人不能——不能避免且不能克服,不具备在线诉讼的条件和能力,如非不能,只是不便的情况下则需当事人自行解决困难。第二种观点是便利诉讼标准(以当事人不便为标准)。以保护诉讼参与人合法权益为出发点,从便利诉讼的角度,对当事人的申请进行审查,如果两种审理模式在便利性上差别较大,则允许其选择最有利的方式。此种标准下,当事人的申请应当阐明理由,然后由法官审核决定。此标准的问题是,法官无法完全以当事人的视角考察"便利性"。第三种观点是自主选择标准(以当事人不愿为标准)。充分考虑当事人客观需求及主观感受,将审理模式的选择权赋予当事人,只要其线下审理申请没有主观恶意且不损害他人利益,则应准许。此种标准的问题在于可能会架空互联网法院全程在线审理案件的基本原则。

2. 身份认证

《规定》第六条明确了身份认证规则,身份认证可以通过证件证照比对、生物特征识别或者国家统一身份认证平台认证等在线方式认证。身份认证是案件在线审理的必备程序,为保证平台主体源头上的真实性,在线审判必须通过身份认证环节确保"人、案、账户"匹配一致。实践中身份认证通过后,如何保证后续环节人户一致也是值得关注的问题。例如,当事人登录电子诉讼平台通过人脸识别进行验证,进入平台页面后参与到庭审中,实践中是否存在登录者与参与庭审者非同一人的"以假乱真"现象,对于当事人身份被冒用或替用等人户分离问题如何防范等。

3. 出庭

《民事诉讼法》第一百四十七条规定："被告经传票传唤,无正当理由拒不到庭的,或者未经法庭许可中途退庭的,可以缺席判决。"网上庭审的"到庭"与"出庭"等概念有别于传统物理空间,如何认定虚拟空间的"拒不到庭"与"中途退庭",如何认定线上缺席审理的标准,是3分钟、5分钟还是多长时间?对于庭审突发的当事人拒不到庭或无故退庭等情况,如何区分是当事人故意还是技术原因产生的无法上线或中途掉线?如果是技术问题,应该如何进行判断并作出评价?是否规范当事人主动联系法官并向法官作出说明?

4. 庭审辩论

传统民事诉讼在审判方式上强调当事人的现场参与和直接言词原则,认为这种"在场性"[1]有助于充分保障当事人的诉权。直接言词原则,分为直接原则和言词原则。直接原则包括以下三方面:一是在场原则,开庭审理时诉讼参与人必须亲自到庭参加庭审;二是直接采证原则,法官必须亲自参加法庭调查、听取法庭辩论、直接接触证据;三是直接判决原则,法官以庭审中接触的证据来认定案件事实。言词原则是指庭审中的诉讼行为必须以言词的方式进行,参加庭审的各方以言词方式进行诉讼;在法庭上提出的证据必须通过言词的方式;不经过言词辩论不得判决,只有经过言词陈述的诉讼材料才能作为裁判的依据。

由此可知,传统庭审辩论活动,强调一种剧场效果和教化功能。法官、律师和当事人以及证人在封闭空间通过言语展开交往,各交往主体的语言和动作都有特定的要求,这种高度仪式性的语言和动作具有极强的暗示性。伯尔曼认为,司法剧场化效应不仅使法官本人,也使得其他所有参与审判过程的人,使全社会的人都在灵魂深处体会到,肩负审判重任者必得摒弃个人癖好、偏见和任何先入为主的判断。同样,陪审员、律师、当事人、证人和所有参与诉讼的其他人,也因为开庭仪式、严格的出场顺序、誓言、致词的形式以及表明场景的其他许多仪式而被赋予各自的使命和职责。[2]

网上庭审特别是异步庭审中,当事人进入法庭后心理上的庄严肃穆感受到极大的削弱,司法裁判的教化功能也遭到减损。[3]在线庭审改变了审判剧场化的特征,在某种程度上限制了当事人对直接言词原则的行使。法官对当事人情

---

[1] 段厚省:《远程审判的双重张力》,载《东方法学》2019年第4期。
[2] 周伦军:《司法剧场化随想》,载《法人杂志》2004年第1期。
[3] 段厚省:《远程审判的双重张力》,载《东方法学》2019年第4期。

绪、态度等细节的捕捉，脱离了特定的现实场景便很难实现。❶ 例如，杭州互联网法院探索适用异步庭审规则，使当事人不再囿于固定时间、固定地点参与庭审，实现庭审模式从"面对面"到"键对键"的转变。❷ 这样会产生如下问题：异步庭审规则突破了诉讼直接言词原则，是否具有正当性；网络庭审对直接言词原则是冲击还是革新；同步庭审及异步庭审中直接言词原则如何体现；哪些可以适用书面原则进行书面审理。

5. 庭审录像对笔录的替代功能

《最高人民法院关于人民法院庭审录音录像的若干规定》第八条规定："适用简易程序审理民事案件的庭审录音录像，经当事人同意的，可以替代法庭笔录。"随着网上庭审录音录像的普及以及语音识别系统的不断完善，实践中可逐步探索是否可以由庭审录音录像替代庭审笔录来还原庭审。其中存在两方面的问题，一方面是庭审笔录的功能是否可以被替代，是否还需要设置法官助理、书记员席位；另一方面是相较传统由书记员整理的笔录，语音识别笔录较为凌乱，给法官撰写判决、二审法官查阅庭审情况造成不便，在已有完整庭审录音录像的情况下，是否应当保留书记员整理庭审笔录。实践中对庭审录音录像的态度含糊不清，制度上也缺乏相关规定，有待研究统一认定标准。

6. 撤诉和宣判程序

以北京互联网法院为例，电子诉讼平台支持当事人在系统中一键申请撤诉，法官另行通知当事人进行线上撤诉谈话，口头裁定撤诉。这样会存在以下问题：一是相应意思表示可通过录音录像的手段保留，传统诉讼文书是否有必要保留。二是该口头裁定撤诉的方式，能否更加简化。比如，在收到当事人线上提交的撤诉申请后，能否通过电子诉讼平台向当事人直接推送准许撤诉的短信，或推送准许撤诉告知书作为口头裁定准许撤诉的形式。三是最后宣判程序是否为庭审必经程序，是否可以简化，宣判时全体是否起立，法官在法定期限内向当事人送达裁判文书是否可以视为一种宣判方式，等等。

7. 证人的证言真实性

证人出庭作证有利于查明案件事实、落实言词证据原则等。《最高人民法院关于民事诉讼证据的若干规定》第七十二条及第七十四条规定："证人作证前不得旁听法庭审理，作证时不得以宣读事先准备的书面材料的方式陈述证

---

❶ 周斯拉：《电子诉讼中当事人权益保障——以杭州互联网法院为例》，载《东南大学学报（哲学社会科学版）》2018年第S2期。

❷ 《互联网法院：为互联网发展提供司法保障》，载《人民日报》2018年9月26日。

言""询问证人时其他证人不得在场"。证人不能旁听庭审,一方面是因为证人旁听庭审容易产生认同的心理,从而可能干扰自己的证言。民事案件中,证人一般是一方当事人申请进行作证,是基于自己对于案件事实的还原。从心理学角度分析,旁听庭审容易让证人在内心对被告行为进行评判,可能会结合原被告陈述情况进行权衡,很有可能影响或偏离原本的证言。另一方面,如果案件中存在多个证人,可能会基于"随大流"的盲从心理,偏离了原本对于事实情况的还原与确认,不利于法官对于案件真实情况的判断。在线审判中,证人远程作证会有旁听的风险,这也是技术带来的对于传统规定的冲击,需要基于法律基本原则,妥善处理证人旁听问题。证人证言作为一种言词证据,带有一定的主观意识,极易受到外界信息的干扰和影响。如何避免证人旁听案件影响证人证言的客观性,如何防止串供,如何防止证人证言被污染,如何保证证人在线上较为随意的状态作出真实性陈述,线上证人出庭是否可视为《民事诉讼法》中规定的"证人出庭"并作为可靠证据予以采信,这些问题都需要慎重论证。

8. 庭审配套保障程序

网上庭审保障包括庭审环境、庭审纪律以及不当行为处置等问题。一是庭审仪式感如何保障。传统法庭通过固定空间、法庭布局、服饰器物以及规范审判程序等方式,营造出庄严肃穆的氛围,以彰显审判的仪式感和神圣性,面对面的庭审,无疑能够提升法庭的仪式感,能够唤起社会公众对法官的尊重感,能够提升法庭审判的严肃性。然而,网上庭审使得诉讼参与人不能在同一个法庭出现,不能直接面对法官、律师,而只能通过远程视频进行交流和沟通,不仅降低了法庭庭审的仪式感,也使得法庭庭审变得不那么严肃。在远程庭审中,当事人所处空间具有很大的随意性,可能是在家中、办公场所、网吧、酒店甚至旅途中,会出现一些比较嘈杂的环境,通过摄像头和麦克风传达的庭审方式带来的庭审仪式感和严肃性明显下降。此外,因为法官与当事人并不处在同一地域空间,无法完全直接掌控当事人的庭审活动,当出现诸如无关人员在开庭时随意走动,有人在视频画面范围外围观,甚至为出庭人员提供意见时,很难采取直接的控制手段。传统庭审程序的在线化,传统的程序规范是否还应坚持,比如开庭、休庭前是否敲法槌,作为相应程序开始的标志,庭前准备阶段是否宣读法庭纪律,都是需要考虑的问题。二是司法权威如何体现。审判权的权威,不仅需要社会个体自觉遵守庭审纪律,也需要通过惩戒保障社会个体遵守。线上庭审活动中,如何规制诸如当事人缺席或中途离席、证人出庭作证、社会公众的旁听等行为,对于突破地域限制的公众旁听,如何防止旁听人员对庭审活动进行录音、录像、拍照或使用移动通信工具等传播庭审活动，防止片面化、碎片化的信息误导舆论干扰审判，已成为网上审判实践中的痛点和难点问题。三是法庭不端行为的处置。如何认定惩戒行为的标准，如何对当事人中途离席、网络信号故障、庭审掉线等紧急情况进行技术判断和处理等都亟待规范。除此以外，还有远程庭审难以对当事人不端行为进行控制，如何制裁肆意辱骂、诽谤法官等不当言行等问题需要规制。

（二）网上庭审的理论分析

信息网络技术在革新审判方式、重塑审理机制的过程中，必然会引起与传统诉讼法理的冲突。这些冲突既包括程序效率的价值追求与传统诉讼法理对程序公正的价值坚守的紧张关系；也包括技术程序正当性与法律运作正当性之间的紧张关系。

课题组认为，网上审判方式和审理机制在实现降低诉讼成本、提高诉讼效率之目标的同时，不应当减损迄今为止传统诉讼程序所能够给予当事人的程序保障，更不能给当事人和社会带来更加不确定的风险。❶

1. 程序选择权的保障与限定

网上审理方式给当事人提供了更为充分的权利保障，但也要尊重当事人的选择自由。对于当事人申请线下审理，法院应采用何种审查标准亟待明确。课题组认为对于在线审理模式应采取便利诉讼的标准，这样能保障当事人的程序选择权，保障原、被告双方当事人的利益以及诉权平衡。数字化转型过程中，要兼顾到接受教育技能和接近互联网能力弱的群体权益，通过实践探索友好人机互动，凝练线上诉讼规则，逐步打破既定的线下路径依赖，培育线上诉讼习惯。因此，在便利诉讼标准下，对于当事人申请线下审理的条件应该是客观不能和明显不便。

我国宪法保障公民的基本权利，肯定公民的主体性地位。具体到民事诉讼领域，体现为民事程序主体性原则。程序选择权是民事程序主体性原则的实现和保障方式，是保障宪法基本权利得以最大程度实现的逻辑归结。正如江伟在《中国民事诉讼法专论》中所言，"按照程序主体性原则及程序选择权原理，成为程序主体的当事人不仅应有实体法上的处分权，而且也享有程序法上的处分权。这样，程序当事人一方面则可以鉴于实体法上的处分权，决定如何处分

---

❶ 段厚省：《远程审判的双重张力》，载《东方法学》2019 年第 4 期。

实体权利；另一方面则基于其程序处分权，在一定范围内决定如何取得程序利益"❶。所以，程序选择权有其宪法上的理论基础。

同时，在诉讼程序中，程序选择权有民事诉讼法的理论基础，那就是处分原则。李浩在《民诉制度的改革与处分原则的强化和完善》一文中指出，"私法自治意味着当事人可以在民事活动中自由地支配和处置其民事权利。可处分性是民事权利的特征，是实行私法自治的必然结果，也是民事诉讼法必须设定处分原则的根本原因"❷。程序选择权是当事人特别是被告和第三人处分权的体现。因此，程序选择权是在线审理模式选择适用的理论基础，有宪法和民事诉讼法上的理论根据。

课题组认为，网上庭审中应在充分尊重当事人权利基础上，对程序选择权的适用进行层次区分和细化。互联网法院作为全流程网上审判的先行者和试验田，承担着网络空间治理法治化的开路先锋的特殊使命，无论是从政策考量、案件类型还是技术便利上看，对互联网法院当事人的程序选择权作出必要限制有其正当性基础。例如，在被告不关联电子诉讼平台，网上审判能否直接审理在实践中仍存在探讨的空间。不过课题组认为，互联网法院是否可以考虑先行一步，采取便利诉讼的审查标准，在完善电子送达、保证当事人知情权及各项告知义务的基础上，尝试直接审理被告缺席的案件。对于普通法院的网上法庭，考虑到网上审判作为传统线下审理的有益补充，当前阶段仍不能直接作出限制当事人程序选择权的规定，对当事人不关联案件的情形，应充分征求当事人的意愿选择线上或线下庭审方式。

2. 直接言词原则的发展与革新

直接言词原则强调法官要在法庭上亲耳聆听双方当事人、证人以及其他诉讼参与人的当庭陈述和法庭辩论，从而形成内心确信，建立起法官与证据直接联系的机制。❸ 直接言词原则的核心价值在于当事人参与性、法官亲历性以及言词的辩论性。在线庭审中直接言词原则不仅没有被忽视，反而得以延展和革新。

一是保障当事人的参与性。直接言词原则要求庭审主体的参与性，特别是受裁判结论直接影响的当事人的庭审参与性，使其能够通过正常途径公开表达意见诉求、寻找有利于己方的攻击或防御手段、主动搜集并当庭出示证据、基

---

❶ 江伟：《中国民事诉讼法专论》，中国政法大学出版社1998年版，第3—5页。
❷ 李浩：《民诉制度的改革与处分原则的强化和完善》，载陈光中、江伟主编《诉讼法论丛：第一卷》，法律出版社1998年版，第275—299页。
❸ 钟健生、蒋桥生：《直接言词原则有效运用的条件》，载《人民司法》2016年第13期。

于自己的利益考量与对方进行辩论等。❶ 人们只会对自己有权参与和有权发表意见以及其意见被倾听、接受或认可的这样一种决策机制的公正性表示出信任,并在心理上准备服从和接受。❷ 在线庭审可以克服当事人在空间上的障碍,使其免受舟车劳顿之苦,节省时间和经济成本,保障当事人尽可能参与到庭审中。

二是保障法官的亲历性。法官亲历性是指庭审法官亲自听取诉讼参与人的当庭陈述、证人证言、当事人言词辩论和对证人的询问等。法官作出公正判决是在查清案件事实基础上进行的,而案件事实则需要通过证据携带的信息来还原。❸ 在线庭审双屏设置,令原被告双方当事人的声音、语态等完全展现在法官面前,法官可以通过望、闻、问、切方式进行分析判断、察言观色,从而辨别真伪来避免和排除信息传递过程中的偏差和错误。

课题组认为,网上开庭只是将传统的物理载体转换到网上进行,同样可以保证法官亲历性,并且可以节省法官更多的精力用于审判业务,因此网上开庭有其适用的正当性基础。

三是保障言词的辩论性。在线庭审中言词的表达方式没有发生本质变化,只是传播载体的更新和发展。信息化技术支撑条件下,诉讼主张、事实陈述以及法庭记录的文字化、纸质材料的电子化,甚至庭审现场的音像化,已成为在线审判的生动实践。一方面不同于传统家事纠纷、传统民事纠纷等,互联网法院审理的案件类型在证据样态上多是以电子证据方式呈现,很多可以依靠现代技术手段进行取证、质证,言词的辩论可以通过电子证据进行有效表达;另一方面,技术手段没有减损言词辩论性,反而是依托技术手段实现庭审辩论的载体转移到网上进行,言词辩论得到了拓展和延伸。

综上,传统诉讼法理所坚持的"在场性"随着技术的发展在不断革新,实际上已经由传统诉讼法理所要求的对席审判、公开审判、直接言词、充分论辩等基本原则实现。

一些学者认为异步庭审就是书面审理,违背了直接言词原则。在传统概念中,书面审理是指上诉审法院在审理上诉案件时,不直接传唤有关诉讼参与人到庭,对案情不直接进行调查,只审查原审上报的案卷材料便作出裁决的一种

---

❶ 刘斌,薛琪:《论直接言词原则的最优价值及其实现》,载《陕西行政学院学报》2016 年第 2 期。

❷ 段文波:《一体化与集中化:口头审理方式的现状与未来》,载《中国法学》2012 年第 6 期。

❸ 马贵翔,韩康:《马锡五审判方式的精髓及其现代启示——以诉讼构造为视角的分析》,载《甘肃政法学院学报》2016 年第 3 期。

审理方法。❶ 书面审理因违背直接言词原则，造成各庭审主体之间无法及时、直接地进行讨论交锋，可能影响事实真相的探究而一直为人诟病。异步庭审虽然当事人双方也没有面对面的言词交锋，但异步庭审与书面审理有本质上的不同，异步庭审交互式对话保证了直接言词原则的实现，各庭审主体之间可以直接讨论交锋，不影响辩论性的实现。费尔巴哈指出，直接言词原则的核心和关键性要素是"生动鲜活的语言"，因为"生动鲜活的语言"存在，当事人与当事人，当事人和法官之间能够具有互动性，随时就不清楚的地方进行沟通，推动案件的进一步查证。异步庭审下，双方当事人在庭审期间可以借助技术手段，当事人通过法院电子诉讼平台或移动微法院等平台进行诉讼活动，各方进行的陈述、答辩均会给办案法官发送提醒，法官也可以随时就不清楚的部分向当事人发问，通过留言方式用"生动鲜活的语言"直接对话，庭审主体间也可以互动，就不清楚的地方进行进一步询问和解答，就有异议的地方进行进一步说明，这与书面审理仅依靠提交的案件材料进行审理、庭审主体间没有互动是完全不同的。异步庭审改变的只是言词表达的方式，无论是用"说"出来的语言，还是"写"出来的文字，只要庭审主体间的意思表达得以真实展示、得以及时回应、能够保证有效沟通，则对庭审的辩论性就不会产生影响，同时，这种表达痕迹以电子数据的形式被记录下来，当事人会更加审慎行使辩论权，也有充分的时间斟酌、推敲，保障内心意思表达的充分实现。因此，课题组认为在严格控制案件类型以及细化相关配套措施下，应认可异步庭审方式的正当性。

3. 功能性等同原理的渗透与应用

现有研究对电子诉讼价值的评述主要包括：第一，优势在于有利于降低诉讼成本、提高诉讼效率，有利于实现诉讼协同、透明开放、尊重平等；第二，缺点在于可能造成技术不平等、技术不中立、信息安全风险等。课题组认为，一项电子信息技术是否可镶嵌入传统审判程序，甚至替代已有操作方式，主要取决于其是否具有程序合法性，以及该项技术的运用在程序效率与公正上的增量。对于电子诉讼程序的构建，在技术转化方面，着重考量在技术转化时是否实现功能性等同；是否符合基于效率价值的替代成本考量；是否考虑到技术平等性。

（1）发挥庭审录音录像替代功能。法庭笔录是书记员制作的能够反映法庭审理主要活动的书面记录，通过法庭笔录对庭审全面、真实、准确地反映，

---

❶ 凌楚瑞：《二审案件的书面审理和直接审理》，载《现代法学》1981年第1期。

可以提高审判质效，促进法律监督。❶ 基于此，庭审笔录设置的功能在于实现口头表达与记录同步，准确反映庭审过程，有效实现法律监督。庭审笔录的功能性是在庭审中的实际需求催生的，包括上诉法院因查阅遇到的相关问题。2017 年，最高人民法院发布了《关于人民法院庭审录音录像的若干规定》，突破了对纸质法庭笔录的规定。互联网审判方式下，庭审录音录像在记录和保存庭审信息的速度、准确性、完整性方面，相比传统纸质法庭记录具有显著优势，根据功能等同性原理，实现了功能等同甚至功能优化。因此，应当积极推动庭审录音录像替代传统纸质庭审笔录。

（2）推进庭审方式改革，促进审判提速增效。充分发挥速裁审理方式和简易程序在快速办理简单民事案件中的优势。扩大速裁审理方式，对简单民事案件进行全流程全要素式快速处理。对于事实清楚、权利义务关系明确、争议不大的民事案件，依法扩大适用简易程序进行审理，提升涉网案件审判的便民性和时效性。

深化涉网案件庭审方式改革，推行焦点式审理模式和批量案件集中开庭方式，探索法庭调查与法庭辩论相结合的审理模式，提升庭审效率。推行裁判文书撰写繁简分流。针对复杂案件，裁判文书围绕争议焦点有针对性地说理，以理服人，定纷止争；针对新类型、具有指导意义的案件，加强说理，提炼规则；针对简单、类型化案件等，探索要素式等文书撰写方式，简化说理。健全完善涉网案件多元化纠纷解决机制。充分发挥专业性、行业性调解组织的作用，积极探索在线调解等信息化手段的运用，加大案件的多元化解力度，引导当事人多渠道快速解决纠纷。❷

（三）网上庭审的实践创新

1. 规范身份认证规则，确保人户统一性要求

《〈最高人民法院关于互联网法院审理案件若干问题的规定〉的理解与适用》中第六条第（一）项"身份认证规则"规定："在身份认证效力上，初次身份认证的效力及于诉讼后续各环节，有利于简化认证程序，减轻当事人技术负担。对于达成调解、参与庭审等影响当事人权利义务的重要环节，互联网法院也可以要求再次进行身份验证，确保诉讼参与人身份准确无误。"为保证人户统一，法院应规范开庭后核实当事人个人信息的行为，并进行相关风险提

---

❶ 王胜明：《中华人民共和国民事诉讼法释义》，法律出版社 2012 年版，第 271 页。
❷ 参见《中共北京市委全面依法治市委员会关于加强知识产权审判领域改革创新的实施意见》。

示。对于当事人身份存在冒用或替用等扰乱司法秩序的情形，应根据处分原则和诚信原则进行民事惩戒，保障在线庭审的真实性和规范性。

2. 规范庭审纪律，形成在线诉讼庭审规则

明确庭审视频观看及使用规则，预防在线庭审视频不当使用。北京互联网法院与北京律师协会推动建设标准化互联网诉讼律师庭审环境及规范，有助于专业律师迅速熟悉掌握网上诉讼相关规范。对于当事人不遵守法庭纪律，或者物理空间选择不符合规范的情况，法官可以给予警告处理。在庭前准备阶段，法庭对于参与线上庭审的当事人端要有一定要求。当事人应当确认网络条件、设备等符合网上庭审需要，必要时可请求技术支持。设置一些标准化线上法庭、调解室等，供技术条件不能达到标准的当事人就近选择使用。可以考虑在物理空间上设置类似于"唱吧"的小亭子，配备法庭内的标配设置，供没有合适出庭环境的当事人进行线上诉讼。同时，在开庭前要求当事人将摄像头环绕一周，确保没有诉讼参与人之外的人员在辅助、影响庭审。

3. 明确在线庭审程序，规范在线庭审纪律

《规定》第十四条规定："互联网法院根据在线庭审特点，适用《中华人民共和国人民法院法庭规则》的有关规定。除经查明确属网络故障、设备损坏、电力中断或者不可抗力等原因外，当事人不按时参加在线庭审的，视为'拒不到庭'，庭审中擅自退出的，视为'中途退庭'，分别按照《中华人民共和国民事诉讼法》《中华人民共和国行政诉讼法》及相关司法解释的规定处理"。法院出具《诉讼权利义务告知书》，告知当事人提前下载软件，按照规定时间上线进行诉讼。当事人在庭审前或庭审中遇到技术问题，应该主动通过法院公示的联系方式与法官取得联系。

关于庭审录音录像，全国法院庭审除非法律规定不公开以外，以公开上网为原则，以不公开为例外。庭审前，与当事人、在线旁听者签订承诺书，对庭审纪律规范、旁听纪律规范进行示明，当事人违法对庭审直播进行录音、录像，并进行非法利用时，将对其采取民事制裁措施。同时，可以考虑在庭审直播网上挂出互联网庭审纪律，使当事人、旁听人遵守线上纪律规范。

4. 利用庭审录音录像，逐步取代庭审纸质笔录

考察司法实践中的做法，浙江省高级人民法院认可庭审录音录像的效力，一审法院可以不用纸质庭审笔录，在上诉法院需要时进行整理。考虑到庭审笔录的功能作用主要是还原现场庭审过程，根据功能性等同原理，线上庭审录音录像完全可以实现这个功能，因此没有必要整理纸质庭审笔录，特别是对于简易、类型化的案件，如果案件上诉至二审法院，二审法院需要时可以根据庭审

录像进行整理。

庭审前,法院送达起诉书副本时可以考虑将《庭审记录方式告知确认书》交被告人签字确认。庭审开始时,承办法官应该将对法庭采用录音录像作为庭审记录方式当庭进行说明,并告知被告人等享有申请对庭审全程录音录像进行查阅的权利。

5. 明确异步庭审流程,回应直接言词原则

在制度设计上,可以考虑通过在庭前调查阶段对证据进行分类、设置庭审中的"争议点确认"推送等方式提升异步审理过程的集中化程度;通过限制异步庭审适用案件类型,对于案件事实争议不大、仅对法律适用有争议的案件,以及当事人双方均同意适用异步审理的简单民事案件进行适用;应进一步完善异步审理配套的证据规则,完善法庭审判中的区块链技术的运用,通过区块链等技术措施,使原本需要依靠言词辩论来辨明真伪的证据,可以借由技术获得真伪性结果。

6. 开设不同类型端口,加强庭审技术保障

鉴于证人证言的客观真实性,细化证人作证不能旁听案件的类型。加强技术保障,开通证人、专家辅助人等专门端口,方便各类诉讼参与人参加在线诉讼,保证庭审规范。在电子诉讼平台、移动微法院开通观摩庭审模块,作为已有庭审公开途径的有力补充,便捷公众旁听庭审。截至2019年8月31日,通过各类平台在线旁听案件的社会公众近2000万人次,实现了技术手段加持的"阳光下的司法"。

通过设置诉讼参与人等端口,确保证人证言不被干扰。庭审中,对于如何避免证人受到在线庭审的干扰,这个问题需要从法律和技术两个方面来考虑。证人证言是证据形式的一种,会对法官心证的形成和事实认定产生重要作用。法律要求证人出庭作证有以下两方面的考虑:一是言词原则的要求,证人当庭发表与事实相关的陈述,接受法官、当事人的质询,法官可通过观察证人的表情、神态和语气,检验证人记忆是否牢靠、证人证言诚实程度等;二是庭审庄严性的要求,证人在庄严的法庭内签署保证书、陈述意见,域外某些国家还要求证人作证前在法庭或法官面前宣誓,对证人有一种震慑力,有利于证人谨慎地作出陈述。

相对应地,证人作证方式分为证人线下作证和线上作证。通过远程庭审的证人证言,不能当然视为证人当庭出庭的一种形式,如对方当事人提出真实性质疑,以转为线下庭审为宜,但因此造成的费用应由对方当事人承担。具体方式可以由法官决定,全案转为线下庭审或证人转为线下作证。对证人转为线下

作证的案件，证人可在法庭中登录证人端口开庭。此种情况下，证人作证真实性可以得到保证，证人安全得以保障，证人串供风险也得到控制。

在双方当事人认可证人出庭陈述形式真实性的情况下，或法律规定的特殊情形，可以考虑远程作证。通过增设证人端口，证人利用身份认证登录账号。为保证证人陈述的客观性，应要求证人作证前，将摄像头环绕四周，保证周围没有其他人，在相对密闭、无其他电子设备的空间；对证人端的摄像头有一定清晰度要求，保证证人面部能被法官感知。证人端口设置需注意以下几点：第一，并非全程参与，需在庭审中间得到法官准许时参与或退出；第二，需生成中间笔录，证人仅阅读其参与阶段的笔录并签字（短时间可考虑不签字，以庭审录像为准）；第三，为防止证人通过网络直播预知庭审情况，可将参与人员进入庭审的阶段提前到法庭调查的第一阶段，并在应诉通知书中告知当事人，如需申请证人的应在举证期限届满（第一次开庭）前告知法院，否则可能承担相应不利后果。

对于鉴定人、有专门知识的人、技术调查官、翻译人员等设置必要的端口。其一是鉴定人，法律规定当事人对鉴定意见有异议或者人民法院认为鉴定人有必要出庭的，鉴定人应当出庭作证。经人民法院通知，鉴定人拒不出庭作证的，鉴定意见不得作为认定事实的根据；支付鉴定费用的当事人可以要求返还鉴定费用。故鉴定人出庭作证是一项法定义务，且考虑到鉴定人一般是本地单位，在途成本不高，且出庭作证为其职业应然要求，原则上要求鉴定人线下出庭作证。鉴定人参与庭审的具体方式可参照证人出庭，将全案转为线下庭审或鉴定人转为线下作证。对鉴定人转为线下的案件，法庭需要增加鉴定人席和鉴定人摄像头。其二是有专门知识的人。根据法律规定，具有专门知识的人在法庭上就专业问题提出的意见，视为当事人的陈述。从逻辑上说，既然当事人可以线上远程参与庭审，具有专门知识的人亦可通过线上远程参与庭审；且具有专门知识的人的意见，是从专业知识层面的陈述，而非案件事实方面的陈述，对其并无当庭作证的要求，因此，具有专门知识的人可进行远程庭审。端口的设置方式可参照证人端口的设置要求。其三是技术调查官。技术调查官同法官助理、书记员均为司法辅助人员，与以上几种人员不同，技术调查官为法院内部人员。根据技术调查官的职责规定，技术调查官参与案件具有全程性、涉密性，如果需要设置技术调查官端口，应考虑设置类似法官、书记员端口的形式，建立在法院内网系统的端口。就目前调研来看，由于技术调查官可列席合议庭合议，故从理论上来说，电子卷宗对其披露的程度与法官、书记员应当是一致的，故只需在现有的书记员端口的基础上，增加开庭和提交评议意见的功能即可。其四是翻译人员。建议翻译人员与被翻译的当事人在同一端口参与庭审，无须单独设立端口。

五、网上审判的证据审查

限于研究内容和方向的局限，对于本文电子证据的研究仅限于民事诉讼中涉互联网诉讼案件的电子证据，并以涉互联网案件为样本和研究方向。由于电子证据的特点，电子证据的举证、质证与认证与传统证据的举证、质证与认证存在诸多差异，特别是电子证据原件及其真实性的审查认定规则是其他规则建构的基础。与传统证据一样，电子证据的认定主要包括合法性认定、关联性认定和真实性认定，一般认为，虽然在关联性认定方面电子证据与传统证据没有本质上的差别，但由于与信息世界相联系的电子证据有与传统证据完全不同的特性，因此在合法性与真实性的认定上电子证据与传统证据有着不同的内容。本文着重论述有关电子证据真实性的审查和认定。

（一）电子证据的现状分析

在证据学方面，传统的证据理念受到了电子信息的巨大冲击，且不说电子证据的形式与传统意义上的证据截然不同，甚至电子证据的收集、审查判断也出现了新的特征。

1. 我国有关电子证据的概念界定

我国《民事诉讼法》第六十三条第（五）项将电子证据明确列为诉讼中的法定证据种类，确立了其法定的证据地位，随着社会和技术的发展，电子数据已然成为案件中不可或缺的证据种类。《民事诉讼法司法解释》第一百一十六条对电子数据进行了界定，是指通过电子邮件、电子数据交换、网上聊天记录、博客、微博客、手机短信、电子签名、域名等形成或者存储在电子介质中的信息。存储在电子介质中的录音资料和影像资料，适用电子数据的规定。《规定》第九条规定："互联网法院组织在线证据交换的，当事人应当将在线电子数据上传、导入诉讼平台，或者将线下证据通过扫描、翻拍、转录等方式进行电子化处理后上传至诉讼平台进行举证，也可以运用已经导入诉讼平台的电子数据证明自己的主张。"

上述法律和司法解释的规定中出现了"电子证据""电子数据""电子化"等字样，我们有必要厘清其中的区别和关系，进而为互联网审判所涉及的电子证据界定范围。

汪闽燕在其撰写的《电子证据的形成与真实性认定》一文中认为，"电子证据"与"电子数据"有本质上的区别。如果仅看"电子数据"的文本意义，它并不能包含"证明某项事实"的意思，它仅仅只是某种数据的描述。从信息技术的角度来看，电子数据是由"0"和"1"构成，它们能够以各种形式呈现以让人们所理解。其将"电子证据"定义为"存储或转换为电子形式的数据，并且能够被用于证明某个案件事实"。因此，电子证据不同于电子数据；电子证据是证据的一个种类，而电子数据只是一种电子形式的材料。

在互联网法院审判实践模式中，没有纸质证据材料出现在案件的卷宗中，所有证据都是通过电子诉讼平台上传到审判系统和庭审系统，根据上述法规和司法解释规定，并结合其表现形式可以将电子证据划分为两大类，一类是明确了线下以纸质文件方式存在过的证据，通过扫描、翻拍、转录等方式上传到电子诉讼平台，其表现形式可以是 word 文本、PDF 文本、扫描件、照片、网页截图等，这些证据并非真正意义上的电子数据，而是电子化的证据，因此可以将其定义为电子化证据。另一类是《民事诉讼法司法解释》第一百一十六条所说的电子数据，是案件发生过程中形成的，以数字化形式存储、处理、传输的，能够证明案件事实的数据，即通过电子邮件、电子数据交换、网上聊天记录、博客、微博客、手机短信、电子签名、域名等形成或者存储在电子介质中的信息。上述两大类证据的划分在网上审判中显得尤为必要，其形式的不同也决定了审查认定规则的差异，也是后续研究的基础和基石。

2. 电子证据原件和最佳证据规则

传统证据使用的是物理介质，因而"原件"与"复制件"泾渭分明，也容易辨别。与传统证据形式不同，电子证据中的"原件"与"复制件"由于都是虚拟的数字信息，在转化为可感知的视听文件前，很难区分，尤其云计算的出现甚至使得电子证据没有了原件。电子证据容易被复制，其原件和复制件难以判断，对其原件和复制件的篡改行为无难易之分，因而，把传统证据关于原件的定义照搬应用于电子数据没有任何实际意义，即传统证据的最佳证据规则无法原封不动地适用于电子证据。因此，讨论构建与电子证据特点相适应的电子证据原件规则，是理论和实务面临的一个十分迫切的课题。在网上审判模式下，原被告提供的所有证据均是电子化证据和电子数据，特别是在网络庭审时出示的也并非像传统法庭审判现场核实原件，而是通过在摄像头前出示的方式进行，这样的原件是不是我们所认为的原件，这样出示的形式无法亲眼看到、亲手触摸、直接感知证据的外在情况，是否能达到原件核对的标准，是否符合最佳证据规则是需要考虑的问题。

3. 电子证据真实性审查的实践问题

（1）理论界对法院关于电子证据审查认定的质疑。电子证据与传统证据一样，只有具备真实性、合法性、关联性三个条件，才有资格作为定案依据。对于传统证据"三要件"的分析与适用在司法实践中已基本趋于成熟，但是由于电子证据自身的独特性和司法经验的不成熟，电子证据的"三要件"内涵和认定标准还是处于模糊境界。刘品新教授在文章中指出："为了解我国实践中电子证据的采信现状，我们借助互联网分析引擎系统，从中国裁判文书网抓取了 8095 份与'电子证据'、'电子数据'相关的裁判文书，其中民事裁判文书 2702 份、刑事裁判文书 5295 份、行政裁判文书 98 份。这些案例的数量较大，所涉及的电子证据形态多样，在学术研究上具有足够的代表性。统计分析结果表明，绝大多数情况下法庭对电子证据未明确作出是否采信的判断，其占比 92.8%；明确作出采信判断的只是少数，仅占比 7.2%。后一情形又可区分出完全采信、部分采信、不采信（认定不具有证明力）三种意见，分别占比 29.2%、2%、68.8%。总体来看，司法人员对电子证据的采信呈现出质量不高的状况。这突出表现为普遍地不给出明确采信理由，亦即司法人员'不说理'的现象严重。而在'说理'的文书中，不采信的比例又偏高。这都反映出广大司法人员采信电子证据的信心不足。再分析法律文书中相关的理由表述，发现深入阐述的少，使用'套话'的多，而且不同案件针对同一采信问题的理由表述存在着诸多明显矛盾之处。"[1]

上述情况在网上审判过程中对电子证据的认定，法官确实表现出很多力不从心和疑惑重重，在案件的审理中表现为对电子证据的审查抓不到要点，找不到真正的准绳。这样直接导致在对判决进行论述时捉襟见肘，要么避而不答。

（2）司法实践中存在的问题。① 电子证据这一超越传统证据的全新证据形态成为网上审理的必不可少的一部分，并占有举足轻重的地位。相应地，审查评断电子证据的证据能力和证明效力，就成为法官必然要面对的一项业务课题。电子证据的审查认定和采信在网上审理机制中至关重要，最终将影响法官对整个案情的判断，以及当事人的胜诉和败诉，而网上审理方式对电子证据的审查也对法官提出了新的挑战。一些新技术的崛起和应用、法官对知识的欠缺、网络世界的复杂等因素都直接影响着法官的判断。

② 2021 年修订的《民事诉讼法》只是对电子证据的种类作出了原则性规定，对电子证据的收集、存取、固定、保全、提交、开示、质证、庭审调查等

---

[1] 刘品新：《印证与概率：电子证据的客观化采信》，载《环球法律评论》2017 年第 4 期。

均未作出具体的规定。《规定》中有关电子数据的相关规定亦较笼统和模糊，没有给出有关电子证据的审查和认定的详细规则。面对审判实践中日益激增的电子数据，立法上的滞后使得法官在处理这些证据时，往往显得无所适从，以至于采取消极被动的应对模式。

③ 海量的电子证据涌入互联网法院的审判系统，法官甄别和判断的工作量和难度巨大。日常审判中缺乏必要的技术支持和技术协助也是法官面临的工作障碍，新出现的名词和技术都需要法官们自己一点点去攻克、摸索和解疑。缺乏日常的辅助使得法官们对一些新问题的破解之路更显得漫长和困难。

④ 互联网审判模式下原件的审核坚持什么原则，通过在线的方式如果能够完整查看如物证、书证的全貌，是否还一定得线下核对？当事人因路程费用问题不愿意到线下核对的情况下，该证据如何采信，如何分配举证规则？各种电子证据取证情况不同，在没有对系统进行清洁性处置无法查看取证流程的情况下，是否要求原告对技术进行举证和说明，要求原告举证到什么程度？电子证据的真实性审查认定原则和标准是什么？上述问题是网上审判首先要解决的电子证据障碍。

（二）电子证据原件的审查认定

《规定》第十一条规定："当事人对电子数据真实性提出异议的，互联网法院应当结合质证情况，审查判断电子数据生成、收集、存储、传输过程的真实性，并着重审查以下内容：（一）电子数据生成、收集、存储、传输所依赖的计算机系统等硬件、软件环境是否安全、可靠；（二）电子数据的生成主体和时间是否明确，表现内容是否清晰、客观、准确；（三）电子数据的存储、保管介质是否明确，保管方式和手段是否妥当；（四）电子数据提取和固定的主体、工具和方式是否可靠，提取过程是否可以重现；（五）电子数据的内容是否存在增加、删除、修改及不完整等情形；（六）电子数据是否可以通过特定形式得到验证。当事人提交的电子数据，通过电子签名、可信时间戳、哈希值校验、区块链等证据收集、固定和防篡改的技术手段或者通过电子取证存证平台认证，能够证明其真实性的，互联网法院应当确认。"

最高人民法院的立法者在解释这一条款时说，互联网法院就是要打破电子证据领域过分依赖公证的局面。之前电子数据真实性的审查判断主要依赖公证程序，基本上为形式审查，程序烦琐复杂，证明力不强。互联网法院案件在线审理和大量证据在线的特征，客观上要求打破公证程序认定真实性的单一途径，通过技术手段和配套机制对电子数据真实性作实质性认定。《规定》第十一条明确了电子证据真实性的认定规则。但是上述规则过于笼统，操作性不强，实践中面对大量丰富的电子证据表现形式，审查和认定也较为复杂。

（三）电子证据审查的实践路径

1. 对电子化证据审查与最佳证据规则适用的路径

（1）技术赋能解决司法实践问题。从域外司法实践和理论可知，最佳证据规则对书证及电子数据的适用产生了差异，而这种差异却并不影响证据的采信和认定。由于载体不同，电子证据无法完全套用书证、物证的原件的含义，也无法像传统模式那样由当事人在互联网法庭上签名确认和呈现，但这并不影响司法的认定。根据《规定》第十条的规定，电子化处理后提交的证据，经互联网法院审核通过后，视为符合原件形式要求，对方当事人对上述材料真实性提出异议且有合理理由的，互联网法院应当要求当事人提供原件。司法解释中将此类电子化证据推定为"原件"，赋予其原件效力。在这种情况下，不需要按照传统的最佳证据规则对原件的要求严格执行，特别是在互联网审判模式下，亦不需要当事人在电子诉讼平台提交后、在庭审中展示后，一定要当事人携带电子化证据的原件再到法院进一步核实，那样必将背离互联网审判模式的初衷，也失去了网上审判所采取的线上审理方式应有之义，因此除非当事人明确表示异议，并提出合理怀疑，那么才有必要转为线下传统模式进行审查，进一步有可能会启动相应的验证和鉴定程序。在这一点上，"英美法系国家并未采取'废弃该规则'的方法，而是采取了对原件重新定义或者增加最佳证据规则的例外情况加以对待"[1]。

刘品新教授在《论电子证据的理论真实观》一文中指出："统计分析和座谈交流表明，现阶段绝大多数电子证据是以打印件、复印件、网页截屏、拍屏照片、拷贝、抄写件、笔录、公证书、刻盘、网页快照等方式提交的，质证和认证也是针对这些形式的材料。而这些材料基本上可以纳入自然意义上的复制件范围。进一步分析电子证据真实性的认定结果不难发现，裁判者对于电子证据原件与复制件之真实性的裁决迥异：对前者裁定为真的比例占压倒性优势，达到 88.46%；对后者则更多地裁定为假或未表态，比例分别为 42.73%、18.18%。这说明，在我国司法实践中电子证据复制件举证偏多的现象导致较多地出现否定其真实性的裁判结果。"但互联网法院审理案件的现实情况是，当事人极少质疑原告提交到审判系统中的复制件，特别是对那些通过扫描和拍照形式上传的授权书、合同书、营业执照等证据，绝大多数的当事人认可互联

---

[1] 毕玉谦等：《民事诉讼电子数据证据规则研究》，中国政法大学出版社 2016 年版，第 67 页。

网审判模式并接受这一不同于传统法院的审判方式,并从内心确信通过电子诉讼平台上传到系统中的电子化证据为真实的原件证据,对某些原件有质疑时,一般通过在摄像头前出示证据原件的方式解决,但对某些关键性证据、不便于线上核实的证据,一般均赞同采取线下核实的方式。对电子数据则一般采取"桌面共享"技术,通过共享操作证据展示方的电脑,法官和另一方当事人都可以查看证据展示方正在展示的己方电脑桌面上的证据,通过在线查看的方式勘查如电子邮件、后台记录、原图底片、录屏文件等内容。在诸多案件中,需要调取网络服务提供商、电信服务提供商存储在其后台中的电子证据,许多电子数据与各平台提供商的技术支持密切相关,比如电子邮件、手机短信、在线聊天记录、用户注册信息等,都是通过网络服务提供商和电信服务提供商进行传输和保存的。如果网络服务提供商能够提供上述的完整数据,并且与其他证据相印证一致,则可以直接确认电子证据的真实性并采信电子证据。

上述对电子化的证据也即前文所述的第一类证据的审查方法与传统证据审查规则没有太大的差别,本节也不再重点对此进行论述。

(2) 专家赋能解决司法实践问题。从当事人保全电子数据的角度,在传统司法审判中,对于电子数据的搜集、固定主要采取的是公证的方式。目前,互联网法院审判的案件绝大多数的当事人选择基于时间戳、区块链等技术的第三方公司出具的电子数据取证文件的方式进行证据保全,这些建立在互联网技术上的新的取证方式存在着法官和当事人对取证原理、过程、效果、技术方面的盲区。其中的术语如哈希值、URL、PKI 等日常审判中几乎每案必涉及的专业术语,即使当事人对取证、存证过程进行了相应的解释,多数法官仍处于云里雾里的茫然状态,更遑论涉及深层次的技术篡改问题。这并非要求法官必须成为技术专家,而是在设立网上审判机制的同时必须引入技术专家辅助人员予以协助,设立专门的专家辅助工作人员办公室,解决法官日常审理过程中遇到的技术难题。2014 年 12 月,最高人民法院制定发布《关于知识产权法院技术调查官参与诉讼活动若干问题的暂行规定》,技术调查官首次进入公众视野。我国大陆技术调查官制度借鉴了日本、韩国及我国台湾地区有关技术调查官的立法和成熟经验,但是与日本、韩国和我国台湾地区不同的是,我国大陆的技术调查官制度还与司法实践中采用的专家辅助人、司法鉴定、专家咨询等事实查明机制相互衔接和配合,从而形成了一个解决知识产权案件中技术事实查明问题的总体机制。北京知识产权法院技术调查室的正式编制仅有 5 人,很难满足技术类案件审判工作中的实际需要,因此,除了在编的技术调查官以外,还设置了聘用的技术调查官、交流的技术调查官和兼职的技术调查官等类型的技术调查官模式[1]。网上审判模式中法官们也急需这类调查官对日常案件中电子证据的审查和认定提供必要的专业支撑和技术支持，可以采取类似的模式建立相应的调查室以满足案件审理的需求。

（3）指导规范赋能解决司法实践问题。目前，我国颁布的一些司法解释和相关规定构建了我国电子数据审查判断规则的雏形。但这些规则均比较零散，也不够细致和具体，对法官就电子证据的审查认定给予的指导和帮助有限，特别是网上审判机制的确立更需要有针对性的认证规范和规则，否则网络空间治理和净化网络环境就成为空中楼阁。上海市高级人民法院、北京市高级人民法院、浙江省高级人民法院先后出台的有关著作权案件审理的指南中就电子数据的审查认定问题进行了一定的阐述，对指导审判实践起到了非常重要的作用。由于网上审判方式正处于先行先试阶段，立刻制定电子证据法规既不现实也不充分，条件还不成熟，在这个阶段，更应该通过先行先试取得的经验梳理电子证据审查认定的一般方法和规范，并在实践中不断磨合和调整，为下一步从国家立法层面进一步制定和完善针对法官审查判断电子数据的证据规则提供可资借鉴的经验和做法。可以从电子数据的生成、传送、接收、存储、收集和衍生等各方面提出审查要旨，应注重可操作性，例如，上传到电子诉讼平台的身份证、营业执照、电商平台的网页快照等电子证据的复制件可比照原件处理。针对电子证据在线上展示的逐步推广，明确计算机生成的屏幕显示物属于原件，明确通过桌面共享和摄像头前的展示物属于原件；以可信时间戳、第三方存证云、区块链等形式取证、经过录屏程序操作的无明显瑕疵、可验证的电子证据可以初步认定；以类似"指南""指导手册"的形式拟定审查评断电子数据之关联性、合法性、真实性、完整性和证明力的规则，以及电子数据的最佳证据规则、非法证据排除规则、传闻规则等。

2. 对网络服务合同中电子签名法律效力的审查

以信息技术和网络技术为支撑的电子商务领域发展迅速，已经成为人们日常工作和生活的关键组成部分，而电子签名作为一个关键的基础手段，更是为人们提供了诸多便利。当前，在全球电子商务普及的大背景下，很多国家都针对电子签名进行了立法，并且认为电子签名需要与传统签名一样，具备健全的法律规范和保护措施，因此，电子签名并不是简单的电子信息与交易身份联系的技术问题，更是一个重要的法律问题。电子签名的立法目的是要实现电子签

---

[1] 李青，余从微，陈存敬，陈晓华：《我国知识产权领域技术调查官管理和使用模式探究》，http://bjzcfy.bjcourt.gov.cn/article/detail/2018/04/id/3278653.shtml，访问日期：2019年12月1日。

名与传统手写签名相同的功能,即识别签名人的身份、表明签名人对文件内容的确认、签名人对文件内容正确性和完整性负责,从而实现线上与线下权利义务关系的完整统一,顺利完成数字世界的确权功能。目前,国内外普遍使用的、技术成熟的是基于 PKI 的数字签名技术,该技术作为一个系统融合了公开密钥算法、原文加密技术和第三方认证机构(CA)认证等多重手段,其中公开密钥算法用以确认签名人真实身份,原文加密技术保证传输文件不被篡改,CA 认证用以实现身份的可查性和签名人对传输信息的不可抵赖性。

电子签名的生成过程,与传统签名完全不同,不像在几页纸质文件上的手写签名那样简单。电子签名也不像传统签名那样是一个单独标志、行为的存在,其要达到与传统签名等同的功能并产生一定的法律效力,在进行最后一步签名之前,就需要通过技术手段保障两方面的关联关系的实现。一是要确保能对签名人的身份真实性进行核实,传统的线下签名是通过当场核实自然人身份证件及与进行签名的自然人比对,核实法人的营业执照、法定代表人身份证件及有权签名人的身份材料和授权文件等纸质内容实现的,而电子签名对上述材料的核实,需要在网络和软件平台进行相应的注册和实名认证,并提交上述有关核验材料,进而实现身份的核验和认证。二是要确保电子签名与特定数据电文之间的关联关系,传统的签名方式,以纸张文件和手写签名、盖章实现了联系,在形式上简单,物理辨别真实性较容易,可通过鉴定手段实现。而电子签名与相应的数据电文之间的关系则需要相应的可防抵赖、防篡改的技术手段予以保障和实现,进而确保交易的安全、准确进行,通过 CA 证书指纹、数字时间戳、哈希值校验、短信验证码、语音验证码甚至是人脸识别等技术,多重技术与程序的交融,实现防抵赖、防篡改和防伪造的功能,可以确保和确认最后一步的电子签名的有效性,并可以上述技术本身的安全性能以及记录部分签名过程中操作数据电文作为审查电子签名法律效力的依据。

3. 对可信时间戳取证证据的司法审查

随着信息技术和网络技术的飞速发展,在存证取证方面,人们已经不满足于仅仅依赖公证这一传统的取证方式,最高人民法院司法解释的目的也是鼓励其他取证种类的存在和认可,大量的知识产权案件、电子合同案件、网络服务合同案件等在网上发生,取证的需求也从线下延伸到线上,因此大量的线上取证机构应运而生。可信时间戳作为新兴取证方式,已经越来越深入审判领域的海量案件中,其在电子数据取证中的地位已举足轻重。相对于传统公证存证方式,可信时间戳等电子存证方式具有成本低廉、制作时间短等优势。其主要作用是以联合信任时间戳服务中心(TSA)作为可信任的第三方,证明电子数据文件的存在性和内容完整性，解决了电子数据文件在事后举证难的问题。《规定》对可信时间戳等存证进行了法律确认，但并没有对时间戳取证证据的性质进行明确，也没有对真实性审查方面的具体要素进行细化。司法实践中对可信时间戳证据的认识仍不充足，一些不规范的操作导致的证据不能被采信的案例还很多。

技术背景的缺乏及单方取证程序的缺陷加剧了被告方的对抗情绪及司法认定的难度。具体而言，对加盖了时间戳的待证侵权事实究竟应如何定性，司法实务界没有取得统一的认识，第一种观点认为时间戳取证属于电子认证，需要时间戳服务机构具有电子认证资质；第二种观点认为其具有类似公证取证的当然效力；第三种观点认为时间戳取证证据属于电子证据，需要法院对证据能否认定进行全面审查。

《可信时间戳互联网电子数据取证及固化保全操作指引（V1.0）》（以下简称《操作指引》）系联合信任时间戳服务中心（北京联合信任技术服务有限公司）出具，作为可信时间戳存证方式的操作规范，具有一定的指导作用。根据《操作指引》，可信时间戳电子数据存证需要严格完成全步骤清洁性、安全性、网络连接真实性的自检，并且取证步骤在屏幕录像和外置设备录像中有清楚记载。这种同步使用两种录像录制取证过程，并在固定网页之前设置电脑清洁性检查步骤的操作模式，从通常认识及网络常规操作、日常生活经验来讲，应该可以认定所取证的网页来自被告的真实网站，除非被告提出相反证据或者确实证明该种取证手段采取了黑客等非法手段。

当事人在用可信时间戳等技术手段采集证据时，应该格外注重操作流程，确保电子数据的真实性。法院在审查可信时间戳证据时更主张审查取证过程的真实性和合法性，并结合其他相关证据综合印证与认定。如果在对方当事人提出相反证据足以推翻该取证过程的真实合法性并据以证明可信时间戳取证被篡改，那么法院会倾向于在案件审理过程中引入专家证人和司法鉴定，那必将导致案件审理难度的加大和诉讼程序的拖沓，因此，为避免上述恶性循环，在操作可信时间戳取证时必须遵循一定的固化取证操作流程。加强对可信时间戳机构的管理和规范，赋予其电子数据取证主体的合法资质审查和认定将是未来时间戳取证发展的司法方向。

4. 对区块链技术存证证据的审查判断规则

区块链最初被人熟知来源于比特币，区块链是一个以区块为基本数据单元、按顺序存储的多副本的分布式存储技术。区块是一段时间内的一组特定数据的集合，由区块头和区块体两部分组成。区块链技术是利用块链式数据结构来验证与存储数据、利用分布式节点共识算法来生成和更新数据、利用密码学的方式保证数据传输和访问的安全、利用由自动化脚本代码组成的智能合约来编程和操作数据的一种全新的分布式基础架构与计算范式。区块链技术包含了分布式存储、共识机制、点对点通信、密码算法等计算机技术，使之具备了去中心化、上链数据不易篡改、集体维护等特点，被广泛应用在互联网金融、电子商务、银行保险等业务中。有学者认为，将区块链技术应用到电子存证，是继虚拟货币应用之后，最有潜力的应用场景。

（1）区块链技术司法应用场景存在的问题。从国内外区块链技术司法应用的实践来看，仍存在着以下几个突出的问题：

① 区块链技术产生在虚拟货币的场景中，司法应用的研究成果和历史资料较少，学术积累还比较薄弱，相关理论还未形成体系，对此有深入和系统研究的专家学者也不多。

② 在立法层面，国内外都没有专门的立法，对包括区块链在内的新型取证存证方式予以规定。我国目前仅在司法解释层面作出了规定，立法位阶较低，规定较为原则，应用范围仅限三家互联网法院。

③ 在司法实践层面，一方面，大部分法官对于区块链技术在司法应用中的基本原理并未形成清晰认识，与业界已经普遍认同不同，法官对于此类证据的质疑较为普遍；另一方面，虽然有些法院已经通过判例的形式明确了部分区块链证据的认证规则，但尚未形成体系，远不足以成为司法实践中普适的规则。

④ 平台的主体和技术水平。从平台来讲，有司法区块链平台，这类平台要么以法院作为中心节点，要么法院作为其中的一个节点，对于上传到链上的证据，通过法院的节点即可以验证这些证据是否在上链之后被篡改，一般法官对于此类证据直接确认真实性，但此类证据存在法院背书证据效力的嫌疑。还有一类平台，即除了司法区块链之外的第三方平台。此类平台背景不同，所代表的利益不同，取证手段及过程不同，法官在遇到此类证据时往往主观上更容易产生怀疑，需要从平台资质、中立性、取证技术、存储过程、是否可验证等多个方面综合考虑。从技术层面上，虽然区块链技术已经较为成熟，但是仍然有许多被业界称为"伪区块链"的平台存在，这些平台由于技术不完善，参与取证存证的风险较大。

⑤ 行业标准和行业规范。虽然有大量的平台参与区块链技术的司法应用，但是无论是平台节点的接入还是证据的审查，法院都采取谨慎的态度，其中一个重要的原因就是，这些区块链技术行业尚未建立统一的行业标准和规范，亦没有在国家管理的层面形成国家标准和规范，平台间各自为政。而司法层面的

证据需要经过严格的司法程序审查，区块链技术在司法上的应用则体现了低差错、流程清楚、程序严格等特点。

（2）区块链存证证据的真实性审查规则。区块链技术取得的证据的审查应坚持证据"三性"规则。在调研过程中，有法官提出，对于采用区块链技术取得的证据应当有新的规则，传统的证据审查规则不能完全适用。

《规定》第十一条规定："当事人对电子数据真实性提出异议的，互联网法院应当结合质证情况，审查判断电子数据生成、收集、存储、传输过程的真实性，并着重审查以下内容：（一）电子数据生成、收集、存储、传输所依赖的计算机系统等硬件、软件环境是否安全、可靠；（二）电子数据的生成主体和时间是否明确，表现内容是否清晰、客观、准确；（三）电子数据的存储、保管介质是否明确，保管方式和手段是否妥当；（四）电子数据提取和固定的主体、工具和方式是否可靠，提取过程是否可以重现；（五）电子数据的内容是否存在增加、删除、修改及不完整等情形；（六）电子数据是否可以通过特定形式得到验证。"从该项规定可以看出电子数据真实性的认证基本规则即审查判断电子数据生成、收集、存储、传输过程的真实性，区块链技术取得的电子数据亦不例外。同时，电子数据属于民事证据的一种，对采用区块链技术取得的证据的审查仍应按照"真实性""合法性""关联性"的证据三性予以判断。

在案件审理过程中，关于对方当事人并未对涉案区块链证据真实性提出异议的，法院是否主动审查证据真实性的问题，有法官认为此种情形属于当事人自认，法院无须审查。课题组认为，如果涉案证据已经经过区块链取证平台验证未经篡改，对方当事人对于证据真实性无异议的，法院可以不再进一步审查其真实性，但是证据的关联性和合法性仍应依法审查。

（3）对方当事人对于区块链技术本身不信任时的审查规则。区块链技术相对于普通人来讲具有复杂性，参与诉讼的主体大多缺少技术背景，尤其是一些个人或者非技术公司被诉后，在抗辩中普遍会对通过区块链取证的证据的真实性提出怀疑，有的是单纯质疑无法说明理由，有的能指出原告证据的一些问题，有的能从专业技术角度实质提出反驳意见或者证据。课题组认为，对于此种情形，应当在依法审查的前提下，正确合理分配当事人的举证责任，分不同情形作出认定：

① 对于单纯提出异议的，法院应当按照《民事诉讼法》，并结合《规定》十一条的规定，审查证据的真实性，不发生举证责任转移，基本符合前述规定的，应当确认原告提交的相应证据的真实性。

② 对于提出异议并能够指出原告通过区块链取证时，在平台资质上存在

缺失，在取证技术上存在篡改可能性等问题的，对于平台资质问题，在 2018 年 6 月杭州互联网法院作出的一份涉及区块链取证的判决中指出，认为涉案第三方存证平台的运营公司股东及经营范围相对独立于原告，具有中立性，且通过了国家网络与信息安全产品质量监督检验中心完整性鉴别检测，其运营的存证网络平台具备作为第三方电子存证平台的资质。对此，课题组也认为，由于行业标准和行业规范的缺位，以区块链为基础的第三方平台取证的合法性不应以没有行政许可予以否认。关于被告提出的技术可靠性的抗辩，除非被告能提出第三方取证平台存在安全性隐患或者曾出现安全事故的证据，否则不能发生举证责任的转移。

③ 对于被告提出专业技术角度的区块链平台取证过程中存在重大瑕疵或者遗漏重要步骤或该平台存在重大安全风险会影响取证的客观性的，则应按照案件情况要求证据提供者进一步举证，必要的时候应当追加取证平台并引入技术人员参与诉讼。

（4）当事人对证据上链之前的来源提出异议时的审查规则。部分电子数据的真实性很可能在被抓取之前，因其所处设备或网络环境存在问题，彼时便遭到了"破坏"，导致存证下来的证据包天然不具有可信力。还有一些案件中，被告认可涉案证据从上传到区块链平台到诉讼期间并未修改，但质疑该些证据在上传之前的客观性，从技术的角度存在可能性。如果出现以上情形，在当事人提出异议及有效反证的情况下，法院可以根据当事人申请或者依职权，委托鉴定电子数据的真实性或者调取其他相关证据进行核对。

关于在线诉讼中庭审规范性问题情况调研报告

文/北京互联网法院课题组[*]

互联网时代，随着信息技术在司法领域的不断应用，以互联网法院为代表的新型纠纷处理载体及其所形成的新型纠纷处理模式，有效实现了诉讼流程重构、诉讼规则完善和司法模式变革。而传统司法礼仪正经历着在线诉讼模式的冲击与挑战，面临旧传统的瓦解与新体系的重塑。2021年1月21日，最高人民法院发布《关于人民法院在线办理案件若干问题的规定（征求意见稿）》向社会公开征求意见，专项规定"在线庭审环境""在线庭审纪律"。此前，最高人民法院印发《关于新冠肺炎疫情防控期间加强和规范在线诉讼工作的通知》，强调应"安全文明、庄重严肃、规范有序、礼仪规范"。为切实维护司法权威，持续创新在线诉讼规则，为在线诉讼相关法律的出台提供理论支持与实践参考，进一步发挥互联网法院先试先行优势，本课题以出台《北京互联网法院电子诉讼庭审规范》为契机，对三家互联网法院100个在线庭审视频进行整理分析，真实反映当前在线诉讼活动中司法礼仪存在的情况，就其现实困境进行分析，提出有针对性的举措，力求规范在线诉讼流程，保护当事人行使诉讼权利，实现司法公正。

本课题采取实地观察、访谈调研、统计调查及文献调研方法，力求真实、准确、全面地反映情况。

一、在线诉讼中庭审问题的实证调研

本课题在中国庭审公开网，对三家互联网法院的庭审视频进行检索，并选取了100个在线诉讼庭审视频（其中北京互联网法院45个、杭州互联网法院25个，广州互联网法院30个，见表1～表3），以法院司法礼仪与当事人司法礼仪为双向视角，记录每个案件的开庭环境与法官行为。同时，对出庭人员及其着装、出庭环境等基本情况进行梳理，着重标注具有典型性的不规范行为，通过观看视频并对有关问题加以整理分析，提炼出在线诉讼活动中司法礼仪存在的问题。

---

[*] 课题主持人：姜颖；执笔人：李文超、李昕豫。

关于在线诉讼中庭审规范性问题情况调研报告

表 1　北京互联网法院在线庭审视频样本问题

北京互联网法院 2018—2020 年

序号	案号	案由	庭审程序	法院司法礼仪					当事人司法礼仪						
				法庭环境			法官行为		归因分析	出庭人员	出庭着装	开庭工具	出庭环境	是否起立	不规范行为	处理方式	归因分析
				灯光音效	席位	器具	着装言辞	规范									
1	(2020)京0491民初9013号	网络服务合同纠纷	简易程序	较为昏暗 偶尔卡顿	缺少陪审员、书记员席位	悬挂国徽，缺少法槌、名牌	画面 行为	较为规范 平行画面，显示法官半身，不清晰 未使用法槌，法官宣读法庭纪律	法庭建设标准不统一、技术传输难以有效支撑	原告自然人	便装	手机	居家	否	原告不听从法庭指挥，在庭审中发出嬉笑声，并在手机信号不稳定情况下坚持用手机开庭，影响庭审进度	劝告训诫	司法礼仪约束减弱，当事人难以自律
2	(2020)京0491民初7460号	侵害作品信息网络传播权纠纷	简易程序	较为明亮 偶尔卡顿	缺少书记员席位	悬挂国徽，摆置法槌、名牌	画面 行为	较为规范 平行画面，显示审判席，较为清晰 未使用法槌，书记员宣读法庭纪律	法庭建设标准不统一	被告 公司法务	便装	电脑	办公场所	否			
										原告代理律师	正装	电脑	办公场所	否	当事人短暂掉线，影响庭审进程	电话沟通	技术传输难以有效支撑
										被告代理律师2人	正装戴口罩	电脑	办公场所				
3	(2020)京0491民初7355号	网络侵权责任纠纷	简易程序	较为明亮 传输流畅	缺少书记员席位	悬挂国徽，摆置法槌、名牌	画面 行为	较为规范 平行画面，显示审判席，较为清晰 未使用法槌，书记员宣读法庭纪律	礼仪规范不健全，无法适从	原告自然人	便装	电脑	居家	是	法官入席时当事人起立脱离庭审画面，起立时法官离席略显唐突	无	礼仪规范不健全，当事人无以遵从
										被告代理律师	正装	电脑	办公场所				

· 119 ·

续表

序号	案号	案由	庭审程序	法院司法礼仪					当事人司法礼仪						
				法庭环境			法官行为	归因分析	出庭人员	出庭着装	开庭工具	出庭环境	是否起立	不规范行为	处理方式	归因分析
4	(2019)京0491民初8865号	网络侵权责任纠纷	简易程序	灯光：清晰明亮 音效：传输流畅 席位：缺少书记员席位 器具：悬挂国徽，摆置法槌、名牌			着装：规范 言辞：较为规范 行为：平行画面，显示审判席，较为清晰	礼仪规范不健全，法官无以适从	原告 被告	代理律师 公司法务	正装 便装	电脑 电脑	办公场所 居家	否	法官人席后站立，当事人并未起立	未要求当事人起立	礼仪规范不健全，当事人无以遵从
5	(2019)京0491民初30995号	网络侵权责任纠纷	普通程序独任制	灯光：较为昏暗 音效：传输流畅 席位：缺少审判员、书记员席位 器具：悬挂国徽，缺少法槌、名牌			着装：规范 言辞：存在打断当事人陈述情况 行为：平行画面，显示半身影像，不清晰	法庭建设标准不统一，技术传输效支撑以有效支撑 礼仪规范不健全，法官无以适从	原告 被告	自然人 公司法务	便装 正装	电脑 电脑	居家 办公场所	否	无	无	礼仪规范不健全，当事人无以遵从
6	(2019)京0491民初16142号	网络侵权责任纠纷	普通程序	灯光：清晰明亮 音效：传输流畅 席位：缺少书记员席位 器具：悬挂国徽，摆置法槌、名牌			着装：规范 言辞：规范 行为：平行画面，显示审判席，清晰，未使用法槌，AI法官宣读法庭纪律	礼仪规范不健全，法官无以适从	原告 被告	代理律师 代理律师	正装 正装	电脑 电脑	办公场所 办公场所	否	法官人席后站立，当事人并未起立	未要求当事人起立	礼仪规范不健全，当事人无以遵从

续表

序号	案号	案由	庭审程序	法院司法礼仪 - 法庭环境				法院司法礼仪 - 法官行为			归因分析	当事人司法礼仪 - 出庭人员	出庭着装	开庭工具	出庭环境	是否起立	不规范行为	处理方式	归因分析
					灯光	音效	席位	器具	着装	言辞	画面/行为									
7	(2020)京0491民初2895号	网络服务合同纠纷	普通程序独任制	较为昏暗	存在卡顿	缺少审判员、书记员席位	悬挂国徽，缺少法槌、名牌		规范	较为规范	平行画面，显示法官半身像，画面不清晰	礼仪规范不健全，法官无以适从	原告 自然人	便装	电脑	办公场所	否	无	无	礼仪规范不健全，当事人无以遵从
											使用法槌，法官宣读法庭纪律		被告 代理律师	便装	电脑	居家				
8	(2020)京0491民初2880号	网络服务合同纠纷	普通程序	较为清晰	传输流畅	缺少书记员席位	悬挂国徽，摆置法槌、名牌		规范	规范	存在开庭前打电话的情况	礼仪规范不健全，法官无以适从	原告 代理律师	正装	电脑	办公场所	否	法官入席后站立，当事人并未起立	要求当事人起立	礼仪规范不健全，当事人无以遵从
											平行画面，显示审判席，较为清晰		被告 代理律师	便装	电脑	办公场所				
											使用法槌，书记员宣读法庭纪律									
9	(2019)京0491行初24号	行政案件	普通程序	较为清晰	存在卡顿	缺少书记员席位	悬挂国徽，摆置法槌、名牌		规范	较为规范	平行画面，显示审判席，较为清晰	礼仪规范不健全，法官无以适从	原告 代理律师	正装	电脑	办公场所	否	无	无	礼仪规范不健全，当事人无以遵从
											使用法槌，AI法官宣读法庭纪律		被告 代理律师	正装	电脑	办公场所				

续表

序号	案号	案由	庭审程序	法院司法礼仪					当事人司法礼仪						
				法庭环境			法官行为		归因分析	出庭人员	出庭着装	开庭工具	出庭环境	是否起立	不规范行为	处理方式	归因分析
10	(2019)京0491民初29546号	侵害作品信息网络传播权纠纷	普通程序	灯光 音效 席位 器具	较为清晰 较为流畅 缺少书记员席位 悬挂国徽，摆置法槌	着装 言辞 画面 行为	规范 较为规范 平行画面，显示审判席，较为清晰 未使用法槌，AI法官宣读庭审纪律，庭前准备工作未介绍书记员身份	礼仪规范不健全，法官无以支撑	原告 被告	代理律师 代理律师	便装 正装	电脑 电脑	办公场所 办公场所	否	无	无	礼仪规范不健全，当事人无以遵从
11	(2019)京0491民初10816号	网络侵权责任纠纷	普通程序合议制	灯光 音效 席位 器具	清晰明亮 较为流畅 缺少书记员席位 悬挂国徽，缺少法槌	着装 言辞 画面 行为	规范 较为规范 平行画面，显示审判席，较为清晰 未使用法槌，未宣读法庭纪律	法庭建设标准不统一，技术传输难以有效支撑	原告 被告	自然人 代理律师	便装 便装	手机 电脑	大巴车 居家	否	原告在公共交通工具上参与庭审，环境嘈杂，被告对原告行为不满，发表过激言论	劝告训诫	司法礼仪约束减弱，当事人难以自律
12	(2019)京0491民初1769号	侵害作品信息网络传播权纠纷	简易程序	灯光 音效 席位 器具	较为清晰 较为流畅 缺少书记员席位 悬挂国徽，缺少法槌	着装 言辞 画面 行为	规范 较为规范 平行画面，显示审判席，较为清晰 存在口语化表达，未宣读法庭纪律	礼仪规范不健全，法官无以支撑	原告 被告	代理律师 法定代表人	正装 便装	电脑 电脑	办公场所 居家	否	无	无	礼仪规范不健全，当事人无以遵从

续表

序号	案号	案由	庭审程序	法院司法礼仪					当事人司法礼仪							归因分析
					法庭环境	法官行为		归因分析	出庭人员	出庭着装	开庭工具	出庭环境	是否起立	不规范行为	处理方式	
				灯光 音效 席位 器具		着装 言辞 画面 行为								
13	(2019)京0491民初7174号	侵害作品信息网络传播权纠纷	简易程序	较为昏暗 较为流畅 缺少审判员、书记员席位 悬挂国徽，缺少法槌、名牌	规范 较为规范 平行画面，显示法官半身像，较为模糊 未使用法槌，未宣读法庭纪律		礼仪规范不健全，法官无以适从	原告	代理律师	正装	电脑	办公场所	否	当事人仅有眼睛以上的面部画面	无	礼仪规范不健全，当事人无以遵从
								被告	公司法务	便装	电脑	办公场所	否			
14	(2020)京0491民初8353号	侵害作品信息网络传播权纠纷	简易程序	较为明亮 较为流畅 缺少审判员、书记员席位 虚拟国徽，虚拟法槌	规范 较为规范 平行画面，显示审判席，画面清晰 使用虚拟法槌，未宣读法庭纪律，未询问当事人防疫措施		礼仪规范不健全，法官无以适从	原告	代理律师	正装	电脑	办公场所	否	无	无	礼仪规范不健全，当事人无以遵从
								被告	公司法务	正装	电脑	办公场所	否			
15	(2020)京0491民初2939号	网络侵权责任纠纷	普通程序	较为昏暗 较为流畅 缺少书记员席位 悬挂国徽，摆置法槌、名牌	规范 较为规范 平行画面，显示审判席，画面不完整名牌现模糊		礼仪规范不健全，法官无以适从	原告	自然人	正装	电脑	办公场所	否	无	无	礼仪规范不健全，当事人无以遵从
					使用法槌，书记员宣读法庭纪律			被告	自然人	便装	电脑	办公场所	否			

续表

序号	案号	案由	庭审程序	法院司法礼仪				归因分析	当事人司法礼仪							归因分析
				法庭环境			法官行为				出庭人员	出庭着装	开庭工具	出庭环境	是否起立	不规范行为	处理方式	
				灯光	音效	席位	器具	着装	言辞	行为									
16	(2019)京0491民初7174号	侵害作品信息网络传播权纠纷	简易程序	较为昏暗	较为流畅	缺少审判员、书记员席位	悬挂国徽,缺少法槌、名牌	规范	较为规范	平行画面,显示法官画面,画面较为模糊	礼仪规范不健全,法官无以适从	原告	代理律师	正装	电脑	办公场所	否	当事人仅有眼睛以上的面部画面	无	礼仪规范不健全,当事人无以遵从
									未使用法槌、未宣读法庭纪律 ||| 被告	公司法务	便装	电脑	办公场所			
17	(2019)京0491民初37427号	侵害作品信息网络传播权纠纷	简易程序	较为明亮	杂音卡顿	缺少审判员、书记员席位	虚拟国徽,虚拟法槌	规范	存在口语化表达	仰视画面,显示法官画面,画面较为清晰	礼仪规范不健全,法官无以适从	原告	代理律师	正装	电脑	办公场所	否	无	无	礼仪规范不健全,当事人无以遵从
									未使用法槌、AI法官宣读法庭纪律 ||| 被告	公司法务	正装	电脑	办公场所			

续表

序号	案号	案由	庭审程序	法院司法礼仪							当事人司法礼仪						
				法庭环境			着装言辞	法官行为	归因分析		出庭人员	出庭着装	开庭工具	出庭环境	是否起立	不规范行为	处理方式	归因分析
				灯光音效	席位	器具											
18	(2019)京0491民初21100号	侵害作品信息网络传播权纠纷	普通程序	较为清晰 杂音卡顿	缺少审判员、书记员席位	悬挂国徽，未摆置法槌	较为规范	平行画面，显示法官面部，画面较为清晰	礼仪规范不健全，法官无以适从	原告	自然人	便装	电脑	办公场所	否	无	无	礼仪规范不健全，当事人无以遵从
								法官开庭前离席接听电话，未使用法槌，未宣读法庭纪律		被告	代理律师	便装	电脑	办公场所				
19	(2019)京0491民初36888号	侵害作品改编权纠纷	普通程序	较为昏暗 杂音卡顿	缺少审判员、书记员席位	悬挂国徽，缺少法槌、名牌	规范	平行画面，显示法官面部，画面较为清晰	礼仪规范不健全，法官无以适从	原告	代理律师	便装	电脑	办公场所	否	宣判时法官要求全体起立，当事人调整摄像头，并未脱离视频画面	无	礼仪规范不健全，当事人无以遵从
								使用法槌，未宣读法庭纪律		被告	代理律师	便装	电脑	办公场所				

续表

序号	案号	案由	庭审程序	法院司法礼仪					当事人司法礼仪						归因分析
				法庭环境			法官行为		归因分析	出庭人员	出庭着装	开庭工具	出庭环境	是否起立	不规范行为	处理方式	
				灯光音效	席位	器具	着装言辞	行为									
20	(2019)京0491民初41606号	侵害作品信息网络传播权纠纷	简易程序	较为明亮	缺少审判员、书记员席位	悬挂国徽、未摆置法槌、名牌	规范 较为规范	平行画面，显示法官面部，画面较为清晰 未使用法槌，未宣读法庭纪律	礼仪规范不健全，法官无以适从	原告 代理律师 被告 未出庭	正装	电脑	办公场所	否	无	无	礼仪规范不健全，当事人无以遵从
21	(2019)京0491民初40959号	网络购物合同纠纷	简易程序	较为昏暗 杂音卡顿	缺少审判员、书记员席位	悬挂国徽、未摆置法槌、名牌	规范 较为规范	平行画面未完全显示法官在画面中，画面较为清晰 未使用法槌，未宣读法庭纪律	礼仪规范不健全，法官无以适从	原告 自然人 被告 代理律师	便装 便装	电脑 电脑	办公场所 办公场所	否	无	无	礼仪规范不健全，当事人无以遵从

续表

序号	案号	案由	庭审程序	法院司法礼仪							当事人司法礼仪						
				法庭环境				法官行为			归因分析	出庭人员	出庭着装	开庭工具	出庭环境	是否成立	不规范行为	处理方式	归因分析
				灯光音效	席位	器具	着装言辞	画面	行为									
22	(2019)京0491民初35882号	网络侵权责任纠纷	简易程序	较为昏暗,较为流畅	缺少陪审员、书记员席位	悬挂国徽,缺少法槌、名牌	规范,较为规范	平行画面,显示半身像,画面不清晰	未使用法槌,未宣读法庭纪律	法庭建设标准不统一、技术传输难以有效支撑	原告 自然人	便装	手机	大巴车	否			
											被告 自然人	便装	电脑	居家	否	被告家中有儿童,多次进入房间致使庭审中断	当庭提示	司法礼仪约束当事人难,减弱当事人以自律
23	(2018)京0491民初2402号	网络侵权责任纠纷	普通程序	较为明亮,较为清晰	缺少审判员、书记员席位	悬挂国徽,摆置法槌、名牌	规范,较为规范	平行画面,显示半身像,较为清晰	未使用法槌,未宣读法庭纪律	法庭建设标准不统一、技术传输难以有效支撑	原告 代理人	便装	电脑	居家	否	无	无	司法礼仪约束当事人难,减弱当事人以自律
											被告 代理人	便装	电脑	居家	否			
24	(2018)京0491民初1781号	网络购物合同纠纷	普通程序合议制	较为昏暗,较为流畅	缺少陪审员、书记员席位	悬挂国徽,缺少法槌、名牌	规范,较为规范	平行画面,显示半身像,较为模糊	未使用法槌,未宣读法庭纪律	法庭建设标准不统一、技术传输难以有效支撑	原告 代理律师	便装	电脑	办公场所	否	无	无	司法礼仪约束当事人难,减弱当事人以自律
											被告 代理律师	便装	电脑	办公场所	否			

续表

序号	案号	案由	庭审程序	法院司法礼仪					当事人司法礼仪							归因分析
					法庭环境		法官行为	归因分析	出庭人员	出庭着装	开庭工具	出庭环境	是否起立	不规范行为	处理方式	
25	(2018)京0491民初2586号	网络侵权责任纠纷	简易程序	灯光	较为昏暗	着装	规范	法庭建设标准不统一，技术传输难以有效支撑	原告	代理人	便装	电脑	办公场所	否	无	无	司法礼仪约束减弱，当事人难以自律
				音效	不清晰	言辞	较为规范		被告	自然人	便装	电脑	办公场所				
				席位	缺少陪审员、书记员席位	画面	平行画面，显示法官半身像，较为清晰										
				器具	悬挂国徽，缺少法槌、名牌	行为	未使用法槌，书记员读法庭纪律										
26	(2018)京0491民初2964号	网络购物合同纠纷	简易程序	灯光	较为昏暗	着装	规范	礼仪规范不健全，法官以适从	原告	自然人	便装	电脑	居家	否	无	无	礼仪规范不健全，当事人无以遵从
				音效	不清晰	言辞	较为规范		被告	代理律师	便装	电脑	办公场所				
				席位	缺少审判员、书记员席位	画面	平行画面，显示法官半身像，较为清晰										
				器具	悬挂国徽，未摆放法槌、名牌	行为	未使用法槌，未宣读法庭纪律										
27	(2018)京0491民初2673号	网络购物合同纠纷	简易程序	灯光	较为清晰	着装	规范	法庭建设标准不统一，技术传输难以有效支撑	原告	代理人	便装	电脑	居家	否	无	无	礼仪规范不健全，当事人无以遵从
				音效	较为清晰	言辞	较为规范		被告	未出庭							
				席位	缺少审判席、书记员席位	画面	平行画面，显示法官半身像，较为清晰										
				器具	悬挂国徽，缺少法槌、名牌	行为	未使用法槌，书记员读法庭纪律										

续表

序号	案号	案由	庭审程序	法院司法礼仪					当事人司法礼仪					
				法庭环境		法官行为		归因分析	出庭人员	出庭着装	开庭工具	出庭环境	是否起立	不规范行为	处理方式	归因分析

序号	案号	案由	庭审程序	灯光	音效	席位	器具	着装	言辞	画面	行为	归因分析	出庭人员	出庭着装	开庭工具	出庭环境	是否起立	不规范行为	处理方式	归因分析
28	(2018)京0491民初902号	著作权权属、侵权纠纷	简易程序	较为明亮	较为流畅	缺少书记员席位	悬挂国徽，摆置法槌、名牌	规范	较为规范	平行画面，显示审判席，较为清晰	未使用法槌，未宣读法庭纪律	法庭建设标准不统一、技术传输难以有效支撑	原告	便装	电脑	办公场所	否	当事人长时间掉线	休庭等待上线后再开庭	礼仪规范不健全，当事人无以遵从
													被告	便装	电脑	办公场所				
29	(2018)京0491民初2117号	著作权权属、侵权纠纷	简易程序	声音延迟，卡顿音量小		缺少书记员席位	悬挂国徽，摆置法槌、名牌	规范	较为规范	平行画面，显示审判席，较为清晰	未使用法槌，未宣读法庭纪律	法庭建设标准不统一、技术传输难以有效支撑	原告	便装	电脑	办公场所	否	无	无	礼仪规范不健全，当事人无以遵从
													被告	便装	手机	办公场所				
30	(2018)京0491民初2204号	著作权权属、侵权纠纷	普通程序	较为明亮	较为流畅	缺少陪审员、书记员席位	悬挂国徽，缺少法槌、名牌	规范	较为规范	平行画面，法官半身像，较为清晰	未使用法槌，未宣读法庭纪律	法庭建设标准不统一、技术传输难以有效支撑	原告代理人	便装	电脑	办公场所	否	无	无	礼仪规范不健全，当事人无以遵从
													被告	便装	电脑	办公场所				

续表

序号	案号	案由	庭审程序	法院司法礼仪					当事人司法礼仪						
				法庭环境			法官行为	归因分析	出庭人员	出庭着装	开庭工具	出庭环境	是否起立	不规范行为	处理方式	归因分析
31	（2018）京0491民初1400号	网络购物合同纠纷	简易程序	灯光：较为明亮；音效：较为流畅；席位：缺少书记员席位；器具：悬挂国徽、摆置法槌、名牌			着装：规范；言辞：较为规范；画面：平行画面，显示审判席，较为清晰；行为：未使用法槌，未宣读法庭纪律	礼仪规范不健全，法官无以遵从	原告 自然人	便装	电脑	居家	否	原告长时间脱离视频画面	法官未予以提示	礼仪规范不健全，当事人无以遵从
									被告 未出庭							
32	（2018）京0491民初1784号	著作权权属、侵权纠纷	简易程序	灯光：较为昏暗；音效：音量小、卡顿；席位：缺少审判员、书记员席位；器具：悬挂国徽、摆置法槌、名牌			着装：规范；言辞：较为规范；画面：平行画面，显示法官半身像，较为清晰；行为：未使用法槌，未宣读法庭纪律	法庭建设标准不统一，技术传输难以有效支撑	原告 代理人	便装	电脑	办公场所	否	无	无	司法礼仪约束减弱，当事人难以自律
									被告 代理人	便装	电脑	办公场所				
33	（2018）京0491民初3031号	网络购物合同纠纷	简易程序	灯光：较为昏暗；音效：较为流畅；席位：缺少审判员、书记员席位；器具：悬挂国徽、摆置法槌、名牌			着装：规范；言辞：较为规范；画面：平行画面，显示法官半身像，较为清晰；行为：未使用法槌，未宣读法庭纪律	法庭建设标准不统一，技术传输难以有效支撑	原告 代理律师	便装	电脑	办公场所	否	出现装修杂音	法官未予以提示	司法礼仪约束减弱，当事人难以自律
									被告 公司法务	便装	电脑	办公场所				

续表

序号	案号	案由	庭审程序	法院司法礼仪							当事人司法礼仪					
				法庭环境			法官行为			归因分析	出庭人员	出庭着装	开庭工具	出庭环境	是否起立	不规范行为	处理方式	归因分析
				灯光音效	席位	器具	着装言辞	画面	行为								
34	(2018)京0491民初2401号	著作权合同纠纷	简易程序	较为昏暗，音量小、卡顿	缺少书记员席位	悬挂国徽、摆置法槌、名牌	规范	平行画面，显示法官半身像，较为流畅	未使用法槌，未宣读法庭纪律	法庭建设标准不统一、技术传输难以有效支撑	原告	代理人	便装	电脑	办公场所	否	声音传输卡顿影响诉讼进程	无	司法礼仪约束减弱，当事人难以自律
							较为规范				被告	代理人	便装	手机	办公场所				
35	(2018)京0491民初1781号	网络购物合同纠纷	简易程序	较为流畅	缺少审判员、书记员席位	悬挂国徽、缺少法槌、名牌	着装言辞	平行画面，显示法官半身像，较为流畅	未使用法槌，未宣读法庭纪律	法庭建设标准不统一、技术传输难以有效支撑	原告	代理律师	电脑	办公场所	否	无	无	司法礼仪约束减弱，当事人难以自律
							规范				被告	代理律师	便装	电脑	居家				
36	(2019)京0491民初40365号	网络侵权责任纠纷	简易程序	较为昏暗	较为流畅	缺少陪审员、书记员席位	悬挂国徽、缺少法槌、名牌	着装言辞	平行画面，显示法官半身像，较为流畅	使用法槌，书记员宣读法庭纪律	法庭建设标准不统一、技术传输难以有效支撑	原告	代理人	便装	电脑	办公场所	否	无	无	司法礼仪约束减弱，当事人难以自律
							规范				被告	代理人	便装	电脑	办公场所				

· 131 ·

续表

序号	案号	案由	庭审程序	法院司法礼仪 - 法庭环境(灯光)	法庭环境(音效)	法庭环境(席位)	法庭环境(器具)	着装	言辞	法官行为	归因分析	当事人司法礼仪 - 出庭人员	出庭着装	开庭工具	出庭环境	是否起立	不规范行为	处理方式	归因分析
37	(2019)京0491民初11833号	产品生产者责任纠纷	简易程序	较为昏暗	不清晰	缺少审判员、书记员席位	悬挂国徽，未摆置法槌、名牌	规范	较为规范	平行画面，显示法官画面部，较为清晰	礼仪规范不健全，法官无以适从	原告	便装	电脑	居家	否	无	无	司法礼仪约束减弱，当事人难以自律
								着装	言辞	行为		被告	便装	电脑	办公场所				
										未使用法槌，未宣读法庭纪律									
38	(2019)京0491民初31494号	侵害作品信息网络传播权纠纷	普通程序	较为明亮	较为清晰、流畅	缺少审判员、书记员席位	悬挂国徽，缺少法槌、名牌	规范	较为规范	平行画面，显示法官半身像，较为清晰	礼仪规范不健全，法官无以适从	原告 代理律师	便装	电脑	居家	否	三名审判员展现在视频画面中，同一代理律师名代理律师展现在画面中	法官未予以提示	司法礼仪约束减弱，当事人难以自律
								着装	言辞	行为		被告 代理律师	便装	电脑	法庭				
										未使用法槌，法官宣读法庭纪律									
39	(2019)京0491民初19323号	侵害作品信息网络传播权纠纷	普通程序	较为昏暗	较为清晰、流畅	缺少审判员、书记员席位	悬挂法徽，缺少国徽、名牌	规范	较为规范	平行画面，显示法官半身像，较为清畅	法庭建设标准不统一，技术传输以有效支撑	原告 代理律师	便装	法院	法庭	否	当事人电脑掉线，临时切换中国移动微法院使用手机小程序登录	法官指导操作	司法礼仪约束减弱，当事人难以自律
								着装	言辞	行为		被告 代理律师	便装	电脑	办公场所				
										未使用法槌，未宣读法庭纪律									

续表

序号	案号	案由	庭审程序	法院司法礼仪					出庭人员	当事人司法礼仪					
				法庭环境		法官行为		归因分析		出庭着装	开庭工具	出庭环境	是否起立	不规范行为	处理方式	归因分析
40	（2019）京0491民初39929号	网络购物合同纠纷	简易程序	灯光	较为昏暗	着装	规范	法庭建设标准不统一，技术传输难以有效支撑	原告 代理律师	便装	电脑	办公场所	否	无关人员与代理人共同使用耳机进行旁听	经法官训诫予以退出	司法礼仪约束减弱，当事人难以自律
				音效	较为清晰、流畅	言辞	较为规范									
				席位	缺少审判员、书记员席位	画面	平行画面，显示法官半身像，较为流畅		被告 代理律师	便装	电脑	居家				
				器具	悬挂国徽，缺少法槌、名牌	行为	未使用法槌，未宣读法庭纪律									
41	（2020）京0491民初14662号	侵害作品信息网络传播权纠纷	简易程序	灯光	较为明亮	着装	规范	礼仪规范不健全，法官无以适从	原告 代理律师	便装	电脑	居家	否	当事人未完全出现在视频画面中，只展现部分画面	无	司法礼仪约束减弱，当事人难以自律
				音效	较为清晰、流畅	言辞	较为规范									
				席位	缺少审判员、书记员未完全出现在画面内，较为清晰	画面	平行画面，显示书记员在画面内，较为清晰		被告 公司法务	便装	电脑	办公场所				
				器具	悬挂国徽，摆置法槌名牌纪律	行为	未使用法槌，未宣读法庭纪律									
42	（2019）京0491民初12327号	侵害作品信息网络传播权纠纷	简易程序	灯光	较为昏暗	着装	规范	礼仪规范不健全，法官无以适从	原告 自然人	便装	电脑	居家	否	当事人未完全显示面部画面	无	礼仪规范不健全，当事人无以遵从
				音效	较为流畅	言辞	较为规范									
				席位	缺少审判员、书记员席位	画面	平行画面，显示法官面部，较为卡顿		被告 代理人	便装	电脑	居家				
				器具	悬挂虚拟国徽，缺少法槌	行为	未使用法槌，未宣读法庭纪律									

续表

序号	案号	案由	庭审程序	法院司法礼仪					当事人司法礼仪						处理方式	归因分析
					法庭环境	法官行为	归因分析	出庭人员	出庭着装	开庭工具	出庭环境	是否起立	不规范行为		
43	(2020)京0491民初12974号	侵害作品信息网络传播权纠纷	简易程序	灯光	较为明亮	着装	规范	法庭建设标准不统一、技术传输难以有效支撑	原告	代理人	便装	电脑	办公场所	否	无	无	司法礼仪约束减弱,当事人难以自律
					音效	较为清晰流畅	言辞	较为规范									
					席位	缺少审判员、书记员席位	画面	平行画面,显示法官半身像,较为流畅	被告	代理人	便装	电脑	办公场所				
					器具	悬挂虚拟国徽、缺少法槌、名牌	行为	未使用法槌、未宣读法庭纪律									
44	(2019)京0491民初38830号	网络购物合同纠纷	简易程序	灯光	较为昏暗	着装	规范	法庭建设标准不统一、技术传输难以有效支撑	原告	代理律师	便装	电脑	办公场所	否	无	无	司法礼仪约束减弱,当事人难以自律
					音效	较为流畅	言辞	较为规范									
					席位	缺少审判员、书记员席位	画面	平行画面,显示法官半身像,较为流畅	被告	未出庭								
					器具	悬挂国徽、缺少法槌、名牌	行为	未使用法槌、未宣读法庭纪律									
45	(2019)京0491民初32123号	网络购物合同纠纷	简易程序	灯光	较为昏暗	着装	规范	法庭建设标准不统一、技术传输难以有效支撑	原告	自然人	便装	手机	办公场所	否	当事人使用手机画面歪斜	法官未予以提示	司法礼仪约束减弱,当事人难以自律
					音效	音量小	言辞	较为规范									
					席位	缺少审判员、书记员席位	画面	平行画面,显示法官半身像,较为流畅	被告	代理人	便装	电脑	办公场所				
					器具	悬挂国徽、缺少法槌、名牌	行为	未宣读法庭纪律									

表 2 杭州互联网法院在线庭审视频样本问题

杭州互联网法院 2017—2020 年

序号	案号	案由	庭审程序	法院司法礼仪					当事人司法礼仪						
				法庭环境			法官行为			归因分析	出庭人员	出庭着装	开庭工具	出庭环境	是否起立	不规范行为	处理方式	归因分析
					灯光音效	席位	器具	着装	言辞	行为								
1	(2020)浙0192民初205号	网络服务合同纠纷	简易程序	较为明亮	较为流畅	传统法庭席位,书记员未出庭	悬挂国徽、摆置法槌、名牌	较为规范	规范	俯视画面,显示法庭全貌,未展示国徽,较为清晰	未使用法槌,未宣读法庭纪律	法庭建设标准不统一、技术传输难以有效支撑	原告	代理律师	便装	电脑	办公场所	否	被告仪露出部分面部	法官未予提示	司法礼仪约束当事人难,减弱当事人自律
												被告	公司法务	便装	电脑	办公场所				
2	(2020)浙0192民初254号	网络服务合同纠纷	简易程序	清晰明亮	较为流畅	缺少书记员席位	悬挂国徽、摆置法槌、名牌	较为规范	规范	平行画面,显示审判席,画面略微歪斜,较为清晰	未使用法槌,未宣读法庭纪律	法庭建设标准不统一、技术传输难以有效支撑	原告	自然人	便装	手机	居家	否	无	劝告、训诫	司法礼仪约束当事人难,减弱当事人自律
												被告	代理律师	便装	电脑	办公场所				
3	(2019)浙0192民初10058号	网络域名权属纠纷	简易程序	较为明亮	较为流畅	缺少书记员席位	悬挂国徽、摆置法槌、名牌	较为规范	规范	平行画面,显示审判席,画面略微歪斜,较为清晰	未使用法槌,未宣读法庭纪律	法庭建设标准不统一、技术传输难以有效支撑	原告	代理律师	便装	电脑	办公场所	否	被告无故脱离画面	当庭提示	司法礼仪约束当事人难,减弱当事人自律
												被告	代理律师	正装	电脑	办公场所				

续表

序号	案号	案由	庭审程序	法院司法礼仪				当事人司法礼仪						
				法庭环境	法官行为		归因分析	出庭人员	出庭着装	开庭工具	出庭环境	是否起立	不规范行为	处理方式	归因分析
					着装	规范									
4	(2019)浙0192民初8803号	侵害作品信息网络传播权	简易程序	灯光较为明亮；音效较为流畅；席位传统法庭席位，书记员未出庭；器具悬挂国徽，摆置法槌、名牌	着装规范；言辞较为规范；画面俯视法庭席位，未显示国徽，较为清晰；行为未使用法槌，未宣读法庭纪律		法庭建设标准不统一	原告	代理律师	便装	电脑	办公场所	否	被告有多位代理人，在画面中无法完全呈现	无	技术传输难以有效支撑
5	(2019)浙0192民初9883号	小额借款合同纠纷	简易程序	灯光较为明亮；音效较为流畅；席位传统法庭席位，书记员未出庭；器具悬挂国徽，摆置法槌、名牌	着装规范；言辞较为规范；画面俯视法庭席位，未显示国徽，较为清晰；行为使用法槌，宣读法庭纪律		礼仪规范不健全，法官无以适从	原告 被告	自然人 代理律师		便装	电脑	办公场所	否	无	无	司法礼仪约束减弱，当事人难以自律
6	(2019)浙0192民初9700号	小额借款合同纠纷	简易程序	灯光清晰明亮；音效传输流畅；席位缺少书记员席位；器具悬挂国徽，摆置名牌	着装规范；言辞画面平行画面，审判员显示，画面清晰；行为未使用法槌，询问当事人是否阅读法庭纪律		礼仪规范不健全，法官无以适从	原告 被告	未显示画面 未出庭			电脑	居家	否	无	无	司法礼仪约束减弱，当事人难以自律

续表

序号	案号	案由	庭审程序	法院司法礼仪 - 法庭环境				法官行为		归因分析	当事人司法礼仪 - 出庭人员	出庭着装	开庭工具	出庭环境	是否起立	不规范行为	处理方式	归因分析
				灯光音效	席位	器具		着装言辞	画面行为									
7	(2019)浙0192民初4002号	网络购物合同纠纷	简易程序	较为明亮 传输流畅	传统法庭席位，书记员未出庭	悬挂国徽，摆置法槌、名牌		规范 较为规范	俯视画面，显示法庭全貌，较为清晰 未使用法槌，询问当事人是否阅读法庭纪律	法庭建设标准不统一，技术传输难以有效支撑；礼仪规范不健全，法官无以遵从	原告 自然人	便装	手机	居家	否	原告仅出现半身画面	法官未予以提示	司法礼仪约束减弱，当事人以自律
											被告 未出庭							
8	(2019)浙0192民初7509号	网络域名权属纠纷	简易程序	较为明亮 较为流畅	缺少书记员席位	悬挂国徽，摆置法槌		规范 较为规范	平行画面，显示法庭全貌，较审判亮，较为清晰 未使用法槌，未宣读法庭纪律	礼仪规范不健全，法官无以遵从	原告 代理律师	便装	电脑	办公场所	否	无	无	司法礼仪约束减弱，当事人以自律
											被告 代理律师	便装	电脑	办公场所				
9	(2019)浙0192民初6809号	侵害作品信息网络传播权纠纷	简易程序	较为明亮 较为流畅	传统法庭席位，书记员未出庭	悬挂国徽，摆置法槌、名牌		规范 较为规范	俯视画面，显示法庭全貌，较显示国徽，较为清晰 未使用法槌，未宣读法庭纪律	礼仪规范不健全，法官无以遵从	原告 代理律师	正装	电脑	办公场所	否	无	无	司法礼仪约束减弱，当事人以自律
											被告 未出庭							

续表

序号	案号	案由	庭审程序	法院司法礼仪			归因分析	当事人司法礼仪						归因分析
				法庭环境	法官行为			出庭人员	出庭着装	开庭工具	出庭环境	是否起立	不规范行为	处理方式	

序号	案号	案由	庭审程序		法庭环境		着装	言辞	画面	行为	归因分析	出庭人员	出庭着装	开庭工具	出庭环境	是否起立	不规范行为	处理方式	归因分析
10	（2019）浙0192民初5610号	网络服务合同纠纷	简易程序	灯光音效	较为明亮 存在卡顿	席位 器具	传统法庭席位，书记员未出庭 悬挂国徽，摆置法槌、名牌	未着法袍 较为规范		俯视画面，画面歪斜，未显示国徽，较为清晰 未使用法槌，未宣读法庭纪律	礼仪规范不健全，法官无以适从	原告 被告	自然人 公司法务	便装 便装	电脑 电脑	居家 办公场所	否	无	无	司法礼仪约束减弱，当事人难以自律
11	（2019）浙0192民初3943号	金融借款合同纠纷	简易程序	灯光音效	较为流畅	席位 器具	书记员未出庭 悬挂国徽，摆置法槌、名牌	未着法袍 较为规范		俯视画面，画面较为清晰 使用法槌，未宣读法庭纪律	礼仪规范不健全，法官无以适从	原告 被告	代理律师 自然人	未显示画面 便装		办公场所	否	无	无	司法礼仪约束减弱，当事人难以自律
12	（2019）浙0192民初1626号	网络侵权责任纠纷	简易程序	灯光音效	较为明亮 传输流畅	席位 器具	传统法庭席位，书记员未出庭 悬挂国徽，摆置法槌、名牌	规范 较为规范		俯视画面，画面较为清晰 使用法槌，语音宣读法庭纪律	礼仪规范不健全，法官无以适从	原告 被告	自然人 代理律师	便装 正装	电脑 电脑	居家 办公场所	否	无	无	司法礼仪约束减弱，当事人难以自律

续表

序号	案号	案由	庭审程序	法院司法礼仪			归因分析	当事人司法礼仪						处理方式	归因分析
					法庭环境	法官行为			出庭人员	出庭着装	开庭工具	出庭环境	是否起立	不规范行为		
				灯光音效 / 席位 / 器具	着装 / 言辞 / 画面 / 行为										
13	(2017)浙0192民初971号	产品责任纠纷	简易程序	灯光音效：清晰明亮、传输流畅；席位：缺少书记员席位；器具：悬挂国徽、摆置法槌、名牌	着装：规范；言辞：较为规范；画面：俯视画面，显示审判席，画面清晰；行为：使用法槌，宣读法庭纪律		礼仪规范不健全，法官无以适从	原告 / 被告	自然人	便装	电脑	居家 / 居家	否	当事人仅呈现眼睛以上的面部画面	法官未予以提示	司法礼仪约束当事人难，减弱，当事人以自律
14	(2017)浙0192民初1350号	侵害作品信息网络传播权纠纷	简易程序	灯光音效：较为流畅；席位：书记员未出庭；器具：悬挂国徽、摆置法槌、名牌	着装：规范；言辞：较为规范；画面：俯视画面，显示审判席，较为清晰；行为：使用法槌，询问当事人是否庭前阅读法庭纪律		礼仪规范不健全，法官无以适从	原告 / 被告	代理律师 / 法定代表人	便装	电脑	办公场所 / 办公场所	否	无	无	司法礼仪约束当事人难，减弱，当事人以自律
15	(2017)浙0192民初378号	网络购物合同纠纷	简易程序	灯光音效：较为明亮；席位：书记员未出庭；器具：悬挂国徽、摆置法槌、名牌	着装：规范；言辞：较为流畅；画面：俯视画面，显示法庭全貌，较为清晰；行为：使用法槌，宣读法庭纪律		礼仪规范不健全，法官无以适从	原告 / 被告	代理律师 / 未出庭	正装	电脑	办公场所	否	无	无	司法礼仪约束当事人难，减弱，当事人以自律

续表

序号	案号	案由	庭审程序	法院司法礼仪 - 法庭环境				法院司法礼仪 - 法官行为				归因分析	当事人司法礼仪 - 出庭人员	出庭着装	开庭工具	出庭环境	是否起立	不规范行为	处理方式	归因分析
				灯光	音效	席位	器具	着装	言辞	画面	行为									
16	（2018）浙0192民初5467号	网络域名权属侵权纠纷	普通程序	较为明亮	存在卡顿	未设置书记员席位	悬挂国徽、名牌	规范	较为规范	平行画面，显示审判席，较为清晰	使用法槌，宣读法庭纪律	礼仪规范不健全，法官无以适从	原告自然人／被告公司法务	便装／便装	电脑／电脑	汽车里／办公场所	否	本次庭审为宣读判决书，法官与当事人均未起立	无	司法礼仪约束减弱，当事人以自律
17	（2019）浙0192民初6158号	金融借款合同纠纷	简易程序	较为明亮	较为流畅	未设置书记员席位	悬挂国徽、名牌	规范	较为规范	平行画面，显示审判席，较为清晰	使用法槌，询问当事人是否同意庭前阅读法庭纪律	礼仪规范不健全，法官无以适从	原告未显示画面／被告未显示画面				否	无	无	司法礼仪约束减弱，当事人以自律
18	（2019）浙0192民初1713号	网络服务合同纠纷	简易程序	较为明亮	传输流畅	未设置书记员席位	悬挂国徽、名牌	规范	较为规范	俯视画面，显示审判席，较为清晰	未使用法槌，宣读法庭纪律		原告自然人／被告公司法务	便装／正装	电脑／电脑	居家／办公场所	否	无	无	司法礼仪约束减弱，当事人以自律

续表

序号	案号	案由	庭审程序	法院司法礼仪					当事人司法礼仪						
				法庭环境	法官行为			归因分析	出庭人员	出庭着装	开庭工具	出庭环境	是否起立	不规范行为	处理方式	归因分析
					着装言辞	画面	行为									
19	(2019)浙0192民初5469号	网络服务合同纠纷	简易程序	灯光：清晰明亮 音效：传输流畅 席位：未设置书记员席位 器具：悬挂国徽，摆置法槌、名牌	较为规范	俯视画面，显示审判席，画面清晰	使用法槌，宣读法庭纪律	礼仪规范不健全，法官无以适从	原告：自然人 被告：代理人	便装	电脑	居家 办公场所	否	无	无	司法礼仪约束减弱，当事人难以自律
20	(2019)浙0192民初5471号	网络服务合同纠纷	简易程序	灯光：清晰明亮 音效：较为流畅 席位：传统法庭席位，书记员未出庭 器具：悬挂国徽，摆置法槌、名牌	规范 较为规范	俯视画面，显示审判判断为清晰	使用法槌，宣读法庭纪律	礼仪规范不健全，法官无以适从	原告：自然人 被告：代理律师	便装	电脑	居家 办公场所	否	无	无	司法礼仪约束减弱，当事人难以自律
21	(2019)浙0192民初5606号	网络服务合同纠纷	简易程序	灯光：较为明亮 音效：较为流畅 席位：传统法庭席位，书记员出庭 器具：悬挂国徽，摆置法槌、名牌	规范	俯视画面，显示法庭全貌，较为清晰	使用法槌，宣读法庭纪律	礼仪规范不健全，法官无以适从	原告：自然人 被告：代理律师	便装	电脑	办公场所 办公场所	否	无	无	司法礼仪约束减弱，当事人难以自律

· 141 ·

续表

序号	案号	案由	庭审程序	法院司法礼仪					当事人司法礼仪						归因分析
				法庭环境			法官行为	归因分析	出庭人员	出庭着装	开庭工具	出庭环境	是否起立	不规范行为	处理方式	
22	(2019) 浙0192民初4470号	小额借款合同纠纷	普通程序	灯光音效 席位 器具	规范 较为规范 未设置书记员席位 悬挂国徽，摆置法槌、名牌	着装 言辞 行为	规范 较为规范 俯视画面，画面视角倾斜，较为清晰 使用法槌，宣读法庭纪律	礼仪规范不健全，法官无以适从	原告 被告	自然人 代理律师	未显示画面 便装	电脑	办公场所	否	无	无	司法礼仪约束减弱，当事人难以自律
23	(2019) 浙0192民初6919号	小额借款合同纠纷	简易程序	灯光音效 席位 器具	清晰明亮 传输流畅 传统法庭席位，书记员未出庭 悬挂国徽，摆置法槌、名牌	着装 言辞 行为	规范 较为规范 俯视画面，画面全景，较为流畅 使用法槌，宣读法庭纪律	礼仪规范不健全，法官无以适从	原告 被告	公司法务 未出庭	便装	电脑	办公场所	否	无	无	司法礼仪约束减弱，当事人难以自律
24	(2017) 浙0192民初7818号	侵害作品信息网络传播权纠纷	简易程序	灯光音效 席位 器具	清晰明亮 传输流畅 传统法庭席位，书记员席位 悬挂国徽，摆置法槌、名牌	着装 言辞 行为	规范 较为规范 俯视画面，画面清晰 使用法槌，宣读法庭纪律	礼仪规范不健全，法官无以适从	原告 被告	代理律师 代理律师	便装 便装	电脑 电脑	办公场所 办公场所	否	无	无	司法礼仪约束减弱，当事人难以自律

续表

序号	案号	案由	庭审程序	法院司法礼仪					法官行为	归因分析	当事人司法礼仪						处理方式	归因分析
				法庭环境			着装	言辞	画面	行为		出庭人员	出庭着装	开庭工具	出庭环境	是否起立	不规范行为		
				灯光音效	席位	器具													
25	(2019)浙0192民初4585号	金融借款合同纠纷	简易程序	较为明亮、流畅	书记员未出庭	悬挂国徽、摆置法槌、名牌	较为规范	较为清晰、流畅	俯视画面，显示审判席，较为清晰、流畅	使用法槌、宣读法庭纪律	礼仪规范不健全，法官无以适从	原告	代理律师	便装	电脑	办公场所	否	无	无	司法礼仪约束羸弱，当事人难以自律
									被告未出庭											

表3 广州互联网法院在线庭审视频样本问题

广州互联网法院2018—2020年

序号	案号	案由	庭审程序	法院司法礼仪					法官行为	归因分析	当事人司法礼仪						处理方式	归因分析
				法庭环境			着装	言辞	画面	行为		出庭人员	出庭着装	开庭工具	出庭环境	是否起立	不规范行为		
				灯光音效	席位	器具													
1	(2020)粤0192民初8290号	侵害作品信息网络传播权纠纷	普通程序	较为明亮、流畅	设置书记员席位	悬挂国徽、摆置法槌、名牌	较为规范	较为清晰、流畅	平行画面，显示法庭全貌，较为清晰	未使用法槌、语音宣读法庭纪律	法庭建设标准不统一，技术传输难以有效支撑	原告	自然人	便装	电脑	办公场所	否	无	无	司法礼仪约束羸弱，当事人难以自律
											被告	代理律师	便装	电脑	办公场所				

143

续表

序号	案号	案由	庭审程序	法院司法礼仪 - 法庭环境				法庭司法礼仪			归因分析	当事人司法礼仪						处理方式	归因分析
				灯光	音效	席位	器具	着装	言辞	法官行为		出庭人员	出庭着装	开庭工具	出庭环境	是否起立	不规范行为		
2	(2020)粤0192民初23606号	小额借款合同纠纷	简易程序	清晰明亮	较为流畅	缺少书记员席位	悬挂国徽，摆置名牌	规范	较为规范	平行画面，显示审判席，较为清晰 语音播放宣读法庭纪律	法庭建设标准不统一，技术传输难以有效支撑	原告 被告	代理律师 自然人	便装 便装	电脑 手机	办公场所 居家	否	无	无	司法礼仪约束减弱，当事人难以自律
3	(2019)粤0192民初49868号	侵害作品信息网络传播权	普通程序	较为明亮	较为流畅	缺少书记员席位	悬挂国徽，摆置名牌	规范	较为规范	平行画面，显示审判席，较为清晰 使用法槌，未宣读法庭纪律	法庭建设标准不统一，技术传输难以有效支撑	原告 被告	代理律师 代理人	便装 便装	电脑 电脑	办公场所 办公场所	否	被告两位代理人脱离视频画面无法完全显示	当庭提示	司法礼仪约束减弱，当事人难以自律
4	(2020)粤0192民初21317号	侵害作品信息网络传播权	简易程序	较为明亮	较为流畅	传统法庭席位，书记员未出庭	悬挂国徽，摆置名牌	规范	较为规范	俯视画面，显示法庭全貌，较为清晰 使用法槌，语音播放法庭纪律	法庭建设标准不统一	原告 被告	代理律师 未到庭	便装	电脑	办公场所	否	无	无	技术传输难以有效支撑

144

续表

序号	案号	案由	庭审程序	法院司法礼仪					当事人司法礼仪						
^	^	^	^	法庭环境	法庭行为	司法礼仪	归因分析		出庭人员	出庭着装	开庭工具	出庭环境	是否起立	不规范行为	处理方式	归因分析
5	（2020）粤0192民初12号	侵害其他著作财产权纠纷	简易程序	灯光：较为明亮；音效：传输流畅；席位：书记员未出庭；器具：悬挂国徽、摆置法槌、名牌	着装：规范；言辞：较为规范；画面：平行画面顶部，显示法官面部，较为清晰；行为：使用法槌，宣读法庭纪律		礼仪规范不健全，未无以适从	原告	代理人	便装	电脑	办公场所	否	无	无	司法礼仪约束减弱 当事人难以自律
^	^	^	^	^	^	^	^	被告	自然人	便装	电脑	居家	否	无	无	司法礼仪约束减弱 当事人难以自律
6	（2020）粤0192民初1278号	侵害作品信息网络传播权纠纷	普通程序	灯光：清晰明亮；音效：传输流畅；席位：书记员未出庭；器具：悬挂国徽、摆置法槌、名牌	着装：规范；言辞：较为规范；画面：平行画面，显示审判席，画面清晰；行为：使用法槌，宣读法庭纪律		礼仪规范不健全，法官无以适从	原告	代理人	便装	电脑	办公场所	否	无	无	司法礼仪约束减弱 当事人难以自律
^	^	^	^	^	^	^	^	被告	代理人	便装	电脑	办公场所	否	无	无	^
7	（2018）粤0192民初1811号	侵害作品信息网络传播权纠纷	普通程序	灯光：较为明亮；音效：掉线卡顿；席位：书记员未出庭；器具：悬挂国徽、摆置法槌、名牌	着装：规范；言辞：较为规范；画面：平行画面，显示审判席，较为清晰；行为：未使用法槌，法官宣读法庭纪律		法庭建设标准不统一，技术传输难以有效支撑，礼仪规范不健全，法官无以适从	原告	公司法务	便装	电脑	居家	否			
^	^	^	^	^	^	^	^	被告	法定代表人	便装	手机	办公场所	否	存在掉线情况	电话沟通	司法礼仪约束减弱 当事人难以自律

145

续表

序号	案号	案由	庭审程序	法院司法礼仪					当事人司法礼仪						不规范行为	处理方式	归因分析
				法庭环境		法庭行为		归因分析	出庭人员	出庭着装	开庭工具	出庭环境	是否起立			
8	(2018)粤0192民初1314号	名誉权纠纷	普通程序	灯光	较为明亮	着装	规范	礼仪规范不健全，法官无以适从	原告 代理律师	便装	电脑	办公场所	否	无	无	司法礼仪约束减弱，当事人难以自律
				音效	较为流畅	言辞	较为规范									
				席位	书记员未出庭	画面	平行画面，显示审判席，画面清晰		被告 未出庭							
				器具	悬挂国徽，摆置法槌、名牌	行为	使用法槌，语音播放法庭纪律									
9	(2018)粤0192民初1号	著作权权属、侵权纠纷	普通程序	灯光	较为明亮	着装	规范	礼仪规范不健全，法官无以适从	原告 代理律师	正装	电脑	办公场所	否	无	无	司法礼仪约束减弱，当事人难以自律
				音效	较为流畅	言辞	较为规范									
				席位	书记员未出庭	画面	平行画面，显示审判席不完整，未显示名牌，较为规范		被告 代理律师	正装	电脑	办公场所				
				器具	悬挂国徽，摆置法槌、名牌	行为	未使用法槌，未宣读法庭纪律									
10	(2018)粤0192民初505号	小额借款合同纠纷	普通程序	灯光	存在卡顿	着装	规范	礼仪规范不健全，法官无以适从	原告 代理律师	正装	电脑	办公场所	否	无	无	司法礼仪约束减弱，当事人难以自律
				音效	传统开庭席位，书记员出庭	言辞	较为规范									
				席位		画面	平行画面，显示审判席，画面模糊		被告 未出庭							
				器具	悬挂国徽，摆置法槌、名牌	行为	使用法槌，语音播放法庭纪律									

续表

序号	案号	案由	庭审程序	法院司法礼仪					当事人司法礼仪						归因分析
					法庭环境	着装	言辞	行为	归因分析	出庭人员	出庭着装	开庭工具	出庭环境	是否起立	不规范行为	处理方式	
11	（2020）粤0192民初4048号	网络购物合同纠纷	简易程序	灯光：较为明亮；音效：较为流畅；席位：书记员未出庭；器具：悬挂国徽、摆置法槌、名牌	规范	较为规范	平行画面、显示审判席、画面清晰	礼仪规范不健全，法官无以适从	原告：自然人	便装	手机	居家	否	无	无	司法礼仪约束减弱，当事人难以自律
									被告：未出庭							
12	（2020）粤0192民初19122号	侵害作品信息网络传播权纠纷	简易程序	灯光：较为明亮；音效：较为流畅；席位：书记员未出庭；器具：悬挂国徽、摆置法槌、名牌	规范	较为规范	平行画面、显示审判席、画面清晰	礼仪规范不健全，法官无以适从	原告：代理律师	便装	电脑	办公场所	否	无	无	司法礼仪约束减弱，当事人难以自律
									被告：代理律师	便装	电脑	办公场所				
13	（2020）粤0192民初66号	侵害作品信息网络传播权纠纷	普通程序	灯光：较为明亮；音效：较为流畅；席位：书记员未出庭；器具：悬挂国徽、摆置法槌、名牌	规范	较为规范	平行画面、显示审判席、画面不完整、未显示名牌、较使用法槌、法官宣读法庭纪律	礼仪规范不健全，法官无以适从	原告：代理律师	便装	电脑	办公场所	否	无	无	司法礼仪约束减弱，当事人难以自律
									被告：自然人	便装	电脑	居家				

· 147 ·

续表

序号	案号	案由	庭审程序	法院司法礼仪				归因分析	当事人司法礼仪					不规范行为	处理方式	归因分析
				法庭环境	法官行为					出庭人员	出庭着装	开庭工具	出庭环境	是否起立			
						着装	言辞	画面	行为								
14	(2020)粤0192民初98号	侵害作品信息网络传播权纠纷	普通程序	灯光较为明亮 音效较为流畅 席位书记员未出庭 器具悬挂国徽、摆置法槌、名牌	规范	较为规范	平行画面，显示审判席，画面清晰	使用法槌，语音宣读法庭纪律	礼仪规范不健全，法官无以适从	原告	代理律师	便装	电脑	居家	否	出现喝水、打电话的情况	法官未予以提示	司法礼仪约束减弱，当事人难以自律
										被告	代理律师	便装	手机	办公场所			
15	(2020)粤0192民初387号	网络服务合同纠纷	简易程序	灯光较为明亮 音效传输流畅 席位书记员未出庭 器具悬挂国徽，未摆置法槌名牌	规范	较为规范	平行画面，显示法官半身像，画面清晰	未使用法槌，未宣读法庭纪律	礼仪规范不健全，法官无以适从	原告	自然人	便装	电脑	居家	否	穿睡衣出庭	法官未予以提示	司法礼仪约束减弱，当事人难以自律
										被告	代理律师	睡衣	手机	居家			
16	(2020)粤0192民初760号	侵害作品信息网络传播权纠纷	普通程序	灯光较为明亮 音效传输流畅 席位书记员未出庭 器具悬挂国徽、摆置法槌名牌	规范	较为规范	平行画面，显示审判席，较为清晰	使用法槌，音播放宣读法庭纪律	礼仪规范不健全，法官无以适从	原告	代理人	正装	电脑	办公场所	否	无	无	司法礼仪约束减弱，当事人难以自律
										被告	代理人	正装	电脑	居家			

关于在线诉讼中庭审规范性问题情况调研报告

续表

序号	案号	案由	庭审程序	法院司法礼仪							当事人司法礼仪						
				法庭环境			法官行为			归因分析	出庭人员	出庭着装	开庭工具	出庭环境	是否起立	不规范行为	处理方式	归因分析
				灯光音效	席位	器具	着装	言辞	行为								
17	(2020)粤0192民初1256号	侵害作品信息网络传播权纠纷	普通程序	清晰明亮 传输流畅	书记员未出庭	悬挂国徽，摆置法槌、名牌	规范	较为规范	平行画面，显示官判席，画面清晰 使用法槌，语音播放法庭纪律	礼仪规范不健全，法无以适从	原告 被告	代理人 代理人	电脑 电脑	办公场所 办公场所	否	无	无	司法礼仪约束当事人难，减弱，当事人以自律
18	(2019)粤0192民初51482号	网络购物合同纠纷	普通程序	灯光音效 传输流畅	席位 书记员未出庭	悬挂国徽，缺少名牌	着装 规范 言辞 较为规范		俯视画面，显示官席，部较清晰、流畅 未使用法槌，未宣读法庭纪律	礼仪规范不健全，法无以适从	原告 被告未出庭	代理人	电脑	办公场所	否	无	无	司法礼仪约束当事人难，减弱，当事人以自律
19	(2020)粤0192民初3270号	侵害作品信息网络传播权纠纷	简易程序	灯光音效 清晰明亮 传输流畅	席位 书记员未出庭	器具 悬挂国徽，摆置法槌、名牌	着装 规范 言辞 较为规范		行为 平行画面，显示官判席，画面清晰 使用法槌，宣读法庭纪律	礼仪规范不健全，法无以适从	原告 被告	代理人 代理人	电脑 电脑	办公场所 办公场所	否	无	无	司法礼仪约束当事人难，减弱，当事人以自律

149

续表

序号	案号	案由	庭审程序	法院司法礼仪 - 法庭环境	法院司法礼仪 - 法官行为	归因分析	当事人司法礼仪 - 出庭人员	出庭着装	开庭工具	出庭环境	是否起立	不规范行为	处理方式	归因分析
20	(2020)粤0192民初5777号	侵害作品信息网络传播权纠纷	简易程序	灯光:清晰明亮;音效:传输流畅;席位:书记员未出庭;器具:悬挂国徽,摆置名牌	着装:规范;言辞:较为规范;画面:平行画面,显示法官半身像,画面清晰	礼仪规范不健全,法官无以适从	原告	代理人	便装	电脑	办公场所	否	无	无	司法礼仪约束减弱,当事人难以自律
21	(2019)粤0192民初24101号	侵害其他著作财产权纠纷	普通程序	灯光:清晰明亮;音效:传输流畅;席位:书记员未出庭;器具:悬挂国徽,摆置名牌	着装:规范;言辞:较为规范;画面:平行画面,显画面不完整,未显示名牌,审判席不清晰	礼仪规范不健全,法官无以适从	被告原告	代理人未出庭	便装正装	电脑电脑	办公场所办公场所	否	无	无	司法礼仪约束减弱,当事人难以自律
22	(2019)粤0192民初51718号	网络购物合同纠纷	普通程序	灯光:清晰明亮;音效:传输流畅;席位:书记员未出庭;器具:悬挂国徽,摆置名牌	着装:规范;言辞:较为规范;画面:平行画面,显画面	行为:使用法槌,宣读法庭纪律	被告原告	代理人代理人	便装便装	手机电脑	办公场所办公场所	否	存在掉线情况	休庭等待上线后再开庭	法庭建设标准不统一,技术传输难以有效支撑

续表

序号	案号	案由	庭审程序	法院司法礼仪					当事人司法礼仪						
				法庭环境		法官行为	着装言辞	归因分析	出庭人员	出庭着装	开庭工具	出庭环境	是否起立	不规范行为	处理方式	归因分析
23	(2019)粤0192民初30944号	小额借款合同纠纷	普通程序	灯光 音效 席位 器具	较为明亮 传输流畅 书记员未出庭 悬挂国徽、摆置法槌、名牌	着装 言辞 画面 行为	规范 较为规范 平行画面，显示审判席，较为清晰 使用法槌，语音播放法庭纪律	礼仪规范不健全，法官无以适从	原告 被告	代理人 未出庭	便装	电脑	办公场所	否	无	无	司法礼仪约束减弱，当事人难以自律
24	(2019)粤0192民初35034号	侵害作品信息网络传播权纠纷	普通程序	灯光 音效 席位 器具	清晰明亮 传输流畅 书记员未出庭 悬挂国徽、摆置法槌、名牌	着装 言辞 画面 行为	规范 较为规范 平行画面，显示审判席，画面不完整，显示名牌，画面清晰 使用法槌，宣读法庭纪律	礼仪规范不健全，法官无以适从	原告 被告	代理人 代理人	便装 便装	电脑 电脑	办公场所 办公场所	否	无	无	司法礼仪约束减弱，当事人难以自律
25	(2019)粤0192民初409号	侵害作品信息网络传播权纠纷	普通程序	灯光 音效 席位 器具	较为明亮 掉线卡顿 书记员未出庭 悬挂国徽、摆置法槌、名牌	着装 言辞 画面 行为	规范 较为规范 平行画面，显示审判席，画面不完整，显示名牌，较为清晰 使用法槌，未宣读法庭纪律	法庭建设标准不统一，技术传输难以有效支撑，礼仪规范不健全无以适用	原告 被告	公司法务 未出庭	便装	电脑	居家	否	存在掉线情况	电话沟通	司法礼仪约束减弱，当事人难以自律

151

续表

序号	案号	案由	庭审程序	法院司法礼仪			当事人司法礼仪							不规范行为	处理方式	归因分析
				法庭环境	法官行为	归因分析	出庭人员	出庭着装	开庭工具	出庭环境	是否起立				
26	(2019)粤0192民初23198号	网络侵权责任纠纷	普通程序	灯光:清晰明亮 音效:传输流畅 席位:书记员未出庭 器具:悬挂国徽,摆置法槌、名牌	着装:规范 言辞:较为规范 画面:平行画面,显示审判席,画面显示不完整,画面清晰 行为:使用法槌,未宣读法庭纪律	礼仪规范不健全,法官无以适从	原告 被告	代理人 未出庭	便装	电脑	办公场所	否	无	无	司法礼仪约束减弱,当事人难以自律
27	(2019)粤0192民初37640号	侵害作品信息网络传播权纠纷	普通程序	灯光:较为明亮 音效:传输流畅 席位:书记员未出庭 器具:悬挂国徽,摆置法槌、名牌	着装:规范 言辞:较为规范 画面:平行画面,显示审判席,画面显示不完整,画面清晰 行为:使用法槌,播放宣读法庭纪律	礼仪规范不健全,法官无以适从	原告 被告	代理人 代理人	正装 正装	电脑 电脑	办公场所 居家	否	无	无	司法礼仪约束减弱,当事人难以自律
28	(2019)粤0192民初24144号	侵害作品信息网络传播权纠纷	简易程序	灯光:清晰明亮 音效:传输流畅 席位:书记员未出庭 器具:悬挂国徽,摆置法槌、名牌	着装:规范 言辞:较为规范 画面:平行画面,显示审判席,画面显示不完整,画面清晰 行为:使用法槌,语音播放法庭纪律	礼仪规范不健全,法官无以适从	原告 被告	代理人 法定代表人	便装 便装	电脑 电脑	办公场所 办公场所	否	无	无	司法礼仪约束减弱,当事人难以自律

续表

序号	案号	案由	庭审程序	法院司法礼仪						出庭人员	当事人司法礼仪						归因分析
				法庭环境			着装	言辞	法官行为	归因分析		出庭着装	开庭工具	出庭环境	是否起立	不规范行为	处理方式	
				灯光	音效	席位	器具											
29	(2019)粤0192民初24144号	侵害作品信息网络传播权纠纷	普通程序	清晰明亮	传输流畅	书记员未出庭	悬挂国徽、摆置法槌、名牌	规范	较为规范	平行画面，显示画面不完整，画面显示不完整，画面清晰	礼仪规范不健全，法官无以适从	原告	代理律师	便装	电脑	办公场所	否	被告两位代理人因使用手机开庭，视频范围狭窄，无法同时显示在画面中	法官未予以提示	司法礼仪约束减弱，当事人难以自律
												被告	代理人	便装	手机	办公场所				
30	(2019)粤0192民初48401号	侵害作品信息网络传播权纠纷	普通程序	清晰明亮	传输流畅	书记员未出庭	悬挂国徽、摆置法槌、名牌	规范	较为规范	平行画面，显示画面，画面清晰	礼仪规范不健全，法官无以适从	原告	代理律师	便装	电脑	办公场所	否	无	无	司法礼仪约束减弱，当事人难以自律
									使用法槌，未宣读法庭纪律			被告	代理律师	便装	电脑	办公场所				

（一）在线诉讼中当事人在庭审中的问题情况

在线诉讼中，当事人有更多的选择权，可以自行选择开庭的方式（手机/电脑）与地点，宽松的庭审环境对当事人行为的约束力减弱。调查中，课题组发现当事人多数选择办公场所或居家参与庭审，但借助便捷的开庭方式，个别当事人选择在公共交通工具、商场等公共场所参与庭审，致使开庭环境嘈杂。在着装方面，当事人基本着便装或正装出庭，也存在穿着睡衣、背心不规范着装的情况。此外，仅有1个庭审案例中的当事人在法官入席时起立，以示尊重。在远程开庭时，出现了无故脱离视频画面、拒绝配合技术调试、第三人进入庭审画面致使庭审中断等情形。从案例中可以看出，远程庭审减弱了法庭对当事人的牵引力，依靠当事人的自主行为难以顺利完成庭审程序，进而影响司法进程。

在线诉讼中，当事人在庭审中存在的问题有：

> **· 案例一 庭审中竖中指，对法官不尊重**
>
> 在李某诉北京某公司网络购物合同纠纷一案的在线庭审中，原告因不满被告称其为"职业打假人"，在摄像头前公然竖起中指，表达不满。经法官严肃警告后，原告表示会遵守司法礼仪和法庭纪律，继续参与庭审。

> **· 案例二 驾驶中开庭，轻视诉讼活动**
>
> 在张某诉北京某公司著作权侵权纠纷一案的在线庭审中，原告在驾车途中使用手机参与庭审，法官要求其停止驾驶并进行训诫后，并释明开庭场所要求事项，择日开庭

> **· 案例三 儿童进入庭审，中断庭审进程**
>
> 在赵某诉胡某网络服务合同纠纷一案的在线庭审中，被告的孩子多次进入庭审现场，干扰了庭审秩序，致使庭审进程中断。

（二）在线诉讼中法庭硬件保障中的问题情况

法庭是诉讼的场域，司法礼仪集中体现在法庭环境与法官仪态，规范的法庭建设和良好的法官职业操守可以有效引导当事人遵守司法礼仪，尊重司法权威。互联网技术穿透物理空间的壁垒，将法庭置于虚拟空间，诉讼场域从一元走向多元，新型纠纷处理载体、新型沟通渠道及其所形成的新型纠纷处理模

式,已经赋予司法礼仪新的时代内涵。因此,在以声、光、电形式在电子设备上进行司法活动或者传递司法信息的过程中,要充分发挥司法礼仪的感染力和导向性,通过法庭建设与标准流程,规范诉讼流程,树立司法权威。

法庭建设中,技术支持方面,灯光、音效设备的摆放带给当事人直观的庭审感受,也是保障庭审顺利进行的基础设施。在线诉讼对光、声、画的传输提出了更高的要求。在视频样本中,课题组以灯光、音效、画面为基准点,对庭审中各项基准点运行情况记录分析。其中,灯光明亮、法庭画面清晰可见的庭审视频有19个,在其他庭审视频中法庭环境较为昏暗、模糊。音效传输流畅的庭审视频有30个,其余多数情况下会有音效传输卡顿、掉线与杂音等情况。远程开庭法庭画面俯视视角有21个,平行视角的有78个,仰视视角的有1个,其中画面平行且显示法庭全貌的有34个,其余庭审视频存在审判席显示不完整、法官画面比例不协调、拍摄画面歪斜的问题。器物方面,审判席、国徽、名牌与法槌这类传统法庭器具在互联网庭审实践中有不同的表达方式。样本中未设置书记员席位的有57个,均悬挂国徽,但在名牌与法槌的摆置中,共58个庭审中未能有效呈现名牌和法槌。

庭审是诉讼形态最完整的体现,法官对庭审活动节奏的把控与庭审行为的规范,是顺利推进司法流程的重要保障。课题组抽取法官宣读法庭纪律行为的调查对象,开庭时,法官使用法槌并宣读法庭纪律的庭审仅27个,但伴随AI技术的应用,宣读主体也存在多种形式,包括法官宣读、书记员宣读、视频播放与AI法官宣读。未使用法槌、未宣读法庭纪律的庭审有36个,其余37个庭审中,法槌的使用或法庭纪律的宣读均存在不规范行为。在言辞方面,法官用语基本规范,但其中2个庭审存在开庭前打电话、打断当事人陈词的情况。此外,仪表方面,绝大部分法官均着法袍开庭,仅有2个庭审出现法官便装开庭的情况。

按照法庭明亮、画面平衡、音视频清晰、行为规范的标准化庭审流程进行评价,达到合格标准的庭审仅占34.6%。互联网技术应用能力需要提高,互联网法庭的建设标准以及在线诉讼行为规范需要进一步明确。

(三) 在线诉讼中庭审规则中的问题情况

1. 司法礼仪约束减弱,当事人难以自律

在传统庭审活动中,诉讼参与人在法院现场主导的物理空间内参与诉讼活动,更倾向于服从法庭指挥,遵守司法礼仪。然而在在线诉讼中,基于法庭空间环境的虚拟性,法庭仅能通过视频方式与当事人进行交流,当事人在自己选择的空间内，因缺乏现场物理空间的法庭庄严肃穆氛围，且缺少法官的面对面注视与仪式感，庄重严肃的仪式感不断弱化。法庭对诉讼参与人的掌控力度不足，也导致在线诉讼中司法礼仪受到冲击和挑战。在随机抽取的 100 例庭审中，有 1 例庭审存在原告不听从法庭指挥，发出嬉笑，并在手机信号不稳定的情况下坚持用手机开庭，而此种因技术传输问题严重影响诉讼进度的情况在传统庭审中难以遇见。

2. 礼仪规范不健全，法官无所适从

在线诉讼仍处在探索阶段，诉讼规则不完善、不健全、不系统，尤其是司法礼仪规范更是缺乏重视和深入研究。在线诉讼仍沿用传统诉讼模式中关于法官职业道德规范、庭审规则和法庭纪律的相关规定，直接导致法官在操作中易产生分歧、出现争议。如在线诉讼庭审中，审判人员进入法庭时，是否要求当事人起立致敬，即存在三种不同的适用争议。2020 年 3 月，笔者在参与草拟、制定《B 法院电子诉讼庭审规范》的过程中，曾就"电子庭审是否影响司法严肃性""是否有必要建设专门的互联网法庭（标准）""审判人员进入法庭或文书宣判时，当事人是否起立"的问题先后征求 48 名法官、17 名律师和 6 名法学专家学者，共 71 人的意见（见图 1）。多数意见认为，电子庭审会降低司法严肃性，应当建设互联网法庭并形成自身要素标准，出于摄像头等设备限制已无须也无条件再要求当事人起立。其中，近七成的法官和绝大多数的律师认同在线诉讼中无须起立的观点，但学者中大部分认为仍应当起立，尤其是当庭宣判法律文书时全体应当起立，以维护法律尊严（见图 2）。

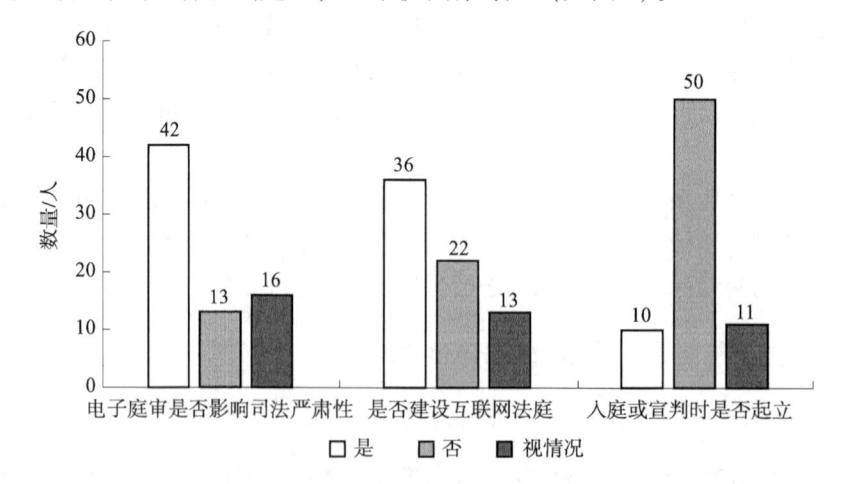

图 1 在线诉讼三项问题调查结果情况

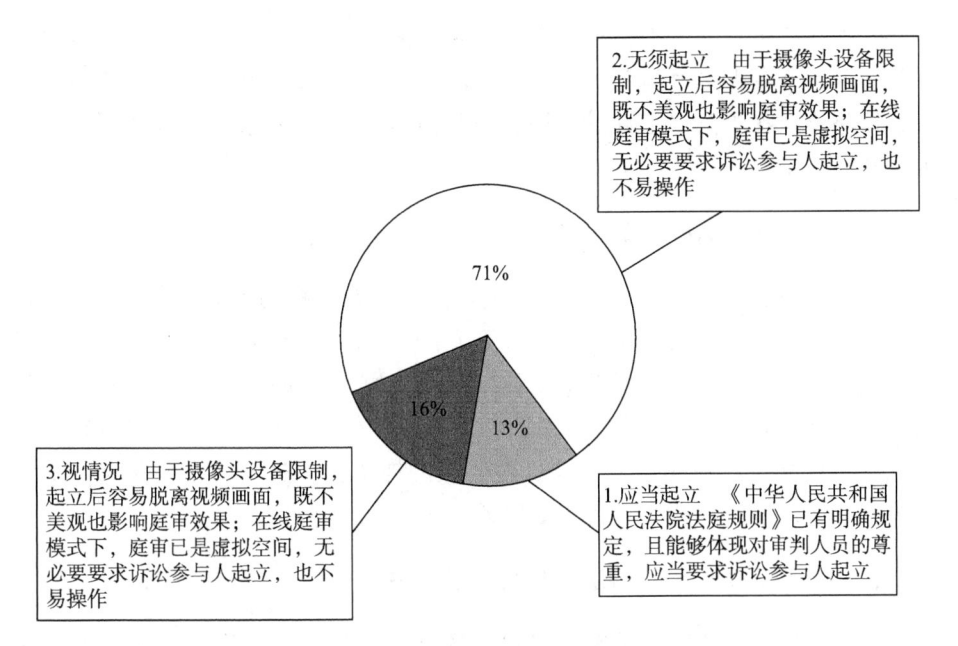

2. 无须起立 由于摄像头设备限制，起立后容易脱离视频画面，既不美观也影响庭审效果；在线庭审模式下，庭审已是虚拟空间，无必要要求诉讼参与人起立，也不易操作

71%

16% 13%

3. 视情况 由于摄像头设备限制，起立后容易脱离视频画面，既不美观也影响庭审效果；在线庭审模式下，庭审已是虚拟空间，无必要要求诉讼参与人起立，也不易操作

1. 应当起立 《中华人民共和国人民法院法庭规则》已有明确规定，且能够体现对审判人员的尊重，应当要求诉讼参与人起立

图2 审判人员进入法庭和当庭宣判时，是否应当起立

3. 认定标准不统一，技术难以有效支撑

司法礼仪是一种能够直接观察到的司法活动中的行为范式。[1] 而在线诉讼受开庭电脑摄像头视域的局限，导致诉讼参与人存在隐蔽的不端行为难以被察觉。在样本分析中，对于诉讼参与人未经法庭允许，交头接耳、随意脱离庭审画面的制裁措施、中途退庭的判断标准等均需要依赖技术措施，目前有限的技术手段难以有效维护"程式"的法庭纪律和司法礼仪。一旦出现技术故障，多以法官或审判辅助人员主动联系、说服教育等方式解决，鲜有对技术故障或退出庭审画面进行法律后果的评价。

二、在线诉讼运行现实困境的根源

（一）认知层面——"诉讼工具论"的理念倾向

在传统诉讼活动中，一般依赖严格的法庭纪律和庭审仪式性的语言、动作营造庄严肃穆的法庭氛围，这些共同组成了具有象征意义的司法"剧场化"

---

[1] 吕芳：《法院文化核心要素研究——以法律文化为背景的考察》，载《法律文化研究》2009年第1期。

效果。而在线诉讼实践中，有些法院存在一味追求"大干快上"，只注重便捷高效，忽视程序保障的问题，奉行"能快则快""能简尽简"原则，将在线诉讼、网络庭审作为法律工具，❶ 导致"严谨规范"的司法礼仪对在线诉讼活动的支撑力不足。

（二）规则层面——诉讼"程式性"的机制缺失

法官袍服、尊敬辞令、法庭布置这类符号以及严格的出场顺序、誓言、致辞的形式以及表明场景的其他仪式赋予了各自的职责。❷ 而在线诉讼中，以互联网等信息通信技术与音视频电信技术为连接媒介，突破了空间同一性限度，切断了物理空间下法官与当事人的直接联系，使得司法礼仪显得更加外在、程式化。一旦这些"程式化"消失，司法权的神圣性、法官的庄严形象将受到削弱，在线诉讼规则持续创新亦受到影响。

（三）器物表达——司法礼仪传导的"失灵"

象征司法权威的法庭元素、审判现场氛围缺失，均对诉讼参与人的"软约束"不足，一定程度上影响了在线诉讼庭审的严肃与威严。尤其是"虚拟空间"代替物化法庭布局后，法律符号传导会产生很多问题：（1）在审判席布局上，传统法庭审判席与当事人席高低错落，凸显法官"法庭剧场"内指挥者的特殊身份和权威地位，相形之下，远程视频传输难以展示物体方位，仅能呈现处于同一水平线的视觉效果；（2）在席位的摆放方位上，已无法体现法官在当事人之间不偏不倚的超然地位和诉讼当事人的对席原则；（3）在国徽、法槌等司法符号上，已开始虚拟化呈现，不断降低在线诉讼活动对物理环境的依赖和司法的仪式感；（4）在法庭氛围上，传统法庭以棕色为主基调，法桌、法椅以深棕或浅棕色辅色调与之相互映衬，体现出庭审深沉与庄严的效果。而在在线诉讼法庭中，采用颇具现代科技感的浅白色为底色，更突出科技感、平民化、便捷性的特点。似乎在"网络空间"内，司法礼仪对于诉讼活动而言，已属于"奢侈品"。❸

---

❶ 李承运：《正确把握推进电子诉讼的四个维度》，载《人民法院报》2020年4月2日，第8版。
❷ 伯尔曼：《法律与宗教》，梁治平译，中国政法大学出版社2003年版，第21页。
❸ 例如"田间地头"等"司法广场化"与"司法剧场化"的矛盾，有人认为中国古代并没有现代意义上的司法礼仪，而是司法威权。现代意义上的司法礼仪，伴随着法袍、法槌等程式被当作确保司法权威与促进司法公正的工具被引进。不过，这些程式似乎并没有达到很大的改观司法形象的效果。参见吕芳：《法院文化核心要素研究——以法律文化为背景的考察》，载《法律文化研究》2009年第1期。

三、在线诉讼中庭审规范性问题之制约因素

（一）文化理念：网络的开放性与司法的严谨性存在冲突

当代学者余秋雨在《中国文化必修课》中认为，"文化是一种成为习惯的精神价值和生活方式，它的最终成果是集体人格"。具体到网络空间内，涉网群体年轻、开放、个性、散漫的多元化特征十分突出，已经开始形成饭圈等层次化、圈层化的集体人格。❶ 2020年4月28日，中国互联网络信息中心（CNNIC）发布的第45次《中国互联网络发展状况统计报告》显示，截至2020年3月，我国9.04亿网民中，20~29岁、30~39岁网民分别占比21.5%、20.8%，青年群体高于其他年龄群体（见图3）。这些网民是涉网纠纷诉讼参与的主体，且易受互联网虚拟性、开放性特点影响。网民略微"自由散漫"的网络文化理念，与在线诉讼"遵守法庭秩序、尊重司法权威、维护法律尊严"的庭审理念和礼仪要求形成天然冲突。

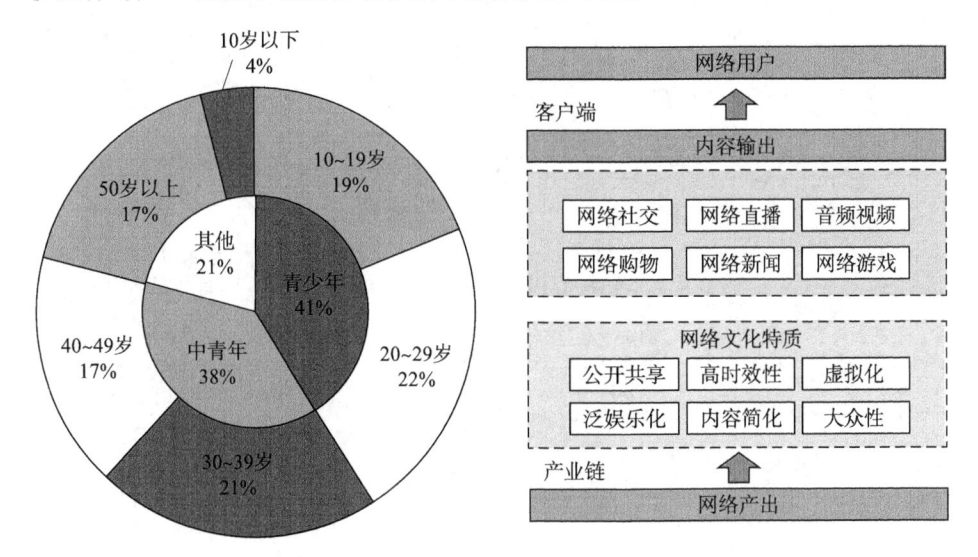

图3 我国涉网群体年龄分布及网络文化与网络内容选择特征

---

❶ 胡岑岑：《从"追星族"到"饭圈"——我国粉丝组织的"变"与"不变"》，载《中国青年研究》2020年第2期。

（二）立法缺位：概要性规定导致司法礼仪的操作性不强

在线诉讼并非传统线下诉讼模式的简单照搬和电子化，而是在遵循基本的民事诉讼原则和规则的基础上，结合其自身的特点，按照功能等值理论，将传统诉讼规则转化到在线诉讼中。从目前的法律法规来看，仅有部分条款散见于最高人民法院发布的《民事诉讼程序繁简分流改革试点问答口径》《关于新冠肺炎疫情防控期间加强和规范在线诉讼工作的通知》等文件中，且概括性规定多，在线诉讼司法礼仪的法律供给不足（见图4）。

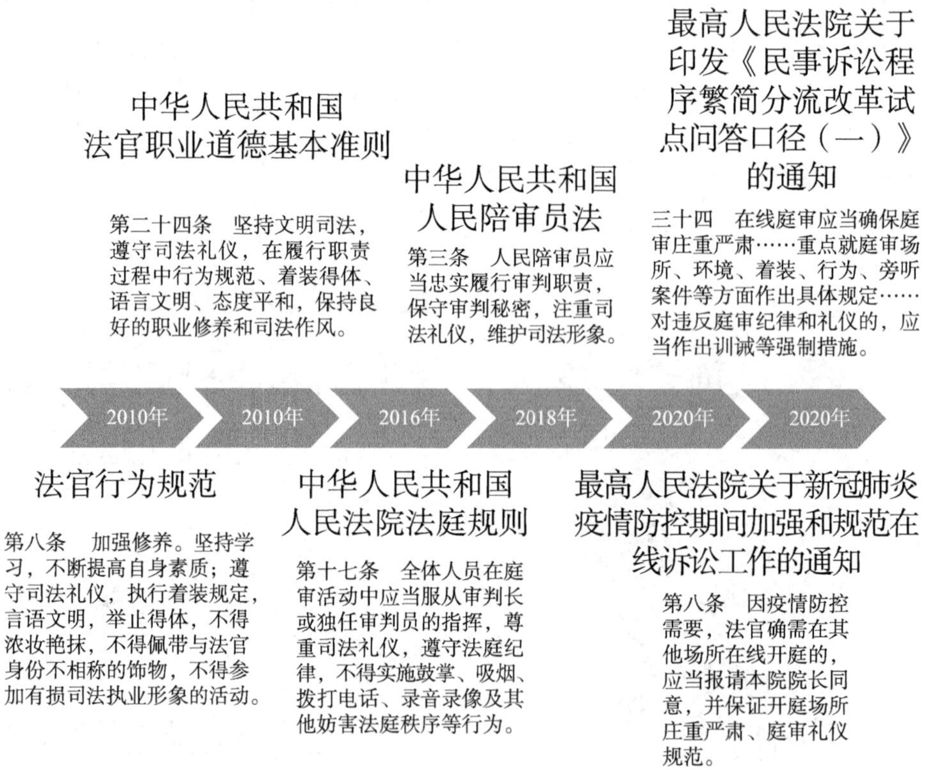

中华人民共和国法官职业道德基本准则
第二十四条　坚持文明司法，遵守司法礼仪，在履行职责过程中行为规范、着装得体、语言文明、态度平和，保持良好的职业修养和司法作风。

中华人民共和国人民陪审员法
第三条　人民陪审员应当忠实履行审判职责，保守审判秘密，注重司法礼仪，维护司法形象。

最高人民法院关于印发《民事诉讼程序繁简分流改革试点问答口径（一）》的通知
三十四　在线庭审应当确保庭审庄重严肃……重点就庭审场所、环境、着装、行为、旁听案件等方面作出具体规定……对违反庭审纪律和礼仪的，应当作出训诫等强制措施。

2010年　2010年　2016年　2018年　2020年　2020年

法官行为规范
第八条　加强修养。坚持学习，不断提高自身素质；遵守司法礼仪，执行着装规定，言语文明，举止得体，不得浓妆艳抹，不得佩带与法官身份不相称的饰物，不得参加有损司法执业形象的活动。

中华人民共和国人民法院法庭规则
第十七条　全体人员在庭审活动中应当服从审判长或独任审判员的指挥，尊重司法礼仪，遵守法庭纪律，不得实施鼓掌、吸烟、拨打电话、录音录像及其他妨害法庭秩序等行为。

最高人民法院关于新冠肺炎疫情防控期间加强和规范在线诉讼工作的通知
第八条　因疫情防控需要，法官确需在其他场所在线开庭的，应当报请本院院长同意，并保证开庭场所庄重严肃、庭审礼仪规范。

图4　我国有关司法礼仪规范的情况梳理

（三）心理因素：共识形成尚缺少体系性的行为引导

在传统诉讼模式下，司法的运行以严谨、烦琐、封闭、程式化为特征，诉讼参与人在法官与司法警察的"威慑"下，更倾向于自上而下地被动遵守。即便如此，经统计，在未受过法学教育的人群中，有相当大比例的人认为，法袍和法槌弱化了法庭的威严性。❶ 而在电子庭审中当事人更像是一场司法仪式的自我实践❷，体现出不同公众对在线诉讼的便利化、快捷化、开放化、个性化需求，无法自发形成统一的庭审礼仪。目前，在线诉讼的法庭要素传导、司法礼仪指引、诉讼参与人的共性认识都尚未形成指引体系。在线庭审司法礼仪的规范既需要参与者司法礼仪文化价值的重塑，也需要对法官职业操守和文化理念的传导。

四、体系建设：在线诉讼中庭审规范性问题保障进路

历史学家庞朴先生在研究近现代文化演变中，援用清末变法中提出的"体与用"关系学说，在文化的视维提出"文化结构三层次理论"，并认为通过解构物质器具与思想理念，将文化划分为一个有层次的系统："文化可分成三个层次：一是里层——心理层，包括理念共识、思维方式、法律信仰等；二是外层——物质层；三是中间层，即心物结合的一层，主要指各项制度规范与约定俗成的行为习惯。"❸ 进而有学者认为，司法礼仪文化可进一步描述为心理层面（价值取向等理念）、物质层面（法庭陈设等文化符号）、心物层面（司法礼仪的一些仪式性惯例形成的制度性规定）三个层次。❹

正如上文所述，本文认为在线诉讼中司法礼仪的三层结构中：心理层面属于文化的深层结构，抽象表现为社会型集体人格与性格结构，包括态度、意识、原则等，进而影响当事人诉讼行为；物质层面属于文化结构的表层结构，也是最为直观与客观的层次，可以较快地完成转型与变革，也易于被人们所接受，见之于军装转变为法袍等功能型应用；心物层面属于中间层，包括诉讼制度、庭审规则等对法院与当事人的规范机制。三个层次，由表及里、相互交织、彼此影响，共同组成了互联网时代在线诉讼司法礼仪体系建设进路。

（一）心理层面：确立司法礼仪的重塑原则（里层）

文化的里层或深层，主要是文化心理状态，包括价值观念、思维方式、民族性格，等等。❺ 因此，为有效回应在线诉讼与诉讼参与人之间心理文化差

---

❶ 方乐：《法袍、法槌：符号化改革的实际效果》，载《法律与社会科学》2006 年第 1 期。

❷ 陈国猛：《互联网时代资讯科技的应用与司法流程再造——以浙江省法院的实践为例》，载《法律适用》2017 年第 21 期。

❸ 庞朴：《文化的民族性与时代性》，中国和平出版社 2005 年版，第 82 页。

❹ 蔡瑜，白冰：《水乳交融：法院文化建设问题研究——传统理念与为民司法在司法礼仪文化中的融合》，载《探索社会主义司法规律与完善民商事法律制度研究》，人民法院出版社 2011 年版，第 220 页。

❺ 庞朴：《文化结构与近代中国》，载《中国社会科学》1986 年第 5 期。

距、形成文化的内在约束力等问题，有必要建构新型司法礼仪体系建设的基本原则。

1. 坚持当事人地位平等理念

强调当事人的诉讼权利平等原则，要求在线诉讼司法理念和程序设计应当以保障当事人诉讼地位平等为导向，满足当事人的需求。具体包括：在线诉讼司法礼仪的体系建构、流程理念、具体规范等内容要注重当事人自身特点，既要保证秩序，又要注重简洁、安全。

2. 坚持功能等值的检验标准

在线诉讼司法礼仪体系并非无章可循，而应在按照传统诉讼行为要求的基础上，保证在形式上的功能等值性。❶ 功能等值理论在在线诉讼中的应用具有双层含义：一是建构法律要素的功能等值，比如应继续保留国徽、法徽、法袍等威严的视觉符号，以及法槌发出的听觉宣告；二是注重评价要素上的功能等值，比如远程视频庭审对辩论"全趣旨"❷总体呈现弱化的趋势。

3. 强化诚实信用的诉讼原则

在线诉讼独特性表现在"虚拟""非亲历"，因此，一方面，在线诉讼中虚拟远程的庭审方式使得虚假诉讼、拖延诉讼、恶意诉讼等不诚信诉讼行为呈现多发趋势；另一方面，身份真实性风险、行为恣意性风险、信息安全风险、技术安全风险等在在线诉讼司法礼仪中均有集中体现。需要法庭在确保在线诉讼平台安全、有效前提下，合理使用诉讼指挥权，及时慎地决定适宜的庭审方式，控制有碍庭审司法仪式的行为。需要当事人善意地使用在线诉讼平台，善意保管在线诉讼信息，禁止利用在线诉讼平台损害其他诉讼参与人的利益、干扰庭审秩序，对司法礼仪造成侵害。

4. 注重权利与权力的平衡配置

以互联网法院为代表的在线诉讼是国家应对互联网发展需要设立的，但随着信息技术的持续应用极易在不同群体间产生数字鸿沟，带来技术障碍。因此，重塑司法礼仪应注重实现技术友好和司法服务的深度融合。比如，为不熟悉网络的当事人提供必要的技术辅导、心理疏导和耐心指导等。

---

❶ ［德］尼古拉·普鲁士：《民事诉讼中电子文书交往的程序法基础》，陈慧译，载《互联网金融法律评论》，法律出版社 2015 年版，第 88 页。庞朴：《文化结构与近代中国》，载《中国社会科学》1986 年第 5 期。

❷ ［日］高桥宏志：《重点讲义民事诉讼法》，张卫平，许可译，法律出版社 2007 年版，第45 页。

5. 合理发挥法院的诉讼指挥权

因为缺少现实物理场所的限制，庭审环境、行为态度、着装标记等方面都会产生随意性。法庭把控庭审秩序的难度也随之增加，降低了司法严肃性和仪式感。因此，在线诉讼不可泛化，而是需要法官把握两方面：其一，在案件限度方面，需要把控好诉讼程序的保密性和安全性；其二，在程序限度方面，要结合诉讼仪式性和直接言词原则要求，审慎裁量选择适宜的诉讼方式。

（二）规则层面：辅助构建安全和文明的诉讼秩序（中间层）

文化的中层，则包括隐藏在外层物质里的非物质形式的对象化，如制度、组织之类。❶ 结合上文梳理的实践问题，在线诉讼司法礼仪的塑造应在传统庭审规则基础上有所革新，形成更符合互联网情景下的诉讼行为指引规则，来解决约束力减弱、标准不一、缺少指引等问题。

1. 规范在线诉讼前的准备工作

首先，技术性准备工作。例如，应在开庭前检查并确认音响、摄像头、网络环境、远程庭审系统等网络条件符合在线庭审的需要，必要时予以当事人技术支持。其次，审判事务性准备工作。例如，开庭前进行庭前测试，检测确认当事人使用设备、所在场所、环境等，确保庭审顺利进行。再次，审判纪律性准备工作。树立事前防范意识，强调法庭纪律，可要求当事人在开庭前环绕360°展现开庭环境，避免房间内出现无关人员。

2. 加强对违反司法礼仪行为的惩戒力度

互联网法庭不是无序之地，正如上文样本中，在线诉讼中虽不会发生肢体冲撞，但是不当言论与肢体动作同样损害了司法权威、司法礼仪和秩序。一是对于危害程度不大的不当言行，法官可当庭予以采取屏蔽措施（禁言、屏蔽画面等）警告、训诫；二是对于主观恶意明显、言行不端干扰诉讼、挑衅藐视司法权威，在劝解释明无效后，法官可实施诸如罚款、拘留、追究刑事责任等法律惩戒措施。

3. 提升法官自身职业道德水准

在线诉讼作为新类型诉讼模式，法官应提前做好当事人释明工作，进行诉讼指导与风险提示，让当事人尽快熟悉在线庭审规范。第一，庭审驾驭，应严格把握时间节点与办案流程；第二，仪表用语，仪表端庄大方，行为到位得体，使

---

❶ 庞朴：《文化结构与近代中国》，载《中国社会科学》1986年第5期。

用法律语言精练明确；第三，庭审作风，态度平和近人，专注于庭审工作，认真、耐心地听取当事人陈述，特别是庭审中遇到技术障碍时应主动沟通解决。

（三）物质层面：有效地传导文化符号（外层）

符号学认为，人与客观世界的联系是通过符号建立起来的。❶ 法的具象体现在法庭建设、内部陈设、庭审道具等物质层面，作为文化三层次中易改造的因素，应进行体系性规划设计，进而作用于理念与规则的发展创新。

1. 体现理念价值

法庭建筑、法槌、法袍等法律器物已成为法律文化符号载体，实现了主观与客观、认识和实践的统一。在线诉讼法庭建设作为电子庭审的专门场所有以下要求：一是应当体现国家主权，传导敬畏司法、尊重裁判的观念；二是应当彰显法律平等公正的理性价值；三是应兼顾法庭设计，体现平衡、中立的逻辑美感与现代化科技元素。

2. 体现功能价值

一是审判席方位仍保持面对当事人"正向与居中"放置。以国徽为中轴线，审判员拍摄画面构图大小适中，方位居中，不能出现画面歪斜、模糊、放大或缩小的情况，以达到参与者进入庭审的画面即感知法官的主场地位、听从指挥。二是法官椅可考虑简约实用办公桌椅，呈现与"当事人席"同一性特征。三是不管是物化还是虚拟的呈现方式，应保留国徽、法槌、审判员名牌等内容。

3. 体现法律权威

法庭权威主要表现在审判人员对法庭过程的控制能力上。例如，设计、开发由法官便捷操作的"禁言""关闭画面""切断信号""一键呼叫"等信息化功能，以便在庭审过程中，应对可能出现的违反司法礼仪行为。

4. 体现科技元素

贴合在线庭审的特点，保障最佳画面。首先，整体保障信息化技术对声、光、电、屏、视、控、环境等各项功能全面的应用，例如，语音视频采集、显示屏比例、灯光色彩柔和度等，为庭审画面美观等提供全方位保障。其次，强化专业学科指导软实力，包括声学、环境心理学与设计美学等，通过庭审画面及元素设计，引导当事人规范诉讼言行，提升诉讼体验。

---

❶ 人通过符号认识世界。符号既是人类对客观世界认知的结果，也是认知世界的方式和人类文化发展所依赖的条件。参见王铭玉：《语言文化研究的符号学关照》，载《中国社会科学》2011年第3期。

关于在线诉讼中证据审查现状的调研报告

文/北京互联网法院课题组[*]

最高人民法院印发的《民事诉讼程序繁简分流改革试点实施办法》中提出"探索推行电子诉讼和在线审理机制",《最高人民法院关于人民法院在线办理案件若干问题的规定(征求意见稿)》中用较大篇幅规定了电子材料司法实践运用的相关问题,最高人民法院发布的《人民法院在线诉讼规则》以司法解释的形式进一步规范了立案、调解、询问、证据交换、庭审等诉讼活动。在线诉讼材料的规范运用是在线诉讼得以顺利推动的基础,因此,细化电子材料提交出示、举证质证和效力认定等一系列规则问题,对完善电子诉讼程序和指导在线庭审实践均具有重要意义。互联网法院是在线诉讼司法实践的排头兵和试验田,引领着在线诉讼实践发展。互联网法院坚持全流程在线庭审,在在线材料审查方面积累了丰富的实践案例和数据。因此,以互联网法院的司法实践情况为研究样本,深入开展司法调研,有利于从实证角度回应电子证据[❶]研究问题,完善在线诉讼程序的制度构建,优化在线诉讼庭审的规则运行。

一、不同案由的案件类型在证据审查中呈现的个性问题

通过对531件样本进行分析,可以发现取证方式主要分为公证取证、第三方取证、法院调证、当事人自取证四种,由于不同案件情况不一,因此四种取证方式在同一案件中也可能同时存在。6类纠纷中各类取证方式的案件占比见表1。

表1 6类纠纷中各类取证方式的案件占比

案由类型	公证取证 案件数	公证取证 占比	第三方取证 案件数	第三方取证 占比	法院调证 案件数	法院调证 占比	当事人自取证 案件数	当事人自取证 占比
网络侵权责任	31	31%	31	31%	16	16%	100	100%
网络服务合同	17	17%	1	1%	2	2%	100	100%
产品责任	1	2%	2	3%	1	2%	62	100%

---

[*] 课题主持人:姜颖;执笔人:卢正新、曾智湄、颜君、王红霞、刘承祖、张怀文。

[❶] 本文中所称电子证据,包括电子数据和其他诉讼证据的电子化。

续表

案由类型	公证取证 案件数	公证取证 占比	第三方取证 案件数	第三方取证 占比	法院调证 案件数	法院调证 占比	当事人自取证 案件数	当事人自取证 占比
信息网络买卖合同	2	2%	3	3%	3	3%	100	100%
著作权权属、侵权	53	53%	39	39%	0	0	8	8%
行政	0	0	0	0	3	4.3%	66	95.7%

（一）"网络侵权责任纠纷"中证据审查反映的突出问题

1. 第三方机构取证越来越受青睐

在统计样本中，通过第三方取证的案件中，可信时间戳认证取证占比6%、IP360取证数据保全占比94%。结合当事人身份分析发现，以法人、非法人机构和明星自然人为主体提起的诉讼，多聘请律师或其他专业代理人，通过公证方式取证，且越来越青睐于通过第三方机构对电子证据进行取证、固证，或因该种方式更加高效、便捷和经济，一部分普通自然人也开始尝试第三方取证，并在诉讼中得到支持。据联合信任时间戳服务中心于2021年12月发布的官方通报称，其通过中国裁判文书网、北大法宝统计，截至2021年12月10日，使用可信时间戳电子证据的裁判文书达50335篇。

IP360取证数据保全证书由司法联盟链legalXchain区块链系统签发，证明文件（电子数据）自申请时间起已经存在且内容保存完整，未被篡改。而可信时间戳是联合信任时间戳服务中心签发的一个电子证书，用于证明电子数据（电子文件）在一个时间已经存在且内容保存完整、未被更改，用以解决电子证据认定过程中对电子数据文件是否被篡改、伪造和产生时间确定性的质疑。第三方机构取证证书示例如图1所示。

图1 第三方机构取证证书示例

2. 法院依申请调查取证的情形较多

在统计样本中，法院调证主要集中于依当事人申请调取证据，调查事项为网络虚拟用户的真实注册身份信息，依职权调取证据的案件比例不足0.6%，法院出具律师调查令的案件0件。此外，经统计还发现，25%的案件是自然人以网络服务平台（如腾讯、抖音、微博等）作为被告提起诉讼，并提出了调查个人信息的申请，且其中70%的案件还需要二次调证，主要原因是网络服务平台仅能提供虚拟网络用户的手机号、IP地址等信息，无法直接锁定实际侵权人，故当事人会再次申请法院向手机运营商等主体进行二次调证。这表明，在较多网络侵权类案件中，当事人无法通过个人途径从网络服务平台等机构获取虚拟网络账户用户注册信息，而需申请法院调取证据，法院多采取径直发送协查函的方式进行证据调取，出具律师调查令的比例非常低，可能的原因是调查对象配合律师调查的可能性较低。

（二）"信息网络买卖合同纠纷""产品责任纠纷""网络服务合同纠纷"案件中证据审查反映的突出问题

1. 以当事人自行取证为主

通过统计样本可见，上述三个案由中，当事人通过自行取证的方式提交证据的占比均为100%，通过其他方式取证的相对较少。通过分析当事人身份可以发现，上述三类案由提起诉讼的主体多为自然人，该类主体往往法律知识薄弱，举证能力也有所欠缺，对于公证取证和第三方取证的方式不甚了解，且该类案件标的额一般不大，即使知道存在公证取证及第三方取证的方式，当事人在提起诉讼的时候出于节约诉讼成本的考虑，也往往采取自行取证的方式，例如，通过网页截图、手机录屏、拍照等方式留存证据。

2. 通过"远程视频共享"的方式进行证据展示的情形较多

上述三个案由中，通过"远程视频共享"的方式进行证据展示占比分别为48%、18%、42%，远远高于其他几类案由（见图2）。一方面，对案件进行审理的前提需确定交易或合同相对方的身份，原告往往通过账号主页截图、实名认证页面截图或录屏等证据证明其为合同相对方，但仅凭截图往往无法形成完整连贯的证据链条、被告也存在质疑录屏真实性的情况，故在法院要求或被告申请对原告身份进行核查的情况下，原告通过"远程视频共享"的方式还原其登录账号的过程，查看账号是否经过实名认证、账号中涉案订单是否真实存在、是否签订电子合同等情况，明确合同当事人身份及订立情况。另一方面，信息网络买卖合同纠纷、产品责任纠纷类案件往往发生在电子商务平台，平台中的商家对产品的描述可随时进行编辑改动，为证明合同成立当时的情况当事人一般会提交订单快照，故在一方当事人对另一方提交的订单快照真实性不予认可的情况下，法院会要求当事人通过"远程视频共享"的方式展示查看订单快照的过程来对合同内容进行确认。在产品责任纠纷类案件中，通过"远程视频共享"的方式主要为展示产品实物情况以及损害状况，该种情况的案件占比为91%。网络服务合同纠纷中，对于涉及服务内容的关键性电子证据，在对方当事人对证据真实性不予认可的情况下也往往会通过"远程视频共享"的方式进行核验，例如，在（2018）京0491民初414号案件中，为审查使用会员服务交易过程的视频证据生成情况，法院要求原告当庭使用生成并存储有该视频证据的原手机及录屏软件通过远程视频面对摄像头不间断演示录制涉案账户的过程，经当庭核实，该过程与涉案视频证据显示的过程相符。为审查上述证据生成时间、存储及保管情况，法院当庭通过远程视频核验了涉案视频原始文件，文件属性中显示的文件名称和录制时间与所提交视频证据副本的内容一致。

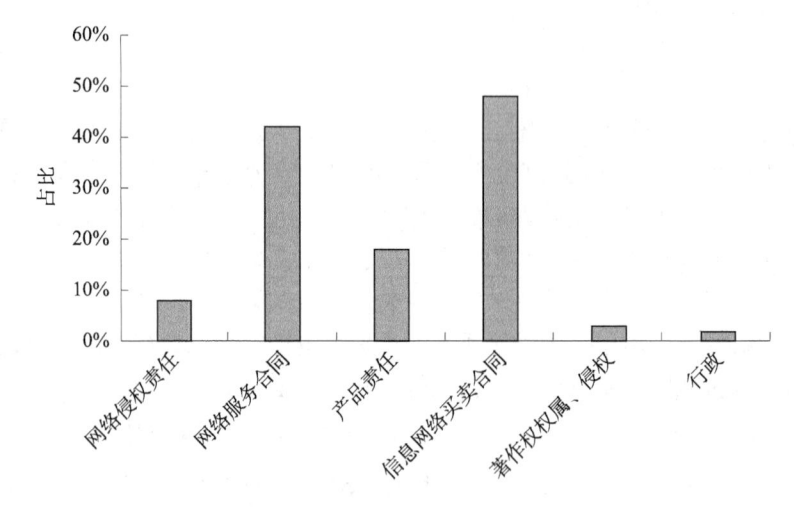

图2　通过"远程视频共享"的方式进行证据展示的占比

（三）"著作权权属、侵权纠纷"案件中证据审查反映的突出问题

1. 当事人对证据真实性、证明目的存在质疑的情形较多

在统计样本中，50%案件的当事人对另一方当事人提交证据的真实性、证明目的不予认可。其中，约87.5%当事人对另一方是否获得有效授权以及侵权取证的真实性、证明目的存疑。具体体现在，一部分主体认为权利人获得

授权的证据真实性存疑,并非权利人的真实意思表示,另一部分主体认为被控侵权行为取证的清洁性、真实性存疑,无法证明侵权事实发生,特别是对于通过第三方取证的案件中,当事人对于取证设备的清洁性提出疑问的现象普遍存在。对于当事人提交的其他证据,如作品影响力、经济损失、合理开支证据材料,50%案件的当事人对于其关联性不予认可,认为该类证据均为间接证据材料,无法直接证明待证事实。这表明,权属及侵权证据的真实性、证明目的是当事人的争议焦点,需重点审查。

2. 证据材料形式较为集中

在统计样本中,100%案件的当事人提交的证据材料为电子化的书证,具体可分为权属材料、侵权材料、损失材料及其他相关材料,均以材料载明的内容证明待证事实,其中50%案件的当事人当庭通过远程出示电子证据原件进行审核。1件案件的当事人通过线下核对证据材料。另有1件案件有证人出庭,1件案件申请技术调查官出庭。由于著作权权属及侵权案件的特殊性,当事人提交的证据材料集中于书证,线上对于书证的真实性审核难度逐渐上升,但极少数案件的当事人在线上核对存疑后,会进一步选择进行线下核对,大部分当事人在口头提出否认后,要求法院对真实性进行审核即可。

(四)"行政纠纷"案件中证据审查反映的突出问题

1. 行政机关以传统取证方式为主

在统计样本中,行政机关通过现场检查或发送协查函协查的占比为66.7%,既进行现场检查又发送协查函进行调查取证的占比为33.3%,获取的证据均以书证、物证的纸质件形式展现。通过统计分析发现,现场检查以询问为主,同时获取被调查人提交的单方书面证据材料。协查以远程取证为主,要求被调查人按照取证清单所列的要求提供说明并附材料,取证材料表现形式集中,均为产品照片、合同、笔录、录音、回函等。未见通过现场电子化取证、后台取证等直接取证方式,集中以当事人单方提交的证据为主。

2. 证据真实性核对手段较为欠缺

在统计样本中,有2件案件行政机关采信被调查人单方提交的证据材料,经庭审发现,证据材料高度雷同,伪造公章,属虚假证据材料。除上述2件案件外,其他统计样本中,行政机关基于行政效率的考量,对于证据的真实性审核基本停留在形式审查或浅层次的实质性审查,被调查人一旦提交高度伪造的证据材料，行政机关缺乏有效的证据真实性审核手段。这表明，互联网时代电子证据的易伪造性日益凸显，行政机关在与时俱进、丰富证据真实性核查手段方面仍需进一步强化。

二、各类涉互联网案件纠纷中反映的共性特点、问题及风险

（一）各类涉互联网案件纠纷的共性特点

1. 电子证据逐渐成为"证据之王"（见表2）

表2　6类纠纷中各类证据作为关键证据的案件占比

案由类型	电子证据		传统证据		多次转化证据	
	案件数	占比	案件数	占比	案件数	占比
网络侵权责任	100	100%	12	12%	5	5%
网络服务合同	100	100%	7	7%	2	2%
产品责任	62	100%	62	100%	0	0
信息网络买卖合同	100	100%	91	91%	4	4%
著作权权属、侵权	100	100%	4	4%	4	4%
行政	0	0	69	100%	0	0

随着互联网技术的发展，手机短信、微信、电子邮件、支付宝等通信应用早已成为我们生活、工作中不可或缺的工具。北京互联网法院近三年审结的商事案件中，100%的案件存在电子证据，且有关案件事实的关键证据也均为电子证据。相关电子数据在涉互联网纠纷案件中被广泛运用，逐渐有成为"证据之王"的趋势。

2. 当事人在线进行证据交换的意愿较高（见表3）

表3　6类纠纷中不同证据提交方式的案件占比

案由类型	通过电子诉讼平台上传		通过司法联盟链导入		邮寄		法院现场提交		证据保全提交	
	案件数	占比	案件数	占比	案件数	占比	案件数	占比	案件数	占比
网络侵权责任	100	100%	1	1%	47	47%	1	1%	0	0
网络服务合同	100	100%	0	0	8	8%	0	0	0	0
产品责任	62	100%	0	0	3	5%	0	0	1	2%
信息网络买卖合同	100	100%	0	0	19	19%	1	1%	0	0
著作权权属、侵权	100	100%	0	0	10	10%	0	0	1	1%
行政	69	100%	0	0	7	10%	0	0	0	0

经统计发现，通过邮寄方式向法院提交证据的案件多集中于存在公证书或第三方取证视频的案件，也有少部分涉及关键书证、物证原件、视听资料原件等的案件存在邮寄情况。北京互联网法院明确因电子证据较大而无法上传至电子诉讼平台时，可上传至网盘，而后将网盘链接及提取码上传至电子诉讼平台"当事人材料提交"项下，以便推送给对方当事人，或者向法院及对方当事人邮寄光盘。当事人到法院现场提交证据材料则多发生于对互联网司法模式或对网络技术设备不了解的情形，经释明和指导后，后期证据材料多通过电子诉讼平台提交。申请法院进行证据保全的案件数量也极少。可见，通过电子诉讼平台提交证据材料已成为主流，绝大多数案件的当事人有较高意愿接受在线提交证据的模式。

据统计，庭审视频共享方式是互联网司法模式下新型的证据交换和质证方式，主要存在于对公证书、发票、产品等传统关键证据原件进行展示的案件中。在统计样本中，未发现"以不善线上证据交换等为由，坚持要求线下进行证据交换"的情形，也未发现"既不认可电子化证据的真实性，又拒绝通过线下对原件进行质证"的情形。这说明，绝大多数案件当事人有较高意愿接受在线提交、交换的模式，且仅在个别案件中，基于当事人申请组织双方对公证书等传统证据类型原件进行线下证据交换。同时，也出现了新型的证据交换方式，如为了确认虚拟网络用户的主体身份，要求进行远程用户登录演示；为了核验第三方取证视频的真实性，要求远程进行取证过程演示；为了核验自取证证据的真实性，要求对网页截图等电子证据取证过程操作演示等。"远程视频共享"方式对证据进行核验审查，已经成为一种常见和被当事人普遍接受的证据交换和质证方式（见表4）。

表4　6类纠纷中不同证据交换方式的案件占比

案由类型	在线庭审中交换并质证		庭前会议交换并质证		线下证据交换并质证		庭审视频共享交换并质证	
	案件数	占比	案件数	占比	案件数	占比	案件数	占比
网络侵权责任	100	100%	3	3%	0	0	40	40%
网络服务合同	100	100%	9	9%	0	0	48	48%
产品责任	62	100%	2	3.2%	0	0	11	17.7%
信息网络买卖合同	100	100%	10	10%	1	1%	42	42%
著作权权属、侵权	100	100%	1	1%	1	1%	3	3%
行政	100	100%	0	0	4	4%	0	0

3. 裁判文书对证据采信的说理较少（见表5）

表5 6类纠纷中不同证据采信情况的占比

案由类型	证据采信但未说理 案件数	占比	证据采信且有说理 案件数	占比	证据不采信且未说理 案件数	占比	证据不采信但有说理 案件数	占比
网络侵权责任	100	100%	7	7%	100	100%	1	1%
网络服务合同	100	100%	8	8%	100	100%	5	5%
产品责任	100	100%	4	4%	100	100%	0	0
信息网络买卖合同	100	100%	3	3%	100	100%	2	2%
著作权权属、侵权	4	4%	96	96%	0	0	85	85%
行政	64	93%	0	0	0	0	5	7%

从统计样本来看，几乎所有案件均存在对部分证据采信未说理的情况，少量案件通过证明责任分配规则对证据采信简单说理，或通过对证据证明力的分析进行采信说理。大部分文书存在未说明证据不采信理由的情形，且多以不将相关证据所反映内容描述在事实认定部分的方式体现，仅极少数的案件对证据不采信情况进行说理，且多从证据本身的真实性、关联性等角度说理。

4. 二审因证据问题发改案件较少（见表6）

表6 6类纠纷中二审各类结果的占比

案由类型	维持 案件数	占比	调解 案件数	占比	发回重审 案件数	占比	改判 案件数	占比	准予撤回起诉、撤回上诉 案件数	占比
网络侵权责任	26	72%	6	17%	1	3%	0	0	3	8%
网络服务合同	16	50%	3	10%	0	0	2	6%	11	34%
产品责任	4	21%	6	32%	0	0	0	0	9	47%
信息网络买卖合同	29	64%	8	18%	0	0	3	7%	5	11%
著作权权属、侵权	35	79%	2	5%	0	0	0	0	7	16%
行政	26	87%	0	0	0	0	2	7%	2	7%

从统计样本来看，未发现因证据审查问题而导致改判、发回重审的案件，即尚未发现一审和二审因为关键证据认定思路不同而导致裁判结果改变的案件。这说明，互联网法院与二审法院在涉互联网纠纷案件审理中，对电子证

据、传统证据以及多次转化证据已形成较为一致的审查认定思路和经验做法。

5. 质证意见较为集中（见表7）

表7　6类纠纷中对各类证据真实性不认可的占比

案由类型	电子证据 不认可	电子证据 不认可真实性	电子证据 占比	传统证据 不认可	传统证据 不认可真实性	传统证据 占比	多次转化证据 不认可	多次转化证据 不认可真实性	多次转化证据 占比
网络侵权责任	30	21	70%	7	5	71%	2	1	50%
网络服务合同	44	31	71%	7	6	82%	2	2	100%
产品责任	22	12	55%	24	15	63%	0	0	0
信息网络买卖合同	53	37	70%	49	26	53%	1	0	0
著作权权属、侵权	33	22	67%	1	1	100%	0	0	0
行政	40	20	50%	20	13	65%	0	0	0

从统计样本来看，针对电子证据、传统证据、多次转化证据这三类证据，大部分当事人在质证过程中会就证据的真实性提出异议。对于电子证据，虽然当事人对证据真实性提出异议的较多，但当事人或法院进一步鉴定、查看原始证据载体的情况较少，对于当事人提出的针对电子证据真实性的异议，法院一般也很少予以采纳。对于传统证据，在当事人能当庭展示原件或核验证据原始载体的情况下，另一方当事人一般会对该证据真实性予以确认，即使未确认，法院也会对该证据予以采信。对于多次转化证据，可以通过其转化前的证据形式予以判断，若其转化前的证据形式为电子证据，则情况与电子证据类似，若其转化前的证据形式为传统证据，那么证据形式则与传统证据类似。

（二）各类涉互联网案件纠纷存在的问题及风险

1. 电子证据审查认定标准不一

《最高人民法院关于适用〈中华人民共和国民事诉讼法〉的解释》第一百一十六条仅对电子证据的定义作出了规定，但目前暂未对电子证据的审查认定作出专门规定，例如举证质证、认证过程，以及审查相关电子证据是否随原始存储介质移送、提取复制的规范和程序、对电子数据有疑问的能否进行鉴定或者检验等。导致在具体的司法实践中，往往出现对电子证据的认定标准宽严不一的情况，而在电子证据的审查和认定上，真实性审查问题最为突出。

（1）电子数据证据的原始载体核验与网上案件网上审理的原则存在冲突。由于技术发展的滞后性，现有的网上庭审系统还远没有普及到能够展示和对接第三方平台保存的电子数据证据的程度，例如北京互联网法院表示，因电子证据较大而无法上传到电子诉讼平台时，可上传至网盘，而后将网盘链接及提取码上传到电子诉讼平台"当事人材料提交"项下，以便推送给对方当事人，或者向法院及对方当事人邮寄光盘。但在该种条件下，第三方保存的数据资料不能直接通过网络互联互通，而网盘、光盘并非证据的原始载体，在此种情况下，如果第三方数字平台保存的电子数据证据不能被认定为原始证据，那么平台保存证据的意义就大大降低了。

（2）传统证据经多次转化后其证据性质不明确。如书证经拍照、扫描后完成了第一次证据性质转换，后又将前述经转化的证据上传至电子诉讼平台作为证据，完成了第二次证据性质的转化。再如，原本是电子证据的短信、电子邮件、微信聊天记录等，通过拍照、截图完成第一次证据性质转换，后又将前述经转化的证据上传至电子诉讼平台作为证据，完成了第二次证据性质的转化。此时，该类证据属于何种证据类型是不明确的。

（3）对第三方取证证据审查标准较为宽泛。联合信任时间戳服务中心官方通报称，截至 2021 年 12 月 10 日，使用可信时间戳电子证据的裁判文书有 50335 篇。可信时间戳是联合信任时间戳服务中心签发的一个电子证书，用于证明电子数据（电子文件）在一个时间已经存在且内容保存完整、未被更改，其 2021 年 5 月发布了《可信时间戳电子证据取证与证据使用操作指引》（V2.0），为使用者使用联合信任时间戳服务中心提供的电子证据取证工具进行取证、固证以及对电子证据进行验证提供指导，为司法裁判机关的证据审查认定提供说明和依据。对于该类第三方取证证据，一般经过形式审查符合第三方取证的操作指引即对其真实性予以认可，但该类操作指引本身是否具有合法性、是否存在技术漏洞，在当事人按照操作指南进行操作后是否仍存在技术篡改的可能仍有待商榷。

（4）电子证据书证化审判习惯凸显。电子证据并不能单独存在，需要依附于手机、计算机、应用软件、服务器等网络系统，而网络交易平台经营者作为平台的所有者，对电子证据有单方的支配和控制优势。电子数据在存储、传输与复制的过程中可能会被删改、破坏，天生具有不稳定与易篡改的属性，给法院的审查工作带来一定困难。对于电子证据真实性的审查，法院无法直接主动地进行查验 IP 地址、扣留服务器等取证行为，也没有电子证据鉴定方面的审判资源，实践中形成了电子证据书证化的审判习惯，甚至依赖于公证机关，但公证并不符合电子证据特有的规律。例如，消费者提供的手机截屏、网页打印件完全可以通过查看手机或上网予以核实；网络交易平台经营者有可能在公证之前就已经篡改了信息。上述情况容易导致法院难以审查电子证据的真实性。

（5）技术和专家辅助人使用率较低。电子证据真实性又在一定程度上影响证据的证明力，进而影响事实的认定。对于一些关键性电子证据真实性的确认，司法实务中借助技术和专家辅助人予以确认的情况较少，实操性不强，法官对于借助技术和专家辅助人的整体态度并不积极。可能的原因有，技术人员有限，与司法机关的对接机制尚未完全建立，许多证据的真实性也无法运用技术手段进行确认。如果每个电子证据都借助技术手段进行鉴定，则会极大影响案件审理的进度，不现实也不合理。

2. 电子证据审查的法律文书规范程度不够

裁判文书释法说理存在提升空间。大多数判决书并未直接说明对某项证据是否采信及采信的理由，部分判决则在事实认定部分直接罗列当事人提交的证据名称和证明目的，但未给出是否采信情况，还有少部分判决，通过运用证明责任分配规则，仅对不予采信的证据进行说理。

3. 区块链技术举证数据电文真实性认定仍存在不确定性

北京互联网法院审理的多起案件中，对区块链技术予以分析和判断，确认了区块链技术对电子数据取证的法律效力。这对于现有的法律来说是较为超前的做法，同时也是对我国证据法的革新。2018 年，最高人民法院发布实施的《最高人民法院关于互联网法院审理案件若干问题的规定》第十一条，对区块链技术取证做法一定程度上予以认可，但在没有明确法律规定的情况下，司法机关对于区块链技术取证行为真实性的认定仍存在较大的被动性与不确定性。

三、关于完善在线诉讼证据审查规则的对策建议

（一）明确"证据出示"的基本原则和前提

1. 以电子化证据"视同原件"原则

当事人提交的电子化证据"视同原件"的效力，既不是当然的，也不是绝对的❶，应设置明确的前提条件。即法官应平衡诉权和便宜性之间的关系，法官在对电子化证据一般属性予以认可的情况下，如当事人未对证据明确作出反对并提出有效意见的，即可视同原件。当事人无须再以纸质方式提交，以达到质证、认证效果，法官对证据形成内心确认的效果。

---

❶ 李承运：《正确把握推进电子诉讼的四个维度》，载《人民法院报》2020 年 4 月 2 日第 8 版。

2. 以证据"选择开示"为前提

在法官主导下,发挥审判团队的作用,广泛适用异步质证。法官团队收到证据后,电子诉讼系统自动生成证据"表单",向当事人发送"选择开示"的告知。当事人登录平台,查看证据,当事人对证据三性直接勾选表态,并说明理由。针对异议证据,提供证据一方可补强证据,针对补强证据,异议方补充表态,再依据"视同原件"原则作出判断。证据固定后,对符合"线上出示"的证据,等待线上开庭;不符合的,且经审查有必要的,安排"线下出示"。

(二)确立第三方形成的电子证据审查、调证标准

1. 规范对第三方取证证据的审查

一是对于第三方取证主体资质问题的抗辩,要区别于公证取证,法律并未对这类证据规定较强的证明力,故对于取证资质没必要作过高的要求。二是对于技术漏洞导致造假可能性的抗辩,任何证据都可能伪造,要回归到个案,不能仅以技术造假可能性来否认证据真实性,还要看是否有其他证据佐证。

2. 扩大司法主动调查权限

大量的涉互联网案件中,如信息网络买卖纠纷、网络侵权纠纷中证据材料由平台掌握,原告举证能力受限,没有证据来证明其负客观证明责任的事实,对原告形成了比较严重的举证不能困难。可以设立当事人调取证据的专门渠道,人民法院在收到当事人申请后,符合条件的,直接依职权启动调证程序,无须沿用传统烦琐的启动程序。

(三)完善证据线上、线下出示相结合模式

1. 以证据"线上出示"为根本

法官根据证据本身的性状、当事人态度、法庭审理案件的实际需求,决定证据是否转入线上出示。选择线上展示的证据通过借助多样化的举措实现证据展示的全面性,例如,通过远程视频系统展示文书内容、物证状态,共享比对;通过登录账号验证方式进行勘验;通过远程视频直接播放视听资料;通过提供云端提取码观看;通过时间戳码等进行登录验证。

2. 以证据"线下出示"为例外

构建权、责相一致的线下证据出示制度。线下证据出示仅作为"线上出示"的例外情形,在满足一定条件时启动,避免诉讼拖延和权利滥用。对于书证、物证异议,可采取邮寄方式向法院提供,并做好保管措施。另一方在指

定时间之内到法院核对,若出示证据一方申请通过公证方式予以补证的,法院应当准许。采取邮寄方式向法院提供证据的,提供证据一方对证据安全性和可能产生的风险负责。因线下出示证据产生的费用,作为维权的合理支出,由法官在裁判中确定承担的主体和比例。

(四)优化在线"证据出示"辅助机制

1. 规范电子证据审查的标准

在举证责任的分配上,原则上应根据当事人接近证据的能力及诚实信用原则来分配,并赋予平台方相对更高的举证责任。同时,对于消费者提供的手机实物、截屏或打印件等证据,不宜片面、简单地以书证的标准加以否认,而是要尊重电子证据的特有规律,通过现场上网操作、流程展示等过程,验证电子数据在存储、传输与复制的过程中是否被删改、破坏,同时积极引导当事人鉴定等方式,并结合其他案情来加以综合认定。

2. 强化电子证据出示、审查的技术支持

(1)完善电子证据网上质证的人性化设计。对于原被告提交的证据材料,各方当事人和承办法官均可查看。举证期限届满后,系统自动跳转(或由人工操作跳转)至质证环节,引导当事人在庭前及时在线发表质证意见。

(2)完善技术调查官制度。完善技术调查官入驻机制,在法官的指引下开展技术证据的审查、引导侦查,提出有针对性的技术型证据提取和审查方案。

(五)明确证据在线出示、采信的裁判尺度

司法审判应具有明确的指引标准和尺度,以引领社会主体依法行使自身权利。案件审理中,一是要明确证据在线出示的基本顺序、规则,证据的采信标准。二是加强案件裁判文书的说理,对于采信或者不采信的证据,特别是不予采信或者争议大的证据材料予以详细说明,减少当事人出现重复性错误,增加诉累。三是加强类案调研,针对审判中出现的疑难点,形成统一标准,增强司法指引的确定性。

探索·互联网司法规则

- 知识产权篇
- 交易秩序篇
- 网络人格权篇
- 未成年人保护篇

知识产权篇

短视频著作权司法保护研究

文/北京互联网法院课题组[*]

一、涉短视频著作权案件基本情况

（一）短视频的定义及分类

短视频不是法律概念而是行业概念，其具有制作门槛低、社交属性强、内容碎片化等特点[❶]，行业报告也多从前述特点定义短视频[❷]。对短视频著作权保护问题进行研究，需要首先明确短视频概念的法律内涵。本文认为，从著作权保护的角度看，短视频应当定义为时长较短的连续视听画面。连续视听画面是短视频的外在表现形式，其决定了短视频的客体属性，即短视频可以作为视听作品或者录像制品受到著作权法保护。具体而言，具有独创性的短视频构成视听作品，不符合独创性要求的短视频则属于录像制品，二者的著作权保护模式、范围、期限等均不相同。[❸] 时长较短则是短视频区别于其他视听客体（如电影、电视剧等）的重要外部特征。在此基础上，可以从不同角度对短视频

---

[*] 课题主持人：张雯；执笔人：姜颖、张连勇、朱阁、张倩、李珂、李明檑。

[❶] 前瞻产业研究院：《2019年中国短视频行业研究报告》，第3页。

[❷] 如认为短视频是一种视频长度以秒计数，主要依托于移动智能终端实现快速拍摄和美化编辑，可在社交媒体平台上实时分享和无缝对接的一种新型视频形式，长度一般在5分钟以内（参见艾瑞咨询：《2016年中国短视频行业发展研究报告》，第2页）；或将短视频定义为通常由连续画面、背景音乐及字幕等组成的区别于传统长视频（影视剧、综艺等）的内容载体，并按照时长及内容素材来源将短视频分为60秒以下的小视频和20分钟以下的短视频（参见12426版权监测中心：《2021年中国短视频版权保护白皮书》）。

[❸] 视听作品以著作权进行保护，著作权人享有《著作权法》第十条第一款规定的权利；录像制品以邻接权进行保护，录像制作者仅享有复制、发行、出租及通过信息网络向公众传播的权利。虽然二者的保护期限均为五十年，但保护期限的起算时间不同，前者除发表权外的著作权自首次发表之日起计算，发表权自创作完成之日起，后者自首次制作完成之日起。

进行不同分类。

根据制作模式不同，可以将短视频分为用户生成内容（UGC）、专业生成内容（PGC）和专业用户生成内容（PUGC）三类。由于参与短视频创作的主体有很大差异，必然会对短视频的权属认定产生影响。

根据是否使用已有作品，可将短视频分为原创短视频和二创短视频。前者是指制作时并未使用已有作品，完全由创作者自行设计并拍摄制作的短视频；后者是指利用已有作品（主要为已有长视频）制作而成的短视频。

（二）涉短视频著作权案件❶特点

1. 案件总量较低、占比不大

一是绝对数量不高。据统计，自 2019 年 7 月 1 日至 2022 年 6 月 30 日北京互联网法院共受理涉短视频著作权纠纷案件 3015 件，受案总数不大。二是相对占比不高。同期，北京互联网法院受理的涉网著作权纠纷案件为 107982 件，其中视听作品及录像制品纠纷案件 19491 件（见图 1），涉短视频纠纷案件仅占前者的 2.79% 及后者的 15.47%。三是与短视频侵权实际发生量相比，进入诉讼的纠纷数量较少。根据 12426 版权监测中心的统计，其在 2019 年 1 月至 2021 年 5 月成功"通知–删除"的侵权短视频接近两千万条，主流平台治理成功率超过 98%。❷ 无论是与通知总量还是通知后未删除数量相比，实际进入诉讼的纠纷数量占比均较小。

2. 涉诉主体范围广泛，以长短视频平台为主

从起诉主体看，有网文作者、短视频博主、唱片公司等，但主要为长视频平台。从被诉主体看，短视频平台、各类网络用户是常见的被诉主体。总体看，长视频平台作为起诉主体的案件占 21%（见图 2），短视频平台作为被诉主体的案件占 26%（见图 3），长视频平台诉短视频平台的案件占比约为 15%（见图 4），且有明显上升趋势。此外，长视频平台针对短视频平台不断提出高额赔偿诉讼及行为保全申请，引发广泛关注。❸

---

❶ 本部分以北京互联网法院自 2019 年 7 月 1 日至 2022 年 6 月 30 日受理的涉短视频著作权案件为研究样本。

❷ 12426 版权监测中心：《2021 年中国短视频版权保护白皮书》。

❸ 根据课题组的统计，各地法院已针对权利人提出的行为保全申请作出至少十份禁令裁定，详见本报告第五部分短视频平台注意义务的认定。且已有法院作出高赔额判决，如西安市中级人民法院作出的（2021）陕 01 知民初 3078 号民事裁定书，判令被告微播视界公司赔偿原告腾讯公司 3200 万元。

数量（件）

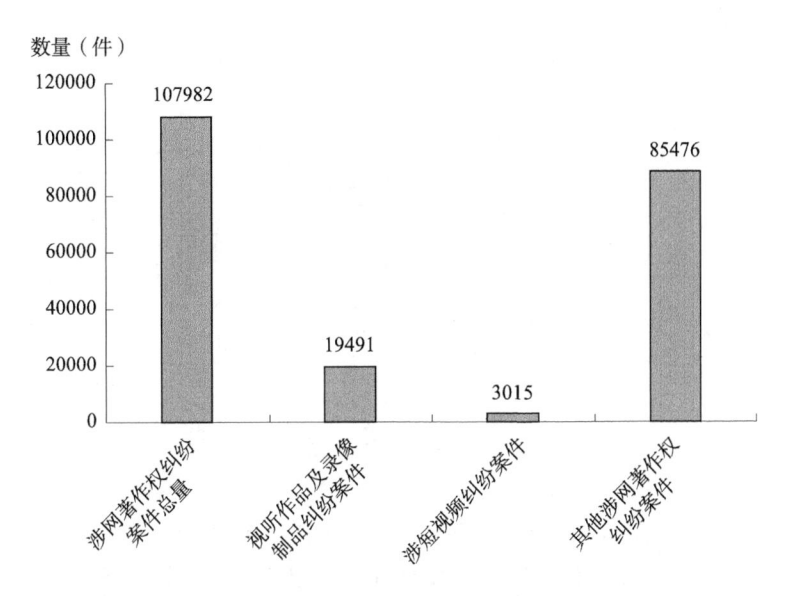

图1 涉网著作权纠纷案件及短视频案件总量对比

- 涉网著作权纠纷案件总量：107982
- 视听作品及录像制品纠纷案件：19491
- 涉短视频纠纷案件：3015
- 其他涉网著作权纠纷案件：85476

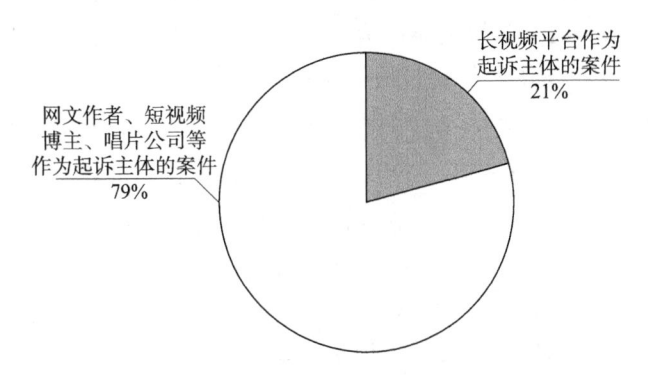

图2 起诉主体占比情况

- 长视频平台作为起诉主体的案件：21%
- 网文作者、短视频博主、唱片公司等作为起诉主体的案件：79%

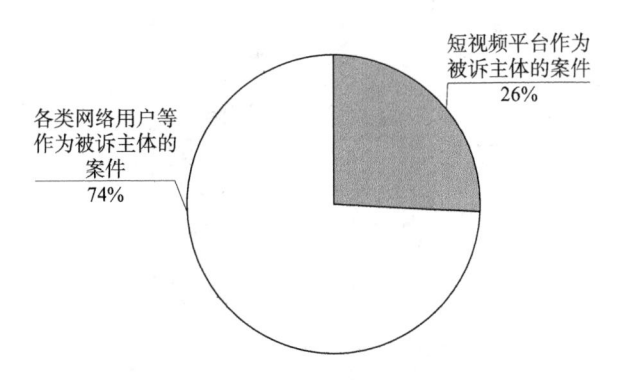

图3 被诉主体占比情况

- 短视频平台作为被诉主体的案件：26%
- 各类网络用户等作为被诉主体的案件：74%

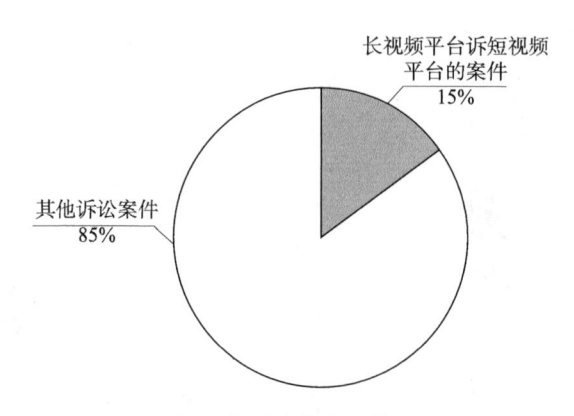

图 4 诉讼案件占比情况

3. 被诉侵权形式复杂多样，切条、搬运类侵权居多

案件中，被诉侵权行为仍以简单复制型侵权为主，包括切条长视频、搬运短视频、添加背景音乐等。同时，新类型创作和传播行为引发的诉讼也不断涌现，如剪辑长视频画面配以文字内容制作解说类短视频，模仿他人短视频拍摄主题、内容及方式制作相似短视频，等等。此外，短视频制作技术也不断翻新，实践中已经出现与人机互动生成的短视频、短视频模板等相关的案件。

4. 案件类型化程度较高，争议焦点同质化明显

一般而言，短视频用户的切条、搬运行为不是偶发行为而是系列行为，容易形成批量案件，各案在诉讼主体、案件事实及争议焦点等方面具有高度的一致性，包括同一原告就不同作品起诉同一被告、同一原告就相同作品起诉不同被告、同一原告就不同作品起诉不同被告等案件，共 1210 件，占涉短视频著作权纠纷案件的 40%（见图 5）。

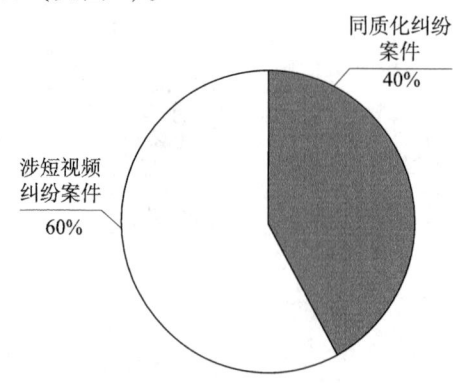

图 5 同质化案件占比情况

二、短视频的独创性及作品属性认定问题

（一）短视频作品独创性的认定标准

短视频属于视听表达，我国著作权法将视听表达分为视听作品及录像制品，二者的保护范围及保护期限均不相同，其区分标准即在于独创性。因此，独创性的认定既决定了短视频是否能够受到著作权法的保护，还决定了短视频的具体保护模式，是短视频著作权保护需要首先明确的问题。

有观点认为，基于我国著作权法的立法模式，短视频要想成为视听作品，还需要有一定的"创作高度"，在独创性要求上要高于其他作品，[1]该观点在我国的司法实践中也有体现。[2]另有观点认为，对短视频独创性的判断标准不宜过于严格，只要短视频具有一定的智力创作空间，能够体现作者的个性化选择和安排，相比于现有表达存在一定的增量因素，就应当认可其独创性。[3]这一观点逐渐成为司法实践所采纳的主流观点。例如，微播视界公司诉百度在线公司一案[4]的法官即认为，对于因时长较短导致创作空间有限的短视频，只要有"一点火花"就可以构成作品，[5]从而在判决中认定了一段13秒的短视频具有独创性因而构成作品。

对比上述两种观点，后一种观点更具有合理性。这是因为，其一，对视听作品适用较高的独创性标准缺乏法律依据。我国著作权法虽然将连续视听画面区分为视听作品和录像制品，但其并未明确二者的区分标准。而从法律规定的文字表述看，对作品定义的限定为"具有独创性"。[6]"具有"是一种定性描述，而不包含对独创性"量"的要求。因此，在满足作品其他构成要件的情况下，只要有独创性，即可认定构成作品。视听作品作为我国著作权法规定的具体作品类型

---

[1] 孙山：《短视频的独创性与著作权法保护的路径》，载《知识产权》2019年第4期。

[2] 例如，在龚敬等诉真实公司等一案中，法院认定原告主张权利的视频"系使用摄像器械……进行的片段式的简单连续摄像……与法律规定要求的类电作品的创作高度不符，应当属于录像制品"，参见北京市朝阳区人民法院（2016）京0105民初37647号民事判决书。而在天盈九州公司诉新浪公司一案中，法院更是明确认定应当以独创性程度的高低作为类电作品与录像制品的区分标准。即短视频不仅要具有独创性，而且要达到一定高度才能被认定为视听作品，参见北京知识产权法院（2015）京知民终字第1818号民事判决书。

[3] 冯刚：《著作权案件热点问题研究》，知识产权出版社2022年版，第97页。

[4] 参见北京互联网法院（2018）京0491民初1号民事判决书。

[5] 张雯、朱阁：《侵害短视频著作权案件的审理思路和主要问题——以"抖音短视频"诉"伙拍小视频"侵害作品信息网络传播权纠纷一案为例》，载《法律适用》2019年第6期。

[6] 《中华人民共和国著作权法》第三条规定："本法所称的作品，是指文学、艺术和科学领域内具有独创性并能以一定形式表现的智力成果。"

之一，亦应如此。其二，独创性既是事实判断亦是价值判断。短视频的创作高度并不高，但它丰富了公众表达的方式，短视频行业已成为新兴产业之一，如果独创性认定标准过高，不仅不利于激励短视频的创作，而且将会引发更多的侵权乱象，不利于文化繁荣进步及行业有序发展。❶ 因此，从保护短视频这一新兴产业的角度来说，对短视频独创性的认定标准也不宜过高。基于上述因素的考量，可以将短视频独创性的认定标准概括为表达存在可识别的差异性，体现了公众对于社会文化生活多样化的追求，这一标准适宜作为作品的入门门槛❷。

（二）短视频作品独创性的认定要素

准确认定短视频的独创性，除了要明确短视频独创性的认定标准外，还需要明确其认定要素。关于短视频独创性的认定要素，首先，需要明确，短视频的长短不应是短视频独创性的认定要素。客观而言，视频时长过短，有可能难以形成独创性表达，但有些短视频虽然不长，却能较为完整地表达制作者的思想感情，则仍具备成为作品的可能性。❸ 其次，短视频的独创性应当体现在其最终表达即短视频的连续视听画面当中，而与除此之外的创意构思、拍摄手法和技术手段等无关。具体而言，本文认为，短视频事前拍摄角度的选取以及事后对画面的剪辑是与最终呈现的连续画面最密切关联的要素，因此也应当成为短视频独创性的重要认定要素。此外，短视频制作素材的选择、视听特效的运用等，也可以作为短视频独创性的认定要素。需要注意的是，短视频平台为增强用户创作短视频的便利性和趣味性，会为用户提供短视频模板❹、短视频特效❺等辅助创作工具。本文认为，用户创作短视频过程中使用的平台提供的短视频模板和特效应当排除在短视频独创性的认定要素之外。这是因为这些要素所形成的表达并非来源于短视频创作者而是来源于平台，因而不应被纳入用户创作短视频的保护范围。

（三）短视频作品在视听作品项下的具体归类

《中华人民共和国著作权法》（以下简称《著作权法》）将视听作品分为电

---

❶ 张雯，朱阁：《侵害短视频著作权案件的审理思路和主要问题——以"抖音短视频"诉"伙拍小视频"侵害作品信息网络传播权纠纷一案为例》，载《法律适用》2019 年第 6 期。

❷ 张雯，朱阁：《侵害短视频著作权案件的审理思路和主要问题——以"抖音短视频"诉"伙拍小视频"侵害作品信息网络传播权纠纷一案为例》，载《法律适用》2019 年第 6 期。

❸ 参见北京互联网法院（2018）京 0491 民初 1 号民事判决书。

❹ 参见杭州互联网法院（2020）浙 0192 民初 8001 号民事判决书。

❺ 参见浙江省杭州市中级人民法院（2021）浙 01 民终 12535 号民事判决书。

影作品、电视剧作品及其他视听作品并适用不同的权属认定规则。因此，对短视频作品进行准确分类是确定其权属认定规则的基础，也是对短视频著作权予以保护的前提。

1. 视听作品的分类标准

《著作权法》（2020 年修正）第十七条第一款基本沿用了我国 2010 年《著作权法》第十五条第一款的规定。❶ 后者规定电影及类电作品的著作权由制片者享有，但编剧、导演、摄影、作词、作曲等作者享有署名权，并有权按照与制片者签订的合同获得报酬。❷ 这一规定是以电影、电视剧这类专业制作、多人参与的特殊作品类型为适用对象而制定的，其考虑了电影、电视剧复杂、系统的特殊创作模式和创作过程所带来的特殊性。一方面，制片者的高额投资需要受到保护；另一方面，电影作品的后续利用也需要将其权属归于一人，以降低交易成本和风险。

笔者认为，电影作品、电视剧作品与其他视听作品的分类标准可概括为创作模式的不同。具体而言，由制片者提供资金和组织制作，由编剧、导演、摄影等作者分工合作创作的视听作品，即可归入电影作品、电视剧作品的范畴，而不论其时长如何、是否院线上映，等等。反之，不论是个人单独创作或是由松散的、非专业的团队合作创作的作品，则应归为其他视听作品。

2. 短视频作品的具体归类

短视频是产业概念而非法律概念，其并不能当然地归属于某一类具体的作品类型。且短视频种类繁多、内容各异，无论是将短视频归为电影作品、电视剧作品，还是将其归为其他视听作品，可能都难以涵盖全部短视频类型。因此，不宜对短视频作统一归类，而是应当根据具体情况，依据前述分类标准，认定某一特定短视频作品构成电影作品、电视剧作品还是其他视听作品。具体情况具体分析并不会使问题进一步复杂化，相反能够对不同情况进行精准定性，从而给予恰当的保护。

根据这一区分标准，短视频中的专业生产内容（PGC）有可能被归入电影作品、电视剧作品。例如，《小猪佩奇》动画片每集时长仅几分钟，属于短视频，但其既有组织制作并投资的制片者，又有分工合作的编剧、导演等，因此

---

❶ 两个条款的差异在于用词不同，前者为"制作者"，后者为"制片者"，但立法参与者认为二者同义，均指参与投资电影、电视剧的主体。参见黄薇，王雷鸣：《中华人民共和国著作权法导读与释疑》，中国民主法制出版社 2021 年版，第 123 页。

❷ 此处的类电作品指该条款中的"电影作品和以类似摄制电影的方法创作的作品"，与《著作权法》（2020 年修正）第十七条中的视听作品基本同义。

应当属于电影作品、电视剧作品。而用户生产内容（UGC）、专业用户生产内容（PUGC）等则一般应属于其他视听作品。

三、短视频作品的著作权权属认定

（一）短视频作品的权属认定规则

如前所述，短视频作品根据具体情况可能被归入电影作品、电视剧作品的范畴，其权属认定一般不存在困难。而如果某一短视频作品被认定为其他视听作品，则其著作权归属由当事人约定；没有约定或者约定不明确的，由制作者享有，但作者享有署名权和获得报酬的权利。该规定系《著作权法》（2020 年修正）新增加的规定，法院在适用时需要对条文的文义、目的等进行准确的理解。

1. 对"制作者"概念的认定

"制作者"是新《著作权法》（2020 年修正）中使用的新概念，但法律并未给出其准确含义。本文认为，首先，不论从立法技术还是立法本义来看，《著作权法》（2010 年修正）与《著作权法》（2020 年修正）中的"制作者"应当具有同一意涵。其次，制作者应当不是作者，因为两款条文中均同时出现了"制作者"与"作者"，并对二者作出了不同的权属安排，故二者应当指向不同的主体。最后，制作者应当指负责组织视听作品的创作并对其承担责任的个人或实体，❶ 与 2010 年《著作权法》中的"制片者"同义。

但是，这一解释对于某些短视频作品仍存在适用困难。例如，单一主体创作的短视频作品，由一人兼任导演、编剧、摄像、演员等多种角色，其创作全程仅一人参与，此时并不存在"制作者"这一角色。

2. 对"当事人约定"中当事人范畴的界定

此处的"当事人"应当包含作者及制作者，❷ 且需要明确的是，约定主体应当包括全部作者而非部分作者。这一点类似于对合作作者行使著作权的要求。如果约定的主体仅为部分主体，则应当视为当事人之间没有约定。此外，有的短视频平台会在用户服务协议中约定平台享有用户上传短视频的信息网络

---

❶ 王迁：《〈著作权法〉修改：关键条款的解读与分析（下）》，载《知识产权》2021 年第 2 期。

❷ 《中华人民共和国著作权法修正案（草案）》二次审议稿首次对视听作品进行了分类，并规定"前款规定以外的视听作品构成合作作品或者职务作品的，著作权的归属依照本法有关规定确定；不构成合作作品或者职务作品的，著作权的归属由制作者和作者约定，没有约定或者约定不明确的，由制作者享有，但作者享有署名权和获得报酬的权利"。后因该规定过于复杂，将其修改为《著作权法》（2020 年修正）第十七条第二款。前者将约定主体明确为"制作者和作者"，故在后者中应作同一理解。

传播权等著作权。需要注意的是，不论该约定是否有效，该约定均不属于《著作权法》第十七条第二款中的"当事人约定"，因为前者是关于著作权继受取得的约定，后者则是著作权原始取得的制度安排。因此，短视频平台不应包含在当事人的范畴之中。

但是，在个案中应当弱化对"当事人约定"的审查。即如果存在制作者或者是作者与制作者同一的情况，则权属归制作者；如果不存在制作者，则权属由作者共同享有，从而适用《著作权法》第十四条的规定。❶

（二）司法实践中查明短视频作品著作权归属的方法与步骤

1. 以署名推定短视频的作者及制作者

署名推定可作为认定短视频作品作者及制作者的首要方法。一般而言，专业机构或团队组织创作的短视频作品会标注较为充分的署名信息。这些信息中能够被识别为表明制作者身份的署名信息，即可作为认定短视频作品制作者的初步证据；能够被识别为著作权权利人的署名信息的，即可作为认定短视频作品著作权人的初步证据。❷

此外，根据行业惯例，短视频传播过程中往往会以附水印的方式标识信息，较为常见的是短视频发布于短视频平台时会标注发布者水印，自短视频平台下载的短视频会加载平台水印等。可见，短视频上标注的水印可能指向创作者，也可能指向传播者等非创作主体，因而不能一概认定为署名，而是应当根据具体情况分别进行认定。❸

2. 以其他初步证据认定短视频的著作权归属

与传统电影、电视剧作品不同，短视频时长较短、体量有限，因而很多短视频作品上都不会标注创作主体信息，短视频的署名规则尚不成熟，通过署名

---

❶ 《中华人民共和国著作权法》第十四条规定："两人以上合作创作的作品，著作权由合作作者共同享有。没有参加创作的人，不能成为合作作者。合作作品的著作权由合作作者通过协商一致行使；不能协商一致，又无正当理由的，任何一方不得阻止他方行使除转让、许可他人专有使用、出质以外的其他权利，但是所得收益应当合理分配给所有合作作者。合作作品可以分割使用的，作者对各自创作的部分可以单独享有著作权，但行使著作权时不得侵犯合作作品整体的著作权。"

❷ 例如，在莎梦公司诉搜狐公司一案中，法院即根据原告主张权利的短视频作品上所署的"沈阳莎梦文化发展有限公司荣誉出品，版权所有，盗版必究"信息认定原告莎梦公司为涉案短视频作品的著作权人，参见北京互联网法院（2021）京0491民初25490号民事判决书。

❸ 例如，在微播视界公司诉百度在线公司一案中，法院对短视频上可能出现的各类水印信息的性质进行了分析和认定："本案中的水印包含有涉案短视频制作者的用户ID号，表示了制作者的信息，更宜认定为权利管理信息；水印中标注的'抖音'字样，则表示了传播者的信息。"参见北京互联网法院（2018）京0491民初1号民事判决书。

推定短视频著作权归属存在困难。因而需要通过其他方式查明短视频作品著作权归属。《最高人民法院关于审理著作权民事纠纷案件适用法律若干问题的解释》第七条第一款规定，当事人提供的涉及著作权的底稿、原件、合法出版物、著作权登记证书、认证机构出具的证明、取得权利的合同等，可以作为证据。以上均可作为查明短视频作品著作权归属的初步证据，在对方当事人未提出相反证据的情况下，即可据此认定短视频作品的权属。

3. 以发表账号运营主体推定短视频制作者

在缺少署名信息，也无其他初步证据的情况下，可以以发表账号运营主体推定短视频制作者。这一规则在认定其他作品著作权归属时也曾适用。一般而言，短视频制作者或制作团队都运营有自有账号，在短视频制作完成后，制作者通过自有账号将短视频上传至短视频平台，以获得用户和流量。因此可以认定，在一般情况下，最早发布短视频的账号主体即为权利人。

四、二次创作短视频合理使用的认定标准

（一）二创短视频的定义及分类

本部分讨论的二次创作短视频（以下简称二创短视频）主要指使用他人视频（特别是长视频）进行二次创作形成的短视频。此类二创短视频被普遍认为具有构成合理使用的可能性，因而对被诉侵权行为是否成立的认定存在较大争议。

从不同角度可以对二创短视频进行不同的分类。例如，12426版权监测中心将二创短视频分为预告片类、影评类、盘点类、片段类（CUT）、解说类、混剪类六类。[1] 学术文章则多从认定合理使用的角度出发，依据对在先视频作品利用程度和目的对二创短视频进行分类，并在此基础上对二创短视频是否构成合理使用进行类型化分析。

（二）二创短视频合理使用的司法实践

合理使用，即在一定的情况下使用作品，可以不经著作权人同意，不向其支付报酬。[2] 新《著作权法》（2020年修正）第二十四条整合了2010年《著作权法》第二十二条及《中华人民共和国著作权法实施条例》第二十一条的

---

[1] 12426版权监测中心：《2021年中国短视频版权保护白皮书》。
[2] 黄薇，王雷鸣：《中华人民共和国著作权法导读与释疑》，中国民主法制出版社2021年版，第143页。

内容，并增加了"法律、行政法规规定的其他情形"这一兜底条款，从而形成了我国著作权法对于合理使用制度的规定。这一规定实际是对《保护文学和艺术作品伯尔尼公约》中"三步检验法"❶的全面采纳。一是仅限特定、特殊情形；二是不能妨碍著作权人对其作品的正常使用；三是不得不合理地损害著作权人的合法利益。此外，我国的司法政策还指出，在促进技术创新和商业发展确有必要的特殊情形下，考虑作品使用行为的性质和目的、被使用作品的性质、被使用部分的数量和质量、使用对作品潜在市场或价值的影响等因素，如果该使用行为既不与作品的正常使用相冲突，也不至于不合理地损害作者的正当利益，可以认定为合理使用。❷这实际上是引入《美国版权法》中的"四要素"❸作为"三步检验法"后两项要件的考量因素。

如前所述，二创短视频具有构成合理使用的可能性，因而在涉短视频著作权案件中，被告常以合理使用作为抗辩理由。从被告抗辩的具体理由看，大多数被告依据《著作权法》（2020年修正）第二十四条的规定，从"为个人使用""适当引用"或"不可避免地再现或者引用"这三类法定情形主张合理使用抗辩。在前述涉短视频著作权纠纷案件中，仅一起案件最终支持了被告关于合理使用的抗辩主张，其余案件均认定被告的行为构成侵权。法院认定不构成合理使用的主要理由可分为形式理由与实质理由。形式理由是指"指明作者姓名或者名称、作品名称"。实质理由是指不符合合理使用的判定要件，但在论述理由时标准不统一，有的判决依据"三步检验法"论证合理使用，有的则使用"四要素法"，也有判决将二者结合起来进行综合判定。这体现出法院合理使用认定标准的分歧。

（三）二创短视频合理使用的认定标准

二创短视频涉及对原作品的使用以及新作品的创作和传播，只有明确二创短视频合理使用的认定标准、在个案中准确判定二创短视频的合法性，才能更好地实现著作权法的立法目的，促进社会文化的繁荣和发展。本部分在对

---

❶《保护文学和艺术作品伯尔尼公约》第九条第二款规定："本联盟成员国法律有权允许在某些特殊情况下复制上述作品，只要这种复制不致损害作品的正常使用也不致无故危害作者的合法利益。"

❷《最高人民法院关于充分发挥知识产权审判职能作用推动社会主义文化大发展大繁荣和促进经济自主协调发展若干问题的意见》第八条。

❸《美国版权法》（1976年）第一百零七条规定："在任何特殊情况下，确定对一部作品的使用是否属于合理使用，要考虑的要素应当包括：（1）使用的目的与性质，包括是否具有商业性质或者是否出于非营利的教育目的；（2）有版权作品的性质；（3）同整个版权作品相比所使用的部分的数量和内容的实质性；（4）这种使用对有版权作品潜在市场或价值的所产生的影响。"

"三步检验法"三项要件进行逐一解释的前提下，对二创短视频认定合理使用的标准予以界定。

"三步检验法"的第一项要件是关于特定、特殊情形。这一要件具体体现为《著作权法》第二十四条第一款明确列举的 13 种使用情形。如前所述，"个人学习、研究、欣赏""适当引用""为报道新闻不可避免地再现或者引用"是涉短视频著作权纠纷案件中被告常用的合理使用抗辩事由，故本文将针对这三种特定情形的构成要件予以阐述。

"个人学习、研究、欣赏"。对这一特定情形的认定体现在对使用目的的限定，即供个人使用、不营利。但正如有观点指出，现在的二创短视频早已从"用户创造内容"转变为"职业创造内容"，即二创短视频不再是二创作者在私有领域的自我表达，而是转变为一种营利性的商业行为。❶ 一方面，二创短视频多被上传至二创作者的自有账号并在短视频平台广泛传播，早已超出"为个人"的使用范畴；另一方面，二创短视频的制作和传播也与广告、带货、引流等商业目的紧密关联，而不是单纯的"学习、研究、欣赏"目的。因此，一般来说，二创短视频难以符合此类特定情形的要求。

"适当引用"。我们认为可以从引用目的、引用方式及引用程度等方面对是否构成"适当引用"进行判断。一是要求系出于介绍、评论某一作品或者说明某一问题之目的而使用他人作品。如果使用目的是再现原作品，那么即便是少量使用，也有可能会被认定为是不合理的。二是要求在作品中使用他人作品。如果使用者仅是使用了他人作品的表达，而未形成自己的独创性表达，这种对他人作品的使用就不可能是适当引用。三是要求对他人作品的使用应当适当，即应当是出于评论、介绍的必要性❷。如果超出必要性而使用他人作品，即有可能被认定为是不适当的。例如，直接搬运型短视频和简单剪辑型短视频由于都未形成新的独创性表达，且多数都会再现或基本再现原作品的主要内容，超出了适当引用的必要限度，因而一般难以被认定为是适当引用。

"为报道新闻不可避免地再现或者引用"。本文认为，对于这一特定情形的认定应当把握以下两点：一是使用目的是报道新闻，但对使用主体不宜作严格限定，官媒、党媒设立的融媒体账号、专业机构的自媒体账号等，只要是为报道事件、事实和消息，均可符合这一目的；二是不可避免，应当指在报道的正当范围内，如果使用限度超出正当范围，则仍可能被认定不构成合理使用。

---

❶ 熊琦：《"视频搬运"现象的著作权法应对》，载《知识产权》2021 年第 7 期。
❷ 北京互联网法院：《互联网典型案件裁判思维与规则（一）》，人民法院出版社 2020 年版，第 54 页。

"三步检验法"的第二项要件是不得影响该作品的正常使用。有观点从经济分析的视角将正常使用界定为行使权利所产生的可期待利益,这种可期待利益应当包括既有的和潜在的著作权市场收益。❶ 由此,如果二创短视频会阻碍已有作品的权利人通过复制、广播或信息网络传播等权项的授权来获取收益,应被视为构成对已有作品正常使用的影响。❷ 实践中,可依据二创短视频对原视频的替代作用加以认定。从这一角度看,直接搬运型短视频和简单剪辑型短视频均再现或基本再现了长视频的全部或部分内容,具有较强的替代作用,与长视频的传播产生了明显的竞争关系,阻碍了长视频权利人通过行使权利而获得收益,因而应当认定影响了长视频的正常使用。

"三步检验法"的第三项要件是不得不合理地损害著作权人的合法权益。首先,合法权益应当包含经济利益及人格利益等非经济利益。其次,对权利人造成的损害不能是不合理的,即可以一定程度容忍对权利人造成的"合理损害",关键在于对何为"合理"的认定。本文认为,可以从原表达及新增表达的对比来评价损害的合理性。如果二创作者增加的独创性表达显著大于其使用的原有表达,那该使用行为就增加了整个社会的表达总量,此时对权利人的损害就可能在可容忍的范围之内。

五、短视频平台责任的认定

短视频平台是短视频传播以及短视频侵权行为发生的主要场所,同时,短视频平台对其平台上的内容又具有监管的职责和能力。

《中华人民共和国民法典》第一千一百九十七条规定:"网络服务提供者知道或者应当知道网络用户利用其网络服务侵害他人民事权益,未采取必要措施的,与该网络用户承担连带责任。"此外,我国法律还借鉴了《美国数字千年版权法》中的"避风港"规则,规定了网络服务提供者的"通知-删除"义务❸以及履行"通知-删除"义务之后的免责条款❹,即网络服务提供者在接到权利人合格侵权通知后及时删除、屏蔽侵权信息,即可免于承担赔偿责任。由此可见,我国对网络服务提供者的责任认定适用过错责任原则,且并未

---

❶ 熊琦:《著作权合理使用司法认定标准释疑》,载《法学》2018年第1期。
❷ 熊琦:《"视频搬运"现象的著作权法应对》,载《知识产权》2021年第7期。
❸ 《信息网络传播权保护条例》第十四条至第十七条、《中华人民共和国民法典》第一千七百九十五条及第一千一百九十六条。
❹ 《信息网络传播权保护条例》第二十二条、第二十三条。

规定网络服务提供者对内容负有一般性的事先审查的义务。❶ 因此，网络服务提供者责任的基本认定思路是"存在过错（明知或应知）+ 未采取必要措施→承担连带责任"。

短视频平台作为一类网络服务提供者，自然也受到前述规则的规制，对短视频平台责任的认定也应当从"过错"和"必要措施"两方面予以考察。同时，短视频平台的发展也凸显出一定的特殊性。一方面，短视频平台内持续、反复发生侵权行为，侵权短视频大量存在，权利人普遍认为通过对单个侵权视频逐一"通知－删除"的方式制止侵权的效率低下、效果不佳；另一方面，短视频平台通过算法推荐等技术对平台内短视频进行精准推送、帮助扩大其传播范围，并从中获得用户和流量。以上特性引发了对短视频平台注意义务的争议，讨论主要集中在两个方面，一是算法推荐是否会加重短视频平台的注意义务，二是过滤措施是否属于短视频平台应当采取的"必要措施"。本文分别对前述两个问题予以阐述。

（一）短视频平台过错的考量因素：算法推荐

算法推荐是网络平台为了满足用户需求而根据用户的具体情况为用户推送个性化信息的一种信息呈现方式。❷ 在如今的互联网商业模式中，信息分发市场上通过算法推送来发布内容早已成为互联网平台的主要手段。❸ 在网络服务提供者承担过错责任的原则之下，算法推荐对平台责任的影响的争议主要集中在其是否会导致平台具有过错。

本文认为，问题的关键在于算法推荐对于短视频平台"应知"的影响。应知指的是具体的应知而非概括的应知，短视频平台仅概括性地知晓其平台内存在侵权内容尚不构成著作权法意义上的应知。此外，应知应当包含两方面的内容，一是能够合理地认识到涉案作品在其存储空间传播，二是能够合理地认识到网络用户未经权利人的许可提供涉案作品。❹ 而形成合理认识的前提是平台具有接触并识别相关信息的机会。以案件中体现的短视频平台协同过滤机制为例，其流程包括初审（技术识别加人工审核）、冷启动、加权推荐以及人工

---

❶ 《最高人民法院关于审理侵害信息网络传播权民事纠纷案件适用法律若干问题的规定》第八条第二款。
❷ 冯晓青：《信息流推送模式下平台方著作权侵权责任研究》，载"北大法宝"微信公众号，https://mp.weixin.qq.com/s/z0FH12D0UuhfKzytvrxMHw，访问日期：2022年11月27日。
❸ 熊琦：《"算法推送"与网络服务提供者共同侵权认定规则》，载《中国应用法学》2020年第4期。
❹ 参见《北京市高级人民法院侵害著作权案件审理指南》第九章9.11－9.13。

复审四个阶段。❶ 其中，平台能够接触内容的机会在于初审和复审的人工环节。对于初审环节，不宜要求平台能够合理认识侵权内容的存在，因为这实际上是要求平台承担一般性的事先审查义务，与现行法律规定的要求不符。对于复审环节，情形则可能有所不同。这是因为，进入复审环节的内容体量相对有限，平台在这一环节无须再面对海量的信息。如果相关信息具有很明显的侵权属性，则平台应当能够合理认识到这一点。

（二）短视频平台应当采取的必要措施：过滤措施

短视频平台责任的另一个争议焦点在于，在认定短视频平台构成明知或应知的情形下，平台应当采取的必要措施是否包括过滤措施。司法实践已通过行为禁令的方式实际要求短视频平台对某些侵权内容进行有效过滤。据统计，自2021年6月至今，至少有10份裁定书就权利人提出的要求短视频平台采取有效措施过滤和拦截用户上传和传播的侵权视频的禁令申请作出回应。

从裁定结果看，10份裁定书中有4份驳回了申请人的禁令申请，其余6份裁定书则支持了权利人的禁令申请，裁定短视频平台立即采取有效措施过滤和拦截用户上传和传播的侵权视频。由此可以概括出法院认定短视频平台采取过滤措施的适用条件：首先，以权利人请求为前提，权利人在向法院提出禁令申请前，还向短视频平台多次发送侵权通知、侵权预警函等；其次，仅针对特定的热门作品，且在禁令作出时该作品仍处于热播期或接近热播期；再次，短视频平台上的侵权视频数量多、播放量大、更新速度快，且视频标题多含有涉案作品的全称或关键字，侵权性质明显；最后，禁令的对象是商业规模的短视频平台，基本上限于短视频头部企业。此外，还需注意的是，法院并不要求实施过滤措施必须达到平台内完全没有侵权视频的效果，而是使得侵权视频在短视频平台上难以被发现即可。

本文认为，首先，"过滤"可以成为短视频平台在"明知或应知"情形下应当采取的"必要措施"。这是因为：一是在认定平台"应知"的情形下，要求权利人再发送侵权通知已无必要；二是在科技不断发展成熟的背景下，哈希值、视频指纹等识别技术已被广泛应用，过滤措施具有实践可行性并能够有效遏制侵权结果的发生。❷ 此外，如前所述，从目前实践情况看，可能构成合理使用的二创短视频数量极为有限，短视频平台完全可以通过用户申诉加人工复

---

❶ 参见北京市海淀区人民法院（2018）京0108民初49421号民事判决书。

❷ 参见亓蕾"涉短视频平台诉前/诉中禁令的法律使用"主旨演讲，2021年11月29日中国人民大学国家版权贸易基地举办的主题为"二创短视频的诉前禁令适用标准"互联网版权沙龙。

核的方式避免误伤。其次,应划定"过滤"的范围和标准。一方面,平台过滤的应当是平台内存在的具有明显侵权属性的、易于被发现的且能够被定位的侵权信息。另一方面,平台过滤措施应当达到能够有效制止和预防明显侵权的效果,但并非要求结果上实现"清零",而是允许有少量非明显侵权信息的存在。再次,对"过滤"的具体方式无限制。但具体措施应当是在技术上可行的且在经济上可合理负担的。

(三)短视频平台义务的重构:一般过滤义务

此外,还有观点开始探讨在现有法律框架之外赋予短视频平台一般性的事先审查过滤义务的合理性与可行性。

本文认为,现阶段并不具备从立法上为网络服务提供者设定著作权事先审查和过滤义务的条件。主要理由包括:其一,我国互联网经济正处于高速发展阶段,赋予网络服务提供者过滤义务势必会对互联网产业产生重大影响。其二,在web2.0时代,作品的创作和传播高度去中心化、分散化,网络用户成为创作和传播行为的主要主体。而我国著作权领域特别是二创短视频领域尚未建立成熟、合理的授权机制及利益分配机制,普通用户寻求权利人授权存在现实困难,短视频平台采取事先过滤措施势必会对短视频用户的经营和利益产生影响。其三,从外国法律实践来看,强制过滤机制也不是各国的普遍选择。例如,同样作为互联网大国,美国法律界虽对强制性过滤机制有过多轮讨论,但最终仍未形成法律规定,仍坚持"避风港"规则作为互联网领域的基础性规则;而欧盟虽在《欧盟数字化单一市场版权指令》中引入了强制性过滤机制,却引发广泛争议,且需要欧盟各国转化为国内法之后才能适用。❶

六、短视频著作权的协同保护

法院作为司法裁判机关,负有化解侵权纠纷、保护知识产权的重要职责。但司法是在侵权发生后对权利人的事后救济手段,短视频著作权纠纷的解决应重在预防,需要司法及行政机关、集体管理组织、长短视频平台、短视频创作者等有关主体共同参与,形成系统性解决路径,从源头减少侵权行为的发生,推动短视频行业的规范健康发展。

(一)树立规则、参与治理,发挥司法引领作用

首先,短视频是新兴行业,涉短视频著作权纠纷具有新颖性和复杂性,审

---

❶ 万勇:《著作权法强制性过滤机制的中国选择》,载《法商研究》2021年第6期。

理规则有待进一步细化和完善。法院在案件审理过程中，应当注意规则的树立，为妥善化解纠纷、规范短视频行业发展提供指引，也为相关法律规则的修订和完善提供依据。

其次，应当加强司法机关与行政机关的协同治理。建立针对短视频领域的"行政—司法—行业"协同机制，共建良性的知识产权保护生态。

（二）强化短视频平台责任，加强知识产权保护

短视频平台应当加强监管：一是对内容进行分类管理；二是加强对平台用户的监管；三是适当引入平台过滤机制，探索权利人与短视频平台合作的有效路径。

（三）引导短视频创作者提高权利意识，减少侵权行为发生

提高短视频创作者的著作权保护意识，对于从源头上减少侵权行为的发生尤为重要。法院、行政主管部门、教育机构等有关单位均可以依托短视频平台，向短视频创作者进行普法教育，普及著作权保护知识。短视频平台应当针对多发常见的短视频著作权侵权行为进行专项治理，指导用户规范短视频创作行为。

（四）推动构建短视频新型授权机制，实现短视频纠纷的诉源治理

从长远看，建立短视频新型授权机制才是应对短视频侵权的治本之策，而这一机制的建立需要权利人与短视频平台的共同参与。一方面，权利人掌握大量资源。另一方面，短视频用户过于分散且谈判能力有限。短视频平台具有对用户进行管理和控制的能力和义务，且从短视频传播中获得大量收益，因而短视频平台应当成为连接作品权利人与使用人的纽带，在有效整合音乐、图片、视频等资源的基础上，构建先授权、后使用、再付费的著作权授权分发体系，有效减少侵权行为的发生。

北京互联网法院网络音乐著作权案件审理情况报告

文/北京互联网法院课题组

习近平总书记在党的二十大报告中强调，要推进文化自信自强，铸就社会主义文化新辉煌。《北京文化产业发展白皮书（2022）》提出，北京将文化建设放在全局工作的突出位置，大力推进"科技赋能文化、文化赋能城市"战略。音乐是文化的重要载体，音乐产业是北京文化产业的重要组成部分。北京互联网法院作为北京地区集中管辖网络音乐著作权案件的法院，通过司法实践不断推动网络音乐市场良好生态构建，努力为首都文化产业数字化发展提供坚实的司法保障。

一、案件基本情况及特点

（一）基本情况

网络音乐著作权案件，既包括以音乐作品为保护客体的狭义著作权纠纷，也包括以录音制品为保护客体的邻接权纠纷。自2018年9月9日建院至2022年12月31日，北京互联网法院共受理网络音乐著作权纠纷4667件，审结4231件。案件呈现以下特点：

1. 被许可人为主要起诉主体

北京互联网法院受理的4667件网络音乐著作权案件中，起诉主体共计190个，包括自然人64人、企业124家，以及2家音乐著作权集体管理组织，即中国音乐著作权协会（以下简称音著协）、中国音像著作权集体管理协会（以下简称音集协）。前述主体根据权利基础，可分为四类：一是原始权利人，包括词、曲作者和录音制作者；二是经词、曲作者或录音制作者授权的被许可人；三是音乐著作权集体管理组织，即音著协、音集协；四是权利继受主体，包括词、曲作者继承人与著作财产权受让人。上述四类主体在北京互联网法院起诉的案件数分别占网络音乐著作权案件总数的27.4%、70.0%、1.5%与1.1%。可见，被许可人起诉案件最多，原始权利人次之，音乐著作权集体管理组织和权利继受主体维权案件比例较前两者存在较大差距。

2. 平台运营商为主要被诉主体

北京互联网法院受理的网络音乐著作权案件中，各类被诉主体共计542个，包括自然人79人，企业463家。前述主体根据性质可分为三类：一是平台运营商，包括在线音乐平台、短视频平台、直播平台、电商平台等；二是网络用户，包括个人用户与企业用户，个人用户如网络歌手、网络主播，企业用户如广告视频制作者；三是与硬件产品有关的主体，其产品主要为具有音乐播放功能的智能设备，如智能音箱、点歌机，与产品有关的被诉主体又可细分为生产商、销售商、商标注册人、内置软件运营商等。北京互联网法院目前被诉案件量居前十位的主体均为平台运营商，涉及案件2611件，占收案总数半数以上。前十位中，在线音乐平台占据多数，属于侵权重灾区；短视频平台继在线音乐平台之后，侵权案件亦呈多发态势。

3. 新业态为主要侵权模式

北京互联网法院网络音乐著作权案件中涉及的侵权模式包括但不限于以下几类：一是在线音乐平台传播未经授权的歌曲；二是网络主播在直播过程中未经授权翻唱歌曲，或将歌曲作为背景音乐播放；三是短视频中未经授权翻唱歌曲，或未经授权使用他人歌曲作为背景音乐；四是音乐素材平台未经授权提供铃声下载、伴奏音乐等；五是在线卡拉OK平台未经授权提供"K歌"服务；六是智能产品内置软件中存储未经授权的歌曲并可进行播放。其中，直播、短视频领域侵权案件的审理容易引发社会关注。如音著协诉斗鱼直播案，庭审引发1.5亿话题量；又如音未公司诉春雨公司广告短视频案，被媒体称为MCN商用音乐侵权第一案，引发各界对短视频背景音乐侵权乱象的关注与探讨。

4. 调撤比例持续保持高位

截至2022年12月31日，北京互联网法院审结的4231件网络音乐著作权案件中，调撤案件3159件，占74.7%，其中，庭前调撤占72.9%，当庭调解占1.8%，庭后调撤占25.3%。另据不完全统计，在原、被告相同的批量案件中，北京互联网法院通过调解在审案件，促进双方就未进入诉讼案件一并和解的情况较为普遍。由此可见，调解对于促进网络音乐著作权纠纷化解，减少此类案件增量具有积极意义。同时，持续保持高位的调撤率也反映出此类案件的当事人，无论是起诉主体，还是被诉主体，均具有较强的调解意愿。

（二）原因分析

1. 权利主体以版权许可方式授权他人维权成为一种现实选择

根据北京互联网法院受理的网络音乐著作权案件情况，被许可人起诉案件中，原始权利人主要包括两类：一是域外录音制品制作者；二是网络原创音乐人。这两类主体中，前者缺乏及时发现中国境内侵权行为的能力，后者缺乏充沛的维权时间与精力，委托他人监测侵权并进行维权具有现实需要。客观而言，由被许可人直接起诉维权，一定程度上有利于提升维权效率，但值得关注的是，此类主体提起诉讼通常以实现赔偿诉求为目标，一般不会从促成音乐许可使用的角度解决纠纷。音乐的生命力在于传播，如何通过维权更好地促进音乐传播，实现音乐价值，是被许可人起诉维权案件值得关注的一个问题。

2. 使用主体音乐版权保护意识有待进一步加强

实践中，使用主体音乐版权保护意识薄弱主要体现为以下三种情形：一是对未经授权使用音乐的性质认识不足。部分网络用户，甚至是网红歌手、网红主播，在被起诉前并未认识到网络空间内未经授权使用音乐可能构成侵权。而在承担侵权责任后，部分使用主体依然面临"用则得咎，不用则难以为继"的两难境地。二是对未经授权传播音乐心存侥幸。部分平台运营商对于"先授权、后使用"的基本原则不可谓不知，但依然存在未经授权传播歌曲的情形。此外，亦存在部分平台对于授权到期的歌曲未及时下架，对超期使用心存侥幸。三是对授权链条审查不严。一首歌曲通常包括三类权利，即词、曲作者享有的著作权、演唱者享有的表演者权、录音制作者享有的录制者权。实践中，存在部分使用主体因未获得完整授权而被诉侵权的情况。

3. 音乐著作权集体管理组织作用发挥仍有较大空间

截至 2022 年 12 月 31 日，音乐著作权集体管理组织起诉案件占北京互联网法院网络音乐著作权收案量的 1.5%，这一定程度上表明集体管理组织在维护网络音乐使用秩序方面，还存在较大的作用提升空间。同时，实践中，已有不少数字音乐平台与音著协签订《战略合作协议》，约定在非音著协会员向平台主张权利时，音著协应参与协调。由于音著协并非此类案件当事人，如何协调音著协参与纠纷处理，一方面使《战略合作协议》的前述约定能够真正落地，另一方面使非会员的创作者能够从维权者变为授权者，并从作品传播中获得稳定收益，以实现更优诉讼效果，值得进一步探索和研究。

二、网络音乐著作权案件审理的裁判导向及遵循的裁判规则

切实维护音乐著作权人、邻接权人的利益,坚决遏制网络音乐版权侵权乱象,统筹兼顾创作者、传播者、平台运营商和社会公众的利益,是北京互联网法院在审理网络音乐著作权纠纷案件中坚持的基本裁判导向。

(一)准确适用署名推定与优势证据规则,切实维护网络原创音乐人利益

网络原创音乐人已成为网络音乐创作的重要源头。鼓励原创,首先就应保护原创。北京互联网法院受理的网络音乐著作权案件中,网络原创音乐人起诉维权的案件逐渐增多。由于网络原创音乐人在发布原创歌曲时通常使用艺名,甚至多个艺名,有的艺名与其自媒体账号并不对应,因此,确认作品与原创音乐人之间的关系,往往是案件首先应当解决的问题。

对此,北京互联网法院通过案件审理明确裁判标准,原创音乐人通过自媒体账号公开发表的歌曲信息,能够反映歌曲创作过程的原始文档、沟通记录等,可以作为证明创作者身份的初步证据,在无相反证据推翻的情况下,应当确认原创音乐人的作者身份。在一起网络原创音乐人署名权纠纷案中,原告李某与被告王某均为网络原创音乐人,双方因谁是歌曲创作者产生争议。北京互联网法院经审理认为,根据李某自媒体账号发表的歌曲署名信息、合作作者金某发布该歌曲时标注的署名信息,以及李某与金某之间关于歌曲创作的沟通记录等证据,能够形成证据链,在无相反证据的情况下,应当确认李某为歌曲创作者之一,依法享有著作权。

(二)明确界定网络用户音乐侵权使用方式,防止类型化侵权现象蔓延

2021年,我国网络音乐用户规模达7.29亿,如此庞大的群体既是网络音乐的接收者,也可能成为网络音乐的传播者。明确网络空间内音乐的侵权使用方式,促使网络用户对于音乐使用行为自省自律,避免盲目效仿,对于促进网络空间内的音乐版权保护具有至关重要的意义。

网络用户将在公共场所翻唱歌曲的行为制作成短视频传播,构成对音乐作品权利人表演权、信息网络传播权的侵害。在网红歌手翻唱案中,北京互联网法院经审理认为,被告曹某在街头翻唱他人歌曲,吸引公众围观,目的是拍摄短视频吸引粉丝关注,从而获得流量,其行为具有营利属性,构成对歌曲权利人表演权的侵害。同时,曹某将录制的短视频上传至网络,使公众可以在个人选定的时间和地点,通过该视频获得涉案歌曲,亦构成对歌曲权利人信息网络传播权的侵害。

网络用户利用他人歌曲进行二次创作，并将创作完成的歌曲通过网络传播，可能涉及对原作品权利人改编权、信息网络传播权的侵害。在歌曲《长得丑活得久》侵害著作权案中，被告徐某、秦某在他人创作完成的歌曲《我愿意平凡的陪在你身旁》的基础上，改动了部分歌词与旋律，创作完成了歌曲《长得丑活得久》，并通过网络传播。北京互联网法院经审理认为，被告创作的《长得丑活得久》与在先歌曲相比，虽然在歌词与旋律方面均存在一定区别，融入了徐某、秦某的独创性表达，但整体上并未完全脱离原作品，且相似部分属于在先歌曲的独创性表达，因此构成对在先歌曲权利人改编权的侵害。同时，徐某、秦某通过网络传播改编后的歌曲，亦构成对在先歌曲权利人信息网络传播权的侵害。

网络用户利用自行下载的歌曲伴奏进行演唱并制作录音制品，且将录音制品通过网络传播，构成对音乐作品权利人信息网络传播权的侵害。在《使至塞上》翻唱案中，北京互联网法院经审理认为，被告赵某利用从网络渠道下载的歌曲《使至塞上》伴奏录制由自己演唱的录音制品，并将其演唱的录音制品通过网络传播，亦构成对歌曲权利人信息网络传播权的侵害。

（三）坚决遏制直播、短视频领域音乐版权侵权乱象，促进新兴行业健康发展

在网络新兴行业中，直播、短视频领域的音乐版权侵权现象凸显。在直播领域，主播在直播过程中演唱他人歌曲，或者将他人歌曲作为背景音乐以烘托气氛的现象比较普遍。而在短视频领域，音乐是短视频制作中最重要的元素之一，使用形式也更为复杂多样。对于直播、短视频领域的音乐版权侵权乱象，北京互联网法院亦在具体案件中亮明司法态度，积极促进行业健康发展。

直播平台参与主播直播打赏分成，并设置专栏提供直播回看服务，且未尽到与其商业模式相匹配的注意义务，其对于主播侵权所造成的损害后果应承担连带赔偿责任。在某直播平台案中，北京互联网法院经审理认为，尽管涉案直播行为的实施主体是主播，且无证据表明平台曾参与涉案直播的策划与安排，但直播平台对于主播设置较低的注册门槛、参与直播打赏收入分成，同时设置"音乐最前线"栏目提供直播回看服务吸引流量，却未采取与其收益相匹配的侵权预防措施，故应当认定直播平台未尽到相应的注意义务，具有过错，构成帮助侵权，应承担连带赔偿责任。

短视频平台对用户利用平台曲库中未经授权的歌曲制作并传播短视频的行为，应承担连带责任。在某短视频平台案中，北京互联网法院经审理认为，短视频平台未经授权通过平台曲库传播热门歌曲，构成对歌曲权利人信息网络传

播权的直接侵权。同时，对平台用户利用该歌曲制作短视频并通过平台传播的行为，未采取必要措施加以预防，导致权利人损失进一步扩大，具有过错，亦应承担相应的侵权责任。

短视频剪辑平台明知第三方平台授权不明，仍为侵权录音制品提供定向搜索，构成侵权。在某视频剪辑平台案中，涉案视频剪辑平台提供音乐搜索、播放、剪辑功能，公众通过前述功能能够搜索并获得涉案歌曲，并进行剪辑用以制作短视频。被告抗辩相关音乐存储于第三方"音乐搜索器"网站，并非由其直接提供。北京互联网法院经审理认为，即使前述抗辩属实，被告在明知第三方网站授权不明的情况下，仍进行定向搜索，具有过错，应当承担侵权责任。

（四）坚持利益平衡理念确定平台责任，寻求著作权保护与平台经济发展的动态平衡

利益平衡是网络著作权案件裁判的基本理念，目的是避免网络服务提供者动辄得咎，为科技创新与产业发展保留空间。但坚持利益平衡，并非对网络服务提供者包容、纵容，而是强调双向的、动态的平衡，即在法律为网络服务提供者预留发展空间的同时，网络服务提供者亦应积极避免侵犯著作权的行为，并采取有效措施保护著作权。在涉及平台责任认定的网络音乐著作权案件审理过程中，北京互联网法院亦坚持前述理念。

视频网站对于网络用户上传的包含有侵权歌曲的视频内容一般不负事先审查义务。在某视频平台用户侵权案中，北京互联网法院经审理认为，涉案视频平台作为提供信息存储空间的网络服务提供者，未对用户上传的涉案影片进行选择、推荐，或将影片置于可被明显感知的位置，且其并非涉案影片制作者，无从知晓影片片尾使用的音乐作品是否构成侵权，亦不存在对用户上传影片中所有元素来源是否合法进行审核的必要和可能，加之，在接到原告通知后已及时删除涉案影片，并提供上传用户信息，并无过错，不应承担侵权责任。

网络服务提供者接到通知后未对涉嫌侵权内容及时采取技术措施，对损失扩大部分构成帮助侵权。在某短视频平台用户侵权案中，原告同时起诉了涉案短视频平台 App 运营主体及网站运营主体。北京互联网法院经审理认为，原告于起诉前曾向 App 运营主体发送过侵权通知，App 运营主体直至收到本案起诉材料后才对用户上传的涉嫌侵权内容作删除处理，明显超过合理期限，对于侵权行为存在明知过错，构成帮助侵权，应承担相应的侵权责任。而若原告于起诉前并未向网站运营主体发送通知，网站运营主体在接收到本案诉讼材料后及时删除了用户上传的涉嫌侵权内容，则其并无过错，不承担侵权责任。

在线音乐平台放任用户上传侵权歌曲以充实平台内容，构成帮助侵权。在某音乐平台用户侵权案中，北京互联网法院经审理认为，平台披露的用户注册信息无法确认系真实用户上传，且该平台专门提供音乐在线播放服务，应当知晓个人用户取得音乐专辑权利人授权的可能性较小，然而其并未采取侵权预防措施，放任侵权专辑在其网站试听量超千万，未尽到与其经营模式相匹配的注意义务，对侵权行为的发生具有过错，应当承担侵权责任。

三、妥善解决网络音乐著作权纠纷的建议

（一）拓宽诉源治理方法路径，提升网络音乐著作权纠纷解决质效

一是适当引入音乐著作权集体管理组织参与化解。2021年底，北京互联网法院在上级单位的指导下，与北京市版权主管部门、上级法院及相关单位，共同建立了版权保护行政司法协同机制。经过实践，这一机制对于促进版权纠纷源头化解具有积极作用。就网络音乐著作权纠纷而言，针对平台与集体管理组织签订了一揽子音乐使用许可《战略合作协议》的案件，探索引入集体管理组织协调纠纷解决，将有助于促维权为授权，化纠纷为合作。

二是联合开展对网络音乐市场价值的动态调研。赔偿数额通常是化解纠纷的关键问题。将行政机关的监管优势、法院的裁判优势、集体管理组织对于市场交易水平的掌握优势，以及音乐平台、行业协会的大数据优势相结合，定期开展网络空间内相关应用场景的市场调研，有助于进一步明晰网络音乐市场交易价格，确保裁判符合市场实际，同时也利于稳妥开展诉前调解，促进协商许可。

（二）充分发挥音乐著作权集体管理组织维权职能，破解网络空间内海量音乐授权难题

在案件审理中发现，虽然音乐著作权集体管理组织已成立多年，但司法实践中仍有很多使用主体并不知晓。因此，建议音乐著作权集体管理组织一方面加大自身宣传力度，使自身职能和优势能够为国内外的音乐创作者、传播者所知悉，从而吸引更多的权利主体将作品通过集体管理组织进行传播并获得收益；另一方面，积极拓展授权路径，使更多的使用主体能够明晰获得授权的途径，进一步从源头上规范海量音乐授权，促进更多优质音乐产品的创作和传播。

（三）倡导平台增强管理自觉、提升管理水平，做好保护音乐版权的"疏""堵"工作

一是打通版权授权路径。音乐已成为内容平台发展的刚需。以直播平台为例，主播通常会在直播过程中播放音乐。《中华人民共和国著作权法》第四十五条赋予录音制作者获酬权，为使该项权利能够落地，音集协于2022年7月发布了《互联网直播间使用录音制品付酬标准（草案）》，该标准尚待各直播平台积极响应。在此，我们倡导直播平台切实履行主体责任，通过平台统一获得授权再许可主播使用的方式，以遏制直播音乐侵权乱象丛生问题。

二是丰富版权保护手段。首先，建议平台制作或鼓励用户制作与音乐版权保护有关的短视频等宣传载体，主动宣传音乐版权保护知识；其次，建议平台进一步完善投诉指引及处理反馈机制，确保《中华人民共和国民法典》有关"通知－删除""反通知－恢复"的程序规定能够真正落实；最后，建议平台不断提升识别音乐版权侵权的技术手段，采取与商业模式相适应的音乐版权侵权预防措施。

（四）加大音乐版权保护宣传力度，营造"人人参与、人人受益"的版权保护良好氛围

一是丰富音乐版权保护的宣传主体。网络音乐版权保护仅仅依靠司法力量，难以形成燎原之势，更需要版权行政主管机关的指导，以及音乐创作者、传播者、集体管理组织、平台企业、网络用户的积极参与。唯汇集各方智慧、凝聚各方力量、形成最大共识，才能真正激发音乐创作者的热情，满足数字音乐产业发展的需要。

二是创新音乐版权保护的宣传形式。音乐版权保护由于涉及多个权利主体，保护体系相对复杂。为满足不同使用主体对于音乐版权保护知识的需求，可充分利用直播、短视频等新兴媒介形式，将音乐版权保护知识条分缕析，以通俗易懂的方式持续输出，从而促进全社会音乐版权保护意识不断提升，使音乐版权保护真正扎根于每个人心中。

以上是北京互联网法院网络音乐著作权案件的审理情况。加强音乐著作权保护，促进音乐版权交易，让音乐最大限度地焕发生命力，是北京互联网法院想向公众传递的核心内容。希望社会各界能共同树立音乐版权保护意识，共同促进音乐产业和平台经济健康发展，让网络用户在优美的音乐中享受更加美好的网络生活。

交易秩序篇

关于涉电子商务合同纠纷类案件的统计分析
——以北京互联网法院2018年至2022年涉电子商务合同纠纷类案件统计数据为研究样本

文/北京互联网法院课题组[*]

北京互联网法院自成立以来，集中审理北京市辖区内通过电子商务平台签订或者履行网络购物合同而产生的纠纷及签订、履行行为均在互联网上完成的网络服务纠纷。为了更好地了解涉电子商务合同纠纷类案件的基本情况与特点，总结该类案件审理中发现的问题，对涉电子商务合同纠纷类案件进行成因分析，并在此基础上提出合理应对建议。本文以北京互联网法院管辖的网络购物合同纠纷（现变更为信息网络买卖合同纠纷，下同）案件与网络服务合同纠纷案件为研究对象，以北京互联网法院自2018年9月9日成立以来至2022年12月31日受理的上述两类案件为样本，对涉电子商务合同纠纷类案件进行分析。

一、涉电子商务合同纠纷类案件的基本情况与案件特点

（一）收、结案情况及分析

北京互联网法院2018年至2022年（统计时间范围为自2018年9月9日建院以来至2022年12月31日，下同）共受理涉电子商务合同纠纷类案件15219件，占收案总量的9.1%，其中，受理网络购物合同纠纷12400件，占收案总量的7.4%，受理网络服务合同纠纷2819件，占收案总量的1.7%。共审结涉电子商务合同纠纷类案件13133件，占结案总量的8.3%，其中，审结网络购物合同纠纷10734件，占结案总量的6.8%，审结网络服务合同纠纷

---

[*] 课题主持人：姜颖；执笔人：刘书涵、朱阁、张夏意。

2399件，占结案总量的1.5%。在北京互联网法院受理的十一类案件中，涉电子商务合同纠纷类案件收、结案数量位列第三，呈现收、结案数量多的特点。

（二）涉案主体情况及分析

1. 原告主体情况及分析

一是自然人占比为96.5%，其中男性占比高。在北京互联网法院受理的15219件涉电子商务合同纠纷类案件中，有14684件是自然人为原告提起诉讼的案件，占96.5%。一方面是由于在电子商务合同中自然人缔结合同的占比高，另一方面在线诉讼模式降低了个人的诉讼成本。其中，男性在提起涉电子商务合同纠纷诉讼方面的活跃度更高，维权意识比较强，共有11194件案件以男性为原告，占比为73.6%。

二是同一原告起诉多起案件的情况较多。排名前十位的原告起诉案件数量多达1000件，占涉电子商务合同纠纷类案件收案总量的6.6%，最多的一个原告起诉案件190件。该类原告提起的诉讼主要涉及食品安全领域。

2. 被告主体情况及分析

一是法人及其他组织占比为86.1%。在涉电子商务合同纠纷类案件中，法人及其他组织为被告共涉及案件13104件，占比为86.1%；自然人为被告涉及案件2115件，占比为13.9%。

二是单一被告占比高。在涉电子商务合同纠纷类案件中，原告起诉一个被告案件为11382件，占74.8%；原告起诉两个被告案件为3372件，占22.2%，此种类型多为原告同时起诉平台与平台内经营者；原告起诉三个及以上被告案件为465件，占3.1%，此种类型多为原告在起诉平台与平台内经营者的同时，起诉产品生产者或者开具发票方。

三是电子商务平台涉诉集中。电子商务平台成为主要被诉主体，被诉案件数量位于前十位的电商平台，涉诉案件共有4694件，占涉电子商务合同纠纷类案件的30.8%。

（三）涉案标的额情况及分析

从总体上来看，北京互联网法院受理的涉电子商务合同纠纷类案件的个案标的普遍较小，平均为29849元。其中，涉案标的额在1万元以下的案件共8244件，占54.2%；涉案标的额在1万元以上10万元以下的案件共6334件，占41.6%；涉案标的额在10万元以上的案件共641件，占4.2%。

（四）涉案产品情况及分析

在北京互联网法院受理的涉电子商务合同纠纷类案件中，涉案产品一方面仍集中在网售食品、保健品领域，占比居高不下；另一方面涉诉产品涉及领域较广，涉及化妆品、家居服饰用品、奢侈品、电子产品、交通工具等。网络服务合同纠纷案件主要涉及在线旅游、机票、酒店、餐饮预订服务、在线教育、二手商品居间服务、网站售后服务、网站会员服务等内容。

（五）程序适用情况及分析

一是涉电子商务合同纠纷类案件中涉及简易程序7698件，占50.6%，其中涉及小额诉讼程序73件；二是以判决结案的案件中，共有496件涉及公告程序，对平台内经营者尤其对已关店的店铺与个人店铺、个体工商户的送达较为困难；三是存在涉外案件，主要涉及电商平台海外购，此类型案件多需要走涉外送达程序，周期长，与在线诉讼模式不相适应。

（六）结案方式情况及分析

2018年至2022年，北京互联网法院审结的13133件涉电子商务合同纠纷类案件中，以准予撤诉方式及结案5516件，占比为42%；以判决方式结案2968件，占比为22.6%；以按撤诉处理方式结案2411件，占比为18.4%；以调解方式结案1251件，占比为9.5%；以裁定移送其他法院管辖方式结案833件，占比为6.3%；其他154件。从结案方式情况来看，呈现调解及调解后撤诉率高的特点，在以撤诉方式结案的案件中，大多数为当事人自行和解或法院主持调解。

（七）诉讼请求及裁判结果情况及分析

在涉电子商务合同纠纷类案件中，诉讼请求多为解除合同，退还货款，支付惩罚性赔偿，要求电商平台承担连带责任。另外，比较常见的诉讼请求有要求被告继续履行合同，确认合同或合同中部分格式条款无效，被告承担误工费、律师费、交通费等合理费用，被告承担鉴定费，被告支付利息等。

以判决方式结案的涉电子商务合同纠纷类案件中，原告要求解除合同，退还货款的诉讼请求获得支持率较高，且多为提供的商品、服务不符合相应标准，合同的履行存在瑕疵的情况；2018年至2022年在原告主张惩罚性赔偿的5585件案件中，1513件案件获得了法院支持，占比为27.1%，其中1156件为依据《中华人民共和国食品安全法》（以下简称《食品安全法》）的规定支持的十倍赔偿，357件为依据《中华人民共和国消费者权益保护法》（以下简称《消费者权益保护法》）的规定支持的三倍赔偿；对于电商平台承担连带责任的诉讼请求支持得极少，绝大多数案件中，原告提交的证据并未指向电商平台，法院未认定电商平台"知道"或者"应当知道"平台内经营者存在侵害消费者权益的情况。

（八）案件审理趋势预测的情况

随着电商经济新业态、新模式的发展，涉及跨境电商、直播电商、社交电商等新兴产业模式案件将日益增多。在涉及的电子商务平台方面，除了传统聚合性电子商务平台之外，二手平台、在线旅游平台、网约车平台、外卖平台、直播平台、短视频平台、在线教育平台、点评平台、在线取证平台等平台类型将进一步多元化。

二、涉电子商务合同纠纷类案件审理中的问题

（一）电子商务合同解除问题

在2018年至2022年以判决方式结案的涉电子商务合同纠纷类案件中，有1677件案件原告主张合同解除，在相当一部分案件中，原告未直接主张合同解除，而是在诉讼请求中要求被告退货退款或退还货款。在案件的审理中发现，一些有关合同解除的问题需进一步明确：第一，若原告在诉讼请求中主张退货退款，但未主张合同解除，在审理过程中，法官是否必须向原告释明，若法官未予释明，如何在判决中确认合同效力问题。第二，根据《中华人民共和国民法典》（以下简称《民法典》）第五百六十五条的规定，当事人一方依法主张解除合同的，应当通知对方。合同自通知到达对方时解除。通过对判决的梳理，笔者发现在一些判决中未明确合同解除的具体时间，在这种情形下，合同效力存续时间如何认定。第三，根据《全国法院民商事审判工作会议纪要》，人民法院应当审查违约方的违约程度是否显著轻微，是否影响守约方合同目的的实现，根据诚实信用原则，确定合同应否解除。违约方的违约程度显著轻微，不影响守约方合同目的的实现，守约方请求解除合同的，人民法院不予支持。在电子商务合同的司法实践中，如何认定商家的违约行为是否显著轻微，合同目的是否可通过修理、更换、重作等方式顺利实现尚待明确。

（二）电子商务合同格式条款效力问题

在涉电子商务合同纠纷类案件中，由于电子商务"一对众"型产业模式，

格式条款订入电子商务合同更为常见，关于格式条款的效力认定情况更为复杂。一般情况下，平台服务协议与交易规则，商家"购物须知""购买流程规定""售后服务规则""退换货须知"等均属于格式条款。在案件审理中存在一些难点问题。第一，关于格式条款提供方的提示与说明义务的问题，司法实践如何认定提示是否达到足以引起对方注意的程度存在模糊之处，是否在文字、字体、符号、颜色等任一方面存在特别表示，即意味着格式条款的提供方尽到了提示注意的义务，当格式条款的内容显著超过了通常情形下的合同相对人的理解能力时，是否要进行附加提示与说明。第二，关于单方变更条款的效力问题，单方变更条款本身是否属于免除乙方责任、加重对方责任、排除对方主要权利的条款，在单方变更权得到承认的情况下，格式条款提供方需履行哪些层面的程序性规则，法院应当综合考虑哪些因素认定变更内容的效力。第三，关于管辖协议的效力问题。如何认定关于平台、平台内经营者提供的管辖协议条款的效力，在司法实践中存在较大分歧，第一种观点是此类管辖协议是经营者单方制作的格式条款，经营者有无充分证据证明其采取了合理方式提请消费者注意，是认定此类管辖协议效力的关键；第二种观点认为，此类管辖协议是经营者单方制作的格式条款，排除了消费者依照《中华人民共和国民事诉讼法》选择管辖法院的重要诉讼权利，属于无效条款。

（三）惩罚性赔偿的适用问题

1. 当事人的认知能力判断

原告针对标签、食品配料等类似问题多次提起诉讼的案件数量较多，当事人的认知能力因素成为认定是否适用惩罚性赔偿的关键性因素。在司法实践中，关于如何判断当事人的认知能力存在争议，是否可以通过当事人对同一类型产品的多次购买推断当事人的认知能力，若不能据此判断，可能造成大量恶意索赔案件出现；若可以据此判断，是否会造成职业索赔人和挑剔的消费者之间的混淆。

2. 《食品安全法》中"实质性食品安全"的认定标准

在2018年至2022年以判决方式结案的涉电子商务合同纠纷类案件中，共有3349件案件原告依据《食品安全法》主张十倍惩罚性赔偿，其中1156件获得了支持，涉案产品是否符合实质性食品安全成为关键性因素。《食品安全法》第一百四十八条明确规定了惩罚性赔偿适用的但书情形，但仍有待于通过司法实践总结出更为细化的认定规则。一种观点认为，三无、没有合法来源、有毒有害、违法添加等问题均属于实质性食品安全问题；还有一种观点认为，仅有毒有害属于实质性食品安全问题，十倍惩罚性赔偿的适用应当进一步限制。

3. 《消费者权益保护法》中"欺诈"的认定

在2018年至2022年以判决方式结案的涉电子商务合同纠纷类案件中，共有2217件案件原告依据《消费者权益保护法》主张三倍惩罚性赔偿，其中357件获得了支持，消费者对民事欺诈的理解存在偏差，诉讼期待较高。根据《消费者权益保护法》第五十五条的规定，经营者提供商品或者服务有欺诈行为的，应当按照消费者的要求增加赔偿其受到的损失，增加赔偿的金额为消费者购买商品的价款或者接受服务的费用的三倍；增加赔偿的金额不足五百元的，为五百元。在司法实践中，关于欺诈的证明标准在裁判尺度上未得到统一。根据《最高人民法院关于适用〈中华人民共和国合同法〉若干问题的解释》（已废止）第五十五条的规定，对欺诈的证明应高于高度盖然性的证明标准，要达到排除合理怀疑的程度。在案件的审理中，法官适用该条款的比例较低，因为严格适用排除合理怀疑的证明标准，可能会加大消费者的举证难度，加重举证负担，不利于消费者权益的保护。

（四）平台责任认定问题

1. 平台连带责任的承担问题

《中华人民共和国电子商务法》（以下简称《电子商务法》）第三十八条规定了平台承担连带责任的条件。在司法实践中，在2018年至2022年原告主张平台应当承担连带责任的1135件案件中，判决平台应当承担连带责任的案件非常少，如何认定"知道"或者"应当知道"往往成为涉及平台责任案件的审理难点。在平台大数据分析能力日益增强的大背景下，在案件中，法院依据平台对消费者针对同一店铺同一产品进行了应当认定平台"知道"平台内经营者的违法行为，那么消费者对于产品及服务的负面评价，其他消费者的集中投诉举报，是否可以成为推断平台"应当知道"平台内经营者的依据？在这种情况下，消费者的举证能力明显不足，法院是否应当向平台调取涉案产品的全部投诉记录？在平台连带责任的承担问题上，如何既不对平台内海量商品及服务苛以过重的审查义务，又避免平台逃避责任而造成消费者权益受损，需要法院根据平台的审查内容及能力予以动态判断。

2. 平台的信息披露问题

根据《消费者权益保护法》的规定，网络交易平台提供者不能提供平台内经营者的真实名称、地址和有效联系方式的，消费者可以向平台要求赔偿。

但在法律规定中有几点未予以明确：第一，电商平台的信息披露义务是诉前的信息披露还是诉讼中的信息披露，在原告主张电商平台未履行诉前的信息披露义务时，电商平台多抗辩诉讼前的信息披露会涉及对个人信息的保护问题（特别是在 C2C 模式下），对此抗辩法院的态度并不明确，若理解为诉讼中平台披露信息即可免责，一定程度上会造成诉讼资源的浪费；第二，有效联系方式如何理解，是否要求达到法院可以完成有效送达的程度。在大量案件中，法院依据平台披露的信息无法完成送达，拉长了审理周期，加大了审理难度，法院在审理中是否可以直接适用电商平台与商户签订的送达地址确认书也存在争议。

三、涉电子商务合同纠纷类案件的成因分析

（一）起诉主体层面

1. 消费者维权意识、能力与维权便捷度的提升

随着《消费者权益保护法》《电子商务法》的陆续出台与消费者权益保护普法宣传的深入开展，消费者群体通过司法途径维护权利的意识不断增强，其留存商品、服务快照，与平台、平台内经营者沟通记录的能力也逐步增强。另外，北京互联网法院全流程在线诉讼模式在很大程度上降低了消费者通过司法途径维权的成本，一定程度上提升了其司法维权意愿。

2. 以牟利索赔为目的的诉讼行为频发

以牟利索赔为目的的诉讼行为，主要用于解决产品标签等问题，在一定程度上造成了司法资源的浪费。对于个人而言，只要个人的回报高于其支付的成本，就有动力提起诉讼，即使诉讼的成本高于社会整体回报。[1] 惩罚性赔偿的高额回报，加之司法资源耗费等成本并不由原告承担，这就催生了过度诉讼的产生。

（二）平台内经营者层面

1. 提供的商品或服务不符合标准

经营者为了追求利益最大化，会向消费者提供不符合标准的商品或者服务。最具有代表性的是食品、药品标签标识问题严重。商品标签是识别商品种类、成分、用途、产地、生产日期等重要信息的载体。如果标签上记载的内容不准确，不仅会影响商品质量，也会对消费者造成误导，侵害消费者的知情

---

[1] 赵鹏：《惩罚性赔偿的行政法反思》，载《法学研究》2019 年第 1 期。

权、公平交易权甚至生命健康权。标签问题主要表现为标签缺失重要商品信息、标签内容与实际情况不符、标签记载出现文字错误。另外，比较有代表性的问题还有食品、药品非法添加，未取得国家强制性产品认证，特殊类型产品未取得相应资质等。

2. 作出虚假或者引人误解的宣传

在网络交易中，经常存在经营者为了获得不正当利益，利用信息占有、技术应用等方面的优势，通过广告、详情、评价等方式对商品或服务做出与实际情况不符的宣传，误导甚至欺骗消费者购买商品或服务，侵害了网络消费者的知情权。主要包括以下三种情况：一是对产品质量或服务内容进行虚假或夸大宣传；二是隐瞒商品或服务存在的重大瑕疵或质量问题，如经营者故意隐瞒其销售的手机为二手机、翻新机等情况，误导消费者进行购买；三是对商品或服务价格进行虚假宣传。

3. 未履行合同或者合同履行存在瑕疵

在涉电子商务合同纠纷类案件的审理中，经营者常以价格标示错误、库存不足、超售等为由，直接以单方面变更或取消订单的方式拒绝履行合同或迟延履行合同。

4. 新冠疫情集中暴露经营问题

新冠疫情暴发以来，催生了一系列涉疫情电子商务合同纠纷类案件，涉及医疗防疫物资、餐饮住宿机票、教育培训课程等领域，需要具体分析疫情影响下合同解除、违约责任、损害赔偿、风险共担等难点问题。在部分纠纷中集中暴露了经营者的经营问题，比如涉及口罩等防疫物资执行标准及防护作用标识缺乏、虚假宣传、虚假发货、删除订单、以次充好等经营行为，损害了消费者权益。

（三）平台管理层面

1. 平台服务与交易规则的程序与实体公正性有待加强

《电子商务法》第三十二条和第三十六条对平台制定的服务协议和交易规则提出了实质性要求。平台服务与交易规则包括"进入/退出规则、商品服务保障规则、权益保护规则、数据信息保护规则以及其他符合电子商务平台经营特点的特殊规则"等方面。❶ 在司法实践中，我们发现平台服务与交易规则主

---

❶ 《〈电子商务法〉实施两周年评估报告》。

要存在如下问题：一是电商平台服务协议和交易规则的意见征集程序流于形式，平台征集意见的形式存在一定隐蔽性，公众对意见征集的参与度不够，部分平台的规则修改公示只是流于形式，未给予相关利益方有效表达意见的途径；二是服务协议以格式条款形式约定管辖法院，协议多规定争议管辖法院为平台自身的注册地、主要营业地或被告所在地管辖法院，排除了合同履行地等可供相对方选择的其他法院的权利，增加了消费者的维权成本与维权难度；三是平台服务协议中往往规定，平台可以独立判定用户是否违约，是否适用处罚性措施，未给予被处罚对象相应的申辩权及便捷的救济途径，可能有违程序公正性与公平、合理的规定；四是平台服务协议中对于储值卡、权益卡等预付款项的运行安全保障不足，涉及用户数量众多、资金数额庞大，可能带来系统性风险。

2. 平台信息公示存在缺陷

司法实践中，电商平台对于以下几类信息的公示均存在显著缺陷：一是对于营业执照、行政许可的信息公示，存在未公示营业执照信息，实际经营范围与公示的经营许可证不符，公示信息埋藏较深或无法打开等问题；二是对于平台实施的处罚性措施，部分平台未做到真正意义上的公示，且存在消费者难以得知的情形，既不利于商家及时申辩救济以免合法权益遭到侵害，又不利于起到公示的警示效果；三是对于平台自营业务与他营业务的公示，电商平台存在着业务经营者标示不清，没有区分标记自营业务与他营业务的问题。

（四）多元纠纷解决机制层面

1. 平台纠纷解决机制的局限性

平台内部的自治纠纷解决模式在实践中解决了大量消费者与经营者之间的纠纷，但部分平台在纠纷解决期限、程序、纠纷裁决者资格、纠纷解决依据、纠纷解决效力等问题上不规范，缺少对于纠纷解决程序的监督和对纠纷裁决者的权力限制，未充分体现出平台在专业性、数据掌握、对经营者的控制能力等方面的优势。另外，电商平台在纠纷解决过程中，难免考虑自身利益，在自身利益保障和纠纷解决之间寻找平衡点。在此情况下，集规则制定者、规则受益者、规则执行者三重身份的电商平台缺乏居中裁判的公信力，导致大量纠纷未能在平台层面解决从而涌入法院。

2. 社会组织纠纷解决机制的局限性

以消费者协会为代表的社会组织在多元纠纷解决中的问题愈发突出，比如消费者协会的调解不具有强制性，且缺乏一定的约束力，调解程序没有周期短优势,缺乏专业的调解人员,调解协议缺乏履行力,另外消费者仲裁制度的"搁浅"也导致消费者少了一项重要的解决途径。❶ 在此情况下,消费者选择到消费者协会调解或仲裁的或者将其作为提起诉讼前置程序的意愿较低。

3. 行政机关协同机制不健全

一方面,监管的中心化特征使行政机关无法适应电子商务治理的需求,其难以覆盖迭代扩张的平台经济发展的全过程;另一方面,行政监管成本较高,负担较重。另外,行政机关与司法机关、行政机关与平台、行政机关与消费者协同治理机制的不健全也成为涉电子商务合同纠纷类案件多发原因之一。

四、涉电子商务合同纠纷类案件的应对建议

(一) 司法治理层面

涉电子商务合同纠纷类案件的审理应当采用穿透性思维,明确诉讼请求,穿透法律适用,通过审判经验的总结,加强对管辖规则的审查,明确惩罚性赔偿的适用标准,合理界定平台责任。

1. 进行类案研究,规制诉讼主体滥用管辖规则的行为

在对管辖问题进行审查时,一方面,要对原告当事人虚构管辖连接点,恶意"拉管辖"的行为进行规制,构建诚信诉讼的司法环境,降低社会治理成本;另一方面,要对被告利用格式条款的协议管辖规则严重损害消费者的权利的行为进行规制,保障消费者的合法权益,实现方便确定管辖、便利诉讼的立法目的。

2. 统一裁判尺度,依法适用惩罚性赔偿

《食品安全法》《消费者权益保护法》等法律均设置惩罚性赔偿制度,其初衷是填补消费者损失,提高经营者违法成本,威慑、警告其他经营者,防止再发生类似违法行为,净化交易市场。在惩罚性赔偿的适用中,应以制度初衷为出发点,进一步明确惩罚性赔偿适用标准,使该制度在激励私人参与公共规制的同时,避免法律规范当中不合理、不一致和表意模糊的内容被滥用而引发的过度诉讼。

3. 提升规则意识,合理界定平台责任

电子商务平台作为交易平台提供者被消费者起诉的案件中,电子商务平台

---

❶ 张晶晶:《消费者协会解决消费纠纷的职能研究》,载《经营与管理》2020 年第 5 期。

是否履行了法定及约定义务,是判断其是否应当承担法律责任的关键。在涉及平台责任的案件中,一要特别注重典型案例培育,树立裁判规则,亮明司法态度;二要细分类型场景,清晰界定平台责任,结合不同类型平台的服务模式、技术特点、发展阶段等,充分考虑沉入案件具体场景,合理界定平台责任;三要对涉新型电商平台案件加强研判学习,紧跟行业发展新业态,例如跨境电商平台、直播电商平台、在线教育平台等。

(二) 平台自治层面

在平台自治层面,一方面平台要严格履行其法律义务,承担法律责任;另一方面在法律责任以外,平台要通过社会责任与道德责任的承担,深度参与、服务于社会治理。目前,大型电商平台与用户之间初步形成了完整的"权力"架构与运行体系,❶对网络用户、平台内经营者具备强大的支配力和影响力,在数字经济时代,平台在自治的同时也承担着维护网络市场秩序、保障用户权益的公共职能。

1. "准立法"层面——完善服务协议与交易规则

平台制定服务协议和交易规则时,应当遵循公平性、公开性、公正性原则,在实体问题上,既要考虑到平台提供的广告服务、技术服务、支付服务在内的全方位服务,又要对消费者权益保护、纠纷解决机制、个人信息保护、平台处罚措施救济手段等问题进行规范。在程序问题上,要引入民主决议机制,加强公开透明程度,提升公示效果,广泛听取消费者与平台内经营者的意见。

2. "准行政"层面——加强对平台内经营者的有效管理

平台应当以保护消费者权益为出发点,加强对平台内经营者的有效管理。一是加强对平台内经营者身份和信息的管理,加大资质审核力度,建立完善的登记档案,并至少保证每年度一次的信息更新,提高信息的有效性;二是建立对于平台内经营者的跟踪管理机制,可以采取不定期抽查、重点商户重点审查等方式,加强对平台内经营者的管理;三是对平台内经营者实施处罚性措施,应及时进行公示,保证平台内经营者的申辩权利,并提供便捷的救济渠道。

3. "准司法"层面——构建纠纷解决机制

目前,许多平台都建立了电子商务在线解决机制,在很多情况下平台在事实上成为各类纠纷的终局裁决者。平台应当建立较为完善的纠纷解决机制,一

---

❶ 刘权:《网络平台的公共性及其实现——以电商平台的法律规制为视角》,载《法学研究》2020年第2期。

是建立便捷、有效的投诉、举报机制并保证处理的及时性；二是要进一步制定规则规范平台纠纷解决程序，明确纠纷处理时限、程序、裁决者资格、裁决依据、裁决效力，并加强对纠纷处理过程的监督管理，保证纠纷解决的公平性与公正性；三是可以探索借助责任担保机制与支付工具，作为纠纷解决执行的保障。

（三）行政监管层面

在数字经济时代，行政监管既面临新的挑战，也具备新的资源优势。一方面行政机关要加强与电商平台的协同治理，充分利用其资源优势，建立相关数据库，充分开发、利用好舆情监测系统、产品服务追溯系统、信用分类监管系统等平台；另一方面要进一步推进"府院联动"，加强与司法机关的协同治理，形成治理合力，创新治理模式，并积极回应司法机关有针对性的司法建议，从纠纷源头治理的角度，推进网络空间治理体系和治理能力现代化。

（四）社会共治层面

除司法机关、行政机关、电商平台外，行业自治组织也应成为综合治理体系的重要力量。一方面，法律赋权的行业组织要加强诉调对接，充分利用调解、仲裁等解决纠纷的模式，努力实现程序正当化，切实起到纠纷解决的作用，并且在实践中探索行业协会提起公益诉讼的模式；另一方面，行业自治组织应进一步深化电子商务行业自律，加强电子商务诚信建设，推动协同联动，强化公共服务，加强市场引导。

五、结语

涉电子商务合同纠纷的治理对于践行服务人民、保障经济社会发展大局有重要意义。在此背景下，单一的治理主体已经难以适应新形势、新要求，多方共治成为必然选择，也是治理体系与治理能力现代化的应有之义。以电子商务的秩序规范与创新保护为出发点，推动实现司法治理、平台自治、政府监管、行业自律有机结合，进一步激发电子商务的创新和创造活力，建立开放、共享、诚信、安全的电子商务发展环境，形成良性电子商务生态系统。

推动首都互联网金融向数据金融转变

文/北京互联网法院课题组[*]

互联网金融，是指依托互联网技术完成的资金融通行为，是金融资源配置的新形式。其本质属于金融行为，表现形式为互联网，特征在于数据，从合同签订到履行，均依靠数据和技术完成。经过多年发展，互联网金融影响越来越大、越来越广。据统计，2022年首都金融资产总量已超过190万亿，约占全国的一半，如何引导互联网金融健康有序发展，如何尽量减少纠纷，都是促进首都经济高质量发展需要研究的问题。互联网金融借款是互联网金融的重要组成部分，具有互联网金融的典型特征，研究好互联网金融借款案件，可以为互联网金融提供借鉴。

一、互联网金融案件特征

互联网金融案件源于互联网金融活动，其具有以下特征：一是数据和技术属性，主体识别、风险评估、合同签订履行均依托互联网数据和技术，由系统自动完成。与传统金融模式相比，数据充分、技术可靠，在高效、低成本方面具有无可比拟的优势。二是地域属性被削弱，基于物理空间的地域限制在互联网空间下不再受到限制，互联网金融业务范围可以及于全国，借款人遍布全国各地。三是潜在纠纷数量极大，因互联网金融具有自动化的特点，因此即便违约率不高，但交易数量极大导致基数巨大，形成潜在纠纷数量极大。

从互联网法院已受理的案件看，互联网金融案件还具有以下特征。

（一）互联网金融案件概况[1]

2022年1月1日至2022年12月31日期间，申请立案8105件，与2021年同期相比增长60%；新收2907件，同比下降1.8%；结案2940件，同比增

---

[*] 课题主持人：赵瑞罡；执笔人：赵长新、肖伟。

[1] 数据来源于北京互联网法院可视化系统，http://129.3.21.174:8080/sjkshfx/api/index，访问日期：2023年8月5日。

长 20%（见图 1）。

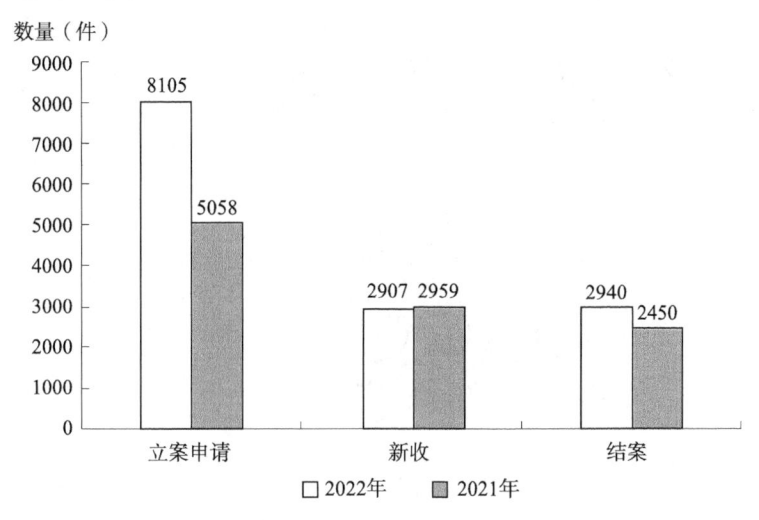

图 1　互联网金融案件申请立案、收案、结案情况

（二）结案方式

从结案方式看，2940 件金融案件的结案方式为判决、调解、其他（包括撤诉、不予受理、移送其他法院管辖），其中，判决 1757 件，约占 60%；调解 370 件，约占 12%；移送和不予受理 184 件，约占 6%；撤诉 641 件，约占 22%（见图 2）。相对于其他案件而言，互联网金融案件结案方式具有判决率高、调解和撤诉率低、移送和不予受理案件偏多的特征。

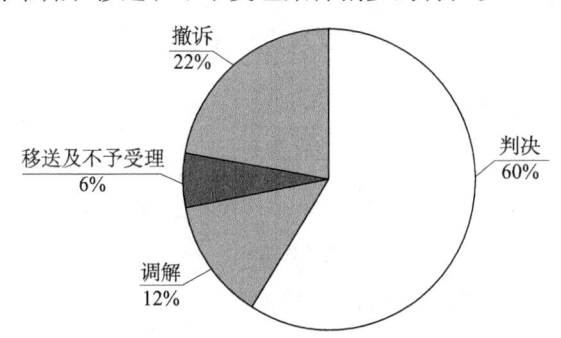

图 2　互联网金融案件结案方式情况

（三）起诉主体

从已结案件的起诉主体看，银行 2132 件，约占 72%；小额贷款公司 244

件，约占 8%；信托公司 53 件，约占 2%；消费金融公司 82 件，约占 3%；其他（主要为非金融机构受让债权后起诉至法院的主体）429 件，约占 15%（见图 3）。该数据可以看出，小额贷款公司、信托公司、消费金融公司等非银行主体正在成为互联网金融的新兴主体，互联网金融债权转让后起诉至法院的案件已初现端倪。

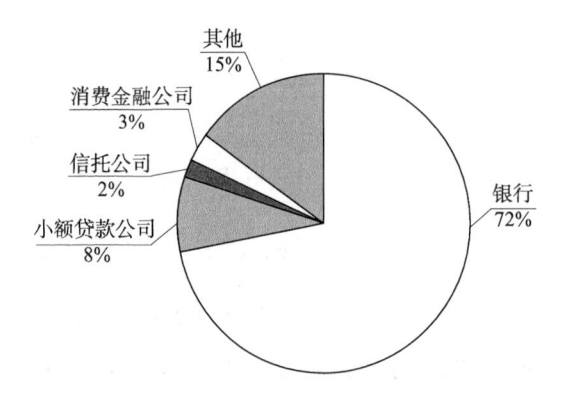

图 3　互联网金融案件起诉主体情况

（四）移送和不予受理案件情况

移送和不予受理共计 184 件。从主体看，涉及的主体共 12 家，平均每家主体 15 件。其中，该类案件中数量前两位的主体分别为 81 件和 61 件，占该类案件的 77%。该类案件的主要特征是贷款人、放贷人均不在北京但又在北京起诉。该组数据所占比重偏高，反映出互联网金融，特别是异地互联网金融存在不规范现象。具体情况将在下文重点分析。

（五）借款主体情况

从已结案件的借款主体看，公司作为借款人的共 306 件，约占 10%。自然人作为借款人的共 2634 件，约占 90%。该组数据反映出当前互联网金融的业务类型，主要还是以自然人信用贷款为主，企业贷款所占比例偏低。这也是小微企业融资难的问题在互联网金融领域的具体体现。

（六）高利率已成为普遍现象

互联网金融一再宣称是普惠金融，但从实际利率看，普而不惠的问题较为突出。从已结案件的贷款金额看，5 万元以下的 1244 件；5 万元至 50 万元的 1633 件；50 万元以上的 63 件；涉案总金额 309340187 元，平均诉讼标的超 12

万元。从贷款利率看，约定的贷款利率与贷款金额一般成反比关系，5 万元以下的的贷款年利率一般超过 12%，甚至超过 24%，50 万元以上的的贷款年利率一般不超过 12%。从已审结案件的利率看，目前互联网金融普而不惠的问题较为突出。

二、互联网金融案件审理中发现的问题及原因分析

（一）异地互联网金融在京诉讼存在巨大风险

异地互联网金融案件，即 A 地贷款人放款给 B 借款人在 C 地（本文指北京）起诉的案件。此类案件存在巨大风险：一是案件数量特别巨大且不可控。二是考验司法机关与行政机关的协作水平，民事案件管辖由《中华人民共和国民事诉讼法》（以下简称《民事诉讼法》）及相关司法解释调整，金融监管以"谁批准谁监管"为原则，极易造成案件管辖与金融监管脱节。例如，重庆市设立的贷款公司在北京诉讼，北京的金融主管部门并非监管主体，而重庆的金融主管部门也不掌握，这就造成了金融诉讼与金融监管的脱节。异地互联网金融案件将使大量互联网金融游离于监管之外，不利于金融风险防范及化解。三是易引发社会风险。例如，湖北某公司诉北京某公司、蔡某等小额借款合同纠纷 53 案，借款主体均为河北农民，安装光伏发电设备并贷款，因收益不及预期导致逾期，本是农民与销售商之间的矛盾，经贷款人在北京法院立案，将河北涉群众利益的纠纷引入首都。❶

异地互联网金融案件形成的主要原因有两点：一是异地互联网金融问题，二是管辖问题。异地互联网金融问题是互联网金融不受地域限制而形成的问题本质是互联网金融的监管问题。中国人民银行于 2021 年 12 月公布的《地方金融监督管理条例（草案征求意见稿）》，已明确将未经批准的跨省级行政区域开展业务予以禁止，同时指出本次修改的主要内容就是要强化跨省级行政区域开展业务的监管。可见，异地互联网金融的问题已引起监管层的重视，应指出的是，该规定仅适用于小额贷款公司等主体，对于中国银行保险监督管理委员会（以下简称银保监会）批准的消费金融公司、信托公司等尚不适用。管辖问题背后深层次的原因在于诉讼制度的短板。《民事诉讼法》第三十五条规定："合同或者其他财产权益纠纷的当事人可以书面协议选择被告住所地、合同履行地、合同签订地、原告住所地、标的物所在地等与争议有实际联系的地

---

❶ 北京市高级人民法院信息 2021 年第 115 期，《异地互联网金融案件在京诉讼易引发涉众型社会风险》。

点的人民法院管辖，但不得违反本法对级别管辖和专属管辖的规定。"该条系基于物理空间制定的管辖规则，在调整网络空间形成的法律关系时则出现了不适应。现实中经常被贷款人通过格式条款进行约定，进而造成管辖滥用，大量案件通过约定管辖向少数法院集中，从而影响正常审判秩序的极端情况出现。

（二）互联网金融债权转让案件出现端倪应引起重视

经统计，经债权转让后起诉至法院的案件有358件，从绝对数量来看并不高，但结合相关主管部门数据，此类案件应引起足够重视。银保监会公布的2018年至2021年的银行业不良资产处置金额分别为2万亿元、2.3万亿元、3.02万亿元、3.1万亿元。2021年1月银保监会办公厅发布了《关于开展不良贷款转让试点工作的通知》，随着金融不良债权转让限制的松绑，可以预期大量的银行类金融借款合同纠纷将通过债权转让后进入法院。小额贷款公司也面临同样的问题。《网络小额贷款业务管理办法（征求意见稿）》已将诉讼纳入监管。如果贷款人对于逾期贷款均以本人名义进行起诉，大量的涉诉信息容易引起相关部门的重视，在这种情况下，最佳方式是将金融债权转让后再进行起诉。可以预见，在互联网金融领域纠纷越积越多、相关部门监管越来越完善的背景下，将有越来越多的纠纷通过债权转让的方式进入法院。

（三）借款用途成"君子条款"

《中华人民共和国民法典》第六百七十三条规定："借款人未按照约定的借款用途使用借款的，贷款人可以停止发放借款、提前收回借款或者解除合同。"因此，借款用途是金融借款的必要条款。借款用途不仅关系到金融资源的去向，更是防止金融资源流向股市、楼市等扩大金融风险的阻隔器。从审理的案件看，借款合同条款一般只约定贷款不得用于股市、楼市等，并未约定贷款具体用途。而金融机构放款后，又少有精力和手段对借款用途进行监管。例如，在银保监会严查经营贷违规进入楼市的专项行动后，部分金融机构集中向法院起诉一批案件，其中就有借款人明确表示贷款用于买房。借款用途之所以成为"君子条款"，一是由于互联网金融中消费贷的名义过于广泛，二是由于金融机构缺乏必要的数据，难以跟踪贷款流向。

（四）个人信用贷占比高、企业贷占比过低

从前文数据可知，自然人作为借款人的案件约占90%，企业作为借款人的案件约占10%，其中大部分为小微企业。这也反映出小微企业贷在互联网金融中比重较小。自然人作为借款人的案件一般标的较小，但司法程序是一样的，要占用相同的司法资源。小微企业作为借款人的案件所占比重低，背后其实反映了小微企业融资难的问题。同时课题组也认为，这是互联网金融可以发挥作用的领域，互联网金融可以体现价值的真正所在。

（五）争议焦点主要集中在利率问题

从放贷机构看，主要是银行和非银行机构。一般而言，银行的利率相对较低，借款期内利息一般不超过 12%，非银行机构借款期内利率一般超过 12%，逾期利率甚至超过 36%。从审理的案件看，互联网金融实际利率偏高，普而不惠的问题较为严重。利率实际运行偏高的问题，一方面是市场选择的结果，另一方面是互联网金融无序发展违约过多推高了实际利率。

（六）金融机构乏"数"

安全性目标是金融的首要目标。"了解你的客户"既是控制风险的必要措施，也是互联网金融应有的行业规范。从审理的案件来看，少有金融机构真正去了解借款人。一方面，互联网金融中金融机构如果像传统的方式一样去了解客户，成本过高，也不现实。另一方面，金融机构缺乏有效的数据，特别是对小微企业的数据，金融机构难以"了解你的客户"，自然也就不敢放贷。

（七）潜在纠纷数量巨大

经调研，2021 年北京市金融机构（包括银行、小额贷款公司、互联网金融平台）互联网金融借款、小额借款存量案件达 290 万件。但是就目前小额贷款牌照发放数量而言，北京市批准的数量远少于广东、重庆等小额贷款业务发展较快的省市。根据互联网金融的特征，任何一家金融机构的存量案件都可能数以万计。如果京外的金融机构某种进京诉讼方式得到法院认可，全国任何一家金融主体（银行分支机构、小额贷款公司、信托公司、金融消费公司）均可以效仿，案件数量更将不可估量。

（八）约定司法送达地址仍不普遍

从案件审理情况来看，仅有 50% 的案件约定了有效司法送达地址，严重影响了审判效率。未有效约定司法送达地址的原因是多方面的：一是立法层面尚无关于约定司法送达地址效力的明确规定，实践操作不统一；二是金融机构对约定司法送达地址条款不够规范，难以用于诉讼；三是对约定司法送达条款未作特别提示。❶ 对于约定司法送达地址，一方面需要法院敢于承认该约定的效力，另一方面也需要金融机构将其作为行业标准。有效约定司法送达地址可以提升互联网金融案件的审理效率，节约司法资源，有利于打击不诚信行为。

三、关于互联网金融的对策及建议

互联网金融是现代金融发展的趋势，因其技术和数据属性，在效率和成本方面是传统金融不可比拟的。与此同时，我们也应看到其缺点，容易盲目无序发展，产生大量纠纷，就其案件体量而言，以法院一家之力难以应对，必须依托党委，使司法机关、行业监管部门、地方政府形成有效合力，从源头加强治理。对此，我们建议如下。

（一）推动互联网金融向善，互联网金融要有所为有所不为

互联网金融因其技术和数据属性而具有先天优势，但也不是万能的。两起案例值得反思：一起案件诉讼标的约4000元，当事人到庭后，承办人本来认为很容易调解，但借款人坚持称还款要一年，借款人认为比起判决，还是家人住院要紧；另一起案件借款人表示，现在就剩下400元，还要给两个孩子交保险费，而两笔贷款的年利率（非逾期利率）均超过12%，对于这样的群体而言，借款1万元，一年利息（不计违约金）就超过1200元。互联网金融确实能"照顾"到一些传统金融无法覆盖的特殊群体，但这些群体的问题不适宜通过互联网金融来改善处境，毕竟对于贷款人而言，只有通过高利率才能弥补高风险。如果任其发展，互联网金融可能成为低收入群体的"吸血"者。互联网金融要成为普惠金融，但不是向所有对象提供金融，互联网金融应该为实体经济、小微企业等提供金融服务，通过发展实体经济，促进小微企业发展，创造更多就业机会，提高居民收入，进而改善低收入群体的处境。

金融如何服务实体经济，是金融永恒的话题，是当前金融的痛点和难点，也是互联网金融可以大有作为的领域。在案件审理过程中，我们也发现有金融机构在服务实体经济、小微企业方面进行了有益的探索。例如，中国建设银行的小微企业贷，依托客户银行流水数据，对借款企业进行系统计算，自动进行风险评估，其信用贷的年利率在7%左右，在北京市的规模已超过1000亿元；中国对外经济贸易信托有限公司的农户贷，在新疆、湖北、甘肃、安徽的农业地区，对种粮大户放款用于购买化肥，信用贷年利率在9%左右；北京居然之家小额贷款有限责任公司的经营贷，为在其场所内经营的商户提供经营贷，信

---

❶ 北京法院司改专刊总第1361期，《互联网法院反映金融借款类案件约定送达难需关注》。

用贷产品年利率在10%左右。前述互联网金融的共同特点是：限定主体或场景，了解客户，如农户、商户、小微企业。如中国建设银行仅限于自己开户的客户；中国对外经济贸易信托有限公司的借款人为购买农资的种农户；居然之家的借款人为其商户。

因此，互联网金融要有所为有所不为。对于个人信用贷而言，其既容易产生纠纷，又容易成为低收入群体的"吸血"者，还可能将相关的金融资源流入楼市和股市，其利率与民间借贷相比并无优势，发展的价值和意义不大。互联网金融应当定向发展，如限定主体，针对小微企业；限定场景，如农业物资或商场经营；限定范围，如特定园区。

（二）补齐制度短板，推动互联网金融健康有序发展

首先，要补齐政策协同的短板。互联网金融业务，往往包含放贷、融资（资产证券化）、信托等业务，相关业务由多部门监管。金融主管部门、司法机关，都应当在党委的统一领导下，加强政策的协同性，形成合力。其次，要补齐金融监管的短板。目前的金融监管，主要还是基于传统的监管模式，鉴于互联网金融数据性极强，建议采取数据监管模式，实现对所有互联网金融全数据监管。再次，要补齐司法机关的短板。互联网金融因其数据和技术属性，潜在纠纷数量巨大，传统的审理模式难以应对。即便是互联网法院，也只是实现了网上立案，未实现全流程数据审理。针对互联网金融可能存在的海量案件，司法机关应建立全流程的数据审理、执行模式。最后，还要补齐法律上的短板。目前，民事诉讼基于物理空间的管辖法律规定，在虚拟的互联网金融环境下容易被滥用，所以有必要将互联网金融案件的管辖限定为贷款人或借款人所在地，使司法诉讼与监管职能统一，使司法机关的案件数量能有效反映当地的纠纷情况，才能有利于诉源治理，从而进一步强化金融审判与金融监管的衔接配合。

（三）推动首都互联网金融向数据金融转变，实现首都金融高质量发展

互联网金融是指依托互联网技术完成的资金融通行为，是金融资源配置的新形式，其本质属于金融行为，表现形式为互联网，特征在于数据，从合同签订到履行，均依靠数据和技术得以完成。从其名称上可以看出，我们更多关注其互联网特征，但却忽视了其背后的数据特征。要使互联网金融向更高阶段的数据金融发展，要使依托互联网技术完成的金融业务，转变为经过数据计算依托互联网完成的金融业务，就必须补齐数据短板，让互联网金融有可用的数据，进而保障互联网金融健康长远发展。要实现互联网金融向数据金融的转

变,还要做好以下几项工作:

首先,政府要为互联网金融提供基础的数据服务。例如,每一个小微企业,在工商机关都有其注册数据、股东数据、行政许可数据;在税务机关有其纳税记录数据;在社保部门有其员工的社保数据、员工工资数据;在开户行有其银行流水数据;在司法机关有其涉诉数据,这些数据分散在各个部门,尚无统一的数据标准,获取数据成本较高。如何将这些数据整合后应用到互联网金融中,是实现互联网金融向数据金融转变的有效途径和必要条件。政府要为互联网金融提供基础的数据服务,要搭好数据平台,收集好数据,打通数据孤岛,实现数据流通,发挥数据效益,让沉睡的数据转化为实实在在的生产要素。政府要做好数据的收集者,尽可能储存准确的数据;政府要做好数据的整合者,制定统一的数据标准和储存规范,为数据流通打下基础;政府要做好数据的流通者,为数据在各个主体之间的流通和利用制定规则,降低流通成本;政府要做好数据的监管者,切实保护数据所有人和使用人的权益。通过政府提供的基础数据服务,小微企业可以通过自身提供的数据获得金融资源成为数据的权益者和最终受益者,金融机构可以成为数据的使用者,可以通过数据了解客户,根据风险和市场作出选择。

其次,互联网金融监管要数据化。互联网金融本质上属于金融业务,属于强监管对象,关系国家经济安全。传统的金融监管模式以表内监管、现场监管、事后监管等为主。但在互联网金融中,监管要适应其新型业务模式,金融监管要转为数据监管,通过数据实时监管贷款发放对象、金额、逾期情况,通过数据监管贷款资金用途,要使互联网金融状况像仪表盘一样,实时显示互联网金融的真实情况,引导更多金融资源流向实体经济及小微企业。

最后,司法机关审判执行要数据化。司法应当依托数据,借助互联网进行司法裁判。网上立案仅是司法数据化的起点而不是终点。网上立案后,还有送达、庭审、文书制作、判决、文书公开、执行等一系列具体的事务需要处理,对于这些事务的处理,也可以依托数据通过互联网的方式得以实现。只有实现审判执行全流程数据化审理,司法机关所具备的案件处理能力才能满足互联网金融案件对司法的需求。

网络人格权篇

数字经济视阈下的个人信息权益民事司法保护研究

文/北京互联网法院课题组[*]

一、全国法院个人信息民事案件的审理情况

自2012年《全国人民代表大会常务委员会关于加强网络信息保护的决定》确定保护公民电子信息，到《中华人民共和国网络安全法》（以下简称《网络安全法》）和《中华人民共和国民法总则》（以下简称《民法总则》，已废止）明确个人信息受法律保护，再到《中华人民共和国民法典》（以下简称《民法典》）明确将个人信息作为一项重要的人格权益，以及《中华人民共和国个人信息保护法》（以下简称《个人信息保护法》）对个人信息保护进行系统性规范，我国法律对个人信息保护的规则不断完善细化。相应地，人民法院在民事司法裁判中对个人信息保护的裁判规则也日益清晰。课题组通过公开渠道查询2016年至2022年全国各级人民法院审理的有关个人信息的案件，将其作为分析样本研究涉个人信息民事案件司法审理情况。

（一）案件受理情况

课题组在"北大法宝""中国裁判文书网"以"民事案件""隐私权、个人信息保护"等关键词进行检索，共获得2016年至2022年涉个人信息民事案件529件。（见图1）

分析图1可以看出，近年来涉个人信息保护权益的案件数量呈现稳中有增的势头。究其原因，一是法律法规对个人信息权益保护规定的不断完善，二是数字经济发展进程中个人信息的利用与保护矛盾愈发凸显，三是人民群众的个人信息保护意识不断增强。

---

[*] 课题主持人：张雯；执笔人：姜颖、孙铭溪、颜君、张亚光、高雅、侯荣昌、赵琪、毛春联。

数量（件）

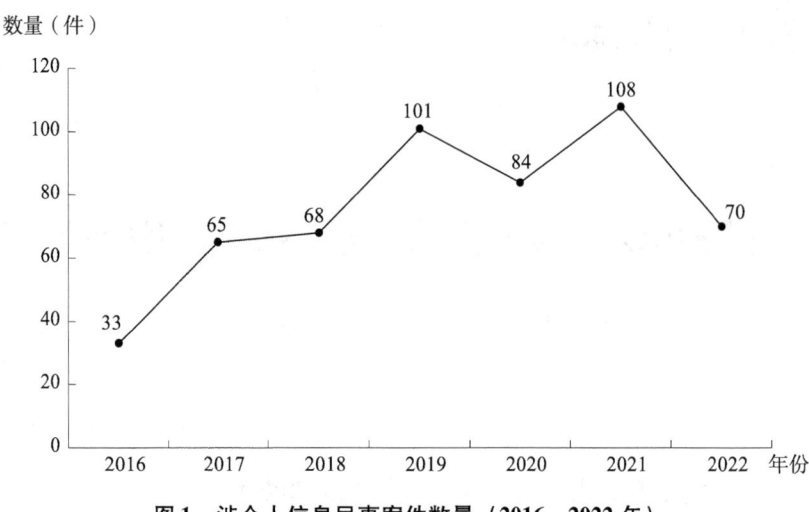

图1 涉个人信息民事案件数量（2016—2022年）

（二）案件呈现特征

1. 案由分布情况

在《民法总则》生效以前，"个人信息"概念相关条文散见于不同法律法规中，致使许多个人信息侵权案件被按照其他案由进行审理，其中较多的是被归入隐私权纠纷、一般人格权纠纷中，从现有数据样本来看，2016年至2022年各级法院受理的涉个人信息民事案件主要涉及隐私权纠纷、一般人格权纠纷、网络服务合同纠纷、侵权责任纠纷、个人信息保护纠纷五类案由。（见图2）

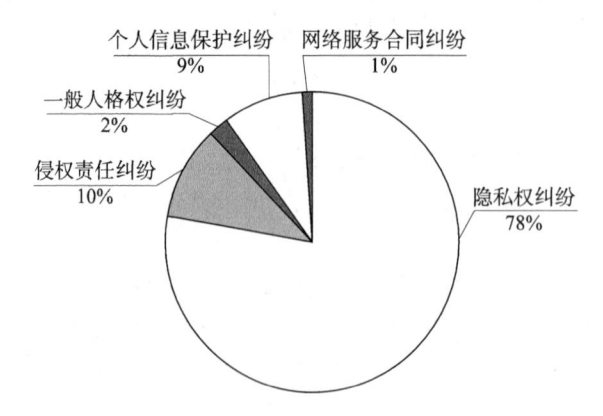

图2 涉个人信息民事案件案由分布

其中，隐私权纠纷案由占比最大，达到78%。2020年以前，自然人个人信息被公开、泄露，只能以隐私权纠纷、一般人格权纠纷、侵权纠纷等为案由立案以追究信息公开者或者泄露者的责任。2020年修订的《民事案件案由规定》将个人信息保护纠纷作为单独案由后，个人信息保护纠纷作为独立案由的案件量逐渐增多，公民个人信息受到侵害后可以直接以个人信息保护纠纷案由进行起诉。

2. 地域分布情况

从地域分布看，涉个人信息民事案件呈现出地域集中的特点。如果将涉案案件所涉及的省份以东部、中部、西部地区进行划分，三地区法院审理的案件数量见图3。

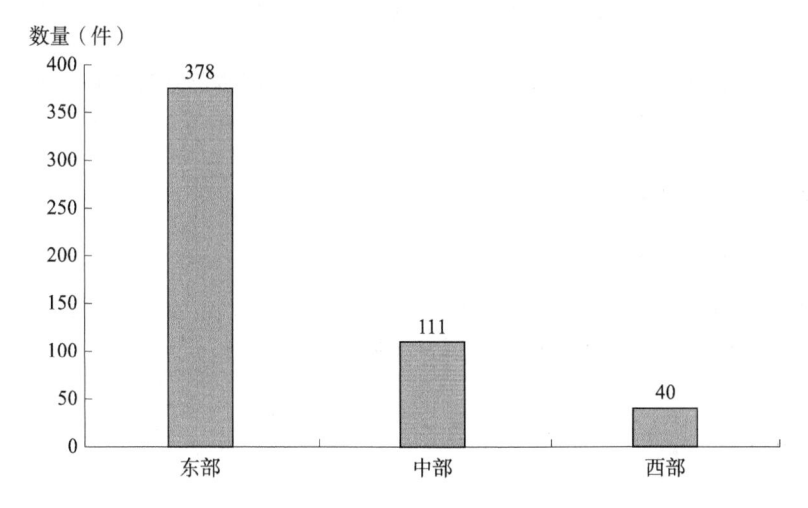

图3 涉个人信息民事案件地域分布

从图3可见，不同地区间个人信息权益的司法救济发展不均衡，且集中在东部经济发展水平较高的地区。

3. 当事人情况

从案件当事人情况看，涉个人信息民事案件的原告均为自然人。从被告来看，自然人作为被告的案件数量为205件，占比约为39%，公司或者组织为被告的案件数量为324件，占比约为61%。（见图4）

其中，自然人作为被告的案件中，诉讼事由多为在公共场所或者网络中公开个人身份证、居住地址等个人基本信息、公开生效裁判文书、安装监控设备等。而以公司或者组织为被告的案件中，被诉的主体主要包括金融机构、酒店服务业、各类App运营商、电信服务运营商、各类线上购物平台等对公民个人信息收集利用较多的单位，被诉的事由多为未经同意以收集、提供、公开等方式处理个人信息。

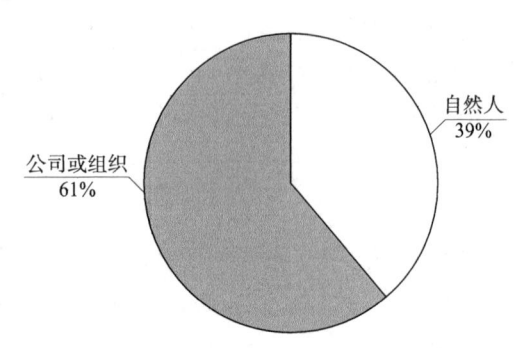

图 4　涉个人信息民事案件被告主体情况

从诉讼形态看，除了传统的平等主体的自然人或者法人之间的诉讼外，公益诉讼正成为个人信息保护的一种重要手段。

（三）案件审理情况

1. 审理法院的分布情况

从案件审理级别看，基层人民法院、中级人民法院、高级人民法院审理案件数量分别为 285 件、229 件、15 件。（见图 5）

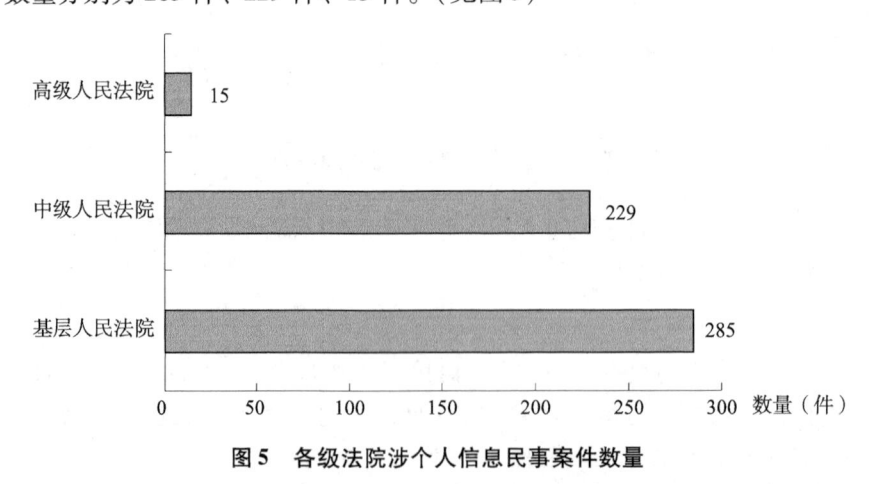

图 5　各级法院涉个人信息民事案件数量

涉个人信息民事案件较为集中地出现在基层及中级人民法院。涉个人信息民事案件涉及的标的较小，一般由基层法院一审审理。共有二审案件 113 件，申请再审的案件 14 件，一定程度上反映出涉个人信息案件争议较大，法律适用方面尚未形成较为统一的裁判观点，上诉和再审的提起率较高。

2. 结案方式

从结案方式看，涉个人信息民事案件判决书 413 件，裁定书 108 件，绝大多数案件以判决的方式结案，案件的调解、撤诉率相对较低。

3. 责任承担

在涉个人信息民事案件中，法院支持的责任方式包括删除个人信息、赔礼道歉、赔偿经济损失、承担维权合理费用、支付精神损害抚慰金。由于个人信息蕴含的经济价值难以衡量，违法处理个人信息活动对个人信息权益人造成的财产损失和精神损害赔偿也难以准确评估，而维权合理费用通常只包括鉴定费用而不涵盖律师费用，精神损害抚慰金更是仅具象征意义。从裁判结果看，个人信息民事案件中经济损失数额普遍偏低，在收集到的案件样本中，只有极少数的案件赔偿金额超过了 1 万元。

（四）案件审理难点

1. 《个人信息保护法》与《民法典》的适用有待进一步协调

首先，《民法典》确立了个人信息保护的基本框架、价值、理念，为个人信息保护确立了最基础的规则。但《个人信息保护法》与《民法典》的调整范围存在差异，如何正确理解这种差异是准确适用法律的前提。其次，个人信息权益与其他人格权利存在重合、交叉的关系，法律适用可能出现聚合、竞合等关系。例如，人脸信息属于个人信息，但同时也可能属于个人肖像权的范畴；《民法典》规定个人信息中的私密信息受隐私权保护，但是对于何为私密信息，需要明确具体判断标准；个人征信信息录入错误既可能构成对个人信息的侵害，同时也可能构成对个人名誉权侵权的可能。

2. 个人信息范围和认定在司法实践中仍需进一步明确

我国《个人信息保护法》将个人信息界定为"已识别或者可识别的自然人有关"的信息，即通常所说的"识别说"＋"关联说"，而在司法实践中，可以直接认定为个人信息，几乎不会引发争议的个人信息类型少，如居民身份证号码、手机号等已形成大众共识，大多数情况下，法官需要结合个案情况，对是否属于个人信息进行分析判断。

3. 个人信息案件举证责任分配仍存在争议

按照民事诉讼法"谁主张，谁举证"的原则，涉及侵犯个人信息的案件，受侵害方应当举证其个人信息受到加害方侵害的初步证据。然而，在个人信息案件中，存在着一定的证据偏在困境，即大量能够证明要件事实的证据被集中控制于一方当事人,且往往是加害的当事人一方。❶ 证据偏在加重了个人信息举证难度,个人信息收集者和处理者处于信息处理的优势地位,个人难以知晓其中是否采用了加密技术以及是否存在过错。

4. 个人信息侵权行为认定的裁判标准需进一步细化

《个人信息保护法》进一步强化了处理个人信息"告知—同意"的合法性基础,并明确了告知、同意的标准。从司法实践看,对有效告知、同意的标准和方式的认定仍需要进一步细化。除基于个人同意外,《个人信息保护法》还规定了无须同意即可处理个人信息的情形,但在部分案件中,对于该种情形如何把握存在争议。

5. 个人信息侵权的损害赔偿有待进一步明确

实践中,除个人信息泄露导致直接财产损失外,个人信息导致的财产损失、收益较难计算,规模化处理场景下,个体个人信息权益受到侵害的财产损失是否应得到支持、计算标准也存在争议。关于个人信息侵权是否可以适用精神损害赔偿,理论和实践中也存在争议,有的学者认为,个人信息权益损害赔偿规则侧重救济的是个人信息权益人因其权益被侵害而造成的财产损失,是"个人对其个人信息"在"人身财产安全"方面利益的损害赔偿,因而不应适用精神损害赔偿;❷ 而有学者则认为《个人信息保护法》第六十九条第二款规定的损害适用于所有的损害,既包括财产损失也包括精神损害。❸ 而在实践中,个人信息受到侵害更多表现为一种精神上的损害,例如焦虑、不安等,对此种损害是否支持精神损害赔偿存在争议。

二、个人信息保护纠纷的法律适用

(一)《民法典》与《个人信息保护法》的关系

《民法典》与《个人信息保护法》均以保护个人信息权益,协调个人信息的保护与利用为目的。有学者从以下四方面总结了二者的关系:第一,《个人信息保护法》对《民法典》的相关规定进行了丰富发展,作出了更具体、更详细的规定;第二,《个人信息保护法》对相关民事问题无须作出规定,而是

---

❶ 蒋丽华:《无过错归责原则:个人信息侵权损害赔偿的应然走向》,载《财经法学》2022年第1期。

❷ 杨立新:《侵害个人信息权益损害赔偿的规则与适用——〈个人信息保护法〉第69条的关键词释评》,载《上海政法学院学报(法治论丛)》2022年第1期。

❸ 程啸:《侵害个人信息权益的侵权责任》,载《中国法律评论》2021年第5期。

通过转介条款或相关规范指向《民法典》；第三，《个人信息保护法》与《民法典》的某些规定虽然规范对象相同，但是由于规范目的不同，故二者适用的情形不同，并行不悖；第四，相对于《民法典》的一般性规定而言，《个人信息保护法》对相关问题的规定属于特别规定，故应当优先适用《个人信息保护法》的规定。❶

在民事司法的具体适用方面，需要特别注意以下问题：第一，《个人信息保护法》丰富了个人信息处理的基本原则和告知同意原则。对合法、正当、必要原则进行了细化，新增了公开透明原则、诚信原则、目的限制原则、质量原则以及责任原则作为个人信息处理的基本原则，并且对告知同意原则的具体规则、标准进行了细化。第二，需要准确理解《民法典》与《个人信息保护法》对个人信息的定义。第三，《个人信息保护法》中关于处理个人信息合法依据的规范（第十三条）是对《民法典》的完善，二者共同构成个人信息处理的合法性基础。第四，涉及个人信息保护的权利实现、责任承担、共同处理和委托处理的责任承担、格式条款规制等，需要通过转介条款，适用《民法典》的相关规定。第五，涉及私密信息与敏感信息、死者个人信息处理，因两法的适用情景不同而分别适用。第六，涉及个人信息保护纠纷的归责原则、损害赔偿归责原则，因《个人信息保护法》有特别规定而适用《个人信息保护法》的规定。

（二）行政规范在个人信息民事裁判中的意义

近年来，各相关职能部门也颁布了诸多个人信息保护相关的规章和规范性文件，特别是涉及具体领域的个人信息处理规则，往往要更多依赖制定特定领域的数据处理规范来予以治理。例如，在《个人信息保护法》对个人信息收集范围提出了最小必要原则要求的前提下，显然缺乏对何为"最小必要"的解释与说明，国家互联网信息办公室等四部门联合印发的《常见类型移动互联网应用程序必要个人信息范围规定》明确了39类常见类型移动应用程序必要个人信息范围，与这类案件的争议焦点恰好匹配，完全可以在司法裁判的说理部分中进行援引。

三、个人信息的概念和范围

个人信息的概念与范围是个人信息法律保护的基础问题。明晰个人信息的概念和范围，可以说是促进数字要素市场发展的起点。从《民法典》到《个人信息保护法》对个人信息概念的规定来看，通说认为，我国法律、相关标

---

❶ 程啸：《论〈民法典〉与〈个人信息保护法〉的关系》，载《法律科学》2022年第3期。

准对个人信息定义经历了从"识别"到"识别+关联"的变化。❶

(一)"识别"的理解

"识别"是个人信息的核心要素。《网络安全法》及《信息安全技术—个人信息安全规范》(以下简称《个人信息安全规范》)中均将"识别"的对象指向了"个人身份"或"特定自然人身份",有学者将其进一步归纳为"身份识别"说。在个人信息还未从传统隐私权概念体系中析出时,"身份识别"阶段的认定标准存在隐私与信息无法区分的难题。❷ 一个典型案件可见我国"cookies 侵害隐私权第一案",即朱某与百度网讯公司隐私权纠纷案。该案中,原告朱某认为,百度网讯公司利用 cookies 技术收集朱某信息,未经朱某的知情和选择,记录和跟踪了朱某所搜索的关键词,将朱某的兴趣爱好、生活学习、工作特点等暴露在相关网站上,并利用记录的关键词,对朱某浏览的网页进行广告投放,侵害了朱某的隐私权。二审法院经审理认为,百度网讯公司在提供个性化推荐服务中运用网络技术收集、利用的是未能与网络用户个人身份对应识别的数据信息,在这过程中没有且无必要将搜索关键词记录和朱某的个人身份信息联系起来,因此百度网讯公司收集和利用朱某的个人隐私进行商业活动未侵犯朱某隐私权。❸ 虽然该案以隐私权纠纷为案由,当时法律尚无个人信息的定义,但该案判决中也围绕着"身份识别"与个人信息的关系进行了论述。简言之,该案对于"身份识别"的理解即要求必须识别至现实社会中的"朱某"这一具有社会属性身份的具体个人。

课题组认为,如果仍以"现实身份"作为个人信息识别性的对象,则可能事实上使得大量应由法律规制的个人信息处理行为因此定义而"逃逸"到个人信息保护法律规制范围之外。个人信息权益诞生的重要背景是规模化、自动化个人信息处理行为的广泛出现,而在自动化处理的情境下,可以说,实施自动化处理的"机器"或"系统"无须确认处理信息的主体在现实社会中的身份,依然可以达到大量个人信息处理的商业化目的,典型的即如个性化推

---

❶ 《民法典》第一千零三十四条规定:"个人信息是以电子或者其他方式记录的能够单独或者与其他信息结合识别特定自然人的各种信息,包括自然人的姓名、出生日期、身份证件号码、生物识别信息、住址、电话号码、电子邮箱、健康信息、行踪信息等。"《个人信息保护法》第四条规定:"个人信息是以电子或者其他方式记录的与已识别或者可识别的自然人有关的各种信息,不包括匿名化处理后的信息。"

❷ 赵精武:《个人信息"可识别"标准的适用困局与理论矫正——以二手车车况信息为例》,载《社会科学》2021 年第 12 期。

❸ 参见南京市中级人民法院(2014)宁民终字第 5028 号民事判决书。

荐、商业广告，以及被广泛诟病的"大数据杀熟"等。系统仅依赖数字化标签、算法即可实现上述功能，进而可能出现侵害自然人知情、公平交易等权利，完全无须知晓、也不关心与现实中的"朱某"或"张某"对应。如果因无法识别现实生活中的具体个人即不属于个人信息，进而将得出上述行为无法受到个人信息保护法律规制的结论，显然无法达到信息化、数字化时代保护个人信息的目的。

《民法典》对识别的对象确定为"特定自然人"，《个人信息保护法》仅以"自然人"作为识别对象，实际上弱化了"身份识别"概念。课题组认为，个人信息识别性的最低标准，应明确为识别对象为自然人，且为区别于其他自然人的存在即可。第29条数据保护工作组（The Article 29 Working Party，由所有欧盟成员国个人数据保护机构的代表组成，简称WP29）对此有类似观点："一般来说，当一个自然人在一群人中被视为有别于该群体中的其他自然人时，便可以认为是'已识别'。"

（二）从"识别"到"识别+关联"

关于识别说和关联说的区分有无意义，主要在于对《民法典》和《个人信息保护法》中个人信息定义的理解。课题组认为，《民法典》和《个人信息保护法》在此问题上的立法精神和内在逻辑具有一致性，因此，从解释论的角度看，通过扩展解释"识别说"中的"与其他信息结合识别"的外延，可以实现二者之间的趋同。在民事审判中界定个人信息时，由于《个人信息保护法》中的私法规范是《民法典》的特别法，且《个人信息保护法》第四条第一款对个人信息的规定相对明确，不需要通过法律解释方法进行扩张，如不考量溯及力等因素，可以优先适用该规定。❶

在司法实践中，在《个人信息保护法》出台前，已经有相关裁判进行了探索。如在黄某诉腾讯公司隐私权、个人信息保护纠纷案及凌某某诉抖音个人信息保护、隐私权纠纷案中，涉及对用户的好友关系、阅读记录、通讯录等信息的收集使用，法院在两案中参考了《个人信息安全规范》的判断方法，指出已经识别的自然人（如依据OPENID识别特定用户）相关的信息，属于个人信息。❷《个人信息保护法》实施后，上述《个人信息安全规范》的个人信息

---

❶ 郭锋、陈龙业、贾玉慧：《〈个人信息保护法〉具体适用中的若干问题探讨——基于〈民法典〉与〈个人信息保护法〉关联的视角》，载《法律适用》2022年第1期。

❷ 参见北京互联网法院（2019）京0491民初16142号民事判决书、北京互联网法院（2019）京0491民初6694号民事判决书。

判断方法，事实上也可以作为依据《个人信息保护法》判断个人信息的方法。当然，《个人信息保护法》相对宽泛的个人信息概念，也导致了可能"包罗万象"的适用困境，理论界也提出了诸多关于个人信息的"场景化""合理技术能力"等理论，试图为个人信息的范围划定相对确定的界限，这仍需要实践不断积累。

（三）匿名化的认定

《个人信息保护法》通过将匿名化信息排除在外，为信息和数据的合理利用划定界限。匿名化的核心是消除信息的可识别性，最终达到"经过处理无法识别特定自然人且不能复原"，不能"单独或者与其他信息结合识别自然人个人身份"这一理想效果。从而实现既能给个人信息的处理者以合理流转和利用个人信息的机会，又能防范不法分子利用可识别身份的个人信息侵犯公民的隐私和其他个人信息权益。❶ 课题组认为，"匿名化处理"标准虽然具备强烈的技术性和专业性，但其本质仍是以信息处理者在客观上保护个人信息权益的措施效果为主，以信息处理者在主观上保护个人信息权益的意愿为辅，来判断信息处理者是否可以不适用对信息处理活动规范更严格的《个人信息保护法》。由于特定个人信息在特定行业、特定处理场景下的匿名化可能涉及整个行业的数据处理标准，影响行业发展，人民法院在案件审理过程中要特别注意是否存在特定领域相对成熟的匿名化技术标准、行业标准等。

这里还需要注意"去标识化"的概念。去标识化和匿名化容易混淆，二者均是可以去除个人信息识别性的方法。依据我国《个人信息保护法》，从定义及规范目的来看，去标识化仅作为安全措施出现在法律规范中，去标识化的信息虽"不借助额外信息无法识别特定自然人"，但结合前述识别方法的论述，即应用间接识别、多信息识别，则仍然可能识别到特定自然人，因此，去标识化的个人信息依然属于个人信息。

四、个人信息侵权责任的认定

（一）个人信息侵权责任的归责原则和构成要件

《个人信息保护法》第六十九条明确了个人信息保护侵权责任适用过错推定的归责原则。但是，《个人信息保护法》仅针对个人信息侵权责任归责原则

---

❶ 沈伟伟：《个人信息匿名化的迷思——以〈个人信息保护法（草案）〉匿名化除外条款为例》，载《上海政法学院学报（法治论丛）》2021 第 5 期。

进行了确定，也遗留了相关问题。个人信息权益作为人格权益，其必然要与《民法典》人格权编、侵权责任编中的归责原则体系相协调。从《民法典》的规定来看，侵害人格权属于一般侵权行为，普遍性适用过错归责原则。特别是，民事案由规定中隐私权、个人信息保护纠纷作为一项单独案由，当当事人以此作为案由起诉时，即面临着同一案由中两项权利（益）分别适用不同归责原则的局面。

课题组认为，解决这一问题，应充分理解个人信息保护的立法目的、个人信息侵权的技术特点，准确理解《民法典》与《个人信息保护法》的适用关系。个人信息保护立法的初衷在于解决信息时代个人信息处理者利用技术优势规模化处理个人信息可能造成的损害，典型的个人信息处理行为普遍存在着信息处理者与作为信息主体之间经济实力不对等、专业信息不对称的问题，适用过错推定责任，有利于减轻自然人一方的举证责任负担，更有利于保护受害者的权益。而具体到与其他人格权聚合的情形，特别是当事人同时主张侵害隐私权和个人信息权益的情形下，多为信息处理者处理的信息同时涉及一般个人信息及私密信息，或处理行为包含了公开、泄露等可能侵害隐私的情形，本质上，处理方法、手段并无差别。因此，当针对同一信息处理行为当事人主张既侵害隐私权又侵害个人信息权益的，归责原则均可统一适用过错推定原则，人民法院只需要在是否处理的是私密信息上进行区分即可。

明确了归责原则，个人信息的侵权责任构成要件亦需予以明确。需要注意的是，个人信息权益作为人格权的一种，当然适用人格权请求权的规范。即个人信息权益受到侵害，则权利人有权依据人格权请求权主张权利。从侵权责任的角度，构成要件即包括违法行为、损害后果、因果关系和主观过错。这里的主观过错应采客观标准，对注意义务的违反即构成主观过错。

（二）个人信息侵权纠纷的举证责任

1. 被告是否实施侵权行为的举证责任分配

个人信息侵权纠纷应由原告对侵权责任要件对应的要件事实承担证明责任。其中重要的环节是证明被告实施了被控侵权行为。在司法实践中，面对被告具体如何实施侵权行为、多主体泄露个人信息引发侵权等情形，原告举证能力较为有限。例如，在庞某某与北京趣拿信息技术有限公司等隐私权纠纷案中，原告仅能证明被告存在收集个人信息的行为和个人信息被泄露的后果，对于具体实施侵权行为的环节和主体均难以举证。[1] 在罗某与某科技有限公司隐

---

[1] 参见北京市第一中级人民法院（2017）京01民终509号民事判决书。

私权、个人信息保护纠纷案中，原告仅能证明被告实施了向其手机号发送短信和分配账户的行为，对于信息后台处理的方式和主体均无从知晓。❶ 结合上述案例，司法实践中更为缓和的做法为，原则上由原告对被告存在侵权行为承担结果意义上的举证责任，同时，法院结合具体案情，根据双方举证能力、证据距离等情况分配行为意义上的具体举证责任，由原告对被告存在收集个人信息行为、个人信息被侵害的结果进行举证，原告完成上述初步举证责任后，对不存在侵权事实的反驳责任转移至被告，由被告对其在处理原告个人信息过程中不存在侵权行为，或有第三人侵权进行举证。

2. 被告是否存在过错的举证责任分配

不同于一般侵权纠纷，在个人信息侵权领域，对于过错要件适用举证责任倒置。由被告对其不存在过错承担举证责任。在个人信息侵权领域，过错的判断往往采是否违反注意义务的客观化标准，进而使得主观过错与行为违法性的判断趋同，均包含对行为是否违反相关法律法规的考量。由此推知，《个人信息保护法》确立了应由个人信息处理者证明其是否存在信息处理合法性基础的举证责任分配规则。《最高人民法院关于审理使用人脸识别技术处理个人信息相关民事案件适用法律若干问题的规定》第六条亦明确规定，由个人信息处理者对其行为合法性和存在免责事由承担举证责任，该规定虽主要针对人脸信息的处理行为，但其对于举证责任分配的原理在其他个人信息案件中可参照适用。据此，课题组认为，一般情况下，应由被告对其个人信息处理行为的合法性基础，亦即，是否存在"知情－同意"等免责事由承担举证责任，进而证明其是否违法和存在过错。

3. 是否存在损害结果及其因果关系的举证责任分配

如前所述，在没有例外法律规定的情况下，应由原告对被告行为构成侵权的责任要件承担举证责任。被控侵权行为是否造成原告损失及其因果关系作为侵权责任构成的要件事实之一，应由原告进行举证。损害后果既是侵权责任成立的定性要件，又是确定损害赔偿标准的定量要件，前者关注损害后果的有无，后者还需对具体损害的范围进行确定。侵犯人身权益的损害后果一般包括人身损害、财产损失（又称物质性损害，包括维权合理开支等）和精神损害。目前侵害个人信息导致人身损害的案例尚较为罕见，未来，如有泄露个人信息导致人肉搜索致伤致死的案件，行为与损害之间的因果关系证明将成为此类案件的难点。因侵害个人信息导致财产损失，典型情形包括个人信息泄露导致财

---

❶ 参见北京互联网法院（2021）京 0491 民初 5094 号民事判决书。

产遭受诈骗，例如，周某某诉广东快客公司、东莞易得公司网络侵权责任纠纷案中，法院根据侵权行为与损害的因果关系程度支持了部分赔偿。❶ 此外，还包括个人信息侵权导致合同利益损失，例如，郭某与杭州野生动物世界有限公司服务合同纠纷案、孙某某与中国移动濮阳公司个人信息保护纠纷案。❷ 然而，数据泄露的危害往往更多是无形的、具有风险导向的和扩散的，❸ 较为有争议的是，缺乏客观具体的物质性损害，又不构成严重精神痛苦或人身损害的情形。根据目前司法实践来看，精神损害仍以明显精神损失、严重精神痛苦为标准，例如，庞某某与北京趣拿公司等隐私权纠纷案。❹ 对于无形损失，有的法院以被告获益作为衡量因素，有的法院根据实际案情综合酌定，有法院对象征性赔偿金予以支持。❺ 结合上述司法实践，课题组认为，可根据《民法典》第一千一百八十二条的规定，鼓励双方当事人对被侵权人因此受到的损失或者侵权人因此获得的利益进行举证，并根据证据距离合理分配相关举证责任。在双方均难以举证证明实际损失或因此获得的利益的情况下，可由法院酌情确定损害及赔偿数额。

（三）常见合法性抗辩的认定

近年来，个人信息侵权类案件日渐增多，课题组对全国范围内个人信息类案件（包括涉及个人信息保护的隐私权侵权案件）进行梳理后发现，司法实践中，相关案件的被告在诉讼中所提出的抗辩事由基本囊括于《个人信息保护法》第十三条规定的七种情形。其中，大部分与《个人信息保护法》的保护框架相吻合，部分在司法实践中存在争议，现作如下分析：

1. 告知同意原则

关于"同意"的法律性质，在学理上亦有较大争议，目前《个人信息保护法》未对"同意"的法律性质作出明确解释，有待司法实践进一步阐明。❻

---

❶ 参见广东省深圳市中级人民法院（2019）粤03民终3954号民事判决书。
❷ 参见浙江省杭州市中级人民法院（2020）浙01民终10940号民事判决书、河南省濮阳市中级人民法院（2020）豫09民终722号民事判决书。
❸ Daniel J. Solove & Danielle Keats Citron, Risk and Anxiety: A Theory of Data - Breach Harms, *Texas Law Review*, Vol. 96, Issue 4（March 2018）, pp. 737 – 738.
❹ 参见北京市第一中级人民法院（2017）京01民终509号民事判决书。
❺ 参见北京互联网法院（2019）京0491民初6694号民事判决书、北京市海淀区人民法院（2018）京0108民初13661号民事判决书、江苏省苏州市中级人民法院（2019）苏05民终4745号民事判决书。
❻ 郭锋、陈龙业、贾玉慧：《〈个人信息保护法〉具体适用中的若干问题探讨——基于〈民法典〉与〈个人信息保护法〉关联的视角》，载《法律适用》2022年第1期。

个人对他人处理其个人信息作出"同意"的意思表示时，要确保个人的同意是在充分知情的前提下，自愿、明确地作出的，这对个人信息处理者的告知形式、内容、阶段等提出了相应的要求。否则，个人的同意难以被认为是真实、自愿和明确的，处理者对个人信息的处理也不可能是公开透明的。❶ 关于告知同意原则，实践中并非以一刀切的方式支持或驳回该抗辩事由，告知、同意并非两个简单的动作，是否提供事后救济方式充分保障用户告知同意权利亦重要。

课题组认为，同意必须是由个人在充分知情的前提下自愿、明确作出的，基于欺诈、胁迫等情况被强制作出的同意并不产生相应效力。在罗某与某科技有限公司隐私权、个人信息保护纠纷案中，法院认为，在首次登录页面设置相关个人信息收集界面，未提供跳过或拒绝等选项，此种产品设计将导致不同意相关信息收集的用户为实现使用软件的目的，不得不勾选同意或提交相应的信息，此种同意或对个人信息的提供，是在信息主体不自由或不自愿的情况下，强迫或变相强迫地作出，属于对原告个人信息的强制收集，不产生获取有效授权同意的效力。

2. 为订立、履行合同或人力资源管理所必需

为规范市场行为、维护社会秩序、妥善化解矛盾，民事主体间订立、履行合同尤其是人力资源管理方面的合同时，需要掌握对方的真实身份信息，对于个人来说，此时能够识别特定自然人的姓名、身份证号等信息将不得不让渡于合同相对方处理，这一行为是诚实信用原则在个体日常生活中的生动体现。司法实践中，不论在《个人信息保护法》出台前还是出台后，法院均认可这一行为的合法性，即"合同必需原则"。然而，这一原则具有宽泛性，影响信息主体的信息自决，应参考欧洲数据保护立法进行一定限缩，增加"应信息主体要求采取措施"作为限制。❷

在薛某与某数字公司、某小额贷款公司网络侵权责任纠纷案❸中，原告与银行之间确实签署有借款合同，合同中的姓名、身份证号码等信息属于履行合同必须获得的信息，原告主张被告非法获取其个人信息与事实不符，被告某银行不构成侵权。对于如何认定订立、履行合同所必须，课题组认为，应限定在软件或网络运营者提供的基本服务功能，或用户在有选择的基础上自主选择增

---

❶ 程啸：《论个人信息处理者的告知义务》，载《上海政法学院学报（法治论丛）》2021年第5期。

❷ 申卫星、杨旭：《论订立合同作为个人信息处理合法性基础的限缩适用》，载《南京社会科学》2022年第4期。

❸ 参见北京互联网法院（2021）京0491民初41500号民事判决书。

加的附加功能,例如,在罗某与某科技有限公司隐私权、个人信息保护纠纷案中,法院即认为,被告不得以其仅提供个性化决策推送信息这一种业务模式为由,主张收集用户画像信息为其提供服务的前提。

3. 为履行法定职责或法定义务所必需

为履行法定职责或法定义务所必需处理个人信息,系个人利益对公共利益的合法让渡。例如,车牌号虽可能构成个人信息,但同时属于确认车辆归属的行政管理途径,按照相关规定,必须悬挂于车辆外观,向社会进行公示;又如,法律规定,人民法院审理案件,除法律规定的特别情况外,一律公开进行,其中个人信息、案件事实等内容成为司法权运作的素材,相关个人信息同时也具有了公共信息的色彩。

4. 为应对突发公共卫生事件或紧急情况所必需

近年来,为应对突发公共卫生事件,利用大数据技术对个人信息进行收集、处理,妥善加强管理,降低公共安全风险已经被普遍接受。例如,新冠疫情防控之初,确有发生外地返乡人员、阳性病例、隔离人员等个人信息遭到泄露等事件,人民群众对于突发公共卫生事件中的个人信息保护也日益关注。课题组在梳理案例时未发现生效判决。如果该类案件诉至法院,人民法院应当充分考虑个人权益和公共利益是否得到充分平衡,对个人信息的处理是否遵循了必要限度,包括必要性原则、适当性原则和相称性原则等,在此不再赘述。

5. 个人自行公开或者其他已经合法公开的个人信息

实践中争议多产生于个人信息已被司法机关或其他国家权力部门依法公开,公司等商业主体再次公开的情形,这类案件中原告主张的侵权行为及被告的抗辩事由大都相同,裁判结果尚不统一。在原告梁某某与北京某科技有限公司网络侵权责任纠纷案❶中,审理法院认为,本案系因网站转载人民法院制作并公开的裁判文书引起的纠纷,被告的经营模式是通过对司法公开数据的再度利用,保障和便捷公众对相关信息的知情权,有利于社会诚信体系的建设,也不违背司法公开的目的,该利用形式未违反法律禁止性规定,亦不违反社会公序良俗,具有一定的正当性,并未违反立法关于个人信息保护的相关规定,不属于违法使用个人信息的行为。也有法院认为,转载和再次公开行为是否违反正当性和必要性原则、是否对所涉自然人值得保护的重大利益造成影响,应更多考量个人信息主体对其个人信息传播控制的权利及其对个人利益影响程度的评判,即应尊重信息主体对于其已被合法公开信息进行二次传播的个人意愿,

---

❶ 参见北京市第四中级人民法院(2021)京04民终71号民事判决书。

赋予其应有的选择权利。❶ 对此，课题组认为，是否要赋予个人对公开个人信息绝对的决定权或在什么情况下应予以适当限制或让渡，正是个人信息作为权益而非对世权的关键所在，其具体界限值得进一步探索。

五、个人信息侵权责任的具体承担

（一）关于停止侵权的具体认定

停止侵权是指侵权人停止自己的行为活动，规避被侵权人的各项损失以及由此产生的损害扩大，通常指删除信息、停止个人信息的处理行为或者去标识化处理。

关于删除信息。在《民法典》生效之前的案件中，如任某诉北京百度网讯科技有限公司名誉权、姓名权、一般人格权纠纷案❷中，百度搜索引擎"相关搜索"出现与任某有关的词条，任某亦要求北京百度网讯科技有限公司采取删除措施，法院以被遗忘权在我国缺乏法律依据、涉案人格权益缺乏被保护的正当性和必要性为由未予以支持。此后，《个人信息保护法》第四十七条在《民法典》第一千零三十九条的基础上，通过第一款 5 种具体情形的罗列，细化了删除权的具体内容。个人信息处理者妨害个人信息权的，信息主体可行使删除权。《个人信息保护法》第四十八条规定："个人有权要求个人信息处理者对其个人信息处理规则进行解释说明"，赋予信息主体解释权。个人信息处理者违法处理个人信息造成个人信息权妨害的，信息主体依据《个人信息保护法》第四十四条至第五十条行使知情权、决定权、拒绝权、查阅权、复制权、异议权、更正权、删除权、解释权即可能实现救济。❸《网络安全法》第四十三条❹和《民法典》第一千零三十七条第二款❺都赋予自然人对个人信息保护的删除权。

同时，有学者认为，停止侵权属于"预防性责任"，即当自然人的个人信息遭受侵害、妨碍或危险时，无论损害是否发生或信息处理者是否存在过错，

---

❶ 参见江苏省苏州市中级人民法院（2019）苏 05 民终 4745 号民事判决书。
❷ 参见北京市海淀区人民法院（2015）海民初字第 17417 号民事判决书。
❸ 王利明：《论个人信息权的法律保护——以个人信息权与隐私权的界分为中心》，载《现代法学》2013 年第 4 期。
❹《网络安全法》第四十三条 个人发现网络运营者违反法律、行政法规的规定或者双方的约定收集、使用其个人信息的，有权要求网络运营者删除其个人信息；发现网络运营者收集、存储的其个人信息有错误的，有权要求网络运营者予以更正。网络运营者应当采取措施予以删除或者更正。
❺《民法典》第一千零三十七条第二款 自然人发现信息处理者违反法律、行政法规的规定或双方的约定处理其个人信息的，有权请求信息处理者及时删除。

受害人都有权请求信息处理者承担"预防性责任"。❶ 课题组认为,对个人信息权益的侵害,不管是否发生实际的损害或损失,个人信息主体都有权要求删除其个人信息。尽管个人信息权益受到侵害时并未发生实际的损害或损失,而只是影响权利的行使或功能的实现,妨碍权利的圆满状态,权利人基于基础性权利(法律赋予的删除权),可以直接要求停止侵害。

(二)关于消除影响、恢复名誉、赔礼道歉的具体认定

消除影响、恢复名誉、赔礼道歉可以抚慰受害方因侵权行为活动遭受的精神和经济损失,可以不断加强侵权方的道德观,使其获得受害方的原谅。受害方主张赔礼道歉等责任方式的,侵权方通常可以通过书面或者公开的方式进行赔礼道歉,但行为人采取的手段和方式应与其侵害个人信息的行为类型以及由此产生的损害后果相适应,不得在更大范围内暴露个人信息。❷ 例如,在罗某与马某隐私权纠纷案❸中,法院认为,信息处理者侵害个人私密信息,应当面向罗某赔礼道歉并向罗某出具书面的道歉书,而非以在报纸、电视、其他媒体、朋友圈等公开方式赔礼道歉,以防止对受害人的个人信息权益造成二次损害。而在侵权行为具有一定的影响范围、给权利人造成较大影响时,公开赔礼道歉则有必要。在四川省自贡市人民检察院诉周某某公益诉讼案❹中,法院认为,周某某非法获取含有自然人身份证件号码等个人信息的文档,通过将非法获取的部分自然人个人信息用于微信实名认证或者直接出售给他人等方式获利,侵害了众多自然人的合法权益,损害了社会公共利益,周某某侵害众多自然人个人信息的行为构成民事侵权。因个人信息兼具人身权和财产权属性,故应进行公开赔礼道歉和赔偿损失。

就消除影响、恢复名誉而言,在个人信息侵权中,尤其是侵犯个人信息主体保持个人信息完整和准确的权利时,个人信息主体可以要求侵权人采用消除影响、恢复名誉的方式承担民事责任。但是,在个人信息被不当泄露和使用的情况下,个人信息已经不能被恢复到未公开的状态,个人信息主体再要求责任人消除影响、恢复名誉也有可能导致其受到二次伤害。因此,消除影响、恢复名誉必须严格根据个人信息主体的选择进行,并以适当的方式、在适当的范围内进行。

---

❶ 张建文,时诚:《个人信息的新型侵权形态及其救济》,载《法学杂志》2021年第4期。
❷ [日]吉村良一:《日本侵权行为法(第4版)》,张挺译,中国人民大学出版社2013年版,第84页。
❸ 参见江苏省苏州市中级人民法院(2018)苏05民终195号民事判决书。
❹ 参见四川省自贡市中级人民法院(2020)川03民初16号民事判决书。

（三）关于损害赔偿的具体认定

从法律规定来看，《民法典》第一千一百八十二条和《个人信息保护法》第六十九条均对侵害个人信息权益应承担侵权损害赔偿责任作出了相关规定。上述法律规定为个人信息的人身损害、精神损害、财产损害赔偿提供了法律基础。

1. 人身损害赔偿

个人因其个人信息被非法处理受到人身、财产损害的，可以依法向人民法院提起损害赔偿等诉讼。目前侵害个人信息导致人身损害的案例尚较为罕见，未来，如有泄露个人信息导致人肉搜索致伤致死的案件，行为与损害之间的因果关系证明将成为此类案件的难点，由于缺乏相关实践，相关处理还有待进一步探讨。

2. 精神损害赔偿

《民法典》第一千一百八十三条对侵害人身权益的精神损害赔偿进行了规定。❶ 个人信息权作为新型人格权，其人格利益远大于财产利益。❷ 实践中关于侵犯个人信息案件的损害认定、精神损害赔偿的数额计算存在困难。我国法院在审理个人信息无形损害案件时往往以原告未遭受实际损害为由驳回原告的赔偿请求。例如，在朱某与北京百度网讯科技有限公司隐私权纠纷案❸中，二审法院认为原告所主张的感到恐惧，精神高度紧张，以至于影响了正常的工作和生活，仅为主观感受，法院不能据此认定其存在实际损害。在庞某某与北京趣拿信息技术有限公司等隐私权纠纷案中，法院认为庞某某未因此次隐私信息被泄露而引发明显的精神痛苦，故不支持其精神损害赔偿请求。但在刘某与北京某速运有限公司、第三人严某个人信息保护纠纷案❹中，法院不仅支持了原告的赔礼道歉请求，还将原告因个人信息失控产生的可能被用于违法事宜的焦虑不安情绪认定为损害，并部分支持了其主张的精神损害抚慰金。尽管在该案中法院认可了内心焦虑成立损害，但总体而言，法院在审判实践中对内心焦虑的认定持谨慎态度。

---

❶ 《民法典》第一千一百八十三条 侵害自然人人身权益造成严重精神损害的，被侵权人有权请求精神损害赔偿。因故意或者重大过失侵害自然人具有人身意义的特定物造成严重精神损害的，被侵权人有权请求精神损害赔偿。

❷ 叶名怡：《论个人信息权的基本范畴》，载《清华法学》2018年第5期。

❸ 参见江苏省南京市中级人民法院（2014）宁民终字第5028号民事判决书。

❹ 参见北京市顺义区人民法院（2020）京0113民初16062号民事判决书。

根据《民法典》第一千一百八十三条,"严重"是精神损害赔偿的关键条件,纯粹因恐惧未来损害发生而产生的情绪焦虑与不安,很难被视为达到了"严重"的程度。课题组认为,情绪状态异常情况能否被视为个人信息的无形损害,主要依赖于在被侵害个人信息的情况下,对未发生的损害风险程度的认定,若未发生的损害风险已达实质性损害风险的程度,应依据高度盖然性标准认可情感性损害的可救济性。

　　在个人信息侵权案件中,关于精神损害赔偿确定的因素,可以根据《最高人民法院关于确定民事侵权精神损害赔偿责任若干问题的解释》第五条规定予以认定。同时,考虑到个人信息可以分为敏感信息与一般信息,不同类别的个人信息,与人格尊严的联系紧密程度不同,相比于一般信息,敏感信息被侵犯时对受害人的精神损害更为严重。故课题组认为,个人信息权作为新型的人格权益,在认定精神损害赔偿时,在传统的参考因素之外(如时间、频次、手段、行为方式、主观过错),更应该注意被侵犯的信息是否属于敏感信息,针对被侵犯信息的不同种类,区分精神损害赔偿的数额高低,对那些敏感信息被侵犯的受害人给予更高的精神损害赔偿。

　　值得注意的是,敏感信息的判断解决的是精神损害有无的问题,一旦被侵犯的属于个人敏感信息,即使传播度有限,也可推定信息权人遭受精神损害。传播广度的判断既解决精神损害有无的问题,也解决损害大小的问题。对于敏感信息而言,传播广度只有判定精神损害大小的作用;对于一般信息而言,只有达到传播度较广才推定具有精神损害。信息类别与传播广度在判断精神损害上相互补充,关于精神损害的标准两者应一并考虑。

　　3. 财产损害赔偿

　　《民法典》第一千一百八十二条对侵害他人人身权益的财产损害赔偿进行了规定。❶ 如何确定"根据实际情况确定赔偿数额"的具体标准,往往成为司法实践中需要明确的要点。

　　对于"实际情况"的含义,有学者认为,信息主体仅遭受财产损失的应遵循"填平原则"确定赔偿具体数额。❷《民法典》将个人信息置于人格权编中规定,但该编及侵权责任编并未就侵犯个人信息制定专门的损害赔偿规定。

---

　　❶ 《民法典》第一千一百八十二条 侵害他人人身权益造成财产损失的,按照被侵权人因此受到的损失或者侵权人因此获得的利益赔偿;被侵权人因此受到的损失以及侵权人因此获得的利益难以确定,被侵权人和侵权人就赔偿数额协商不一致,向人民法院提起诉讼的,由人民法院根据实际情况确定赔偿数额。

　　❷ 黄薇:《中华人民共和国民法典侵权责任编释义》,法律出版社2020年版,第76页。

被侵权人只能通过引用前述法律规定，请求侵权者承担停止侵害、排除侵害、消除危险、以被侵权人因此受到的损失或侵权人因此得到的利益为基础的损失赔偿及严重的精神损害赔偿等责任。同时，《个人信息保护法》将传统民法的填补损失原则纳入其中，以填补被侵权人受到的损害，使其恢复到未受侵害时的圆满状态。部分情节严重的案件中，个人信息保护方式应将填补损失与惩罚性赔偿相结合。

课题组认为，考虑到司法实践中的通行因素以及现行法律制度下对损害认定的规则，对于侵犯个人信息财产损害的认定因素可概括如下：

第一，被侵权人的实际损失或侵权人的获利。被侵权人的损失是构成损害赔偿的基础，被侵权人应就其被侵害而造成的财产损失进行举证，如银行卡被盗刷，因处理维权事宜造成的误工费、律师费、公证费、交通费等。在盛某某与中国电信股份有限公司北京分公司一般人格权纠纷案❶中，二审法院以传统侵权责任构成要件为分析框架，认为原告未提供充分证据证明其确实遭受损害，故对其损害赔偿请求不予支持。

有观点认为，侵权人的获益可以结合侵权行为的时间、空间维度以及侵权情节与方式确认，如消费操纵和关系控制。例如，商家精准投放广告给特定受众，从而操纵购买者的消费冲动，并因此获得收益。❷ 课题组认为，被告未经授权收集个人信息可作为获利的考量，据此确定赔偿损失数额。在凌某某诉北京微播视界科技有限公司网络侵权责任纠纷案❸中，法院认定个人信息是数据的重要来源之一，而数据作为新型生产要素又是数字经济发展的基础，对于个人信息的采集和利用必然会带来商业价值和经济利益，虽然双方均未提供原告因个人信息权益受到侵害所遭受的财产损失或被告因此获得利益的相关证据，但被告对个人信息的采集和利用必然会为其商业运营带来利益，被告在未征得原告同意的情况下采集原告的个人信息并加以利用，应当进行一定的经济赔偿。法院根据案件具体情况，酌定赔偿数额为 1000 元。

第二，法院根据实际情况酌情确定的考量因素。个人信息无形损害因难以

---

❶ 参见北京市第二中级人民法院（2020）京 02 民终 10179 号民事判决书。
❷ 朱晓峰，夏爽：《论个人信息侵权中的损害》，载《财经法学》2022 年第 4 期。
❸ 参见北京互联网法院（2019）京 0491 民初 6694 号民事判决书。

被计量，我国有多位学者主张确立个人信息权益损害赔偿的最低标准。❶ 在被侵权人不能就其蒙受损失的具体数额提供相关证据时，由法官依据自由裁量权对数额进行认定。司法实践中，由法院根据过错程度、损失情况等因素对损害赔偿数额进行酌定。在苏州贝尔塔数据技术有限公司与伊某一般人格权纠纷案❷中，法院认为，鉴于贝尔塔公司侵权行为涉及的是原已合法公开的信息，且贝尔塔公司仅对后续阶段拒绝删除相关文书承担侵权责任，综合考虑贝尔塔公司过错程度和伊某维权成本等因素，最终法院在伊某诉请赔偿经济损失50000元的情况下，酌定贝尔塔公司向伊某赔偿8000元。

有法院认为，可以对于象征性的赔偿金予以支持。例如，在俞某某与浙江天猫网络有限公司等网络侵权责任纠纷案❸中，俞某某称支付宝支付页面使用户默认勾选"授权淘宝获取你线下交易信息并展示"侵犯其权益，并主张经济损失1元。法院考虑到个人信息的价值难以估量，原告在本案中仅主张1元的经济损失，故对其该项诉讼请求予以支持。又如，在孙某某与北京百度网讯科技有限公司、第三人北京搜狐互联网信息服务有限公司人格权纠纷案❹中，法院认为原告虽未对涉案行为造成其财产损失的数额进行举证，但个人信息在互联网经济的商业利用下，已呈现出一定的财产价值属性，故法院根据实际情况确定赔偿数额。法院考虑到原告主张的赔偿数额仅为1元，涉案行为造成的损失显然高于该数额，故法院对该项主张予以支持。

课题组认为，个人信息若遭受上述的无形损害，需要法官在个案场景中，结合无形损害的类型，以及《民法典》第九百九十八条的规定，考虑行为人和受害人的职业、影响范围、过错程度，以及行为的目的、方式、后果等因素来确定个人信息无形损害的数额。

六、结语

在数字经济不断发展的时代背景下，个人信息保护民事纠纷作为互联网、大数据、人工智能等技术不断发展的必然产物，关乎私人领域的人格利益和财产利益，更牵涉到公共领域内政治、经济、国家安全等众多方面，个人信息民

---

❶ 杨立新：《私法保护个人信息存在的问题及对策》，载《社会科学战线》2021年第1期；周汉华：《探索激励相容的个人数据治理之道——中国个人信息保护法的立法方向》，载《法学研究》2018年第2期；崔聪聪：《个人信息损害赔偿问题研究》，载《北京邮电大学学报》（社会科学版）2014年第6期。

❷ 参见江苏省苏州市中级人民法院（2019）苏05民终4745号民事判决书。

❸ 参见北京市海淀区人民法院（2018）京0108民初13661号民事判决书。

❹ 参见北京互联网法院（2019）京0491民初10989号民事判决书。

事纠纷案件的裁判中要平衡和处理的利益复杂且重大。加之，随着技术的发展，个人信息处理活动的类型始终变动不居，法律要面临的适用场景和裁判需要解决的争议问题也层出不穷。因此，在个人信息保护案件的裁判中，人民法院要充分把握平衡权益保障与数据利用、人格权优先保护、合理运用技术、规范与发展并重的原则，做好案件"三个效果"的统一。

关于青少年涉网侵害名誉权案件的调研报告

文/北京互联网法院课题组[*]

互联网的创新性、开放性、互动性，为满足人民多元文化需求提供了不竭动力。但在当今文化娱乐行业发展、"粉丝文化"兴起的背景下，青少年实施侵害名誉权行为的纠纷较为多发，网络言论失范问题亟待规范。为弘扬社会主义核心价值观，关心青少年健康成长，课题组以青少年涉网侵害名誉权案件为研究样本，深挖青少年言论失范问题成因，探索青少年网络言论失范问题治理路径。

一、青少年涉网侵害名誉权案件实证研究

2019年1月1日至2022年12月31日，北京互联网法院收案174312件，结案164016件，受理网络侵权责任纠纷案件17367件，其中，网络侵害名誉权纠纷案件4312件，占24.83%。经调研发现，以青少年为涉嫌侵权主体（案件被告）的网络侵害名誉权行为集中出现于从事演艺工作的公众人物名誉权侵权案件中，体现出近些年兴起的粉丝文化的突出特点，此类案件共计499件，占全部网络侵害名誉权纠纷案件的11.57%。课题组选取上述类型案件作为研究样本，逐一对原、被告身份证明、证据材料、庭审及谈话笔录、裁判文书等卷宗材料进行研究，深入分析原、被告年龄分布、原告（公众人物）身份类型、涉诉侵权行为发生平台、涉诉侵权行为内容及特点。

（一）原、被告年龄分布及身份类型

在研究样本中，原告涉及34名演艺工作者，年龄最小的为20岁，最大的为50岁，平均年龄为32.91岁，其中，30岁及以下的占44%，31岁至40岁的占35%，41岁及以上的占21%（见图1）。原告职业多为演员、歌手，其中20人入选2019年度福布斯中国名人榜前100位，其受到广泛关注的原因包括

---

[*] 课题主持人：姜颖；执笔人：孙铭溪、经雯洁、武一帆、陈志宇。

出演热播电视剧、网剧等影视作品及参与选秀等综艺节目等。

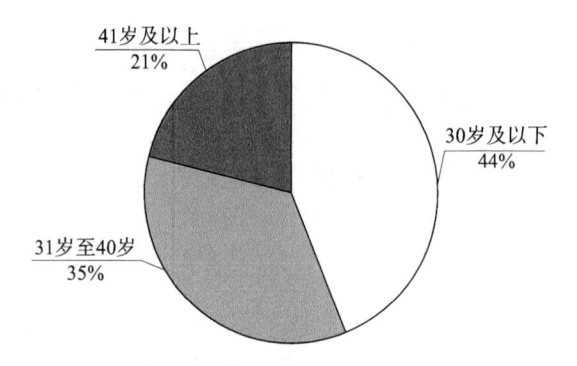

图1 原告年龄分布情况

作为被告的青少年大部分为在校大学生，少部分自述无业或自述不方便透露职业；年龄在30岁及以下的占70%（见图2），其中年龄最小的为19岁。

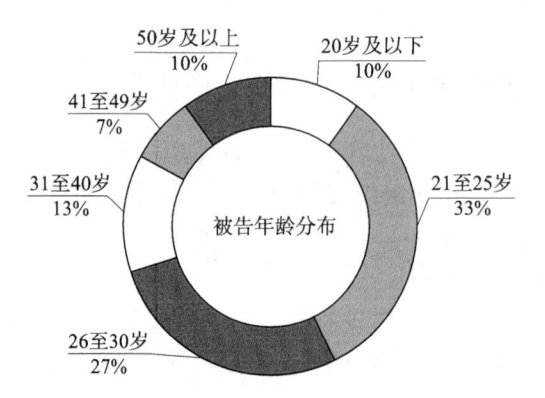

图2 被告年龄分布情况

（二）涉诉侵权行为发生平台

在当前互联网技术和商业模式不断发展的态势下，新浪微博、微信公众平台、百度贴吧、豆瓣、B站、知乎等信息平台进一步发展壮大，粉丝追星更为便利，并以增强多方互动的方式拉近了明星和粉丝之间、粉丝与粉丝之间的心理距离，进一步助推了"饭圈文化"的兴起和发展。在北京互联网法院审理的案件中，青少年实施的网络侵害名誉权行为，54.3%发生在微博、微信、豆瓣等社交平台上（见图3）。这些社交平台用户量大、活跃度高，聚集了明星、娱乐自媒体、粉丝大V等具有较大影响力的用户，舆论事件易受关注，易引发群体性侵权事件，故成为该类型涉诉侵权行为高发地。

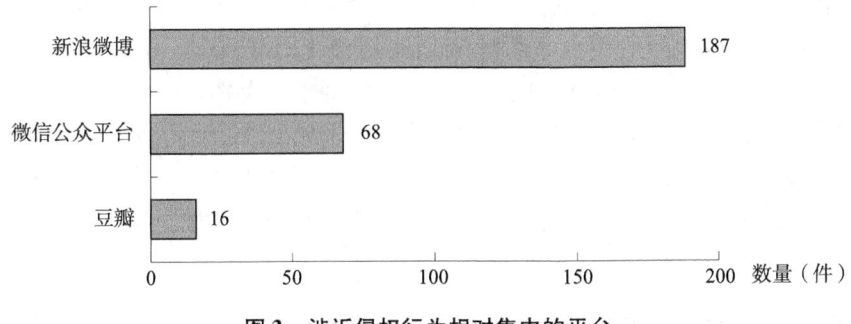

图3 涉诉侵权行为相对集中的平台

新浪微博 187
微信公众平台 68
豆瓣 16

（三）涉诉侵权行为内容及特点

课题组研究发现，涉诉侵权行为内容包括使用侮辱性语言、捏造事实等，使用"饭圈"❶特有语言成为显著特征。其中，涉嫌捏造事实的案件有409件，涉嫌使用侮辱性语言的有116件，部分案件同时存在涉嫌捏造事实和使用侮辱性语言的内容。而且，该类型案件的涉诉侵权行为特征明显，主要表现为：

1. 实施网络名誉权侵权行为时粉丝心态明显

涉诉被告通常会在答辩或庭审中主动承认其为特定明星粉丝，其个人的社交平台身份认证信息或其于社交平台上发布的内容亦会对其明星"粉丝属性"进行表述。实践中，青少年发表涉嫌侵权言论的目的往往是为自己所喜爱的明星提高人气、获取关注。通常表现为：对贬低自己偶像的言论予以回击；主动贬低其他明星，为自己喜爱的明星争取影响力；单纯因厌恶与其偶像进行合作的其他明星而发起言论攻击等（见表1）。

表1 被告侵权行为实施原因

被告情况		数量	占比
被告为特定明星粉丝		128	25.7%
其侵权行为实施原因	主动贬低其他明星以争取影响力	18	14.1%
	对贬低自己偶像的言论予以回击	86	67.2%
	单纯厌恶与其偶像合作的其他明星	16	12.5%
	其他原因	8	6.2%

---

❶ 饭圈：粉丝对自己所属的追星群体的统称，又名"粉圈"，系"粉丝圈"的简称。

在北京互联网法院受理的多起青少年涉网侵害名誉权案件中，被告实施侮辱特定明星的行为，往往由"粉丝"之间的持续骂战引起。青少年在追星过程中存在不理智、相互谩骂、失范言论升级的现象，个别粉丝将怨气转至对方维护的明星，进而实施对明星的侮辱、诽谤。例如，北京互联网法院法官在审理某案件时发现，原告自身作为明星，与被告喜爱的明星同属某组合，两明星粉丝群体之间互相攻击的行为不断发生，导致多起相互关联的诉讼。

2. 侵权时多使用"饭圈"网络语言

涉诉被告除在少部分案件中直接使用常人均可理解的谩骂侮辱词汇外，其余侵权行为均使用"饭圈黑话"❶。"饭圈黑话"通常表现为明星"黑称"，侮辱性语言的谐音❷以及形容娱乐圈炒作的特定词汇❸等。例如，被告或以特定具有侮辱、贬损之义的绰号指代特定明星，或用侮辱性绰号辱骂某明星的粉丝群体，借以含沙射影辱骂该明星，这些绰号虽不为大多数社会公众所熟知，但在粉丝群体中指向清晰。

3. 侵权行为传播快速广泛

互联网为粉丝追星提供了更加广阔的平台和更加多元的信息，互联网的自主性、互动性、便捷性极大地消除了粉丝与偶像之间的时空阻隔。在以微博为代表的社交平台上，言论表达主体具有广泛性和多样性，其表达内容和形式相对自由，表达不受时间和地点的限制，个体可以随时随地发表言论并且传播迅速，虚假的消息可能在极短时间达到街谈巷议、全民皆知的程度，而涉及明星等公众人物的消息特别吸引大众眼球，容易失控造成侵权言论的蔓延和狂欢。❹例如某样本案例中，被告是具有数十万关注者且经认证的娱乐综艺视频自媒体账号，其发布对某一明星的侮辱性言论后，关注者纷纷阅读、评论并转发，传播范围迅速扩大。

4. 逃避诉讼特征明显

课题组发现，部分青少年对其实施的侵权行为有明确的认知，表现为在涉诉后，有明显的畏诉和抗拒诉讼的心态。尤其对互联网法院公开庭审的方式心存畏惧，回避与法院及原告的直接联系，多委托家长作为诉讼代理人。需要特

---

❶ 饭圈黑话：原指以遁词隐义为特征的隐语，现指粉丝圈内部广泛传播的表达某种内在意思的隐晦性语言，包括特定的拼音组合和词语。粉丝在追星时专用的一些用语也被称为"饭圈黑话"。

❷ 如首字母缩写或隐性含义明显的侮辱语言，如"lj"（"垃圾"）、"zz"（"智障"）。

❸ 如"捆绑""倒贴""拉踩"等。

❹ 马永保：《微博侵害公众人物名誉权若干问题探讨》，载《重庆邮电大学学报》（社会科学版）2013年第25卷第4期。

别关注的是，家长在诉讼中大多表示其对子女实施的侵权行为毫不知情，强调被告年龄较小、发言不成熟、侵权言论已删除等。部分被告在被诉后立即主动联系原告道歉，与发表言论时表现出的言语苛刻甚至粗鄙呈现出完全不同的状态。

5. **法律意识淡薄且存在侥幸心理**

通过对涉诉青少年提出的抗辩理由进一步分析，我们发现涉诉青少年往往法律意识较为淡薄，且大多存在侥幸心理。一是认为网上侵权难被追究。即在虚拟的互联网空间中，即便自己言论不当，但只要躲在海量信息背后，就很难被察觉和追究责任。二是主张"饭圈"文化已形成共识，应放宽法律评价标准。部分青少年强调"饭圈"言论的特殊性，认为明星是公众人物，应对"饭圈"的贬损性评价高度容忍，不应在法律上过多苛责。三是主张"转发无责"。部分青少年主张其发布的侵权言论并非原创，而是从其他媒体或个人发布的信息转载而来，因此自己不需要承担任何责任。四是主张"法不责众"。部分青少年主张其发布的言论内容在网络上已广泛传播，不应追究涉案被告的个人责任。

6. **涉诉被告受到同属性粉丝群体追捧**

在"粉丝文化"背景下，以公众人物为原告的青少年涉网侵害名誉权案件往往会受到双方粉丝的高度关注，并体现出同属性粉丝"声援""追捧"的倾向。

例如在某些案件中，即便被告涉案言论极不文明，但在立案后仍出现同属性粉丝大量支持或鼓励被告的评论，甚至出现被告微博粉丝在诉讼期间成倍增长的现象。部分案件的庭审视频在庭审结束一段时间后亦引发上亿的话题量，再次引发公众关注。有的被告在案件宣判后，继续发表不恰当言论，持续受到众多粉丝追捧，反映出部分粉丝将个人好恶凌驾于事实和法律之上的畸形心态。更有甚者，在诉讼期间发起"打赏"活动，组织同属性粉丝为其筹款。

二、青少年涉网侵害名誉权案件折射出的问题

（一）司法治理问题

根据《中华人民共和国民法典》第一百零九条、第一百一十条的规定，自然人的人身自由、人格尊严受法律保护；自然人享有名誉权等权利。涉网侵害名誉权案件是指通过互联网络，在网上登载包括文字、图片、声音、动画等各种利用电脑和网络技术制作并在网络上发布的各种各样的作品，侵犯公民或

法人的名誉，并使其社会评价降低或贬损的案件。

然而，区别于传统名誉权纠纷案件，涉网侵害名誉权案件往往具有匿名性、隐蔽性、侵害行为传播迅速、侵害后果难以评估等特点。同时，在当前"饭圈文化"日益盛行的背景下，青少年涉网侵害名誉权案件存在侵权行为、主观过错等侵权构成要件难以认定，侵害后果难以评估，公众人物容忍义务范围难以界定等司法治理问题。

1. 侵权行为难以认定

一是"饭圈黑话"等影射性内容是否构成侮辱、诽谤。在青少年涉网侵害公众人物名誉权案件中，频繁使用"饭圈黑话"等特有语言对明星等公众人物进行侮辱、诽谤已成为此类案件的显著特征。例如，在明星张某某名誉权案件中，被告就使用"莲""莲鸡""嘲羊群众"等词语对其进行评价。在司法实践中，在理解"饭圈"用语内在表达含义的基础上，判定使用侮辱性含义的"饭圈"特有语言是否构成侵权行为，已成为困扰司法实务的难题。

二是复制、转发、加工、集合侵权言论是否构成侵权。在青少年涉网侵害名誉权案件中，涉诉被告往往以其涉诉侵权言论并非个人原创作为抗辩理由。经对涉诉侵权行为分析，涉诉被告或是直接复制、转发他人评论和图片，或在转发评论时增加侵权言论，或采用截图等手段跨平台传播，或集合多人发布的侵权信息后再次发布，从而造成原发侵权言论多次扩散。

三是对明星粉丝的侮辱是否构成对明星等公众人物自身的侮辱。在市场经济背景下，不同明星之间往往存在流量竞争和利益竞争关系。在特定情况下，不同粉丝群体出于维护"自家"明星的心态，可能会对"对家"明星粉丝进行攻击，主要表现为或直接使用侵权言论对明星进行侮辱、诽谤，或利用影射性言论借攻击明星粉丝群体达到贬低"对家"明星的个人名誉的目的。例如，在北京互联网法院审理的某女明星名誉权案件中，被告在其涉案博文及评论中，侮辱性地称呼原告粉丝为"驴粪"（谐音"驴粉"），并称呼原告为"驴""驴巴"等。

2. 侵害后果难以评估

在涉网侵害名誉权案件中，原告的诉求一般包括删除侵权言论、赔礼道歉、赔偿精神损害抚慰金。在案件进入审理流程后，被告往往会主动删除侵权网络言论，主动联系原告或在庭审现场赔礼道歉。但一方面，涉网名誉权侵害后果具有虚拟性、公开性、传播迅速性，且其侵害后果涉及个案侵权行为人的职业、影响力、言论的发布与传播方式、侵权言论的传播范围，另一方面，明星名誉权与其自身商业价值密切相关，其个人社会评价的降低在某种程度上会使其"代言"减少、合同违约，从而直接减损其个人收益。如何证明其名誉权侵害后果造成收益减损，如何评估侵害后果并确定精神损害赔偿数额往往成为案件审理的难点和焦点。

3. 公众人物容忍义务范围难以界定

基于公共利益和正当公众兴趣优先原则，公众人物对基于公共利益诉求或正当公众兴趣发表质疑、批评，即使会对其名誉利益造成一定不利影响，但在不直接侮辱人格的情况下，负有更高的容忍义务。青少年涉网侵害名誉权案件中，涉诉被告言论不乏一些对其业务能力、工作成果或其自身不当言行的评价性言论，但也存在直接攻击公众人物个人人格尊严的言论。因此，公众人物的容忍义务范围应如何界定，评价性言论是否构成侵权言论成为案件审理过程中的难点和焦点。

4. 社会关注度高，易引发舆情风险

"近年来，从网上'打榜'，到形成'粉丝经济'，再到策划自己的文化产品，以年轻人为主体的粉丝群体，早已不再是文化娱乐产业的被动接受者，而成为主动参与者乃至生产者。"❶ 在涉网青少年侵害明星名誉权案件中，原告作为公众人物，往往拥有规模较大的粉丝群体，这些粉丝群体内部组织架构严密、分工明确、沟通渠道多元、信息传播速度极快，且在微博、微信、知乎等社交平台上具有较大的影响力、组织力和号召力。另外，由于明星等公众人物的社会公众识别度相对较高，涉及明星的侵害名誉权案件极易引发社会关注，甚至可能产生舆情风险。例如，张某某名誉权案件、杨某名誉权案件、井某名誉权案件微博阅读量分别高达6.6亿、3.6亿、5574万，其中杨某名誉权案件在线旁听人次超过100万。（见表2）

表2 涉网青少年侵害明星名誉权案件在线旁听人数情况

案件	在线旁听人数
杨某名誉权案件	100万余人次
王某名誉权案件	50万余人次
张某名誉权案件	10万余人次
迪某名誉权案件	10万余人次
邓某名誉权案件	10万余人次

---

❶ 《营造健康向上的粉丝文化》，载《人民日报》2019年11月28日。

（二）社会治理问题

1. 部分青少年存在价值观隐忧

互联网的开放、互动、平等，为青少年提供了个性表达的空间，但互联网的虚拟性和匿名性导致部分青少年话语责任缺失，加之互联网信息质量良莠不齐，部分不良信息可能对处于个人价值观形成、自我意识塑造和道德养成关键时期的青少年产生不利影响。

课题组研究发现，在北京互联网法院审理的相关案件中，部分青少年表现出的错误价值观令人担忧。他们在其偶像走红的过程中存在替代性满足的代入心理，将偶像的成功视为自身的成功，故不遗余力帮助偶像制造话题，吸引眼球。例如，采取制作明星遗像、"炒黑料"等行为为偶像炒作，藐视公序良俗；"私生饭"❶问题突出，不遗余力获取偶像行踪，窥探偶像的私生活，甚至不惜危害公共安全、侵犯个人隐私，法律意识淡薄；斥巨资为偶像购买宣传广告位、应援产品，制作虚假数据等，求新、求异、求奢趋势明显，极端个人主义、拜金主义倾向明显；等等。

2. 家庭、学校忽视青少年用网教育

当前家庭和学校教育的主要关注点还是青少年的学习成绩和职业发展，对青少年用网问题缺乏关注，存在明显的二元倾向：一方面，采取简单、粗暴的"一刀切"式手段，为防止青少年沉迷网络而影响学习，禁止或者严格限制青少年上网；另一方面，采取放任态度，如何用网完全由青少年自己支配。应当承认的是，青少年在熟悉新兴产品、使用新兴技术、掌握网络生态发展规律上具有其他年龄群体难以企及的先天优势，但并不意味着家庭和学校就应无所作为、放任自流。

3. 部分明星未承担社会责任

随着互联网经济的繁荣和数字经济时代的到来，"流量"逐步成为衡量公众认可度的一项可量化的指标，成为判断明星的市场价值、影响力乃至潜力的重要因素。从某种意义上讲，流量即利益。在流量利益的驱使下，不排除部分明星或其团队存在过度包装"人设"、故意炒作话题、带节奏等行为，缺乏作为社会公众人物的思想自觉和行为自觉，缺乏对青少年的正向引领。

4. 互联网平台网络言论管理机制滞后

移动互联时代，以社交、内容等为代表的互联网平台蓬勃发展，产生的

---

❶ 私生饭：指追星过于狂热，打扰偶像的私生活的粉丝。如跟踪偶像车辆、蹲守私人住宅等。

信息呈爆炸式增长。但是，总体而言，互联网平台对用户发布网络言论的管理缺乏前瞻性，对不当网络言论的事前审核机制不完善，多依赖用户举报等事后手段和被动措施，难以有效管控不当网络言论的产生和扩散。此外，不排除有互联网平台为攫取流量利益，对网络言论失范现象持放任甚至默许的态度。传统机制不仅不能适应管理需求，更将制约互联网平台的可持续、高质量发展。

5. 互联网时代"粉丝文化"野蛮发展

互联网的便捷性和传导性使不同地区有共同兴趣偏好的粉丝个体在网上集结，形成了以明星为中心、层级清晰、分工明确、行动力强的组织形态，粉丝之间不断分享信息、交流情感，逐渐成为互相认同、彼此欣赏的兴趣共同体和情感共同体，"粉丝文化"应运而生。"粉丝文化"进一步催生了粉丝经济。从业者通过建立粉丝和明星之间的情感互动，提升粉丝黏性以获取经济利益与社会效益。例如，粉丝购买明星杂志、专辑、周边、同款或代言商品，为明星投票、打榜、制作数据等。值得警惕的是，以追星为目的在网络空间聚集的粉丝团体令应援集资得以产生。从明星演唱会的灯牌标语，到写字楼的外墙广告，不一而足。这些不菲的开支均来自粉丝集资，可能带来一系列问题。例如，"应援"资金流向不透明、资金管理者圈钱跑路；低龄"打赏"、巨额"打赏"引发法律纠纷；"黄牛""私生饭"等侵犯隐私、危害公共安全事件挑战道德及法律底线；因"需求"而支撑的"代拍"现象屡禁不止等。

三、青少年涉网侵害名誉权案件纠纷治理路径

（一）司法治理路径

1. 充分发挥案件审判职能，强化依法治网

北京互联网法院通过审理此类青少年涉网侵害名誉权案件，确立裁判规则、统一裁判尺度，如明确公民的言论自由应以尊重他人合法权利为限，任何自然人的隐私权、名誉权均受法律保护；公众人物对社会评论的容忍义务以人格尊严为限；自媒体的侵权责任程度应综合考虑自媒体的言论传播范围及影响力；"饭圈黑话""影射"亦构成侵权；为网络侵权言论求"打赏"构成违法所得的，法院可予以收缴；特定情况下对明星粉丝的侮辱亦构成对该明星的侮辱；公众人物应对就其业务能力的合理批评予以容忍；等等。这些裁判规则的确立为网络言论提供了清晰的法律指引。

2. 有效优化纠纷解决机制，促进多元解纷

在青少年涉网侵害公众人物名誉权案件中，原告的代理人大多为专业律师，代理经验较为丰富，调解意向较为明显。审判人员要紧扣案件特点，积极组织诉前调解、审理阶段调解工作，充分发挥行业调解、律师调解等多元调解优势，进一步加强诉源治理与多元调解工作，更好地发挥示范性裁判的引导、教育、预防功能，促进纠纷源头解决。同时，不断通过完善网络侵权纠纷的身份识别、强化有效送达、创新网上执行等方式，让侵权者无处遁形，受到应有的法律制裁。

3. 借助全流程线上审理优势，强化庭审公开

借助全流程线上审判的优势，强化互联网上的庭审公开，综合利用庭审直播、裁判文书公开、新媒体矩阵、媒体专题报道、新闻发布、司法建议等渠道，加大对具有示范意义和规则树立意义的案件宣传、推广力度，引起青少年对司法审判的关注，为青少年依法上网、文明发言提供正确引导。

（二）社会治理路径

1. 重视青少年价值观养成

家庭、学校应当切实担负起教育引导广大青少年的重要责任。一是加强青少年品德修养，重视青少年社会主义核心价值观培育，教育引导青少年正确看待偶像，文明、理智追星。二是增长青少年知识、见识，教育引导青少年珍惜青春时光，树立远大理想。三是增强青少年综合素质，更加注重对青少年的人文关怀和心理疏导；强化法治教育，引导青少年自觉遵纪守法；加强青少年美学教育，提升青少年的鉴赏水平、辨别能力、审美情趣和人文素养。

2. 加强网络综合治理，营造清朗空间

网络乱象的治理不仅需要司法的力量，还涉及互联网监管部门、互联网平台、网络用户等多种主体，需要各方齐心协力、齐抓共管。一要完善立法，进一步完善未成年人保护法律体系，保障青少年网络权益；二要强化互联网监管，完善网上不良信息的管理机制，持续深入打击数据造假、暗刷流量、恶意炒作、不正当营销等违法违规行为；三要强化企业履责，互联网平台应当坚持依法办网，完善网络用户信息审核和内容发布机制，加大对营销号、僵尸号、网络水军等账号的监测和审查力度，妥善运用删除、屏蔽、列入黑名单等管理机制和新技术手段，对不当言论及时予以干预和制止，督促网络用户加强自我管理、自我约束。

3. 鼓励高质量文艺创造

当前互联网文化产业正处于繁荣发展阶段，但受流量经济裹挟等影响，高质量的文艺作品较少，难以满足人民群众的精神需求，对此需要文艺工作者、媒体和公众的共同努力。文艺工作者应以创作、生产、传播优秀文艺作品为主要追求，对互联网上的侮辱诽谤、攻讦造假、恶意炒作营销等违法失德行为表明正确的态度立场，为粉丝树立健康向上的榜样，为社会提供丰富多元、雅俗共赏的高质量文艺作品；媒体应当坚持正确舆论方向，积极传播弘扬主旋律和正能量的高质量文艺作品，引领社会文明风尚；公众应当以实际行动支持高质量文艺创造，支持德艺双馨的文艺工作者创作更多人民群众喜闻乐见的文化产品，增强知识产权保护意识。

未成年人保护篇

北京互联网法院未成年人网络司法保护情况报告

文/北京互联网法院课题组

未成年人是国家的未来、民族的希望，以习近平同志为核心的党中央一直高度重视未成年人的健康成长。近年来，随着经济社会发展，未成年人的成长环境出现新的特点。第51次《中国互联网络发展状况统计报告》显示，截至2022年底，19岁以下网民占所有年龄段网民的18.7%，未成年人互联网普及率持续提升。广大未成年人身处数字化、网络化、智能化深入发展的时代，被称为新一代"数字原住民"，互联网已经成为当代未成年人不可或缺的生活方式、成长空间、"第六感官"。新时代，保护未成年人权益是人民法院的重要职责，是人民法院积极参与国家治理、有效回应社会关切的必然要求。2020年修订的《中华人民共和国未成年人保护法》（以下简称《未成年人保护法》）专门设置"网络保护"专章，聚焦未成年人网络素养教育、网络信息管理、网络沉迷防治、个人信息保护、网络欺凌防治等主题，全面加强国家、社会、学校、家庭四方责任，深入保护未成年人权益。2021年最高人民法院发布的《关于加强新时代未成年人审判工作的意见》指出，未成年人审判工作只能加强、不能削弱。北京互联网法院承担着推进网络空间治理法治化的职责，始终高度重视做好新时代未成年人司法保护工作的重大意义，强化使命担当，勇于改革创新，认真贯彻落实最高人民法院、北京市高级人民法院各项要求，挂牌全国首个互联网少年法庭，推出"首互未来"未成年人网络司法保护品牌，切实做好未成年人网络空间权益司法保护工作。

一、涉未成年人案件的审理情况与主要特征

自2018年9月成立至2022年底，北京互联网法院共受理涉未成年人网络纠纷217件。从纠纷类型来看，网络服务合同纠纷占66.5%，网络侵权纠纷占

10.5%，信息网络买卖合同纠纷占 23.0%，纠纷类型集中度较高。从年龄分布看，当事人为 8 岁以下的案件占 4.0%，年龄最小的受侵害者仅为 5 岁；8 至 16 岁占 86.8%；16 岁以上的占 9.2%。从结案方式看，以调解和撤诉方式结案占 74.6%，以判决方式结案占 22.2%，以移送等其他方式结案占 3.2%。从案件审理情况看，主要表现出以下特征。

（一）案件类型较为集中，充值打赏类案件占比较高

从案件的具体纠纷内容看，主要集中于充值打赏、网络购物、人格权侵权等类纠纷。其中，游戏充值案件 57 件，直播打赏案件 63 件，其他充值类案件 43 件，充值打赏类案件占比达到 75%。在充值打赏类案件中，原告多主张未成年人充值行为不发生效力并要求返还充值款。在网络购物案件中，未成年人原告多主张销售方存在违约、欺诈等情形而要求其承担相应责任。在人格权纠纷案件中，多为未成年人在社交媒体中的言论侵害他人名誉权或者被他人侵权，也有未成年人的肖像权、隐私权等其他人格权被侵害引发的纠纷。

（二）案件标的额差异较大，充值打赏类案件涉案金额最高

经统计，北京互联网法院涉未成年人案件涉案金额从 1000 余元至 60 余万元不等，金额最高的案件为某游戏充值案件，涉案金额高达 61 万元。总体看，游戏充值案件的平均标的额为 84647 元，直播打赏案件的平均标的额为 69712 元，网络购物类案件的平均标的额为 34758 元。人格权案件中，当事人的诉讼请求多为赔礼道歉及精神性赔偿。

（三）未成年人作为被告的纠纷多因网络失范言论引发

未成年人作为被告的案件，多为涉网络欺凌、网络暴力等侵害人格权的案件，主要发生在社交平台，起因多为校园纠纷、日常琐事纠纷、听信网络谣言等。

（四）案件反映出未成年人网络生活丰富，网络娱乐需求旺盛

从受理案件情况来看，纠纷主要集中于消费娱乐、社交等领域，网络新型娱乐方式对未成年人影响明显。涉案平台包括短视频直播平台、游戏平台、网购平台、社交平台，案件数占涉未成年人案件总数的 77.6%。

（五）当事人调解意愿较强，息诉解纷成效明显

在涉未成年人案件中，多数当事人表现出较强的调解意愿。同时，北京互

联网法院亦建立了未成年人案件优先调解机制,强化全过程调解。在涉未成年人案件中,当事人在法院主持下调解或自行和解的比例达到74.6%。

二、案件反映出的问题

案件审理过程中,北京互联网法院发现,未成年人网络素养仍有待提升,未成年人网络空间合法权益保障仍需加强,主要问题表现为:

(一)未成年人用网行为受监管不足,网络沉迷问题较为突出

案件反映出,在网络娱乐消费领域,特别是网络游戏、网络直播领域,未成年人易出现沉迷。在北京互联网法院审理的涉未成年人网络充值、打赏案件中,未成年人多从简单接触网络游戏、网络直播开始,进而通过充值、打赏获得了更好的娱乐体验,后发展为大额充值打赏,个别未成年人甚至为其游戏账号购买了代练级服务。此外,案件中绝大多数未成年人存在逃避家庭监管、规避平台认证措施的情形。例如,有的未成年人以网课学习、正常娱乐为由欺骗家长获得电子设备,有的未成年人甚至在家长休息时间偷用家长的设备进行娱乐消费。为了规避平台的防沉迷措施和消费限制,未成年人往往使用其监护人或者其他成年人的账号注册登录,有的为防止事后被发现,还会在消费后删除验证短信、提示信息。有的还通过网络购物平台购买成年人账号,购买代充值服务。未成年人绕过监管及认证措施,导致其使用网络娱乐消费时间远超过国家规定的未成年人合理用网时间,引发网络沉迷。

(二)未成年人网络安全意识较弱,易受不良信息侵害

网络信息庞杂多样、良莠不齐,未成年人缺乏生活经验,对危害或可能影响其身心健康的网络信息辨别能力有限。案件反映出,部分未成年人沉迷网络不良信息,影响身心健康。如在北京互联网法院审理的"软色情漫画充值案"中,未成年人在长达一年半的时间内,持续充值付费浏览含有"软色情"内容的漫画,在造成财产损失的同时,也影响了身心健康的发展。此外,网络诈骗等违法信息也严重侵害着未成年人的合法权益。在北京互联网法院审理的多起案件中,犯罪嫌疑人在网络游戏平台、网络视频平台中发布如赠送游戏皮肤等消息,诱导未成年人登录社交软件,进一步编造账号冻结、涉嫌违法犯罪等虚假信息,实施诈骗行为,造成财产损失。

(三)未成年人既是人格权侵权的受害者,也是加害者

近年来,涉及未成年人的网络欺凌,个人信息、隐私等人格权侵权的现象

日益引发关注。在北京互联网法院审理的案件中，未成年人既有上述侵权行为的受害者，也有侵权行为的加害者。案件反映出以下特点：一是线下矛盾引发网络侵权。如部分案件中，有的未成年人之间因为校内矛盾在网络上相互攻击，有的在短视频平台、社交平台等曝光他人肖像或对他人实施语言暴力；部分案件中，未成年人父母因子女与同学之间的矛盾在班级群中以过激言论批评其他同学；部分案件中，成年人之间因感情纠纷在网络上攻击他人，同时公布包括他人未成年子女的个人信息等引发纠纷。二是公共事件引发网络侵权。如北京互联网法院审理的"女童绑树视频"人格权纠纷中，被告以实施舆论监督为由，未经同意拍摄了女童被绑树的视频，其中女童面部清晰，且其裙子被掀起露出短裤，视频上传至社交平台大范围传播扩散引发侵权。三是"饭圈"文化不良影响引发网络侵权。受"饭圈"文化的影响，部分未成年人热衷于打榜控评、反黑互掐等非理性追星行为，网络言论失范问题较为突出。如在某明星名誉权受侵害案中，未成年人被告使用明显过激的言论恣意辱骂原告，对其进行人身攻击，超越了言论自由的法律边界。涉未成年人人格权侵权案件反映出未成年人、成年人均存在网络素养不足、未成年人保护意识不足的问题。

（四）未成年人缺乏理性消费习惯，易进行冲动消费

案件中反映，大额消费行为是引发未成年人网络纠纷的主要原因，案件平均消费额远远超过未成年人的日常可支配金额。在充值打赏类案件中，由于网络游戏、网络直播等内容的实时互动刺激，未成年人出于吸引注意、娱乐、竞争攀比等心理，或短期内消费金额畸高，或由于网络沉迷引发长时间持续性消费。网络购物类案件反映出未成年人缺乏理性消费习惯，易冲动消费购买不符合其年龄或生活学习需求的物品。如在李某诉某网络公司信息网络买卖合同纠纷一案中，初中生李某在不具备摩托车驾驶执照的情况下，以其母亲的名义通过先买后付和分期付款的方式，超前消费购买了一辆价值4000余元的越野摩托车；在马某诉某电子商务平台信息网络买卖合同纠纷一案中，未成年人参与网络炒鞋热潮，倒卖网络热门球鞋。

三、未成年人网络空间权益受侵害及行为失范的原因分析

结合北京互联网法院审理的案件情况，未成年人网络空间权益受侵害、行为失范，存在以下几方面原因：

（一）未成年人科学、文明、安全、合理使用网络的意识和能力不足，网络素养有待提升

从未成年人对网络的认识来看，互联网的开放、互动、平等，为未成年人提供了个性表达的空间。但互联网的虚拟性和匿名性导致部分未成年人缺乏网络道德意识和法治观念，在互联网上肆意发表言论，实施侵权行为。加之互联网信息质量良莠不齐，未成年人处在个人价值观形成、自我意识塑造和道德养成关键时期，易受到不良信息的危害和影响。从未成年人使用网络的用途来看，进行娱乐消费的占比较大，使用互联网提升科学素养、改善学习能力、拓宽视野思维的比重仍需提升。

（二）父母或其他监护人自身网络素养不足，对未成年人使用网络行为的引导和监督不到位

案件反映出，父母或其他监护人自身网络素养不足，对未成年人使用网络行为的引导和监督不到位，是未成年人沉迷网络、遭受不法侵害的重要原因之一。主要表现为：一是自身用网能力不足。部分家长自身使用手机也多用于娱乐消费，对于科学用网、网络安全等知识掌握不够，难以指导未成年子女科学用网。二是疏于监督指导未成年人用网行为。在北京互联网法院审理的充值打赏案件中，绝大多数未成年人均使用父母的账号登录消费，而父母未安装网络保护软件，未选择适合未成年人的服务模式和管理功能，疏于保管个人的电子设备和支付密码，且对未成年人的上网活动了解不足，时间安排不当。三是未能合理安排未成年人的学习生活。部分家长对未成年人学习、休息、娱乐和体育锻炼的时间缺乏合理安排，用手机等电子设备代替亲子陪伴，引发未成年人网络沉迷、大额消费等问题。

（三）相关市场主体的未成年人保护机制不完善，内容生态仍需优化

北京互联网法院审理的涉未成年人案件涉及网络游戏、网络直播、网络视频、网络社交、电子商务等多种类型平台，反映出部分相关市场主体在未成年人保护的技术措施、身份验证、信息内容建设、投诉处理机制等方面仍有待完善。在技术措施方面，部分智能终端产品的制造者、销售者未能充分落实在产品上安装未成年人网络保护软件，或者以显著方式告知用户未成年人网络保护软件的安装渠道和方法。在身份验证方面，部分网络服务提供者的身份核验方式较为单一，缺乏收集个人信息之外的动态核验等方式，部分网络服务提供者在可能获知用户为未成年人后，仍对其充值行为予以放任。部分网络服务提供

者在电子商务平台提供游戏账号购买、代充值等服务，事实上便利了未成年人绕过网络游戏的防沉迷措施，电子商务平台对此监管不力。在内容管理方面，部分网络服务提供者对可能影响未成年人身心健康的信息未进行显著提示，部分平台性质的网络服务提供者对平台内可能影响未成年人身心健康的内容服务监管不足，对平台内用户发布、传播含有危害或影响未成年人身心健康内容的信息，平台内可能侵害未成年人合法权益的行为处置措施不够及时到位。同时，网络服务提供者为未成年人打造的"专属内容池"还存在内容不够丰富、对未成年人吸引力不足的问题。在投诉处理方面，部分网络服务提供者尚未设置未成年人投诉处理的专门渠道，涉未成年人保护相关投诉处理流程不够便捷。

（四）学校在培养未成年人全面发展，提升未成年人网络素养方面仍需加强

在北京互联网法院审理的涉未成年人人格权案件中，部分未成年人在学校发生纠纷，而后未成年人或家长在网络上发表不当言论侵害未成年人合法权益，一定程度上反映出学校在引导学生和家长正确处理校园矛盾上存在不足。此外，新冠疫情期间，学校普遍开展线上教学，部分案件中未成年人谎称学校通过网络缴纳学费但实际进行充值打款，反映出学校在普遍开展线上教学及相关活动的同时，在引导未成年人正确用网、加强与家长沟通方面仍有不足。

（五）相关部门的工作职能有待进一步发挥

未成年人保护法规定了相关部门确定可能影响未成年人身心健康的网络信息种类，监督网络产品和服务提供者履行预防未成年人沉迷网络的义务等。案件审理中发现，相关行政部门在监督网络产品和网络服务提供者履行义务、做好网络信息内容分类方面仍有待提升，在落实未成年人网络保护工作中存在部门规章不完善、职能划分不够清晰等问题。

（六）全社会的未成年人保护意识仍需加强

案件反映出，全社会的未成年人保护意识，特别是在网络空间保护未成年人合法权益的意识仍需加强。如网络用户在网络空间中缺乏对未成年人特殊、优先保护的意识，造成对未成年人合法权益的侵害；各类社会主体对及时发现和处置危害或影响未成年人身心健康的信息重视程度不够；网络空间中有利于未成年人健康成长的优质内容供给仍不足。

四、强化未成年人网络司法保护的相关举措

北京互联网法院始终高度重视未成年人保护工作,坚持未成年人审判专业化发展方向。经过充分酝酿和深入调研,于 2021 年 5 月挂牌全国首个互联网少年法庭,集中审理涉未成年人网络案件,未成年人网络司法保护工作进入新阶段。

（一）强化制度机制保障,打造"首互未来"品牌

结合案件特点,北京互联网法院制定出台《北京互联网法院关于加强未成年人网络司法保护工作的意见》,从组织机制保障、队伍建设、专业化审判、社会联动、调研宣传等八个方面提出发展规划,全面加强未成年人网络司法保护。创建"首互未来"品牌,把未成年人保护工作放在首要位置,坚持首善标准,突出首都特色,运用互联网思维,多方互助支持,"以法治之光守护成长之路"。建立"一站三平台",即一个"首互未来"工作站,下设宣传教育平台、理论研究平台、协同发展平台,立体化推动未成年人网络保护工作。

（二）关注未成年人身心特点,探索审判机制创新

坚持涉未案件优先原则。在办理涉未成年人案件时,从立案到审理全流程坚持高效、高质量,涉未成年人案件优先送达、优先排庭、强化调解、高效审理。依托互联网法院信息技术,采取与未成年人心智水平相适应的审判方式,打造了"首互未来"未成年人虚拟谈话室,采用绿色、白色色调为背景,展示"首互未来"标识,用柔和的场景布置,缓解当事人接受法庭询问时可能产生的紧张、焦虑情绪,现广泛用于涉未成年人案件的庭前谈话、调解、家庭教育指导等环节。

（三）以裁判树规则,推进全社会提升未成年人保护意识和水平

北京互联网法院注重发挥典型案件指引作用,通过案件审理促进全社会各主体提升未成年人网络保护意识和水平。审理"女童绑树视频案",明确舆论监督过程中应特别注意保护未成年人权益,并向涉案社交媒体平台发送司法建议,推动其加强涉未成年人内容审核。该案入选"2020 年度中国十大传媒法事例",裁判文书获得北京法院优秀裁判文书评比二等奖。审理"未成年人网络直播打赏案",就审理过程中发现的某短视频直播平台在实名认证、未成年人身份识别、风险防控、主播监管等方面的机制缺失和管理漏洞向该平台发送

司法建议，推进该平台完善注册、充值、打赏环节的身份认证机制，优化风险监测防御机制，加强对主播的监管、培训、惩戒，构建未成年人内容建设体系。审理"未成年人大额游戏充值案"，认定未成年人进行超出其认知范围的大额游戏充值未经监护人追认不发生效力，督促网络游戏开发、运营主体积极采取有效措施加强对未成年人的身份识别，限制未成年人使用与其民事行为能力不符的付费服务。审理"软色情漫画充值案"，认定作为容易吸引未成年人的漫画作品，存在影响未成年人身心健康的内容未作显著合理提示的，因合同内容违背公序良俗无效。审理"未成年人辱骂明星案"，教育引导未成年人自觉抵制"饭圈"文化的不良影响，规范网络言论。审理"家长群中辱骂儿童案"，为互联网时代校园纠纷的线上化划定行为边界。审理"未成年人领游戏皮肤受骗案"，提醒广大家长应加强对未成年人的教育管理，提升未成年人辨别虚假信息、抵制不法侵害的能力，平台应进一步加强信息管理，加强对未成年人用户的提示和保护。审理"未成年人大额直播打赏案"，发布有关网络素养的家庭教育指导令，提醒广大家长提升自身网络素养，监督和引导未成年人科学健康用网。

（四）强化教育宣传，积极提升新时代"数字原住民"法治素养

一是关注未成年人网络素养及法治教育。出台《北京互联网法院法治副校长工作办法》，选拔了一批善于开展未成年人工作的法治副校长人选，建立人才库。充分发挥北京市首批法治宣传教育示范基地的作用，依托在线诉讼体验区开展各类公开日活动，邀请百余人次中小学生走进北京互联网法院，感受互联网司法前沿，接受网络法治教育。二是创新开展家庭教育指导。创建全国法院首个线上家庭教育平台"首互未来"，开辟"健康上网、网络法治、家庭教育"三个板块，集合来自司法机关、高校等研究机构、有关社会组织、行业协会等不同领域提供的专业课程及主要互联网平台的"青少年模式"使用指南，对案件审理中发现的可能存在的履行监督管理未成年子女职责不力、网络素养不足的家长发布家庭教育指导令，要求家长参加线上课程学习，并定期跟进反馈，提升网络素养和家庭教育水平。三是开展丰富多样的法治宣传。结合审理大量涉明星名誉权案件的实践经验，发布《"粉丝文化"与青少年网络言论失范问题研究报告》，聚焦"饭圈"文化对青少年的不良影响，倡议社会各界关注青少年网络素养培育和提升。该报告持续受到各主流媒体报道，相关话题阅读量突破1500万。综合运用"两微十三端"新媒体平台，推出"首互未来"微课堂，围绕未成年人手机使用、网络游戏、网络直播、网络欺凌、个人信息保护等话题制作发布短视频，总点击量超过220万次。通过网络直播

等形式开展"法律保护少年的你"等普法活动，受到广泛关注和好评。

五、强化未成年人网络保护的相关建议

结合在案件审理中发现的问题，对进一步强化未成年人网络保护工作，北京互联网法院提出以下建议：

（一）家长提升自身网络素养，切实履行监护职责

习近平总书记强调，家庭是人生的第一所学校，家长是孩子的第一任老师，广大家庭要重言传、重身教，教知识、育品德，身体力行、耳濡目染，帮助孩子扣好人生的第一粒扣子，迈好人生的第一个台阶。未成年人父母或其他监护人应正确认识网络给未成年人带来的机遇和风险，主动学习网络知识，积极提高个人网络素养，合理使用并指导未成年人使用上网保护软件、智能终端产品等，管理好个人电子设备及支付账户，创造良好的网络使用家庭环境。加强亲子陪伴，合理安排未成年人的学习生活。

（二）相关市场主体严格落实法律要求，优化未成年人保护技术功能和工作机制

智能终端设备的制造者、销售者，网络服务提供者应积极研发、生产和使用专门以未成年人为服务对象、适应未成年人身心健康发展规律和特点的上网保护软件、智能终端产品和青少年模式、未成年人专区等网络技术、产品、服务。网络服务提供者在遵守个人信息保护法律规定的情形下，要优化身份核验机制，预防未成年人网络沉迷；对于危害和可能影响未成年人身心健康的网络信息的制作、复制、发布、传播和网络欺凌等损害未成年人合法权益的行为采取更行之有效的措施。各市场相关主体均应遵守法律法规，尊重社会公德，遵守商业道德，诚实信用，履行未成年人网络保护义务，承担社会责任。

（三）学校加强对未成年人的网络素养教育，强化与家长的沟通

学校在开展线上教学活动的同时，应加强对未成年人科学、文明、安全、合理用网的指导，规范未成年学生的线上行为，培育和提高未成年人的网络素养。同时，学校应加强与家长的沟通，妥善处理校园纠纷。

（四）相关部门进一步强化履责，形成未成年人网络保护的强大合力

应针对网络素养制定相关教学指标，指导、支持学校强化未成年人网络素养教育；明确未成年人上网保护软件、专门供未成年人使用的智能终端产品的

相关技术标准或者要求,指导建立相关产品的评估制度;尽快确定可能影响未成年人身心健康的信息的具体种类、范围、判断标准和提示办法,强化涉及未成年人网络保护的行政执法;探索相关工作机制,对在未成年人网络保护工作中作出突出贡献的相关主体予以表彰或政策倾斜。

(五)全社会进一步弘扬关心、爱护未成年人的良好风尚

"数字原住民"一代面临着前所未有的机遇及挑战,全社会都应进一步弘扬关心、爱护未成年人的良好风尚,坚持最有利于未成年人原则和未成年人特殊、优先保护原则,尊重未成年人网络空间合法权益,营造有利于未成年人健康成长的清朗网络空间和良好网络生态。

突破·数字治理

- 诉源治理篇
- 平台治理篇

诉源治理篇

关于网络侵权纠纷中虚拟账号特点及诉源治理情况的调研报告

文/北京互联网法院课题组[*]

2021年6月，中央网络安全和信息化委员会办公室开展"清朗·'饭圈'乱象整治"专项行动，集中整治互撕谩骂、拉踩引战、造谣攻击、侵犯隐私等网络空间乱象。当前，网络的匿名性，直接促使许多青少年网民产生侥幸心理，认为即便自己言论不当，但只要躲在海量信息背后，就很难被察觉和追究责任。[1] 实践中，以网络虚拟账号出现的侵权人身份确认，也确实对侵权事实的认定提出更大的挑战。为更好地了解网络虚拟主体在司法实践中的实际情况，总结审理中发现的问题，本文采取实证研究、统计调查及理论研究方法，力求提出有效解决路径，破解上述困境。

一、网络侵权纠纷中虚拟账号的实践特点

（一）司法案例特点

1. 缺乏现实针对性的虚拟人格利益无法得到保护

【案例一】[2] 被告在新浪微博上以昵称为"国王糖糖"的账号发表微博，公开指责微博名为"喝可乐的毛毛鱼"（原告），对原告进行辱骂，内容包括"吃喝拐骗的老江湖""骗女人的目的是孝敬男人"等。法院认为，被告的言词确有不当之处，应予以删除。但"喝可乐的毛毛鱼"只是原告的网络昵称，未经实名认证，原、被告只是偶然相识，没有共同的社会人群关

---

[*] 执笔人：李文超、张乃毓。
[1] 北京互联网法院《"提升青少年网络素养 共筑清朗网络空间"研究报告及倡议书》。
[2] 参见上海市闵行区人民法院（2012）闵民一（民）初字第2913号民事判决书。

系，原告无法证明因被告在微博上发表言论的行为及内容导致原告本人社会评价降低，原告据此要求被告赔礼道歉、赔偿精神损害抚慰金的诉讼请求不予支持。

本案中，法院将虚拟主体的现实针对性作为认定侵权事实是否成立的关键环节，由于缺乏与现实主体人格的对应性，因此认定并未造成损害后果。本案并非个案，最高人民法院公报案例"张某诉俞某某网络环境中侵犯名誉权纠纷案"即明确保护因虚拟主体行为引起民事主体现实社会评价变化的情形，对于虚拟社会评价的领域，并不触及。现行司法实践也基本按照这一标准进行反面解释。❶ 在我国首例网络游戏纠纷引发的名誉权纠纷中，终审法院直接以网络游戏中的名誉受损必然波及现实社会关系为假定前提，认定原告的现实人格评价降低，侵权行为成立。

2. 以自然人的名义保护虚拟人的人格利益逻辑不自洽

【案例二】❷ 原告在淘宝网上开设"小星星"网店，销售被告生产的化妆品。后被告向淘宝网投诉"小星星"网店涉嫌销售假货，"小星星"网店受到淘宝网处罚。原告遂以本人名义主张被告侵犯了"小星星"网店的名誉权。一审、二审法院均认为，"小星星"网店属虚拟网络环境下设立的店铺，我国法律尚未赋予其民事主体地位，依法不享有名誉权；名誉权属于人身权利，具有专属性，原告以自然人身份主张"小星星"网店的名誉权，不符合起诉条件，依法驳回起诉。

关于个人网店法律地位和属性的争议由来已久，通说一般认为其属于商事主体，可视作个体工商户享有民事权利和义务。然而我国立法一直并未正式承认网店的法律地位，本案原告主张其网店属于个体工商户性质，一审法院以未进行核准登记为由认定其不符合个体工商户条件，二审法院在说理部分直接回避了这一问题。司法实践中遇到对网店进行造谣诽谤等情形时，法院对于诉讼主体资格的认定结果存在很大分歧。笔者在裁判文书网中以全文"网店"、案由"名誉权纠纷"为限定条件，共检索到裁判文书97份。经筛选，当事人为个人网店的文书共计16份（见表1）。

---

❶ 如"陆某诉北京某科技有限公司名誉权纠纷案"，参见天津市第二中级人民法院（2013）二中民一终字第459号民事判决书；"吕某与宁波某网络有限公司名誉权纠纷案"，参见杭州互联网法院（2019）浙0192民初10498号民事判决书。

❷ 参见江苏省南京市中级人民法院（2015）宁民终字第296号民事裁定书。

表1 当事人为个人网店的涉网案件统计

序号	案号	网店名称	诉讼请求权基础	网店定性	主体是否适格	说理
1	（2021）鲁02民终2812号	"老K诚信日本代购"	恶意投诉侵犯店主名誉权	基于销售商品目的，经相关网络服务提供者审查认可，在虚拟的网络环境下设立的店铺，因未办理相关市场主体登记，无相应民事主体资格	适格	对"老K诚信日本代购"的评价直接影响经营者宋某的权益，与宋某具有直接利害关系
2	（2020）皖02民终2805号	"春谷山房"微店、"天衣坊"	微博言论侵犯店主名誉权	基于销售商品目的，经相关网络服务提供者审查认可，在虚拟的网络环境下设立的店铺。目前对于该类微店和网店，我国法律尚未赋予其民事主体地位	不适格	"春谷山房"微店、"天衣坊"淘宝网店的商誉与李某作为民事主体的名誉权不能等同，李某以其本人名义起诉主体不适格
3	（2019）浙01民终4288号	"没牙兔兔杂货铺"	差评侵犯店主名誉权	未定性	适格	无说理
4	（2018）沪02民终10758号	"应时而动168"	网店页面登有侮辱性言论	未定性	适格	无说理
5	（2015）莆民终字第64号	无名称	差评侵犯店主名誉权	未定性	适格	无说理

续表

序号	案号	网店名称	诉讼请求权基础	网店定性	主体是否适格	说理
6	（2015）宁民终字第296号	"小星星"	网店遭投诉受到平台处罚侵犯名誉权	属虚拟网络环境下设立的店铺，不具备法人成立条件，故不能认定为享有民事权利的法人，因此亦不享有受法律保护的法人的名誉权	不适格	名誉权属于人身权利，具有专属性，许某某以自然人的身份主张"小星星"网店的名誉权，不符合《中华人民共和国民事诉讼法》第一百一十九条规定的起诉条件
7	（2017）京01民终5076号	"魔女大衣柜"	在平台上回复带有攻击挑衅性质的言论	未定性	适格	无说理
8	（2020）渝0118民初4599号	"豪仕达美容仪器工厂店"	差评侵犯店主名誉权	网店不具有法律上的主体资格，不享有名誉权，故不存在侵害网店名誉权的问题	不适格	原告作为自然人，虽是该网店的经营者，但该网店所使用的名称、代号是与原告的名字完全不同的文字符号，不论是在网络上还是在现实生活中，该网店均不能与原告直接画等号，故被告的行为也不会对原告的名誉权造成侵害。上述情形说明，本案不属于因名誉权遭受侵害引起的纠纷

续表

序号	案号	网店名称	诉讼请求权基础	网店定性	主体是否适格	说理
9	(2020)渝0118民初4681号	"豪仕达美容仪器工厂店"	差评侵犯店主名誉权	网店不具有法律上的主体资格,不享有名誉权,故不存在侵害网店名誉权的问题	不适格	原告作为自然人,虽是该网店的经营者,但该网店所使用的名称、代号是与原告的名字完全不同的文字符号,不论是在网络上还是在现实生活中,该网店均不能与原告直接画等号,故被告的行为也不会对原告的名誉权造成侵害。上述情形说明,本案不属于因名誉权遭受侵害引起的纠纷
10	(2020)苏0381民初1467号	"老药公传奇"	差评侵犯店主名誉权	未定性	适格	无说理
11	(2019)浙0192民初9762号	"昆仑画坊"	发布侮辱英雄烈士的贴画	未定性	适格	无说理
12	(2014)南民初字第10836号	"琳琳妆园"	被告恶意骚扰买家,买家发布攻击性言论,致原告网店经营受到严重影响	未定性	适格	无说理

续表

序号	案号	网店名称	诉讼请求权基础	网店定性	主体是否适格	说理
13	（2013）朝民初字第40166号	"tb 幸福阳阳"	销售带有原告标识的商品	未定性	适格	无说理
14	（2013）朝民初字第40169号	"瓷攻靓妆"	销售带有原告标识的商品	未定性	适格	无说理
15	（2013）朝民初字第40168号	"渴望闲瑕、mayanrong721"	销售带有原告标识的商品	未定性	适格	无说理
16	（2009）杭上民初字第1323号	无名称	差评侵犯店主名誉权	未定性	适格	无说理

按照主体适格的裁判思路，将个人网店的本质归属于自然人，从而得出自然人的名誉权受损这一结论，忽略了个人网店本身通过形成良好声誉，从而获得消费者认可的相对独立性，对于个人网店的名誉侵害与对自然人本身的名誉侵害，二者的客体并不相同。而按照主体不适格的裁判思路，将个人网店与自然人完全切割，又会造成网店名誉受损却无法得到保护的尴尬境地，可能对网店维护正常的商业经营活动造成严重影响。尤其近年来"职业差评师"的出现，部分人借机进行恶意敲诈勒索，如无法对该问题进行彻底解决，将导致此现象愈演愈烈，不利于形成健康的电子商务环境。

此外，越来越多的自媒体账号开始作为一种商业模式，以专门群体不断聚集和传播信息，并实现线上经营。部分自媒体账号如微博客、公众账号在聚集一定数量的粉丝之后，凭借广告收益等方式实现流量变现。与个人网店相类似，账号与背后主体二者的权利客体实际互不包容，擅自混为一谈易导致法律关系逻辑的混乱。

（二）诉讼流程特点

以 B 市互联网法院受理的 943 件以新浪微博作为被告的名誉权网络侵权责任案件为样本，通过样本统计分析发现，该 943 件案件中基本案情均为网络用户在新浪微博上发表不当言论涉嫌侵权，原告在起诉状中均提出请求披露该用户的真实身份信息和有效联系方式。本文将其分为两组，其中新浪微博为唯一被告的共计 776 件，新浪微博和涉嫌侵权用户作为共同被告的共计 167 件（见图 1）。经整理，对该 943 件案件进行系统抽样，分段间隔为 20，起始编号为 5，共抽出 48 个样本。

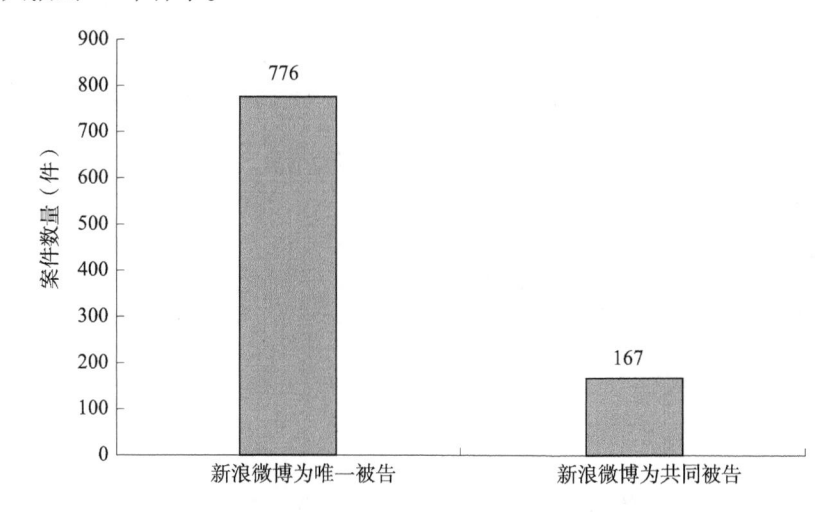

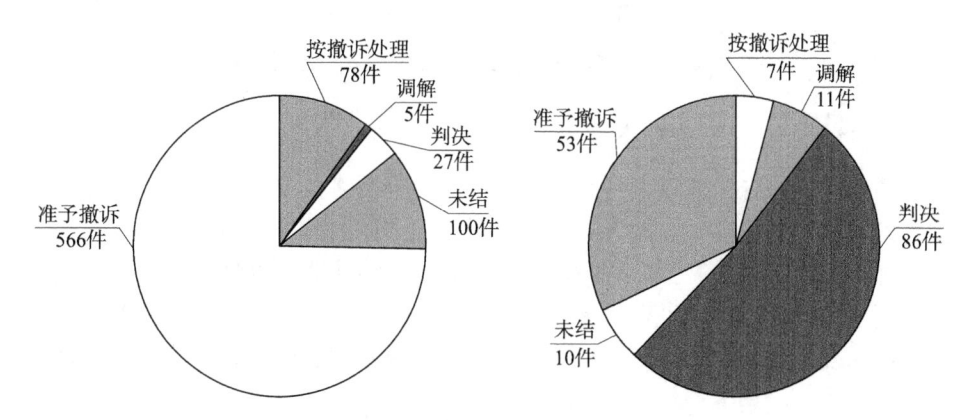

图 1 关于需要核查被告真实身份的涉网案件统计

新浪微博为唯一被告审理周期分布图

新浪微博为共同被告审理周期分布图

图1　关于需要核查被告真实身份的涉网案件统计（续）

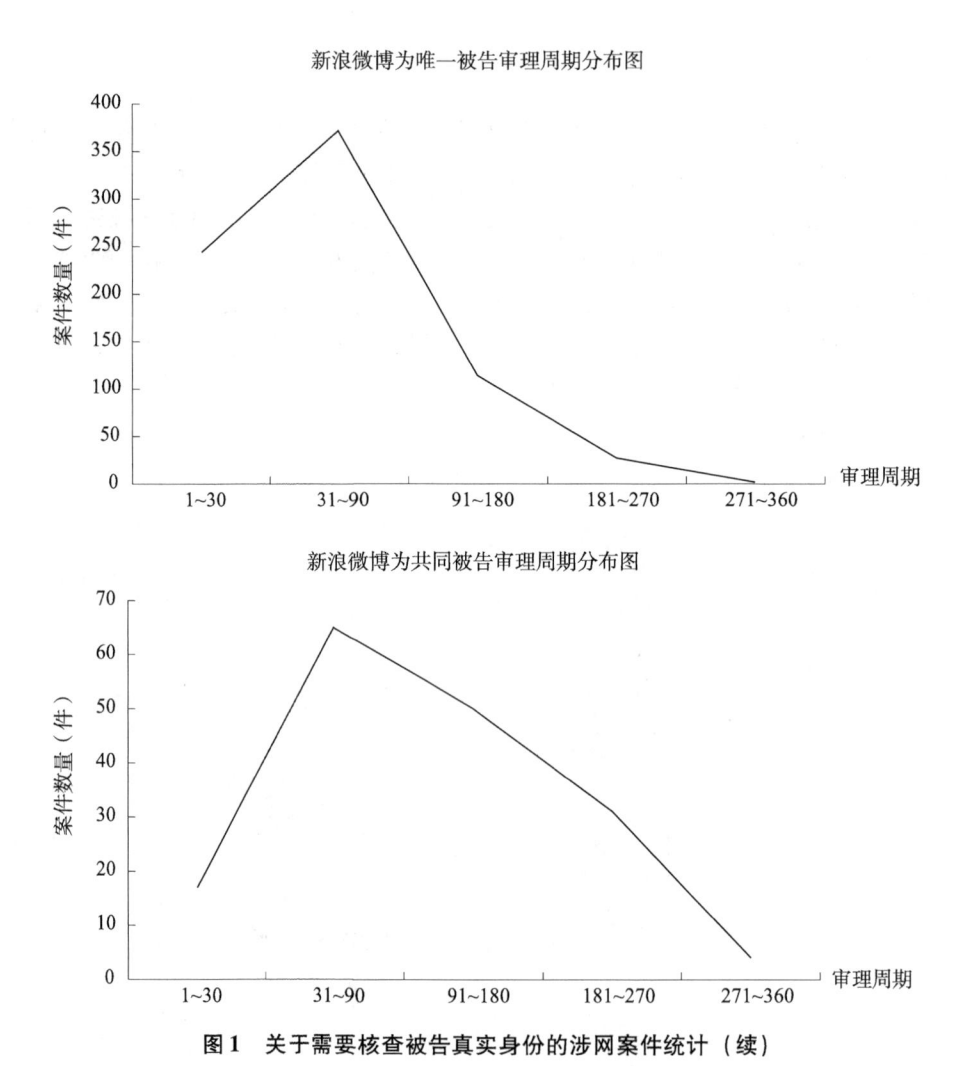

1. "虚拟被告"身份查实流程烦琐

实践中，原告一般以平台为被告，起诉一个网络侵权责任纠纷，获得平台披露的被告注册信息后，撤诉再重新针对侵权主体的被告起诉一个新的维权纠纷。样本中❶一例案件，原告为确定"虚拟主体"身份共历时495天，经历两次诉讼，包括法院要求平台协助调查、平台披露虚拟被告注册手机号码、法院要求电信部门披露王某注册身份信息、手机号码不同时期持有人不同等诸多环

---

❶ 参见北京互联网法院（2019）京0491民初35825号民事判决书。

节（见图2）。

```
时间轴
```

2018年11月
a博主发表
针对黄某的
不当言论

2019年6月26日
新浪微博披露a
博主的所有人王
某及其手机号、
身份证号

2019年7月30日
黄某向法院申请
撤回对新浪微博
的起诉

2020年7月3日
法院开庭审理
黄某诉王某名
誉权网络侵权
责任纠纷案，
王某未到庭

2020年9月27日
法院裁判正式
生效

2019年5月21日
黄某以新浪微博
为被告向法院提
起诉讼，请求新
浪微博披露a博主
具体身份信息

2019年7月30日
黄某以王某为被告
向法院再次提起诉
讼，请求王某承担
名誉权侵权责任，
包括赔礼道歉、赔
偿损失

2020年3月29日
法院向王某公告
送达起诉状及其
他诉讼文书

2020年7月13日
法院依法缺席判
决王某承担赔礼
道歉、赔偿损失
等侵权责任

图 2 样本案件"虚拟被告"身份查实流程

2. "虚拟被告"身份查实周期冗长

在样本案件中，仅有少量案件涉及的平台可以提供身份证号码，其余案件中平台仅能提供手机号码、IP地址等信息。为进一步查明用户真实身份信息，权利人还需通过法院委托电信运营商调取用户手机实名注册信息，这既增加了当事人诉累，也不利于侵权行为的认定，容易造成维权的"死循环"。经样本统计，因网络实名备案制落实不到位、平台自身能力等因素，造成网络虚拟主体身份查实的周期平均达124天之久。

3. "虚拟被告"身份查实标准不一

例如，在统计样本的王某诉曹某名誉权侵权案件❶中，一审法院根据平台披露的手机号，查询得知该手机号在侵权言论发表期间由被告使用，因此该虚拟账号视为被告本人的账号，该账号发表的言论视为被告发表的言论；二审法院则认为账号注册时还未进行实名，平台也未对用户的注册信息的真实性进行核验，无法确定用户的真实身份，原告应当承担举证不能的后果。此种分歧下，司法对冒用他人身份信息注册账号的情形进行判断难度较大、存在观点争议。❷

---

❶ 参见湖南省郴州市中级人民法院（2021）湘10民终653号民事判决书。
❷ 参见北京互联网法院（2019）京0491民初3096号民事裁定书。本案中，被告抗辩其从未注册涉案微博账号，其身份信息曾丢失，但由于未提供有力证据，法院最终认定其为涉案账户的注册人和使用者。

二、北京互联网法院网络侵权纠纷中虚拟账号审理难题及诉源治理困境

(一) 虚拟社会的基本特征在主体上的"映射"

1. 符号化选择与客观场景间存在矛盾

有学者将虚拟主体定义为"以 TCP/IP 协议为基础在互联网上虚构、假设的网络行为的实施者"[1]。虚拟人本身是没有意识的,无法体现主体的能动性、自觉性、选择性和创造性。[2] 然而,以互联网为基本框架的虚拟社会本身为主体提供了一种新的实践基础和技术机制,在二进制算法的支持下,以 0 和 1 为主要标志的代码由计算机技术统一转化为声音、图像、文字等形式,使虚拟主体拥有了具体的形象、行为和表达。可以说,这种虚拟社会中的"数字化替身",客观本质是一种信息符号和比特单位,主观实质是人的意识的产物。一方面,符号化处理后的人可以选择与现实个体完全相反的属性存在;另一方面,存在的形式本身又无法脱离虚拟社会已经预设好的客观场景。因此,这种虚拟并不是绝对的,人们对虚拟无边界的追求和虚拟社会本身的内在规定性之间必然会存在矛盾,[3] 并通过法律关系体现出来。

2. 工具属性与数字替身

随着虚拟社会的不断丰富,人们线上线下互动协调的紧密性比以往任何时候都要强,虚拟生存与现实生存的模式与理念逐渐互相交融、互相渗透。虚拟社会不仅拥有着现实社会的基本特征,而且完成了对现实世界局限性的超越。例如个人网店,借助互联网的工具属性和网络平台提供的中介服务,可以将运营范围拓展至全国甚至是海外。再如自媒体账号,伴随 web2.0 阶段开始兴起,尤其是 UGC 技术的成熟,网民成为信息内容最大的创造者和传播者,在促进信息交换频率和范围的同时,部分主体的经营属性也逐渐凸显。这种主体的多元化趋势,使得虚拟主体不再单单是作为个人的数字替身而出现,从产品的生产、流通、消费环节来看,虚拟主体开始单独作为一类主体开展创造性的活动。

3. 身份隐蔽、行为自主与言论自由

虚拟社会中,主体呈现出不同于物理世界中单一、僵化的特点。首先,行

---

[1] 林旭霞:《论"虚拟主体"之法律地位》,载《福建师范大学学报(哲学社会科学版)》2007年第3期。

[2] 尹秀娟:《虚拟社会的主体异化研究》,博士学位论文,华中师范大学,第10页。

[3] 尹秀娟:《虚拟社会的主体异化研究》,博士学位论文,华中师范大学,第10页。

为自主。虚拟化的过程本身是在"物理资源和逻辑资源之间架构一道管理体系，以打破物理结构之间的障碍和壁垒"❶，因此，网络技术不仅拓展了主体的生存空间，也使主体行为的自主性获得极大的解放。主体不仅可以自由选择以何种形式存在于虚拟空间，也可以自由决定存在的空间范围和存续时间。其次，身份隐蔽。互联网的连接依靠的是 TCP/IP 协议。该项协议依据由二进制数据组成的 IP 地址即可识别用户的主体身份，而无须再获取其他身份信息。因此，主体现实层面的身份被抹去，通过一系列技术安排，主体可以虚构一种身份从事实践活动。最后，言论自由。网络的匿名性激发了人们自我表达的欲望和热情，借助于微博、微信等网络交流平台，人们可以不再受现实社会中道德规范、社会舆论等约束和限制，充分地表达观点和思想，塑造自我理想中的人格。

在以上三种特征的相互作用下，现实中的自我逐渐开始裂变出不同侧面，并不断在交往和互动中获得肯定，进一步强化自我发展的稳定性，虚拟人的主体化特征也日益明显。

（二）法律保护机制的设计局限导致虚拟人格的异化

1. 实名制注册管理机制的局限

实名制注册管理，实际只是通过一种身份对接来明确权责义务的主体，具体到权利的实现和责任的承担，则需要一系列的立法、司法规制，以及网络技术手段的多重保障。❷ 根本原因在于以下多重考量难以完全进行协调，实现制度安排：

一是明确的被告。现行法律仍然按照物理空间内实施民事诉讼的逻辑进行构建，即使是近年来开始流行的网上审判方式，也只认可具备诉讼权利能力的当事人才能作为被告，而民法理论认为，通常情况下，有民事权利能力的人才具有诉讼权利能力，如公民、法人，并不包括虚拟主体。

二是用户个人信息的保护与平台经济的健康发展。互联网时代，平台模式是企业生产经营的重要组织方式。掌握大量用户数据的平台企业唯有创造出用户个人信息安全的信任环境，才能吸引更多用户加入其中，实现自身的长远发展。如果任意依照个人申请即可获取其他用户的相关信息，这一信任环境将不复存在。所以司法力量的介入相当于为平台披露用户个人信息的行为进行

---

❶ 尹秀娟：《虚拟社会的主体异化研究》，博士学位论文，华中师范大学，第 16 页。
❷ 原新楠：《网络实名法律制度研究》，硕士学位论文，重庆大学，第 13 页。

背书。

三是有限实名制的安排。我国目前主要倡导"后台实名，前台自愿"的实名制原则，其实指向了实名与匿名的均衡，既从立法层面肯定网络匿名权对民众网络自由表达权的保障，也从规范层面认可实名制作为网络管理手段的积极意义。❶

2. 网络服务提供者作为特殊责任主体的规则局限

《中华人民共和国民法典》（以下简称《民法典》）第一千一百九十五条至第一千一百九十七条专门就网络服务提供者这种特殊的主体承担间接侵权责任的相关规则进行了设计。在互联网发展的早期阶段，网络用户自由注册即可接受网络服务，并有选择以任何形式和身份表达自己观点的自由。因此网络侵权中的实际侵权行为人往往难以确定。"当一个广泛使用的产品用于侵权时，希望通过制裁直接侵权行为人来保护作品权利成为不可能的时候，一个可行的选择即是让产品提供者承担间接侵权责任。"❷ 在无法确定真实身份信息的实际侵权人与提供这种网络服务的平台之间，立法者当然得选择平台这种看似消极中立的第三方主体来承担侵权责任。为了论证其承担责任的正当性与可行性，无论是从法学理论的角度还是从法律规则的角度，焦点均集中于平台这种特殊的主体。

随着平台经济的迅速崛起、网络实名制度的完善，实际侵权行为人的真实身份信息慢慢不再处于"难以确定"的状态，权利人借助司法力量的推进即可要求平台提供侵权用户的身份信息。同时，越来越多的平台在制度上逐步建立起了较为完备的内容监管机制，技术上也采取了多元的过滤措施防止侵权信息的传播，尽到了"善良管理人"的注意义务，故司法实践中平台披露相关用户的个人信息后，在绝大多数当事人便会主动撤回对平台的相应诉讼请求。这意味着立法者聚焦平台作为特殊责任主体的背景发生了变化，在绝大多数平台能够提供实际侵权人信息的情况下，这种规则设计逐渐将责任的大部分承担转移到了权利人身上，不仅仅要求权利人履行通知的义务，对于寻找实际侵权行为人的诉讼成本和诉讼风险，也必须由权利人承担。

所以，不论是贯彻执行网络实名制度，还是着重强调网络平台的特殊责任，二者最根本的逻辑依旧是按照物理世界下民事法律关系的逻辑去建构，本质上都是要穿过虚拟空间，寻找背后操纵的现实主体，要求其享受权利、承担

---

❶ 原新楠：《网络实名法律制度研究》，硕士学位论文，重庆大学，第 13 页。
❷ 吴汉东：《侵权责任法视野下的网络侵权责任解析》，载《法商研究》2010 年第 6 期。

义务。由于一直未摆脱传统的物理身份影响，导致网络空间的人格出现"异化"而得不到规制。随着平台角色定位的不断变化，其提供的准公共服务正在重新构建虚拟"世界"的秩序，这个"世界"拥有现实世界的基本特征，却又实现了对现实世界局限性的超越，"慢慢侵蚀人们体验实体社会的时间，并已实现了与实体社会交融"❶。从民事主体的角度，建议以虚拟主体的准人格性为切入点开始审视，重新思考网络空间法律关系的特殊性。

三、网络侵权纠纷中虚拟账号主体资格的理论分析

（一）学理辨析

关于虚拟主体的法律性质，学理上主要有两种观点：

1. 身份说

以孙占利、林旭霞为代表的学者主张，虚拟主体并不具备法律主体资格，本质上仅仅是现实法律主体将其行为拓展到网络虚拟空间而创建的数字化身份代表，❷ 与现实世界中的身份一样，具有对网络环境中的利益关系进行组织、协调的功能，体现的是网络环境中民事主体的具体性和差异性。❸ 他们认为，无论是从康德创立的"意志能力说"的角度，还是按照权利能力的根本性标准，均无法将法律人格扩张至虚拟主体，只有依附于现实法律主体之上的虚拟主体才可能参与到民事法律关系中来。

2. 准人格说

此种学说主要以李佳伦为代表。他主张应当承认网络虚拟人格的准人格性，虚拟人格是网络服务合同派生的人格权，之所以确认是准人格，是因为它还不够圆满，法律确认虚拟人格权的目的是在新媒体环境下，保护变异的人格权中的稳定部分。❹ 他认为，虚拟主体与民事实体主体间的不分离性与分离性并存，虚拟人格利益的流转、继承和救济皆以承认其一定程度的分离为前提。

关于"人格"与"身份"两个命题的关系，需要从法律人格内涵的变迁历史进行考察。

按照林旭霞的理解，"人格"与"身份"体现出的是一种抽象与现实、普

---

❶ 尹秀娟：《虚拟社会的主体异化研究》，博士学位论文，华中师范大学，第23页。
❷ 孙占利：《虚拟主体基本法律问题探略》，载《法学评论》2008年第2期。
❸ 林旭霞：《论"虚拟主体"之法律地位》，载《福建师范大学学报（哲学社会科学版）》2007年第3期。
❹ 李佳伦：《网络虚拟人格对民法典中民事主体制度的突破》，载《法学论坛》2017年第5期。

遍与具体的关系。因此，这里的"人格"，遵循的是西方传统的抽象人格论，是指"人们普遍平等、独立自由且终身享有的不可变更、不可转让的民事权利能力"❶。与此相对应的"身份"则不同，徐国栋先生将"身份"界定为"人相较于其他人被放置的有利的或不利的状态"，包含三层意思：第一，比较性，必然对应于或依赖于另一种身份；第二，被动性，非自主进行安排，而来自他人；第三，区分性，带来的必然结果就是赋予特权或课加受歧视状态。❷ 因此，身份具有对现实社会进行组织协调的功能。罗马法时代，自由民还是奴隶，市民还是外国人，家父还是家子，身份上的区别决定了人格的完整性。所以，人格由身份构成，这里的人格是抽象意义上的权利能力，是一种享有权利的资格。到了1811年《奥地利民法典》，自由民和奴隶间的身份区别已经取消，转而开始凸显精神病人、胎儿、失踪人等身份。此时，如果将身份理解为"与其所属的团体相联系的主体的法律地位"，那么身份仍然是人格的要素，但这里的人格与上述含义相比已经发生变化，非权利能力而是行为能力的意思。❸ 所以，我国《民法典》中规定的胎儿、未成年人、不能辨认自己行为或不能完全辨认自己行为的成年人、失踪人等，均可以算作身份的要素。

也就是说，人格在更高位阶上，内蕴的理念是根基性的，指称的是人在法律上的尊严与价值的词汇。从这一内涵出发，可以分别延伸出权利能力和行为能力两种不同的含义。从权利能力的角度，这一实定法拟制的概念意味着国家基于对人格认识和尊重的前提，还可利用其理性建构力❹，将权利能力赋予非人的实体。从行为能力的角度，诞生了民法上抽象人格与具体人格的呼应和互换理论，并发展出"从契约到身份"的运动，要求透视具体人格的权利诉求，通过最大限度实现个体权益，体现人格权法的人文情怀。❺

因此，看似存在分歧的身份说和准人格说，其实殊途同归，两者均认可网络环境中的利益关系应当纳入法律评价的范畴，最终的落脚点也都在于通过行为能力的短板补齐来实现平等保护的目的，从而能够实现社会的实质正义。唯一的分歧在于虚拟主体能否像胎儿、团体等身份那样跨过权利能力的屏障而直接过渡成为行为能力之间的障碍，❻ 即是现实主体的行为能力，还是虚拟主体的行为能力。本文认可准人格说的观点，即虚拟主体具有准人格性的特征。

---

❶ 曹新明，夏传胜：《抽象人格论与我国民事主体制度》，载《法商研究》2000年第4期。
❷ 徐国栋：《"人身关系"流变考（上）》，载《法学》2002年第6期。
❸ 徐国栋：《"人身关系"流变考（上）》，载《法学》2002年第6期。
❹ 胡玉鸿：《围绕"人格"问题的法理论辩》，载《中国法学》2008年第5期。
❺ 张莉：《人格权法中的"特殊主体"及其权益的特殊保护》，载《清华法学》2013年第2期。
❻ 徐国栋：《"人身关系"流变考（上）》，载《法学》2002年第6期。

（二）法理基础

1. 虚拟主体的准人格性是否必要

（1）虚拟人格利益是真实存在的。随着网络技术的不断发展，越来越多的用户借助互联网的虚拟感和距离感，开始构建自己理想中的"虚拟"社会人格。按照戈夫曼的自我呈现理论，人们在网络社交的舞台上，根据自己的意图重新构建自我的"理想主义"，从而提升自身价值，获得社交认同感。❶ 经过长久的经营与投入，用户在互联网上刻画的人格图像愈加清晰和重要，而对于这种人格图像的侵害除了可能会给用户本身带来系列现实后果外，必定会对用户在网络上的虚拟身份带来不利影响，进而影响其正常的网络交流互动。这种不利后果不以是否与现实主体身份相关联为前提，但是却应当和现实主体享有的人格利益一样获得相同的法益地位。应当区别的是，现实世界中自然人享有的生命权、健康权、身体权无法延伸至网络空间，虚拟人格利益一般仅包括姓名权、肖像权、名誉权、隐私权、荣誉权等。❷

（2）虚拟人格利益无法完全归属于现实主体或容易被现实主体滥用。虚拟人格利益相对于现实主体具有可分离性。例如，网店的名誉与网店经营者个人的名誉，网络游戏人物的名誉与操作游戏的自然人的名誉，均属于不同的客体。分离产生的客观原因一方面是由于网络的匿名性，另一方面主要源自虚拟主体本身的相对独立性。这种独立更多是从虚拟身份的相对方——日常使用互联网的"我们"去考虑的。可以说，与我们产生网上的互动与信息共享的其实是这些虚拟主体，我们对于这些虚拟主体的认知也仅仅来自这些互动，而无法像现实的交往那样探知其物理空间上的身份。所以，对于相对方而言，虚拟主体和现实主体发生了切割。正是因为存在这种切割，导致了权利客体的受损害性并不一定是完全重合的。单纯对于网络上的用户进行言语侮辱、诽谤，很可能对实体社会中人的名誉权不造成任何影响。

（3）归属于虚拟主体更符合实际需求。虚拟主体本质作为一种身份，最终是归属于"人"这一概念的。黑格尔说："成为一个人，并尊敬他人为人。"❸ 人真正作为一个人而存在，并实现与他人充分、平等地交往，必然是以趋向圆满状态的法律人格为前提的。这种圆满，通过特殊保护机制，克服了

---

❶ 曲红珊：《网络社交语境下虚拟人格的身份建构与认同》，载《新闻传播》2021年第6期。
❷ 李佳伦：《网络虚拟人格对民法典中民事主体制度的突破》，载《法学论坛》2017年第5期。
❸ ［德］黑格尔：《法哲学原理》，范扬，张企泰译，商务印书馆1961年版，第46页。

社会中种种特殊环境下可能造成的不平等,"被增加的部分看似弱者的特权,实则是把'增加的部分'补充进去之后弱者才能获得的'平权'"❶。基于对上述两个层次的分析,我们可以得出,以虚拟主体作为上述人格利益的出发点,有利于实现彻底的人格权保护,体现了对于人格权在互联网场域下变异部分的尊重与保护。❷ 因此,承认虚拟主体的准人格性,一方面是对"人"在网络空间内不同权利需求的认可,另一方面也是对"人"在网络空间内作为义务主体的确认。

2. 虚拟主体的准人格性是否可行

有人提出,如果在网络空间设定一个区别于现实主体的"虚拟主体",使其享有权利或承担义务,那么,虚拟主体将成为现实主体侵害他人权益并逃避责任的工具。❸ 其实,这一预设结论的潜在逻辑在于将"虚拟主体"类似于法人的独立人格,以社员与法人之间的关系去比照现实主体与虚拟主体的关系,以法人责任独立于其社员责任的机制设计去理解虚拟主体与现实主体责任承担的分配问题。从法人的本质来说,其最终在私法上呈现出的是与自然人有着相同法律地位的民事主体,"包含了民事主体享受各种民事权利的可能性"❹。但是,对于虚拟主体这种"准人格性"的定位来说,其并未达到像法人这样权利能力的完整程度,虚拟主体的人格具有有限性,该"有限性"可以借助杨立新教授的部分民事权利能力理论进行理解。

杨立新教授认为,在完全民事权利能力和无民事权利能力之间,存在一个中间性的民事权利能力形态,拥有这种形态的主体人格要素不完整,且只能作为特定的一种或多种法律关系参与者,欠缺规范化的意志能力,这种形态被称为"部分民事权利能力"。外延包括胎儿、死者、设立中法人、清算中法人以及设立和清算中的非法人组织。❺ 对于虚拟主体而言,其准人格性类似于"部分民事权利能力",但又不是完全相同:

其一,它并不像自然人那样拥有独立进行意思表示的能力,其在互联网上"完成"的所有民事法律行为皆由背后的现实主体按照自己的意志代为进行,

---

❶ 马骏驹,刘卉:《论法律人格内涵的变迁和人格权的发展——从民法中的人出发》,载《法学评论》2002 年第 1 期。

❷ 李佳伦:《网络虚拟人格保护的困境与前路》,载《比较法研究》2017 年第 3 期。

❸ 林旭霞:《论"虚拟主体"之法律地位》,载《福建师范大学学报(哲学社会科学版)》2007 年第 3 期。

❹ 马骏驹:《法人制度的基本理论和立法问题之探讨(上)》,载《法学评论》2004 年第 4 期。

❺ 杨立新:《〈民法总则〉中部分民事权利能力的概念界定及理论基础》,载《法学》2017 年第 5 期。

所以，虚拟主体人格与现实主体人格存在不可否认的关联性，无法用完整的人格尊严和理性去衡量虚拟主体的法律地位。

其二，相比较而言，虚拟主体是现实主体在互联网场域下的"变体""分身"，属于空间维度。胎儿、死者、设立中法人等身份或处于具有现实中独立完整人格主体的"前世"，或处于该人格的"后续"，属于时间维度。因时空维度对主体权利能力构造影响的差异性不同可以从哲学意义上人格的概念去理解。康德将人格概括为三个核心因素——理性、尊严和人格的独立性[1]。理性是否完满可随时间的推移而发生变化，其完满状态决定了权利能力的类型化。然而，这一区分，皆以独立性要素为前提，即不具有完满理性状态的人也有作为法律关系主体的必要。但对于虚拟主体这种处于"虚拟空间"下的"变体"而言，恰恰存疑的就是独立性问题。所以，不同于部分权利能力对个别法律关系、法律原理与规则、人的理性等因素发展状况[2]的考虑，虚拟主体的准人格性主要从人格利益的保护方式去推导，以人格不同存在形式的有限分离与同一为区分，以实现人格利益的彻底保护为最终目的。

其三，借鉴参考法人人格否认制度，符合一定正当性可以揭开网络账号的"虚拟面纱"。在法人制度中，法人与机关的关系是目的与实现机制的关系，为维系特定目的，机关作为实现机制共同按照特定的规范秩序调整关系，从而形成法人。[3] 类似地，虚拟主体是现实主体为完成特定网络行为的工具性身份，如果这一身份被滥用，准人格性被否认的正当性即产生，相关义务和责任就应当由现实主体承担。可以说，在某种意义上，虚拟主体准人格性的法律地位反而为揭开虚拟账号面纱的正当性提供了法理上的论证基础。

四、北京互联网法院网络侵权纠纷中虚拟账号诉源治理的工作建议

（一）网络虚拟主体诉讼资格认定标准

以虚拟主体准人格性的法律地位为理论基础，本文按照虚拟主体与现实主体的联系程度，将虚拟主体分为以下几类（见表2）：

---

[1] 刘召成：《部分权利能力制度的构建》，载《法学研究》2012年第5期。
[2] 刘召成：《部分权利能力制度的构建》，载《法学研究》2012年第5期。
[3] 江平，龙卫球：《法人本质及其基本构造研究——为拟制说辩护》，载《中国法学》1998年第3期。

表 2 网络虚拟主体类型区分

序号	分类	典型代表	准人格性区分
1	独立型虚拟主体	以网店、自媒体账号等为代表	此类主体承载的人格信息与现实主体的人格信息基本无重合，账号的人格利益受损一般不会影响现实主体在现实社会的人格利益
2	附属型虚拟主体	以公众人物社交媒体账号等为代表	此类型主体直接以现实主体的身份在互联网上进行交流互动，承载了大量现实主体的肖像、名誉、荣誉甚至隐私等人格利益，对账号人格利益的侵害等同于对现实主体的侵害
3	中间型虚拟主体	以社交媒体平台上的匿名账号、网络游戏人物为代表	此类主体的名称、头像一般与现实主体本人的实际姓名和肖像不相符合，但是通过持续性的使用及经营，主体投放的人格信息例如消费行为习惯、观影记录及点评、阅读模式想法、日常生活等，经过一定的组合可以彰显一个人的兴趣爱好、审美情趣、文化修养等，可能勾勒刻画出一个人的人格特点

从上述分类可以看出，附属型虚拟主体与现实主体的人格呈现"合一"的状态，本质仍然是以现实主体的身份在另外一个新的场域进行互动。独立型虚拟主体和中间型虚拟主体的人格或多或少呈现出有限分离的状态，有必要进一步分析该两类主体的特殊属性。

1. 独立型虚拟主体

【案例三】❶ 2015 年 5 月，A 公司发现，名为"应时而动168"的网店店铺页面刊载大量对其进行侮辱的言论，包括"A 公司是骗子""A 公司骗人新把戏哦"等内容。经查，网店所登记的经营地址为虚假地址，网店也因未提供经营者手持身份证照片而被关停。A 公司遂向工商行政管理局举报。2015年 6 月，A 公司收到该局回复，显示该网店经营主体为徐某。2016 年 11 月，A 公司以名誉权侵权为由将徐某诉至法院，徐某则主张该网店由他人冒用其身份信息经营。法院在判决中认定网店及其中发布的侵权信息由徐某发布，应当依法承担法律责任。

案例三中的网店，即属于典型的独立型虚拟主体。此类主体逐渐呈现商业

---

❶ 参见上海市杨浦区人民法院（2018）沪 0110 民初 14474 号民事判决书、上海市第二中级人民法院（2018）沪 02 民终 10758 号民事判决书。

化趋势，经营属性愈加凸显，逐渐通过形成自身良好声誉，从而获得消费者认可的相对独立性。通说一般将其视作个体工商户享有权利、承担义务。但由于我国立法一直并未承认此类主体的法律地位，故司法实践依旧是以网店所登记的经营主体作为适格的被告。一方面，部分平台对于已关闭的店铺，无法正常提供卖家信息披露，导致受害人须通过向行政机关举报、向法院起诉等其他渠道辗转获得卖家披露信息。另一方面，实践中冒用他人身份信息实施侵权行为的情形的确客观存在，此时被冒用者往往难以提供有力证据证明其主张，在此种情况下，法院一般判决由查明的主体承担责任。

2. 附属型虚拟主体

【案例四】[1] 李某在涉案博客"李某博客"内发布多篇文章，标题包括"李某实名举报某大学校长赵某违法乱纪行为"等，内容涉及"害人瞎胡诌；弄虚作假，欺世盗名；滥用职权；与女生行为不正"等言论。该博客同时附有李某个人照片。赵某以李某侵犯其名誉权为由起诉至法院。法院认定"李某博客"由李某注册并使用，所发表言论侵犯赵某名誉权，应当承担侵权责任。

该案例中，由于其博客内含有个人现实身份的基本信息，因此，一般社会公众均可将"李某博客"与其现实身份联系起来，故于附属性虚拟主体而言，人格状态合一，故不存在作为当事人的必要。

3. 中间型虚拟主体

【案例五】[2] 2017年6月，门某在微博中发现账号名称为"小草7473"的用户发布一篇微博文章，含有大量针对门某进行人身攻击的虚假信息，包括"挑拨离间、扭曲事实""贪污几十万"等内容。该文章于发出几天后博主自行删除，但已在网络迅速传播并被多家媒体转载，影响进一步扩大。门某起诉至法院请求披露该账号的真实身份信息。微博回函表示该账户未进行实名认证，无法查询。门某遂主张由微博承担相应法律责任，一审、二审法院均驳回门某的诉讼请求。

考察目前的实践，与虚拟主体有关的法律责任问题主要出现在侵权领域。大多数网络名誉权侵权案件中的当事人，皆可被归至中间型虚拟主体类，即未在账号内披露自己的真实身份信息，但所发布内容一般与自己的兴趣爱好、内

---

[1] 参见山东省济南市中级人民法院（2016）鲁01民终4362号民事判决书，该案判决已被撤销，发回济南历下区人民法院重审。

[2] 参见河南省郑州市金水区人民法院（2017）豫0105民初16861号民事判决书、河南省郑州市中级人民法院（2018）豫01民终1696号民事判决书。

心想法等相关。在人格权法律关系中，由此类主体的现实身份作为行为人，还是由虚拟身份作为行为人，在最终行为定性和责任认定上无任何区别。实践中，选择以现实身份作为被告，同样可能面临身份无法查清、查证流程冗长、被冒用者因无法提供有效证据从而被判决承担侵权责任的困境。我们认为，如果经过法院核查程序，仍然无法获知案件中"虚拟被告"现实身份的，可以考虑该虚拟主体的可诉性问题。例如虚拟账号（打赏、装备、皮肤等具有可变现价值的）发布侵害他人隐私、名誉、荣誉言论等行为，需要删除或者需要赔偿的情况。

虚拟主体准人格性的法律地位，决定了其在特定的场合下是具有当事人能力的。因此，需要对特定场合的情形予以讨论。通说以当事人适格的二元识别方法作为考察标准：一种是实体适格，即当事人基于自身的实体权利而具有适格性；另一种被称为"形式当事人"或"诉讼遂行权能者"，对当事人概念进行形式化把握❶。虚拟主体作为适格当事人的认定标准可按照以上路径具体构建。

（1）实体适格的情形。

于独立型虚拟主体而言，在人格权领域客体相对独立，因此享有较为全面的权利能力，可以作为实体适格的正当当事人。部分情况下，对外可理性参与法律活动，如以团队模式运行的自媒体账号。程序法上，可以借鉴诉讼法上第三人诉讼担当的制度，由现实主体作为第三人，以当事人的资格行使诉讼实施权，判决的效力及于虚拟主体。❷

于中间型虚拟主体而言，人格状态处于分离与合一的过渡地带，对外无独立意志。因此，在人格权法律关系内，由现实主体作为当事人还是虚拟主体作为当事人，二者差别不大。因此，应当赋予现实主体一定的选择权，决定主张现实主体的人格利益受到侵害，还是虚拟主体的人格利益受到侵害。如果民事主体选择主张现实主体的人格利益，则意味着其主动向涉嫌侵权方和社会公众披露了自己与虚拟主体之间的一一对应关系，实际上相当于主观抛弃了虚拟主体相对于现实主体的相对独立性，将导致虚拟主体的人格利益被现实主体的人格利益所吸收。如果民事主体选择主张虚拟主体的人格利益，可参照上述独立型虚拟主体人格利益的保护路径，由现实主体作为第三人实施诉讼。

于附属性虚拟主体而言，人格状态合一，且无独立意志，故不能作为当

---

❶ 唐静：《当事人恒定原则裁判样态研究——以当事人适格问题为中心》，载《法律适用》2020年第1期。

❷ 李佳伦：《网络虚拟人格保护的困境与前路》，载《比较法研究》2017年第3期。

事人。

（2）形式当事人的情形。

此种考察路径主要适用于虚拟主体作为义务主体承担责任的情形，可借鉴学者提出的"充分利害关系说"，从必要性和实效性两个维度进行考察❶：

必要性上，在能够查实虚拟主体真实身份的前提下，由现实主体承担责任更为充分，但在无法查实的情况下，如果不给予现实主体这种必要性，将导致权利相对方的正当利益得不到保护。

实效性上，以该虚拟主体作为被告可达到实质性解决纠纷的效果为条件，例如该虚拟主体客观上存在，未被注销；原告可以提供定位该虚拟主体的网址链接、UID等；或是有可供执行的财产，例如游戏账号中的虚拟财产。

（二）配套机制的建议

1. 当虚拟人格利益受到侵害

（1）侵权事实认定。基于对虚拟主体准人格性的确认，作者认为，应当充分考虑网络环境下人格权保护的特殊性，从人格权侵权的四个要件构建保护路径。

（2）侵权责任救济。网络环境中的侵权行为，一方面具有不可逆转性，往往难以恢复原状；另一方面极易进行扩散，导致更严重的损害后果。因此，在救济方式上，第一，要充分利用停止侵害、消除妨害等防卫性救济方式，由网络服务提供者采取删除、屏蔽等特有方式实现预防，必要时发挥诉前禁令的特有优势；第二，如果损害后果难以挽回，即要注重救济方式与损害后果的相称性，不论是致歉声明的刊载还是损害赔偿的计算，均应按照损失程度进行确定。

2. 当以虚拟主体名义实施侵害行为

借鉴美国、日本的诉后证据交换程序，可先以虚拟主体作为被告提交立案申请，进入虚拟被告的身份查明阶段。建议妥善运用律师调查令制度，由当事人及其代理律师向人民法院提出申请，人民法院经审查认为确有必要的，签发调查令，由持令律师在授权范围内向接受调查人调查收集证据。具体操作规则为：

（1）申请主体限于律师。我国民事诉讼法明确规定律师有权调查取证，同时，全国人大常委会认为人民法院可以在民事诉讼中积极探索和试行证据调

---

❶ 徐娟慧：《论当事人适格之判别基准》，硕士学位论文，南京大学，第7页。

查令做法。同时，律师受律师法约束，并接受所在律师事务所管理，在保护网络账号个人信息方面，也更有保障。

（2）限定时间为提交立案申请后通过立案审查前的立案审查阶段。首先，当事人提交立案申请，是启动民事诉讼程序的前提条件，也是法院签发调查令的前提条件；其次，只有提交立案申请后，法院才可能根据当事人提交的材料初步判断对所诉的侵权行为是否具有管辖权。

（3）限定律师调查令的取证范围。调查令的取证范围，仅限于网络账号的实名信息，即仅限于确定"明确的被告"，因此，调查令调查的信息，不属于宪法规定的"通信自由和通信秘密"的范围，仅限于个人信息的范围。

（4）申请条件严格限定为存在侵权的高度盖然性。在申请调查令的同时，申请人应当提交相关证据证明所诉侵权行为由相关的网络账号实施，如果不能证明网络虚拟账号存在侵权行为的高度盖然性，显然不具有揭开网络虚拟账号面纱的正当性。

（5）申请调查令的案件应当录入数据库。将相关信息录入数据库，不仅是为了记录备查，最主要的，是对调查令实行实时动态监管，记录调查令的实时数据，特别应当记录未起诉的信息数据，以及被告应诉后反映申请人滥用调查令的数据，为法官在审查判断是否签发调查令提供数据支持。

关于涉网图片类著作权案件情况的调研报告

文/北京互联网法院课题组[*]

在 2019 年中央政法工作会议上，习近平总书记提出，"把非诉讼纠纷解决机制挺在前面，构建起分层递进、衔接配套的纠纷解决体系，从源头上减少诉讼增量"。这是适应新时代我国社会主要矛盾变化，推动社会治理创新的重要论断。北京是全国文化中心、文化创意产业之都，相应地，在司法实践中也体现出版权纠纷逐年增加、版权侵权方式不断出新的特点，一定程度上制约了文化创意产业的创新发展。深入开展版权纠纷的诉源治理工作，有利于激活版权行业自治效能，进一步促进网络版权产业的发展，优化营商环境，更好地服务保障经济社会发展大局。北京互联网法院自成立以来，集中审理北京市辖区内涉网著作权案件。其中，图片类著作权案件占比最大。为从源头上减少此类诉讼增量，北京互联网法院对图片类著作权案件进行了调研，并就相关问题对图片权利人和使用人进行了问卷调查，针对审判中存在的突出问题和争议产生的原因进行了深度分析，并提出相关治理对策和建议。

一、涉网图片类著作权案件的基本情况

（一）案件审理情况

北京互联网法院依据最高人民法院相关司法解释，集中管辖北京市辖区范围内的涉网知识产权纠纷，具体包括涉网著作权或者邻接权权属、侵权纠纷，互联网域名权属、侵权及合同纠纷，以及涉网知识产权行政纠纷等。其中，涉网知识产权案件占全市法院知识产权民事一审案件的七成左右，涉网知识产权日益成为全市知识产权司法保护的重要内容。

（二）案件特征情况

一是诉讼高度类型化，形成较为明确的裁判规则和标准。排名前十位的原

---

[*] 执笔人：史兆欢、李文超。

告主要集中于国内图片公司和个别个人权利人，排名前五位的图片公司的案件数量约占全部图片类案件的43%。原告主张的权利和诉讼请求、证据组合方式等在不同案件中呈现出高度一致性，类型化特点明显。通过长期司法实践，人民法院对此类案件的法律问题已经形成较为明确的裁判规则和标准。

二是直接侵权主体类型多样，涉诉群体广泛。直接侵权主体既有机关、企事业单位，也有个体工商户、个人。新闻网站等媒体侵权多发，微博、微信、博客、贴吧等平台上的自媒体用户侵权现象亦十分普遍。图片使用方所在行业不限于互联网产业，包括需要使用互联网经营或者发展的所有产业主体。

三是涉诉图片原始载体多为电子形式，新型创作成果不断出现。摄影作品多用数码相机、智能手机等设备拍摄，原始载体多为电子形式，极少数以传统胶片相机拍摄。美术作品也大多利用绘图软件绘制，极少数采用传统创作方式创作完成后再进行电子化。在涉及新型图片类创作成果的案件中，原告主张的客体能否认定为作品以及属于何种作品是案件审理首要解决的问题。比如，利用计算机软件合成制作形成的延时摄影、电子相册、动态图片等。

四是图片使用方式多样，使用场景广泛。各图片使用人使用图片具有不同的目的，使用方式主要包括在文章中作为配图使用、在商业广告中使用、在电子商务网站中展示商品信息、单纯展示图片或图片集等，其中最主要的使用方式是在文章中作为配图使用，占94%。从使用场景上看，既有在自有网站上使用，也有在公众号、微博、电商平台等第三方平台上使用。

（三）涉诉行为分析

1. 图片权利人的对外许可方式

对外付费许可主要分为网上公开销售和线下销售两种模式。通过网络渠道公开销售图片是当前的主流方式，调研发现，88.89%的图片权利人有网络销售图片的渠道。通过网络销售图片又分为四种不同情形：

一是自建专业图库网站对外销售。国内的专业图片公司基本上均采用此种方式。专业图库网站包含的图片数量巨大，在公开销售自有版权图片的同时，也可以吸纳分散的个人权利人加入平台，使分散的权利更为集中，更有利于降低图片交易成本，具备较大的竞争优势。此种模式下，图库网站一般会标明授权方式、授权价格、权利声明等内容。

二是委托专业图片公司对外销售。此种模式下的权利人一般为个人权利人。由于专业图库网站的建立，对服务器容量和处理能力等均具有较高要求，个人权利人一般不具备这种能力。因此，个人权利人选择将图片委托给专业图片公司，依托其专业图库网站进行对外许可，共享收益分成。此种模式实际上等同于专业图库网站的销售模式。此种模式下，又分为两种情况，一种是个人权利人同时委托多家图片公司对外销售图片，另一种是个人权利人委托独家图片公司代理。

三是依托自媒体等网络平台对外销售。采用此种方式销售图片的主体集中于个别个人权利人，其采取的方式是将个人图片作品发表在微博、公众号、博客、论坛等网络平台中，并标注个人联系方式，表达公开出售图片的意思。但是，该种模式下，个人权利人没有对图片的销售价格、许可方式等信息进行公示，需要图片使用方单独联系权利人进行沟通后个性化确定，因此交易成本相对较高。

四是授权著作权集体管理组织对外许可。目前，摄影作品著作权的集体管理组织仅有中国摄影著作权协会一家，但授权集体管理组织对外许可的权利人人数较少。北京互联网法院审结和在审中的案件数量中，中国摄影著作权协会作为原告的有31件，案件数量较少。

线下销售渠道中，个人权利人采取出版书籍、发行光盘等传统模式销售实体出版物，一般以整本摄影集或者漫画作品为单位进行定价，没有对每幅作品进行单独定价。

2. 图片版权的定价模式

图书版权的定价模式主要有单图单价、限定使用周期和下载量定价、一揽子协议、个性化定制四种。

一是单图单价。这种模式是目前最为普遍的定价方式，针对同一幅图片，根据图片尺寸大小、像素大小、使用方式等不同，分梯度分别进行定价，并在网站上进行公示。调研发现，69.44%的被调查对象均采用此种定价方式。

二是限定使用周期和下载量定价。按周期定价是指图片使用人根据各自用图需求，付费后在一定周期内可以下载相关图片，按照周期长短的不同，可按照月、季、年等进行定价。该种模式下，图片公司一般也会列明具体的价格。该种模式又分为两种情况：一种是图片使用者在持续周期内一般能够自由下载固定数量的图片；另一种是将图片使用人的付费周期分割成多个时段，在每个时段内图片使用人都可以下载固定数量的图片。

三是一揽子协议。一揽子协议是指图片公司与使用人事先并不确定图片的使用数量和价格，按照每年度的图片使用数量、使用目的和方式等情况，进行年终结算。

四是个性化定制。该种模式是指图片公司根据图片使用人的个性化需求，制订形式灵活的销售方案。该种模式不仅包括销售图片这一项服务，还会涉及图片制作、图片征集、创意方案设计等更广泛的内容。此种方式能够最大限度满足图片使用人的需求，但收费也相对较高。

3. 涉案图片版权的方式、使用场景及平台

图片使用人获得图片的方式多样，主要包括从搜索引擎搜索获取、从专业图库网站下载、从他人处转载以及其他渠道。从数据上看，从他人处转载占比最高，为56.25%；其次为从专业图库网站下载，占50%；第三为从搜索引擎中搜索，占31.25%；第四为从其他渠道获得图片，占25%。图片使用人会同时通过上述多种渠道获得图片。

图片使用人使用图片最主要的方式是在文章中作为配图使用。该类使用方式占据了绝大比例，根据文章的性质不同，又可以分为多种情形，如新闻媒体在新闻报道等资讯类文章中使用，商业主体为维护自媒体、网站等平台的活跃度在日常推送文章中使用等。图片使用人也会在发布的软文内容中包含图片及具体的商品推广信息，将与软文内容具有一定关联的图片作为配图使用，此种使用方式占被调查对象的18.75%。此外，还有在电子商务网站中展示商品信息。此种使用方式不同于商业广告，而是图片展示的内容即是电子商务平台中卖家所销售的商品。此种使用方式占被调查对象的12.5%。也存在单纯展示图片或图片集的使用方式，这种方式以展示图片内容为主要目的，一般配有简单文字说明。例如，将体育赛事的精彩瞬间系列图片制作成集，并在网站中向社会公众公开展示。

图片使用人使用图片的平台多样，主要包括公众号、电商平台、微博以及其他等几种类型。以公众号为使用平台的被调查对象占43.75%，其中主要集中于微信公众平台、头条号平台、百家号平台，占比分别为31.25%、12.5%、6.25%。以微博为使用平台的被调查对象占25%，主要集中于新浪微博，占37.5%。以电商平台为使用平台的被调查对象占12.5%，其中主要集中于天猫和淘宝，占比分别为12.5%和6.25%，以其他网站为使用平台的被调查对象占有18.75%的比例，主要包括新闻媒体的自有网站、商业主体的自有网站，该两类使用平台占比分别为31.25%和25%。

二、案件审理中发现的突出问题及原因分析

（一）通过诉讼获取商业利益、促进版权交易的目的较为明显

大量案件中，原告采用统一格式的起诉状和证据组合方式，有明确的诉讼

策略和目的。部分案件中，权利人并不注重通过正常渠道对外进行版权许可，而是将诉讼索赔作为经营或者获利的方式之一。例如，针对同一被告，多数原告往往仅就一幅图片提起诉讼。在进入诉讼调解程序时，原告又请求将其他未提起诉讼的所有图片一并打包调解，或者促使被告与其签约购买相关图片库产品，试图利用司法力量同时达成解决其版权争议及促成版权交易的目的。个别图片公司或者律师甚至专门从事图片维权诉讼，主动锁定图片权利人，利用专业软件检索到侵权行为后再向图片权利人寻求授权，以提起诉讼的方式获取不正当商业利益。这种维权方式已经成为这些图片公司的主要经营方式和部分律师开发客户和案源的主要渠道。图片版权交易本应是市场行为，交易价格也应在市场中形成，由市场进行定价。但目前，利用司法程序进行事后救济的现象严重，司法定价替代了正常的市场行为，说明图片版权市场的功能目前未能有效发挥。

（二）图片使用人版权保护意识不足、获取授权渠道不畅是侵权纠纷多发的主要原因

通过对案件进行梳理，多数案件系图片使用人版权保护意识淡薄、法律知识欠缺导致。问卷调查结果显示，31%的使用人直接通过搜索引擎获得相关图片，而未寻求权利人授权。但问卷调查同时显示，图片使用人事先获得授权存在诸多困难，主要体现在：一是图片使用人无法知晓图片的权利人，缺少获得授权的渠道；二是获得授权许可的时间成本较高，无法及时满足使用需求；三是图片使用人对权利人是否就图片享有权利不信任；四是权利人要价过高，双方无法达成一致。图片使用人认为存在上述困难的比例分别为81.25%、56.25%、50%、50%，事先无法知晓权利主体这一原因更为突出。

由此可以看出，图片市场存在权利主体不明确、权利状态不清晰、授权渠道不畅通等问题，这是导致侵权行为的主要原因之一，也严重制约了图片作品的传播和使用。

（三）图片版权来源不清晰、授权不规范，难以获得被告认同

实践中发现，多个权利人针对同一图片分别主张权利、原告并非权利人却主张权利、被告已获得授权却仍被起诉等情况时有发生。在具体案件中，被告对原告权利基础提出疑问的答辩理由出现频次最高，占案件总量的19%。在问卷调查中，50%的图片使用人表示对权利人是否享有权利不信任。这些现象都说明图片类案件存在权利来源不清晰、授权不规范的问题。同时，授权市场不够公开透明、交易机制不够完善，也进一步加剧了被告的不信任感。

（四）当事人对损害赔偿举证不足，导致法定赔偿适用较为普遍

绝大部分案件中，原、被告均未针对如何确定损害赔偿进行举证，法院判决多使用法定赔偿的方式确定损害赔偿数额。实践中，损害赔偿数额的裁判标准体现出差异化和梯度化。目前，单幅摄影作品的最低损害赔偿额为300元，最高为4000元，中位数为800元，平均值为867元；单幅美术作品的最低损害赔偿额为440元，最高为25000元，中位数为800元，平均值为5670元。针对损害赔偿的问卷调查结果差异较大，63%的图片使用人认为单幅图片的损害赔偿金额低于200元是合理的；而51%的权利人则认为单幅图片判决2000元以上是合理的。

双方当事人未能就损害赔偿积极举证，使法官在个案中无法确切了解相关图片的市场交易价格，可能导致司法定价与市场正常交易价格脱节。权利人大量通过诉讼以司法定价代替市场定价，亦会进一步扰乱图片版权市场的秩序，影响市场调节作用的正常发挥。

三、针对涉图片类案件确立的裁判规则

（一）严格审查原告的权属证据，防止非权利人通过诉讼获取不正当利益

针对图片版权案件存在的权利状态不清晰问题，北京互联网法院加强权属审查，防止"浑水摸鱼"。在汉华易美公司诉厦门蓓蕾公司一案中，摄影作品上既有摄影师署名，又有原告商号和官方网址的水印，同时原告网站中又有原告的版权声明，原告据此主张其已在涉案摄影作品上署名，应当认定为著作权人。法院经审理认为，涉案作品已载明摄影师姓名，应推定摄影师为作者，原告仅以版权声明、企业商号和官方网址的数字水印主张著作权的根据不足。在刘某诉北京华网公司一案中，原告虽然提交了作品署名等初步证据，但涉案摄影作品含有原告本人的远景侧面、背影及就餐照。法院经审理认为，原告无法说明涉案作品是否由其本人拍摄以及如何拍摄，且难以认定为自拍，并据此认定原告并非作者，不享有著作权。在搜狐公司诉甬派传媒公司一案中，原告主张涉案作品由其员工创作，其依约享有著作权。但被告提供了发表时间早于原告的相同图片，原告未进一步提供证据证明权属，且原告员工经通知后未到庭说明图片拍摄情况。因此，认定被告提交的证据构成相反证据，原告主张权属的依据不足。

（二）加强对电子证据的审查，确保证据真实可信

涉网案件中，当事人提交的往往是电子证据，这些证据存在易被删除、易被篡改、易于伪造且不易留痕的特点，因而证据的采信和事实的认定是司法实践的难点。在图片类案件中，北京互联网法院对电子证据严格审查，确保事实认定清楚、准确。在北京阅图公司诉上海东方网一案中，原告采用时间戳进行侵权取证时，未对"互联网连接真实性检查"中的关键步骤进行操作，无法确定接入网站的真实性。北京互联网法院据此认为，原告提供的可信时间戳证据存在重大缺陷，不予采信。在上海映脉公司诉北京中搜公司一案中，原告证据保全过程显示点击本地缓存链接后出现涉案文章。法院经审理认为，原告的证据保全未展示其缓存该链接的过程，不能证明该本地缓存链接来源于被告，故对原告的证据不予采信。

（三）信息存储空间服务提供者不能充分披露用户信息的，推定其实施了直接提供作品的行为

一般情况下，信息存储空间服务提供者并不直接提供作品，在不能证明其存在过错的情况下，其仅承担"通知－删除"责任。但如果服务提供者不能提供用户上传的充分证据，则需要承担直接提供作品的侵权责任。在王某诉搜狐公司一案中，被告主张其仅为网络用户提供信息网络存储空间服务，不应承担损害赔偿责任。法院经审理认为，被告仅能证明其具备提供信息网络存储空间服务的功能，但并未提供上传涉案图片的用户信息，不能证明涉案图片系用户上传。因此，法院认定涉案图片由被告提供，判决被告承担直接侵权的法律责任。

（四）根据案件实际情况，确定差异化的损害赔偿数额，对权利人进行适度保护

损害赔偿具有弥补权利人损失、预防侵权违法行为的功能。加大损害赔偿力度有利于加强版权保护，促进作品的创作和传播。但加强保护的同时，也要注重各主体之间利益的平衡，不应不合理地加重图片使用人的经济负担。在腾讯公司诉青曙网络公司"微信红包"一案中，法院考虑到微信红包是原告专用于自身社交软件而创作的美术作品，与大多数美术作品希望得到更多使用从而获得更多收益的目的不同，并综合考虑了作品的独创性、用户数量、知名度、市场价值、被告主观过错等因素，最终酌定被告赔偿原告经济损失10万元，单幅美术作品的赔偿额达2.5万元。而在黄某诉昆山汽车公司侵害美术作

品系列案件中，原告在后案中主张的美术作品虽与先案不同，但创作元素具有较大重合。考虑到后案美术作品使用了较多先案美术作品中的元素，创作难度已大为降低等情况，法院酌情降低了被告在后案中的损害赔偿责任。

四、北京互联网法院"e 版权诉源共治体系"建设思路

为解决图片类案件诉讼主体高度集中、图片维权商业运营加剧、图片市场作用发挥不充分等问题，从源头上减少诉讼增量，北京互联网法院创新互联网司法供给方式，用技术重塑治理结构，探索出党委领导、府院联动、规则引领、多方参与、科技支撑的诉源治理新模式，构建起分层递进、衔接配套的纠纷解决体系，形成以"e 版权诉源共治体系"为切入口，可拓展应用到其他类型化纠纷的诉源治理模型，初步实现案件降存量、减增量的治理目标。

一是坚持党委领导，推动诉源治理纳入市域社会治理格局。主动落实北京市委、市政府促进首都经济高质量发展的相关工作精神，不断优化《关于为促进北京数字经济创新发展提供有力互联网司法服务和法治保障的意见》，为市域治理提供互联网司法保障；充分发挥互联网司法治理研究中心的作用，集合北京市委有关单位，整合科技、法学、传播、行业、社会治理等多领域专家力量，强化互联网综合治理的政策研究；积极对接北京市委宣传部等部门，及时汇报相关版权领域涉诉突出问题，共商治理方案；加强与北京市经济和信息化局、北京市大数据中心等单位的沟通合作，重点分析研判司法前沿问题。

二是依托府院联动，建立版权领域行政—司法协同新机制。立足互联网技术，依托各自功能定位和技术优势，与负责版权登记工作的北京市版权保护中心合作，建立首个版权领域行政—司法协同机制：输出版权司法审查的确权规则，实现版权登记标准与司法认定标准的统一，提升版权登记的公信力，解决图片权属认定难的问题；拓展北京互联网法院"天平链"电子证据平台的应用场景，跨链对接北京市版权保护中心"版权链"，即可跨链获取上链数字登记证书。该模式将打通行政版权登记信息与司法审判数据的壁垒，实现版权登记信息实时交互、高效调取、高可信度，大大降低权利人举证的难度和庭审对抗性，实质化提升庭审的有效性；倡导建设集约化线上图片作品交易平台，一站式完成作品的权属确认、权利流转、许可使用、侵权取证、争议解决。

三是强化司法引领，规范图片市场健康发展。严格权属审查，针对图片著作权案件存在的权利状态不清晰问题，北京互联网法院进一步加强对图片权属、授权的审查，并出台类案审理问答，防止非权利人"浑水摸鱼"，杜绝非法获利。明确裁判导向，甄别案件情况，加大损害赔偿的梯度化和差异化，确保权利人的合法权利得到有效保护。对以诉讼索赔为主要经营策略、损害版权

市场秩序的行为,降低赔偿额度,遏制商业化维权的增长趋势。通过裁判示范作用,使"司法定价"与图片的市场价值更相适应。传导裁判价值,与北京市版权局建立数据共享、态势分析、联席会议、重点会商、标准研讨五项常态化互动机制。以典型案例树立的裁判规则为标尺,从行政监管和诉讼维权两条线双向约谈涉诉重点企业,共促纠纷源头化解。

四是统筹诉非衔接,创建线上线下、分层递进工作体系。对接中国互联网协会调解中心、北京版权调解中心、北京赛智知识产权调解中心等擅长著作权纠纷调解的行业调解组织,通过发挥"一庭""一书"❶的示范引领作用,引导当事人明确诉讼预期,鼓励"纠纷高发企业"在诉前通过非诉调解化解未成诉的大批量纠纷。搭建全国首个版权非诉调解平台,并以该平台为支撑建立以"云对接""云指导""云化解"为核心的"e版权"诉非"云联"机制:当事人在北京互联网法院电子诉讼平台可一键进入在线版权非诉调解平台接受专业组织的"云端"调解;非诉调解成功纠纷可优先进行司法确认;非诉调解平台设立法院"云工作站",法官及时在线提供专业指导。

五、涉网图片类著作权纠纷诉源治理成效

自2020年7月"e版权诉源共治体系"创建以来,北京互联网法院不断推进涉网图片著作权纠纷的诉源治理工作,并取得积极成效。

一是上线正版图库,引导版权市场有序运行。例如,百度公司在北京互联网法院和首都版权协会的指导下,发起"正版图库计划"。权利人在"版权链"登记的图片可自愿申请加入版权链图库,版权链图库接入百度图片搜索,用户搜图结果优先呈现版权链图库的图片作品,用户点击搜索结果将跳转至版权链图库网站,用户可以下单购买图片版权、下载图片文件。

二是实行"双链对接",提升便民诉讼质效。一方面,实现跨链获取上链数字登记证书功能。权利人到北京版权保护中心进行版权登记取得版权登记证书,版权登记证书对应的数字登记证书数据即同步存入"版权链",通过北京互联网法院的"天平链"与"版权链"进行联通对接,当事人通过北京互联网法院电子诉讼平台进行要素式立案时,输入版权登记证书编号等信息,可立即获取上链数字登记证书进行核验,并可跨链调取北京版权保护中心存档的图片版权登记材料,大大降低权利人举证的难度。另一方面,实现高效调取版权登记信息功能。权利人到北京版权保护中心进行权利登记时提交材料的数据也会同步存入"版权链",通过北京互联网法院的"天平链"与北京市版权局的

---

❶ "一庭"指的是一次样板式庭审;"一书"指的是一份示范性判决文书。

"版权链"进行联通对接，当事人在诉讼中提交上述材料，审判人员根据案件审理需要，可即时通过审判系统或电子诉讼平台调取相关核验信息，降低权利人举证的难度和庭审对抗性。

三是推进"诉非云联"，发挥非诉讼调解机制功能。规范管理特邀调解组织和特邀调解员名录，加强对调解员业务和理念的培训，发挥"诉非云联"机制作用，引导图片版权纠纷当事人选择非诉讼解纷方式解决纠纷。

四是建立共治平台，规范图片维权诉讼流程。在北京互联网法院与首都版权产业联盟、北京版权保护中心的共同推动下，2021年上半年，首都版权产业联盟、北京版权保护中心基于正版图库，推出了"版权确权—版权监测—版权公证—版权公示—版权通知—版权和解—版权调解—版权诉讼"八位一体的图片版权保护平台，建立了基于版权链—天平链协同的图片维权诉讼新机制。

六、北京互联网法院"e版权诉源共治体系"拓展应用情况

在"e版权诉源共治体系"的基础上，北京互联网法院不断拓展类型化案件诉源治理的广度和深度，创新升级诉源治理共治理念和模式。

一是延伸版权治理领域。进一步探索行政—司法协同共治模式在其他涉网著作权类型化案件中的应用，尤其是涉音乐、文学、电影等行业。借鉴北京互联网法院与首都版权产业联盟、北京版权保护中心的协同治理经验，利用北京互联网法院"天平链"节点设置，积极与音乐、文学等著作权行业协会沟通交流，推动其他版权类型作品通过该平台完成确权、交易、纠纷解决全链条治理工作。

二是拓展技术治理应用新领域。针对互联网金融借款、小额借款纠纷案件特点，在"e版权诉源共治体系"的基础上，创建了"e贷诉源共治体系"，主要内容包括事前主动预防、事后多元化解以及业务指导规范。目前，该体系通过北京互联网法院发布的业务规则，实现关键业务数据事前上链；纠纷发生后，通过基于链上智能合约触发提醒、律师函、示范性案件警示、在线债务协商等多种手段实现多元调解。

三是扩大诉非衔接"朋友圈"范围。北京互联网法院已联合北京市版权局共同搭建全国首个版权非诉调解平台。北京互联网法院正积极将该模式扩大至其他类型案件的非诉调解机制中，推动其他调解组织建立非诉调解平台。对于调解组织已有的调解平台，在明确、统一平台对接工作规范和技术规范的前提下，鼓励其与北京互联网法院现有多元调解平台、电子诉讼平台进行数据对接，实现案件数据自动流转，形成一站式多元解纷体系。

四是探索互联网诉源治理新模式。发挥北京互联网法院作为"长安链"首批接入单位的成员作用，不断拓展"天平链"技术应用场景，立足当前新发展阶段，贯彻落实技术共治的新发展理念。针对北京互联网法院在个人信息与隐私保护、算法合规判断、数据权益界定等方面的案件情况，积极与北京市经济和信息化局、北京市大数据中心、北京国际大数据交易所、清华大学等单位交流合作，构建以区块链底层技术为架构的司法保护链新型治理模型，实现司法判断、司法标准等规则前置，推动法律数字化和数字法律化，协同社会多方力量，共同探索互联网领域的新型治理模式。

ofrecemos
平台治理篇

关于互联网平台法律责任的调研报告

文/北京互联网法院课题组[*]

一、平台协议效力及其司法规制

在信息技术发展、新经济模式迅速转型升级的背景下,平台已经从"单纯通道"发展成了"生态系统"。其中,平台经营者也从单一的中介角色变成了创新电子商务活动基础设施、协调机制、监控管理的主导角色,[❶] 成为部分监管权力的实际行使者,且部分平台在运营过程中实现了相对较高甚至极高的市场占有率,或者其所提供的服务成了普通人生活中"不可或缺"的一部分,或者"缺少相应服务会带来重大不便"。平台在这个生态系统中占据了过大的话语权,就很容易导致系统内部的价值、权利义务分配失衡。

平台协议是平台方分配自身与用户、平台内经营者之间的最基本权利义务的规则集合,从法律性质上来说,一般认为平台协议属格式合同。格式合同即为全部由格式条款构成的合同。随着电子商务、网络交易的兴起,格式条款日渐成为一些新类型争议的焦点,网络平台协议这个特殊视角能够为我们研究格式合同在互联网时代下面对的新问题带来一些启发。

(一)平台协议条款性质及司法审查问题

1. 平台协议条款性质

平台协议往往包含授予平台监管权力、准行政处罚权力的条款,这是平台

---

[*] 课题主持人:张雯;执笔人:姜颖、孙铭溪、刘书涵、李文超、朱阁、龚娉、刘更超、武一帆、张夏意、李绪青、李雨晨、吴红娜。

[❶] 戴昕,申欣旺:《规范如何"落地"——法律实施的未来与互联网平台治理的现实》,载《中国法律评论》2016年第4期。

"守门人"（gatekeeper）角色的典型体现。其中最为典型的是平台通过制定交易规则，规定对平台内经营者的管理和处罚措施。司法实践中已有此类实际争议。但仅仅将这类争议定义为合同纠纷，通过格式合同的司法规制机制对其进行处理，能够满足这类纠纷在现实中的处理需要吗？当前，各主要电商平台普遍在其服务协议中约定，平台内经营者需要保证依法合规经营，如平台内经营者存在售假等行为损害平台利益，需要对平台承担赔偿责任。且往往同时在相应的配套规则中约定平台对经营者所经营的商品有权采取抽检等检查措施。这实际是网络平台通过协议的形式为自身获取一定的监管权力。司法对此的态度一般是鼓励并认可其相应的效力。学者对此也持肯定态度。应该说，客观上平台内经营者售假的行为对平台确实造成利益的损害，平台利用合同约定的方式提前约定求偿权及赔偿范围，属对自身权益的合理维护措施。但其中的关键争议点在于，平台在此类协议中往往约定，自身的损失中最为关键和核心的是"商誉损失"，而商誉损失应当以何种方式进行计算？如果直接以格式条款的方式为商誉损失确定一个比较高的金额，法院是否认可？在近期判决的一起京东与平台内售假经营者的纠纷中，法院对此予以了肯定答复。该起案件为厦门瑾茹贸易有限公司与北京京东世纪贸易有限公司等服务合同纠纷。本案的核心争议在于京东所提供的"京东（JD.COM）开放平台在线服务协议"10.2条所约定的违约金的效力。

该协议10.2条约定，商家承诺不在京东平台销售假冒商品或水货、旧货、不合格产品等，如销售假冒商品，则京东有权要求商家支付人民币1000000元或该店铺全部累计销售额10倍的金额（二者以高者为准）作为违约金；如销售水货、旧货、不合格产品等，则京东有权要求商家支付人民币100000元或全部保证金金额（二者以高者为准）作为违约金（该条以上字体加粗）。同时京东有权对商家采取暂停向商家提供服务、暂时关闭商家后台管理账户、暂缓支付未结算款项、终止合作等措施。违约金不足以弥补京东损失的，商家还应全部赔偿（包括但不限于京东对客户的赔偿、补偿、行政部门的处罚、律师费、诉讼费、鉴定费、差旅费等），上述违约金的支付并不影响京东依照本协议和/或平台规则的约定扣除相应的保证金。

该案中，因经抽查和第三方认定，平台内经营者存在售假行为，京东根据10.2条之约定要求经营者支付相应的100万元违约金。一审、二审法院均支持了京东一方的主张。

一审法院认为：第一，在线协议及平台总则确为格式条款，但已尽到了必要的提示义务。而且，作为提供格式条款的一方，京东不存在免除其责任、加重对方责任、排除对方主要权利的情形，故格式条款应为有效。第二，平台规则中的违约金条款并非普通的合同条款。平台设定的违约金条款和"售假处罚百万元"规则,涉及平台、商家和消费者三方之间的关系,系平台履行自律管理权利的体现,与传统意义上的违约金制度存在一定区别,而平台规则中的违约金条款,不应简单等同于传统意义上的违约金条款。具体而言,两者有如下区别:首先,权利来源不同。一般的违约条款来源于"一对一"的合同,而本案的违约条款形成于平台规则,系平台与海量商家就违规处理达成的统一契约安排,不仅约束订立方,也约束未来的加入方,并且往往涉及外部第三者(消费者、其他遵守协议的经营者、知识产权权利人等)的利益。其次,设定目的不同。一般的违约条款是为了单纯弥补守约方所产生的损失,而本案的违约条款不仅是为了弥补平台可能因商家违约行为所产生的损失,更是为了平台自律管理、保护消费者权益、加大商家违法成本、维护良好经营秩序。最后,适用标准不同。一般的违约条款,违约金以守约方实际损失为限,本案违约条款基于平台规则产生,系平台自治权利的体现。京东平台有大量商家入驻,京东在平台治理过程中,针对不同的商家违规行为,采取不同的信用和违约金惩罚措施。第三,对具有明显恶意的违约行为应当加重责任。京东商城是国内知名的零售电商平台,商家在京东设立店铺,其目的是借助平台已经积累的流量、商誉和口碑,吸引更多消费者,获得更大的利润。商家应当在享受这种资源的同时,严格遵守合同和平台规则的约定,诚信经营,维护平台内的消费环境。而本案中,商家的售假行为明显属于极为严重、违反双方合同约定、平台规则、法律法规和基本商业伦理的恶意行为,具有明显的主观过错,为此平台需要付出较大的成本。具体而言,从平台治理成本来看,因为商家的违规行为,京东不得不划出专业团队、委托专业机构进行商家售假行为的发现、取证、公证、处理和应诉,对消费者的投诉、举报、诉讼予以处理甚至先行高额赔付,这均属于平台治理所产生的成本。从平台的商誉损失等潜在损失来看,大量商家选择在京东平台上经营,涉及商家及消费者众多,交易金额巨大,商家的售假行为不仅严重损害消费者利益,也会扰乱平台正常的经营管理秩序,损害平台商誉。平台为管控商家及商品质量,实现自律管理,通过平台规则设定赔付标准,既起到维护网络环境的作用,同时也起到保护消费者合法权益及保护平台商誉的作用,其赔付标准具有合理性。二审法院对此认定,其认同一审判决所持双方在线服务协议中约定的违约金具有的不同于普通合同约定的一般违约条款的特殊性,以及对有明显恶意的违约行为应当加重责任等观点,认为京东公司、京东世纪公司基于管理职责,为维护平台商业信誉、网络购物环境及安全性,保护合法经营商家的利益和消费者合法权益,与进驻平台经营的商家在平等的基础上确定带有惩罚性质的违约金,应该得到合理保护。

该案所争议的问题是，以格式条款设定高额/极高额违约金作为一种对平台内经营者的监管措施，是否应当认定为有效？该案二审判决后，有许多媒体将本案描述为"平台惩罚性违约金第一案"。但从本案一审、二审法院的分析进路来看，法院并未重点讨论违约金是否具备惩罚性及其依据，而是围绕是否可以设定高额违约金作为平台的监管措施来进行分析。一审法院所讨论的违约金支持依据是围绕平台规则的性质、平台的监管需要、平台的监管成本。在此之下的一个相关问题是：超越实际损失的高额违约金在格式条款中的提示义务是否特殊？对该问题，法院在一审、二审中对此均予以否定回答。

可以看到，本案中所呈现的司法审查的进路和价值取向与法院在处理涉及平台与用户之间权利的纠纷时有较大不同，法院在这里追求的首要价值目标是维护平台的自我治理秩序。笔者认为，法院在本案中的司法审查进路具备一定的合理性。客观上，平台需要对其平台内的经营者具备一定的监管权力，这在效率上和现实效果上都是合理的选择。所以，法院在司法审查中对平台自身的监管权力和监管制度予以一定程度上的尊重，是合理的。但这并不能等同于：法院对这类条款需要全盘予以尊重；将此类条款作为格式合同进行处理是唯一合理的分析进路。实际上，在此类约定引发的争议中，法院应当建立一套从程序和实质两方面审查的审查机制，参考公法尤其是行政法的原理和审查方式，对条款进行更加细致深入的审查。其理由显而易见：如果允许平台利用协议为自己设定监管权力和"高额罚款"的权限，那么平台就通过这种方式为自己创造了获利空间。一旦平台发现通过罚款比保证商户合法经营要有利可图得多，那么平台就会迅速放松执行其在管理平台商家时所必须履行的资格审查、常规检查、消费者权益保护措施，转而通过种种方式变相地放任、纵容平台内商家违规、违法经营，从而通过事后的高额罚款来获取利益。在此过程中，权益受到侵害的反而是普通消费者。而且，平台是否对这类违规、违法经营的商家进行处理，如何进行处理，由于欠缺规范程序，将产生大量寻租空间。相比之下，真正的有权监管机关也就是国家行政机关，在采取罚款的行政处罚措施时，需要具备法律法规所设定的罚款依据；同时，其在进行罚款时，需要固定证据、发出书面通知，同时受罚一方还享有提出异议、申请行政复议乃至行政诉讼等救济措施。一旦受罚一方提起行政诉讼，法院还需要考量行政机关的处罚措施是否符合比例等一系列行政法规则。而如果允许平台通过格式合同就获取比行政机关更便捷、程序更不透明、救济措施更少的"罚款"权力，显然是说不通的。因此，笔者主张：对这种包含有平台的管理权力的设定、行使的条款，包括平台对违规措施的处罚、对消费纠纷的处理等等平台条款，司法机关不应仅仅将其作为合同条款来对待。

2. 平台监管措施的合同法进路的不足

在合同法进路下，京东与其平台内的商家只能是平等的民事主体关系，在获得立法或者国家行政机关的授权之前，其对平台内商家所具备的监管权力只能通过合同来设定和取得。那么，对其中的违约金条款的审查，也应当服从现有的合同法的规定框架。京东一方在诉讼抗辩中，主张自己通过平台协议所设定的是惩罚性的赔偿金。而《中华人民共和国合同法》（以下简称《合同法》，已废止）第一百一十四条和《中华人民共和国民法典》（以下简称《民法典》）第五百八十五条规定，对合同中的违约金条款，当事人认为过分高于或者低于其实际损失的，可以要求人民法院予以调整。即，相关合同法律排除了在合同中设定脱离实际损失的惩罚性赔偿金的可能性。这也是法院转而论述该赔偿金性质与普通的违约条款不同的原因。笔者认为，在对此类平台协议条款进行司法审查时，如果采取合同法的进路，法院在实体上应当关注的焦点是此类赔偿金金额与平台实际损失之间的关系。考虑平台的举证能力，其对自身的实际损失是具备能力举证证明的。例如：在淘宝诉姚某服务合同纠纷案中，淘宝一方对自己因卖家售假遭受的商誉损失的具体金额提供了四种计算方式。❶ 而在前述案件中，法院考虑了平台建立打假制度、维护平台合规交易秩序的成本，笔者认为，在合同法的进路下，在尊重平台自治的前提下，这些成本可以作为平台的一部分损失考虑在内。包括平台如果因为售假对消费者和行政机关先行承担了相应的民事赔偿、行政处罚的法律责任，均可认定系平台的实际损失。同时，售假商家的违法违规行为的性质、主观恶意程度、行为持续时间，也应成为考虑因素。简而言之，在面对是否适用平台以格式条款设定的高额赔偿金争议时，法院应首先将其作为违约之诉，审查当事人的违约行为、性质、造成的实际损害后果的大小。在综合考量这些因素、认定平台因其内商家的售假行为遭受的实际损失金额后，如相比平台协议中约定的违约金金额，不明显超出，则可以认为违约金在合理范围内，而予以支持。

以上的分析是基于将京东对商家的监管和处罚条款定性为合同条款的前提。但从以上分析可知，无论是惩罚性赔偿金，还是将京东建设其商品管理、打假团队的成本计入平台内经营者售假造成的实际损失，均与现行的合同法理论及实践有冲突之处。

3. 新的司法审查方式可能性讨论

已有学者指出，网络平台具备公共性，其在数字经济时代承担着维护网络

---

❶ 刘凯湘，刘晨：《网络零售经营者售假案中第三方平台的权利保护——评淘宝诉姚莺服务合同纠纷案》，载《法律适用》2018 年第 12 期。

市场秩序、保障用户权益的公共职能。网络平台对其用户，特别是对平台内经营者，具有强大的支配力和影响力，此种平台权力属于典型的私权力。网络平台行使私权力有助于减少平台内经营行为的负外部性，弥补政府规制能力的不足，但其私权力也容易遭到滥用。除了要借助市场竞争机制和传统私法规范约束平台私权力，还有必要引入公法原理及其价值要求，对平台私权力进行适度干预。❶ 而平台协议在平台私权力的设定、行使方面扮演着核心的关键角色。上文已经分析了现行的合同法法律规定和司法实践在规制平台私权力方面的不足。我们设想，在规制平台私权力行使、规范平台治理的要求下，借鉴部分行政法诉讼的规定和司法实践，对平台通过平台协议行使私权力的权力设定、行使程序、合理性、司法救济措施进行准行政法性质的司法审查。

相应的审查应当首先解决的问题是：哪种平台协议，或者说具备哪些性质的平台协议条款应当被定性为具备"平台行使权力"性质从而进入相应的准行政法性质的司法审查？笔者认为，影响平台内用户/商家的准入资格、平台对用户/商家进行监管处罚、平台对用户/商家提供的纠纷解决措施等至少应该纳入这一类别。也就是说，其区分的红线在于平台在相应条款中是否实际取得、行使了上文所说的私权力。在这一红线以上的，纳入我们所讨论的准公法性质的司法审查；在这一红线以下的，仍然进入传统的格式合同的司法审查的范畴。这一红线的分界意义在于，比较公法和私法在效力定性、为相对方提供的保护措施力度差异上可知，公法更关注相关条款内容的公平合理性、程序正义和程序救济，而私法强调的是保护意思自治。正因为平台在平台经济这一新类型的经济形式中取得了实际上超越一般格式合同条款提供者的权利，只有司法审查机制的介入才可能保证对平台协议的内容在合法的基础上是否合理、制订和修订过程是否符合相应的程序正义要求进行实质性的规制。因此，其关注点、适用法律、价值目标与平台与用户/商家之间的传统民事纠纷均有所不同。允许消费者权益保护组织等集体组织提起相应的公益诉讼，或者将其作为特殊的新类型诉讼，都是可以考虑的。

（二）平台协议内容强制披露制度的有效性——格式条款提供人的提示与说明义务的履行

具体而言，对格式条款的强制披露规定有《合同法》（已废止）第三十九条、《中华人民共和国消费者权益保护法》（以下简称《消费者权益保护法》）

---

❶ 刘权：《网络平台的公共性及其实现——以电商平台的法律规制为视角》，载《法学研究》2020年第2期。

第二十六条第一款、《中华人民共和国电子商务法》（以下简称《电子商务法》）第三十二条等。从以上法律规定观察，对强制披露，我国现行法律的逻辑体现为："强制平台披露"相当于"相对人知悉"格式合同的内容。也就是说，这一逻辑在这四个情形中建立了等式关系：披露符合法律规定，即为相对人有机会阅读，即为相对人实际阅读，即为相对人理解。❶ 但这个等式在实际上的效果如何？

除去平台协议本身的开放性设置❷，平台协议在表述和行文上具有如下特征：

一是网络平台服务协议/交易规则往往篇幅冗长。《淘宝平台用户协议》字数达到一万字以上，京东商城注册协议内容约为五千字，超出一般网络用户的阅读习惯。

二是网络平台协议普遍使用专业术语撰写其条款，如"（1）用户可以选择接受或者拒绝 cookies。如用户选择拒绝 cookies，则用户有可能无法登录或使用依赖于 cookies 的服务或者功能。（2）对软件进行反向工程、反向汇编、反向编译或者以其他方式尝试发现软件的源代码"。❸ 对于该类技术或法律类的术语，普通用户很难准确理解。

三是网络平台协议的部分内容展示往往使用超链接等间接方式。平台协议自身的载体特殊性决定了其与一般的纸质文本不同，网页、手机 App 在页面展示文字方面受到一定的限制，对于长文本，页面交互设计和用户体验的需求也使得设计者往往倾向于不在单个网络页面或手机屏幕中完全展示其文本内容，需要用户进行跳转、滚屏等操作。平台在网络服务协议/交易规则的展示中往往会使用超链接来放置服务协议/交易规则的组成部分。

四是网络服务协议/交易规则往往还存在大篇幅使用甚至滥用加粗、下划线等提示方式的现象。以前述《淘宝平台服务协议》为例，其总篇幅（不计入超链接跳转内容）汉字字数为 10172 字，而其中加粗或加下划线的汉字字数达到 4466 字，占全文的 43.9%。也就是说，该服务协议的制定者将其中接近

---

❶ 宁红丽：《平台格式条款的强制披露规制完善研究》，载《暨南学报（哲学社会科学版）》2020 年第 2 期。

❷ 目前几乎所有的网络平台在其服务协议/用户规则中都包含有纳入单方修订的内容开放性条款，如：《京东用户注册协议》（2020 年 5 月 9 日更新，2020 年 5 月 16 日生效）第一条第 2 款，https://in.m.jd.com/help/app/register_info.html，访问日期：2020 年 9 月 30 日。爱奇艺平台的用户服务协议对变更提示约定得相对详细：《爱奇艺服务协议》（2020 年 9 月 11 日更新，2020 年 9 月 21 日生效）12.1 条，https://www.iqiyi.com/common/loginProtocol.html，访问日期：2020 年 9 月 30 日。

❸ 王安琪：《大数据战略下网络用户协议语言问题与监管建议》，载《辽东学院学报（社会科学版）》2019 年第 3 期。

一半的内容作为显著提请注意内容。

以上这些特征都决定了，强制披露的行为与效果在现实中未必能够等同。那么，强制披露在司法规制中的主要问题即在于，司法规制是应当关注到强制披露的行为层面还是结果层面？从现有的司法实践来看，绝大部分判决是认可披露行为即等于相对人知悉并理解这一等式的。从裁判分析的进路来看，一般首先是分析诉争条款本身是否存在《民法典》规定的无效、显失公平等效力瑕疵情形；其次是诉争条款是否属于对相对人权利有重大影响的条款，如果是，则审查条款提供人是否采取显著提请注意的行为。其中，"加粗、加下划线或变换颜色等合理方式"[1]被普遍认可。在另外一些案件中，法院将字体大小作为"是否显著标识"的重要考量。[2] 在少数案件中，法院认为，仅仅字体加黑[3]、红色字体标注[4]不能视为格式条款的提供人尽到了提请注意的义务，格式条款提供人应当进一步进行提示、解释与说明。结合平台协议的特征来考量，如果在此我们追求的价值不仅仅在于合同相对方在形式上的"阅读并同意"，而是事实上相对方确实足以理解条款的含义及其边界、对其权利义务的影响，那么可能在现有的司法审查进路上，我们需要把重点转移到前述进路的"影响"—"显著提示"这个链条上。在此，司法审查能扮演填补法律的框架性规定和互联网的运营现实造成的规定实施效果的鸿沟的角色。条款本身是否具备合法性和合理性？其行文是否显著超出普通的合同相对人的理解能力？条款对相对人的权利的影响有多大？影响达到何种程度时，仅仅加粗、放大、加下划线不足以构成显著提示，必须附加有解释？这些问题可能最终需要回到司法机关对格式条款的内容的实质性审查，并在实质性审查与"提示与说明义务"之间建立定量关系这一进路上。笔者认为，在现有的审查进路上，法院应当对《民法典》所称"重大利害关系"中的"重大"建立相对能够量化、类型化的标准，或者将"重大利害关系"与《电子商务法》所规定的制定平台协议时的"公平"置于同一体系下进行考量。对此，可考虑的因素有：首先，凡是涉及用户、消费者人格与人身权利，包括用户能够被界定为隐私的数据相关权利的均为重大影响范畴。其次，对相应买卖合同、服务合同的必备条款，即合同履行中相对方的基本合同权利义务造成不利影响的，也即限制权利适用或增加义务的，如买卖合同中涉及价款变更、对合同条款的解释权力、违约责任等

---

[1] 参见北京市第四中级人民法院（2020）京04民辖终50号民事裁定书。
[2] 参见江苏省苏州市中级人民法院（2019）苏05民终8042号民事判决书。
[3] 参见福建省莆田市中级人民法院（2018）闽03民辖终296号民事裁定书。
[4] 参见北京市朝阳区人民法院（2017）京0105民初14121号民事判决书。

方面。最后，对消费者寻求外部救济造成影响和限制的。对前述"重大利害关系"的约定，应当追求审查其实质性披露效果，即相对方是否实际知悉、理解其权利义务内容。而对相对方权利影响小于此类条款的条款，可允许推定披露行为即产生知悉效果。最终总体达到既保护平台经营的效率追求，又给予消费者合理的保护的效果。

此外，我们还建议相关的行政主管部门对平台协议条款建立相应的"灰度评分"及其公示制度，如将典型的问题条款黑名单公开。对在线下经济中已经确立的格式条款黑名单，如"该条款（章程）的最终解释权归我公司所有""该活动的最终解释权归我公司所有"等典型条款，完全可以在对网络平台的用户协议条款进行筛查时，参照适用。

（三）平台协议之单方变更问题研究

当前，我国的网络平台对其平台协议/交易规则变更机制的设计基本为：对变更进行提示，但各家平台的提示方式、提示内容不完全一致。各家平台的协议一般从正面规定，用户在条款更新后继续使用平台就等于用户接受其对条款的单方修订，少数平台同时规定，如用户不同意变更条款，则应停止使用平台服务。也就是说，平台在单方变更其原有格式条款的时候，给用户提供的是二者择一的选项：继续使用服务，则默认为同意其变更；不同意变更，则只能退出合同。

应当看到，由于新技术的应用、新的法律法规的引进，如《电子商务法》生效或者司法机关针对合同法相应规则作出新的裁判等原因，使得网络平台需要经常更新其功能模块、交易机制等重要组成部分，而在电子商务、网络服务领域，由于面对的消费者/经营者数量庞大、各自的利益诉求并不完全一致，设计复杂的交易条款更新机制和协商机制是不现实的。因此，允许网络平台以单方变更的形式对其服务协议/交易条款进行更新是相对合理的立场，也符合我国立法对格式条款适用和规制的整体思路。只要其内容在法律所规定的格式条款适用的领域范围内，权益受到该种单方变更实质性影响的合同相对人有相应的权利主张渠道，单方变更在整体上应当作为网络服务平台格式条款应用规则的一部分得到肯定。那么，接下来的问题即为：当前网络平台的这种"继续使用即同意/否则应当退出合同"的二选一机制是否合理？司法机关如何在现有的法律规定体系下，对单方变更的程序和内容进行审查？

《民法典》所规定的格式条款无效的情形有三：一是常见的合同无效情形；二是提供格式条款一方不合理地免除或者减轻其责任、加重对方责任、限制对方主要权利；三是提供格式条款一方排除对方主要权利。与第一条中所列举的明确无效情形相比,第二、第三条都存在需要进一步厘清的地方。因此,在司法实践中,这类案件的争议往往主要在于如何确定"减轻其责任、加重对方责任"属"不合理"?对方的何种权利属"主要权利"?除此以外,司法机关是否还有其他的审查对象,其顺位为何?

1. 内容审查对象

(1)变更前后的条款是否存在《民法典》第一编第六章第三节和第五百零六条规定的无效情形。此为一切合同的司法审查的首要内容,在此不赘述。

(2)变更前后对相对方权利义务的影响及变更原因的审查。笔者认为,司法机关对单方变更格式条款的审查在其内容上应当重点关注"变更"对格式条款的相对方的合同权利义务造成的影响、变更的原因(必要性)、变更内容的合理性(最小变化原则)等方面。其参照系应当为:首先是法律法规所规定的合同当事人的权利义务;其次是符合合同目的、促进交易公平、安全、效率;最后是变更前的合同条款所约定的当事人的权利义务。如格式条款的提供方修订条款后,其内容变更引起的效果是增进了相对方的合同权利、减少了相对方的合同义务,则相对方在此过程中的实质性获利可以消解对其意思自治的损害,当然应当得到司法机关的肯定。又如,变更合同条款的原因是适用法律、行政法规,只要变更内容未限制相对人法定权利、在相对人应负的法律义务外增加新的义务,也就是未对法律、行政法规的适用在合同约定中作损害相对方利益的约定或解释,则无论其变更内容为何,均得肯定其变更效力。此外,变更系为符合合同目的、促进交易公平、安全、效率,如为引进新技术而修订原有的交易条款,此时司法机关应当以是否有利于合同的目的实现、是否降低当事人的履约成本、对原有条款所约定的当事人的权利义务的变更是否与合同目的实现、履约成本降低等便利相当等标准来判定变更是否应当得到司法机关的肯定评价。比如为了适用新技术而强制要求当事人让渡个人隐私等人格权利,就很难称得上符合前述标准。上述标准均可概括为单方变更的"合理性"标准。

2. 程序审查对象

这部分的审查内容主要是变更的通知及相对方不同意变更的用户退出机制。

(1)通知程序的审查。在现有的司法实践中,格式条款提供方是否正确、全面履行通知义务已经成为法院审查其变更效力的重要内容。笔者认为,在司法审查中值得法院关注的问题是:在法律所规定的通知义务是否履行到位以外,网络平台对达成原有用户协议/交易条款的提示方式与变更方式的突出程度、特殊提示程度的比照也应当成为审查的要点之一。前文所述的几家平台在用户协议中所提到的通知方式中，爱奇艺将特殊通知的前提限定为"如更新造成权利减少或重大变更"，相对合理。

（2）不同意变更的用户退出机制及其例外。在一般情况下，用户不同意网络平台变更其服务协议/交易规则，平台提供退出合同作为解决机制是合理的。但在特定情况下，只提供"退出合同"作为解决机制，很有可能过分剥夺了合同相对方的意思自治，因此是不够的。比如：如果网络平台实际在其经营领域中已经获取了垄断地位，或者其所提供的服务具备能够等同或者可类比于水、电、燃气等社会基础服务的必要性（如基础支付服务），那么"不同意变更则应退出合同"等于在实质上剥夺了用户缔约和获取基本服务的根本权利。因此，司法机构在审查此类变更是否能够发生法律效力的同时，还应当关注这一方面的问题。但在当前的民事诉讼的机制设计下，要求法院在审理用户协议/交易规则效力争议的案件中同时审查网络平台是否构成垄断，很有可能是行不通的。因此，在此类案件中，法院至少应当将"服务对用户来说是否不可或缺/不可替代"作为一个重要的审查标准。如果网络平台符合这一条件，那么法院同时应当审查平台为变更格式条款所提供的退出机制是否合理，是否存在"退出整个合同"以外的解决方式，如仅仅否定变更部分对特定用户的效力而允许用户继续使用其余部分的服务，或允许用户在脱离合同以外取得赔偿的救济权。

二、平台网络侵权责任问题

随着互联网技术的迅猛发展，网络侵权责任纠纷呈现高发态势。《民法典》第一千一百九十五条、第一千一百九十六条、第一千一百九十七条在沿袭《中华人民共和国侵权责任法》（已废止）第三十六条规定的基础上，吸收了《信息网络传播权保护条例》《电子商务法》等的规定，对网络服务提供者的网络侵权责任进行规定。但在实施过程中，以上规定在司法适用中存在着诸多争议，在规制网络侵权行为中也存在多层面困境，不能从根本上解决网络侵权责任问题。本文从网络服务提供者网络侵权问题在司法实践中的突出问题出发，探索平台网络侵权责任制度的完善与发展。

（一）"通知－删除"规则的应用

根据"通知－删除"规则，网络服务提供者在没有能力事先对他人上传的作品进行审查，而且事前也不知道且不应该知道侵权事实存在的情况下，如果收到权利人通知后对侵权内容进行移除，则不承担侵权责任。在当前信息化、智能化不断发展的大背景下，"避风港"原则早已不限于侵权责任限制制度或者抗辩的理由，而要将其融合进互联网治理的框架内进行重新审视。

1. 举证责任的分配问题

在北京微播视界科技有限公司诉百度在线网络技术（北京）有限公司、百度网讯科技有限公司一案❶中，关于被告是否仅提供信息存储空间服务的问题，法院认为，在侵害信息网络传播权案件中，被告主张仅提供信息存储空间服务的，应承担举证责任。在案件审理的过程中，二被告提供了用户协议，该协议显示伙拍小视频手机软件具有供用户发布信息的功能，并对用户上传内容不得侵害他人知识产权进行了告知，公布了联系方式，且其提交的后台记录载明被控侵权短视频上传者的用户名、注册 IP 地址、注册时间、上传 IP 地址、上传时间以及联系方式等信息，可以认定被控侵权短视频系案外人上传，二被告为信息存储空间服务提供者。关于被告是否履行了"通知－删除"义务的问题，原告以两封电子邮件的方式举证，主张其早已于 2018 年 8 月 24 日通知二被告删除被控侵权短视频，二被告一直迟至 9 月 10 日才进行删除，未在合理期限内履行"通知－删除"义务，不应适用"避风港"原则，应当承担相应的法律责任。但是被告称未收到上述邮件，在此情况下，原告负有证明上述电子邮件到达二被告电子邮件系统的举证责任，当原告无法对此进行证明时，法院对于原告的主张未予认可。在上述案件的判决中，法院对于"通知－删除"规则举证责任的两个问题作出了认定，一是网络服务提供者适用"避风港"原则免责事由的举证责任分配问题，二是通知与删除时间节点的举证责任分配问题。

在司法实践中，平台网络侵权责任纠纷通常情形是，原告主张被告特定行为侵权，有时进一步主张其不符合"避风港"原则的免责条件。被告在答辩时提出已经履行"避风港"原则抗辩。法院在判定原告主张的侵权行为成立，且被告主张的"避风港"原则不成立时，即追究被告的侵权责任。倘若被告主张的"避风港"原则事由成立，则免除其赔偿责任。原告主张的侵权行为与被告主张的"避风港"原则免责在认定上往往是交织的，但符合"避风港"原则的免责事由是由被告负举证责任的。《北京市高级人民法院关于网络著作权纠纷案件若干问题的指导意见（一）（试行）》第二十三条规定，网络服务提供者主张其符合《信息网络传播权保护条例》规定的免责条件的，应对所依据的相关事实负举证责任。在优酷网络技术（北京）有限公司诉深圳市蜀

---

❶ 参见北京互联网法院（2018）京 0491 民初 1 号民事判决书。

泰科技有限公司一案❶中，被告提交的后台记录仅载明被控侵权内容上传者的用户名、注册邮箱、注册时间、上传终端手机 IMEI 号等信息。其中，显示的用户名为网络昵称，并非用户真实姓名；注册邮箱不确定为实名账户注册；手机 IMEI 号仅是手机序列编号，可用于识别移动设备，但不能据此锁定设备使用者。因此，蜀黍科技公司提供的证据不足以证明涉案图片集为真实用户所上传，应承担举证不利的后果，即推定涉案图片集由蜀黍科技公司直接上传。在"通知"与"删除"时间节点的举证责任分配上，原告应当就其主张的发出通知的时间承担举证责任，但被告主张未收到原告的通知时，原告负有进一步证明通知到达被告控制区域的举证责任。

2. 有效"通知"的认定问题

在司法实践中，对于是否构成有效通知的认定问题存在一定争议。有观点认为，通知必须完全符合法律规定的要求，否则不能视为有效通知。另一种观点认为，上述理解属于对法律的僵化适用，当侵权通知中的信息足以使网络服务提供者对服务对象提供的侵权内容准确定位时，即可认定为有效通知。《最高人民法院关于审理侵害信息网络传播权民事纠纷案件适用法律若干问题的规定》提到"通知的准确程度"，在一定程度上表明了是采取足够准确标准来确定通知是否有效，倾向于只要达到准确定位的要求即构成有效通知。

在实践中，有的通知不包含侵权作品的名称、网络地址、初步的侵权证据材料等，这种通知不符合条件，不能视为有效通知。例如，在湖南快乐阳光互动娱乐传媒有限公司诉北京百度网讯科技有限公司、上海内聚网络科技有限公司一案❷中，法院认定原告向百度公司发出的预警函中并没有载明具体侵权的事实和相应的用户账号信息，不构成有效通知。

关于原告起诉状等诉讼材料是否属于"有效通知"的问题。在（2019）粤 0307 民初 16357 号民事判决中，法院认定"被告签收的材料中已经载明了上述法条规定的所有信息，可以认定原告已经向被告合理发送了通知"，认可原告起诉状等诉讼材料属于"有效通知"。在（2017）浙 07 民终 568 号民事判决中，二审法院认定"原告二审中抗辩以起诉状的方式通知不符合法定的通知形式和内容"，未认可原告起诉状等诉讼材料属于"有效通知"。

3. "及时"采取"必要措施"的认定问题

对于及时采取必要措施中"及时"的认定标准，《民法典》第一千一百九

---

❶ 参见北京互联网法院（2019）京 0491 民初 663 号民事判决书。
❷ 参见北京互联网法院（2019）京 0491 民初 2826 号民事判决书。

十五条和第一千一百九十六条均未予以明确规定。《最高人民法院关于审理利用信息网络侵害人身权益民事纠纷案件适用法律若干问题的规定》第四条对"及时"的认定标准进行了规定。根据该条规定，认定网络服务提供者采取的删除、屏蔽、断开链接等必要措施是否及时，应当根据网络服务的性质、有效通知的形式和准确程度、网络信息侵权权益的类型和程度等因素综合判断。在该条起草过程中，曾试图对投诉通知的处理时间进行量化❶，但由于种种原因该条对通知处理时间的量化规定未能被采纳，最终还是以抽象标准的方式规定"及时"的认定标准，缺乏确定性的指引。

在司法实践中，对"及时"的认定并不明晰。在（2013）海民初第06043号民事判决中，被告在其收到通知后14天予以删除，被告辩称14天的时间，在信息存储空间的存在时间较短，而后续法院认定"被告在收到通知十余天后才删除"，可见，法院没有认定14天的时间属于立即或及时删除。在（2018）京0491民初1号民事判决中，法院认可被告于2018年9月7日收到原告的通知，于9月10日删除被控侵权短视频，法院考虑到虽然两个时间节点相差四天，但是其中含有周末两天，法院认为二被告在收到有效投诉后，删除被控侵权短视频的行为在合理期限内。在网络侵权责任纠纷中，若网络服务提供者不"及时"采取必要措施，将给权利人造成难以估量的损害。"及时"的界定不清，给了网络服务者怠于采取必要措施的理由，也为权利人的权利救济设置了障碍，法官基于自由裁量权很可能会出现同案不同判的情况。

（二）网络侵权责任中的过错认定

1. 网络侵权的归责原则

《民法典》第一千一百六十五条第一款所确定的过错归责原则是统摄所有侵权行为类型的一般条款。无论行为人侵犯的是何种民事权益（包括知识产权、人格权在内），以何种方式实施侵权行为（通过网络实施侵权行为也包括在内），原则上都应该基于《民法典》第一千一百六十五条所确定的过错责任的归责原则来承担责任。《民法典》第一千一百九十七条规定，网络服务提供者知道或者应当知道网络用户利用其网络服务侵害他人民事权益，未采取必要

---

❶ 最高人民法院民法典贯彻实施工作领导小组主编《中华人民共和国民法典侵权责任编理解与适用》，人民法院出版社，2020，第270页。"网络服务提供者采取删除、屏蔽、断开链接等必要措施的合理期限，应当根据权利人提交通知的形式、通知的准确程度、采取措施的难易程度、网络服务的性质、所涉作品、表演、录音录像制品的类型及数量等因素综合判断。除有正当理由外，涉及热播影视作品的，网络服务提供者应在收到符合法律、行政法规要求的通知一个工作日内采取必要措施；涉及其他作品的，采取必要措施的期限一般不应超过五个工作日。"

措施的，与该网络用户承担连带责任。基于以上规定，在网络侵权中，针对网络服务提供者的归责原则，仍然适用过错责任原则。

2. 平台过错认定标准

在司法实践中，双方争议的焦点问题往往集中在对"明知"或者"应当知道"的认定上。"明知"系指被告明确知晓用户上传内容为侵权内容，它是一种主观认知状态，必须通过客观化的方式才能得到证明。在大多数的案件中，证明网络服务提供商实际"知道"第三方侵权行为很困难，因此法院通常依赖"应当知道"这一标准来认定服务商的过错。法院要探究的并非网络服务商事实上的主观心理状态，而是网络服务商在履行了所谓"正常合理人"在相同情况下的注意义务之后，是否"应当知道"第三方侵权行为的存在。❶

在 2012 年的司法解释中，具体规定了侵害信息网络传播权纠纷中认定"应知"的考虑因素。根据《最高人民法院关于审理侵害信息网络传播权民事纠纷案件适用法律若干问题的规定》第九条："人民法院应当根据网络用户侵害信息网络传播权的具体事实是否明显，综合考虑以下因素，认定网络服务提供者是否构成应知。"在北京梦之城文化有限公司诉杭州秀秀科技有限公司侵害作品信息网络传播权纠纷一案❷中，法院综合考虑被告客观上具有"接触"被控侵权视频的可能性，被告主观上对于用户上传内容可能构成侵权具有认知能力，涉案作品具有一定的知名度，被告从被控侵权视频中直接获利，认定被告未能尽到与其服务模式相适应的注意义务，对于被控侵权行为属于应知，其行为构成帮助侵权。在该案审理过程中，被告于庭审过程中明确表明，其对于被控侵权视频会进行人工审查，但审查范围不包括著作权，法院认同不能仅因该人工审查程序的存在而当然认为被告具有著作权意义上的审查能力，并进而在涉案软件出现侵权内容时直接认定其具有过错，但人工审查程序的设置至少表明被告客观上能够接触到被控侵权视频。

对于名誉权、隐私权纠纷，法律法规没有明确规定过错的认定标准，但是参照侵害信息网络传播权纠纷的审理思路，法院在审理过程中多从侵权行为的明显程度、平台应当具备的管理信息的能力、提供服务的性质、采取预防措施的可能性与成本平衡角度进行分析。在赵某某诉北京百度网讯科技有限公司名誉权纠纷一案❸中，对于在删除侵权字句之前，百度公司是否知道或者应当知道侵权行为的焦点问题，法院认为根据人物类词条编辑存在的风险分析，以及

---

❶ 崔国斌：《网络服务商共同侵权制度之重塑》，载《法学研究》2013 年第 4 期。
❷ 参见北京互联网法院（2019）京 0491 民初 39992 号民事判决书。
❸ 参见北京互联网法院（2019）京 0491 民初 2403 号民事判决书。

百度公司应当具备的防范意识以及管理能力，百度公司应当对该类词条的编辑内容是否侵犯名誉权等人格权进行审核，百度公司在应当知悉网络用户利用其网络服务侵害他人民事权益之时，未采取必要措施，未尽到网络服务提供者的管理义务，应当认定承担民事侵权责任。在丁某诉北京古城堡图书有限公司、赵某某隐私权纠纷一案❶中，法院认为案涉书信手稿参与了孔夫子旧书网举办的"纪念丁聪诞辰一百周年活动"，且被放置于"大众拍卖区"的"名人墨迹＞信札"项下，充分说明古城堡公司在明知案涉书信手稿被拍卖的情况下，未对涉及隐私的拍品是否经过合法授权、是否已经公开发表进行基本的审核，反而允许赵某某进行拍卖，并从中获利，未履行平台的审核义务。

（三）网络侵权责任中的平台突出问题

1. 对通知的处理响应速度慢，损害权利人合法权益

在实践中，平台对通知的处理响应速度慢主要有如下原因：

第一，海量通知的涌现。近些年来，越来越多的权利人开始利用算法搜索涉嫌侵权的行为并向网络服务提供商自动发出通知。在专业化维权、商业化维权的道路上，海量通知的涌现制约了平台相应的处理速度。

第二，平台的资源投入程度有限。当海量通知涌现，网络服务提供者纷纷反映处理通知的人力资源有限。平台并没有投入与投诉量相适应的专业人力资源与技术资源。

第三，平台的经济动机。网络服务的传播影响力越大，侵权内容的热门程度越高，那么快速删除侵权内容给网络服务提供者带来的潜在流量损失越大。拖延处理侵权投诉对网络服务提供者来说会起到保护流量的作用。在法律没有对及时删除作出量化标准的情况下，网络服务提供者存在着打"擦边球"的思想，既想在商业中尽量拖延保护流量，又想在诉讼中以"通知－删除"规则进行抗辩。

2. 纵容恶意投诉，"通知－删除"规则在竞争中被滥用

对于恶意投诉者，根据平台现有的技术能力，其具有识别能力，但在此情况下，平台往往追求平台经营的零风险，对恶意投诉通知仍采取措施，损害网络用户的合法权益。"通知－删除"规则并没有要求网络服务提供者要对通知中的所有内容进行删除，平台不能因自己追求零风险而转嫁对于恶意投诉的规制义务。当大规模恶意投诉出现时，很可能是商业不正当竞争行为实施者进入

---

❶ 参见北京互联网法院（2018）京0491民初1813号民事判决书。

网络空间，对网络平台恶意通知指控自己的竞争对手侵犯了自己的相关权利，从而导致原本可能是合法经营的竞争对手的产品被网络服务提供者删除或者屏蔽。

3. 不能提供网络用户的确切信息，加大权利人维权难度

我国《互联网用户账号名称管理规定》第五条推行"后台实名、前台自愿"原则，要求互联网信息提供者通过真实身份信息认证后注册账号。但在实践中，受制于网络实名制的实施时间与普及范围，网络服务提供者往往只能披露手机号、邮箱等信息，无法为权利人提供确切的身份信息。

（四）平台网络侵权责任制度的完善建议

1. 引入过错推定责任

根据《民法典》第一千一百六十五条、第一千一百九十五条和第一千一百九十七条的规定，平台的网络侵权责任适用过错原则。但过错原则的归责原则在特定情形内，加重了权利人的负担，降低了权利人的胜诉概率。在过错推定责任框架下，网络服务提供者需证明其在接到通知后采取了必要措施，免除了权利人的举证责任。鉴于网络服务提供者对于网络活动的介入更深、获取信息的能力更强，采用过错推定责任具有一定的合理性。这一方面有利于网络服务提供者在提供网络服务时谨慎行事，保护权利人的合法权益；另一方面，适用过错推定原则合理分配当事人的举证责任，符合公平责任原则。

2. 通过过滤算法机制实现平台注意义务

为了合理界定网络服务提供者的责任边界，保持互联网行业的良性健康发展，各国在规制网络服务提供者的行为时，几乎都未规定网络服务提供者具有信息审查的义务。在北京红点星文化传媒有限公司与阿里巴巴（杭州）文化创意有限公司侵害作品信息网络传播权纠纷二审民事判决中，法院再次明确除法律法规特别规定外，提供信息存储空间等服务的网络服务提供者对他人利用其服务传播作品是否侵权一般不负有主动审查、监控的义务。❶ 但平台不负有主动审查义务不代表其不负有合理注意义务。

在技术发展的大背景下，过滤算法兴起，内容识别和过滤技术进步飞速，为规定过滤义务提供了可行性基础，并且平台承担过滤义务的成本在合理范围内，并没有不合理地加重其负担。在此背景下，应当规定平台通过过滤算法机

---

❶ 参见北京知识产权法院（2020）京73民终2016号民事判决书。

制实现平台注意义务，并辅之以适当的人工举报和纠错机制，这既是推进网络空间治理现代化的必然要求，也是缓解司法压力的必然途径。

3. 对"及时"进行标准化解释

"及时"的界定不清将助推平台对"通知－删除"规则的滥用，侵害权利人的合法利益，应当对其进行明确。对"及时"进行标准化解释要求网络服务提供者在接到通知后的合理时间内采取必要措施，明确"及时"的具体内涵，以给予社会公众及司法裁判确定的法律指引，最大限度地实现网络服务提供者和权利人之间的利益平衡。杨立新教授认为，可以参考《东亚侵权法示范法》第一百零四条的规定，将网络服务提供者通常情况下采取必要措施的"合理时间"界定为 24 小时❶。还有学者主张，鉴于互联网具有信息传播即时性的特点，网络服务提供者必须采取必要措施的时间为"接到消费者通知 6 小时内或法院有效判决之日起 12 小时以内"，以尽可能保障权利人的合法权益。❷ 有学者主张借鉴英国 2013 年《诽谤法》的"通知－取下/反应"规则，建议将"及时"采取必要措施的时间限定为 48 小时。❸ 还有学者同时主张应把采取必要措施的时间限定为 48 小时❹，但理由是参照了《中华人民共和国民事诉讼法》（2017 年修正）第一百条关于保全的相关规定。

笔者认为，在对"及时"进行标准化解释的过程中，应当依据侵权行为的明显程度进行区分，当侵权行为极其明显，如涉及热播影视剧、热门事件，网络服务提供者应在收到通知后 24 小时内采取必要措施；在其他情形下，网络服务提供者应在收到通知后 48 小时内采取必要措施。这样的区分规定既能在权利人的合理容忍限度内给予网络服务提供者采取必要措施的合理时间，又能够确保权利人的损害及时得到弥补。

4. 引入多元权利保护机制

实践中出现大量的网络服务提供者统一性地无差别履行"删除"义务，许多网络服务提供者倾向于主动将自己以及发生在自己平台的纠纷纳入"避风港"原则之下，以此迅速摆脱责任。对"避风港"原则的实施方法没有根

---

❶ 杨立新：《民法典侵权责任编草案规定的网络侵权责任规则检视》，载《法学论坛》2019 年第 3 期。

❷ 李永：《网络交易平台提供者侵权责任规则的反思与重构》，载《中国政法大学学报》2018 年第 3 期。

❸ 李洋：《算法时代的网络侵权救济规则：反思与重构——以"通知＋取下"规则的类型化为中心》，载《南京社会科学》2020 年第 2 期。

❹ 刘晋名，艾围利：《"避风港规则"的法律适用困境及消解路径》，载《南京社会科学》2020 年第 8 期。

据所保护对象和程度的不同设置不同层次的措施，而是一律采取"删除"规则，所以在许多典型案例中都能发现"通知－删除"规则被模式化地、僵硬地直接套用，并没有考虑到被侵权人的主观诉求。我国可借鉴欧盟的"屏蔽－变现"规则，将过去"通知－删除"条款中单一的屏蔽、删除措施转变为多元化的权利保护机制，赋予权利人取得合理报酬的权利。当前，由于网络用户个人的谈判能力不足、支付报酬的主动性不强等问题，可采用平台一揽子获取授权的方式强化多元权利保护机制。

三、平台自我管理义务

（一）平台履行自我管理义务的具体体现

"法律的生命力在于实施"❶，对于平台而言，在制定完善的自治规范后如何在实践中有效实施，是平台实现自我管理的关键。当平台用户或商家入驻时，会有一定的准入性审核，此时平台和用户会签订平台服务协议，用户得以了解平台内的活动规则。平台在运行过程中，将对平台内的商业主体或用户的行为是否符合规定进行监督，一旦发现违规行为，将给予相应的处罚。

1. 事前：市场准入管理

平台市场具有传统市场无法比拟的先期进入优势，在几乎为零的边际成本条件下，平台能够在极短的时间内迅速扩大市场规模。但是如果采用单纯市场模式，让电商经营者入驻平台，虽然可以为平台带来大量流量和表面收益，但因野蛮扩张而带来的合规成本增加最终会让平台蒙受损失。若采用科层制管理模式进行严格的准入约束，又会出现市场主体抱怨的"审批难"问题，使平台市场活力不能充分发挥。在准入模式的选择上，多数平台开始采用介于市场制和科层制之间的中间型组织模式：平台采用初始格式合同来限定市场准入权，但这种限制远没有科层制严格，而且无须执行繁杂的审批程序，只要用户自愿承诺遵守服务协议的要求，并在网上提交相关资料，就可以获得市场准入资格。而且平台对于某些比较特殊的商品（如医疗产品、食品等）或提供特殊服务的平台（如滴滴平台等），都会要求使用者进行更严格的审查，以符合机构对于此类主体的准入要求。这一略带科层化色彩的"宽进"政策，既保持了与监管规则的一致性，实现了外部合规要求，又保证了准入审核制度的信

---

❶ 《光明日报：法律的生命力在于实施》，http：//opinion.people.com.cn/n/2015/0209/c159301-26528509.html，访问日期：2020年10月27日。

息化，是保持平台活力的关键。

2. 事中：平台合规监督

对平台内用户的合规监督，一方面要依靠平台本身的大数据算法和配套的监管措施，另一方面要依靠平台中的交易对手或权利主体对平台进行举报。作为电子商务平台，其通过大数据算法构建监管模型，实时、全面地监测市场交易情况和秩序，及时掌握市场主体的交易情况，甄别刷单炒信、泄露隐私信息、欺诈客户等违法交易行为，有效地识别和打击失信违规用户。此外，当消费者认为从平台购买的是伪劣产品或假冒商品，或权利人认为平台用户侵犯其知识产权时，平台也可以要求其介入。这一内外结合的方式可以很好地挖掘违法违规行为，保持平台的平稳运行。

3. 事后：违规行为惩处

只有规则无法确保秩序的形成，而制裁则涉及规则有效性的达成，从而保证行为规则的遵守和执行。❶ 在现代社会中，除国家之外的其他群体对其成员甚至是成员以外的约束和强制可能比国家的强制更具压迫性。❷ 鉴于目前国内平台的规模和用户黏性的需求，对违反平台规则的用户，平台采取单方面强制措施予以处罚，往往会给用户带来灾难性的后果，因此可以确保平台生态系统良性发展，保证法律法规和平台规则的实施。

以电子商务平台为例，平台惩戒处分措施从性质上分为声誉罚、财产罚、行为限制和资格罚四类。（1）声誉罚。声誉罚是指平台通过对违规者名誉施加影响使其受到"点名和羞辱"，常见如公示经营者违法失信行为记录或予以警告。声誉罚适用于违规情节较轻的情形。（2）财产罚。财产罚是指以违规者财产权益受损或增加财产义务负担为内容的处分形式，最常见的是罚款和收取信用违约金。如京东公司在认定店铺存在售假行为后，在扣除保证金的基础上还会要求店铺缴纳相应的违约金。（3）行为限制。常见的有屏蔽店铺、限制发布商品、限制发布站内信、限制社区功能等限制交易行为。（4）资格罚。资格罚是指平台剥夺违规者特定行为能力和资格的处分形式。资格罚适用于违规情节较重的情形，常见如关闭店铺、查封账户、永久停止服务等。

（二）平台履行自我管理义务的相关问题

现有的法律法规对平台企业的管理要求多为比较原则或框架性的，而不同

---

❶ ［美］E. 博登海默：《法理学：法律哲学与法律方法》，邓正来译，中国政法大学出版社2004年版，第360页。

❷ 黎军：《论司法对行业自治的介入》，载《中国法学》2006年第4期。

平台在具体实施过程中，又有较大的差异。这样，平台就会出现管理松懈、与平台商家发生纠纷的情况。具体地说，平台管理存在以下几方面问题：

1. 准入审查不严格

目前平台对于商家和用户入驻一般都是形式审查，如果对特定行业从业人员审查不严，就会严重损害消费者的合法权益。据查询，申请执行人泸州市市场监督管理局在调查中发现，被执行人泸州斯图电子商务有限公司持有《营业执照》，但未向其所在地县级食品药品监督管理部门备案。在调查过程中，申请执行人还发现 22 家包括"牛 B 饭"在内的网上食品经营企业没有取得食品经营许可证（食品流通许可证或餐饮服务许可证），通过被执行人经营的第三方网络食品交易平台（"饿了么"）从事食品经营活动。（2017）浙 1024 行初 29 号行政判决书显示，仙居县市场监督管理局执法人员对仙居县喜呈电子商务有限公司注册的"仙居吃货邦"公众平台上的网店进行检查，发现该网店存在餐饮服务许可证过期、无营业执照和食品经营许可证等问题，并予以行政处罚。

2. 自我管理程序缺乏透明度

当平台对商家作出处罚时，一般只会将处罚结果和投诉方式进行公示，而很少会将相关取证、鉴定过程进行告知。在厦门德克菲斯贸易有限公司（以下简称德克菲斯公司）与北京京东叁佰陆拾度电子商务有限公司（以下简称京东平台）、北京京东世纪贸易有限公司（以下简称京东公司）服务合同纠纷一案❶（以下简称京东处罚售假案）中，德克菲斯公司表示，由于购买产品时收货和封装时间间隔太长，不认可送检商品，同时对欧莱雅公司的鉴定资格和鉴定证书提出了异议，故不同意京东平台据此作出的处罚决定。在华某某与浙江淘宝网络有限公司网络服务合同纠纷案❷（以下简称淘宝处罚售假案）中，华某某对淘宝平台如何从信息层面判断是否有售假嫌疑提出疑问。法院根据证据规则来分配当事人之间的举证责任。法院认为，在京东处罚售假案中，京东平台提供的证据基本能形成完整的证据链，对于德克菲斯公司未能提供有效证据证明所售商品为正品的情况下，法院也认可了京东公司的抽检结果；同样，在淘宝处罚售假案中，法院也认定，华某某在淘宝平台提供的投诉期间内没有提出任何投诉，而且庭审中提交的证据也不能证明所售图书为正版图书，法院据此驳回了华某某的诉讼请求。

---

❶ 参见北京市第二中级人民法院（2020）京 02 民终 4582 号民事判决书。
❷ 参见浙江省杭州市中级人民法院（2020）浙 01 民终 6395 号民事判决书。

在这两起案件中，法院最终支持了平台的处罚决定。但是由于平台本身并不具有行政主体资格，其在实施行政处罚时所依据的抽检取证行为能否完全符合客观中立的要求，是商家和用户质疑的关键。

3. 双重属性下带来的利益冲突

平台的自我管理功能具有自利性和公共性两种属性。平台自我管理作为一种商业行为，在利己因素的驱使下难以摆脱自利属性。社会对平台责任的要求日益严苛，以及平台自身的治理需要，使得平台承担着许多公共治理功能。自利性和公共性两者往往不能协调统一，商业性经营和公共性自律之间存在着双重的系统性目标冲突，平台很可能以牺牲公共利益为代价追求私利。

在平台牢牢占据市场支配地位的背景下，形成的规则往往围绕平台利益展开，平台内经营者、用户的权利往往被忽视或削弱，进而沦为治理的对象。行业自律很容易被异化为限制竞争的"装置"，如某电商平台采用自利性自治规则限制竞争，表现为对竞争对手实行歧视待遇，如电商平台强迫经营者"二选一"，阿里旗下的"菜鸟"以合作破裂的名义封杀顺丰，淘宝以数据安全的名义实施云服务"捆绑"，2010年"新规事件"，2011年"十月围城事件"，2013年"双十二事件"，都是淘宝自主管理行为引发的风波。平台与站内商家实力悬殊，且平台以自我监管为名，有滥用市场支配地位之嫌，相关主体之间存在矛盾冲突。

2020年11月10日，国家市场监督管理总局发布了《关于平台经济领域的反垄断指南（征求意见稿）》，公开征求意见，这从一个侧面反映出国家层面也注意到了平台在竞争过程中存在垄断等手段，这种阻碍行为竞争的情况不利于平台更新技术、改进服务和降低价格。

(三) 完善平台自我管理义务的路径探索

1. 网络平台行使私权力应符合基本的程序正义标准

预防私权力滥用首先需要良好的程序设计，要想对平台私权进行有效的规制，就必须在平台内制定规则并实施具体的控制措施，以保证平台的程序公正。从个案反馈情况看，平台协议中存在用户违规行为，平台应在作出不利决定前，明确告知用户处理理由，并听取用户的陈述、申辩；此外，长期以来，私权治理一直在幕后进行，平台需要不断提高私权行使机制的透明度，防止内部暗箱操作，选择切实有效的信息披露渠道，并就平台规则的制定、违规事项的处理程序等问题接受公众参与和监督。倾听用户呼声，规范行使私权的程序，提高信息透明度，不仅是保障用户参与权、社会公众知情权的必要手段，也是平台获得公众信任、实现可持续经营的重要手段。

2. 网络平台行使私权力应符合基本的实体正义标准

单纯依赖程序正义标准是不能实现对平台私权的规范的，基于正当程序的私权行为也应该具有实质正当性。实体正义标准要求平台在行使私权时，必须遵循比例原则、平等原则和保护信赖利益原则，不得利用服务协议和交易规则不合理地限制网络交易，或者附加不合理的交易条件。

第一，网络平台行使私权应遵循比例原则。当双方的地位、力量相差悬殊时，在民事法律关系中，弱势一方无法实现真正的意思自治时，比例原则能够矫正失衡的权利义务关系，实现实质正义。平台与用户相比，无论是技术还是经济实力，都占据了明显的优势地位，这就要求平台在行使其私权时，必须遵循比例原则，才能形成良好的生态。具体地说，平台所采取的各种措施应该是必要的，并且应该将对用户造成的损害降到最低程度，特别是当平台为执行其规则而采取具体的管制措施时，平台应该合理地行使裁量权。如平台发现用户有违反行为时，应根据具体情况，先行给予警告、责令整改、限期改正等较轻的处罚；当类似的较轻的处罚不能达到理想的效果时，才考虑进一步采取更严厉的措施；平台在处理和使用数据时，应从正当的目的出发，不给用户造成不必要的干扰。

第二，网络平台行使私权应遵循平等原则。虽然从经济角度来看，价格歧视可以给卖方带来更多的利润；从管理角度来看，将消费者细分，利用海量数据描绘消费者，并为不同的消费者提供不同的服务，使产品或服务更适合其目标消费者的需求，从而提高企业经营收益，同时为消费者创造额外价值。但是平台作为连接企业（卖方）和消费者（买方）的中介，或者平台本身就是产品和服务的提供者，仍然需要平衡各方利益，追求平台生态系统中的平等。近几年来，大数据"杀熟"问题越来越受到公众的关注，如何合理利用大数据技术，建立一个平等的交易环境，不仅是平台需要思考的商业伦理问题，也是平台获得公众信任从而实现长期运营的关键。笔者认为，平台应提倡公平定价，消除算法歧视，并对不同规模的运营商用户和不同背景的用户实行同等待遇。

第三，网络平台行使私权应遵循保护信赖利益原则。一方面，平台用户协议及其操作规则本身是繁复的，受在线环境的制约，其展示窗口也相对较小，不同于线下订阅环境中，当事人能够仔细浏览询问内容；另一方面，平台面对的公众并非都具有专业知识储备，维权意识不强，对平台发布、修改规则的提示经常快速点击"我已阅读"/"同意用户协议"，对规则制定者来说，这使平台拥有更大的信息权限。同时，在此基础上，平台规则的效力也应该更加具有可预见性和稳定性，不能随意修改、废止规则，以免损害用户利益。平台采取的监管措施还应符合用户协议中明确的规则，不得随意变更，不得违背用户协议。当使用者对平台行为已形成合理信赖利益时，平台出于正当理由确实需要改变其行为方式时，平台应当对使用者因合理信赖所遭受的损失给予公平补偿。

3. 以适度的司法审查确保平台行使私权力的可问责性

对于平台违反基本程序正义和实体正义的行为，用户应有权诉诸法院并获得司法救济。法院作为维护社会公平和正义的最后防线，一方面应对契约自由和意思自治给予充分尊重，另一方面也应对违背基本公法价值的平台行为进行公正裁判。毋庸置疑，适度的司法谦抑体现了对平台自治的尊重，其本身有利于发挥市场自身的内生调节功能，使平台平稳运行，避免因不适当地否定平台规则而造成的社会成本的增加，但由于平台所面向的个人力量往往薄弱，难以集体行动，仅靠用户的经验和评价很难确保平台规则的合理性。同时，单靠可能失效的市场竞争机制的调节也很难有效地监督和制止平台私权力的滥用。为了有效地规范平台的私权，不能只强调形式上的共识，而过于"尊重"平台规则。由于平台"无法与所有用户一对一沟通规则条款"，单方面统一制定格式协议和平台规则已成为电商行业的惯例，❶因此更需要司法审查的介入，以确保平台规则内容的合理性。

在数字经济时代，"私人主体愈来愈多地履行传统的公共职能却又摆脱了通常与公权力的运用相伴的严格审查"❷，这是一个必须克服和解决的根本性矛盾。在此基础上，法院应借鉴相关公法原则及公法价值，对平台行使私权进行必要的司法审查。在制定和执行规则时，如果平台不遵循基本的程序公正标准，或者明显违反了比例原则等实体公正标准，法院应积极寻求实体法依据，作出有利于平台使用者的判决。

目前，国内越来越多的法律法规开始关注网络平台私权的行使，要求平台行使私权应遵循相关公法原则或符合公法价值要求，平台也在积极探索更好的自治方式。比如，为了满足程序公正的要求，《电子商务法》明确规定"平台制定规则应当遵循公开、公平、公正的原则，规则修改应当在显著位置公开征

---

❶ 李小玲：《电子商务平台规范商家自律行为的策略研究：基于制度理论的视角》，武汉大学出版社2016年版，第34页。

❷ [美]朱迪·弗里曼：《合作治理与新行政法》，毕洪海、陈标冲译，商务印书馆2010年版，第142页。

求意见,并充分听取有关方面的意见";商务部还就平台规则的制定、修改、听取意见、实施以及电子商务信息公示等程序作出具体规定;淘宝平台设立规则委员会,负责规则制定过程中的公开征求意见事项。为了实现实体公正,《电子商务法》要求平台制定的规则应具有合理性,不得对平台设置不合理的限制或附加不合理的条件,否则平台将受到重罚。在平台治理领域,虽然已经取得一定的成果,但同时应注意的是,相关法律规定还比较抽象和笼统,是否属于"不合理限制"的"不合理条件",不能完全由商事主体自己来评判,而要依靠法官在具体案件中的能动作用。同样,对于平台所采取的具体控制措施是否合理,也需要法官对个案进行必要的审查和判断。

四、互联网平台安全保障义务

(一) 司法实践的迷局与审视

1. 案例概述

原告之子吴某注册有花椒平台账号,花椒平台系视频直播平台,被告系花椒平台的运营主体,百度百科词条载明吴某为"国内高空挑战第一人",其在花椒平台上传上百个其攀爬各种办公楼、铁塔、烟囱等高空建筑或在上述高空建筑顶端或边缘处表演行走、跳跃、翻转、悬空身体等高空危险性表演的视频,视频可以收到粉丝打赏。根据网络用户服务协议的约定,吴某按照比例与被告分享打赏收益。吴某坠亡两个月前,被告通过吴某拍摄户外挑战视频进行平台推广,并向吴某支付费用。吴某在攀爬长沙某高楼因表演失误坠楼身亡后,吴某之母即本案原告,以被告未尽到安全保障义务,作为网络服务的提供者利用网络侵害了吴某的生命权为由,将被告诉至法院。

一审法院认为:(1) 网络服务提供者作为网络空间的管理者、经营者、组织者,在一定情况下,对网络用户负有一定的安全保障义务。该案被告负有安全保障义务的理由主要有三点:花椒平台具有公共场所的社会属性;被告与吴某共同分享了打赏收益,依据收益与风险相一致原则;被告作为网络服务提供者和管理者,具有对危险动作视频的排查和危害后果的预见能力,依据危险控制理论。(2) 区别于传统的安全保障义务方式,网络服务提供者的安全保障义务内容一般应包含审核、告知、删除、屏蔽、断开链接等措施。被告在发现视频内容具有危险性,且有可能危及吴某生命安全的情况下,未采取删除、屏蔽、断开链接等必要措施对吴某上传的视频予以处理,未对吴某进行安全提示,放任甚至肯定该种危险活动继续。被告未尽安全保障义务是导致吴某坠亡的诱导性因素，二者具有一定的因果关系，且被告存在过错。（3）吴某自身的冒险活动是导致其坠亡的最主要原因，被告作为网络服务提供者，无法实际控制吴某在实体空间进行的危险活动。一审法院判令被告赔偿三万元。

被告不服一审判决，提起上诉。

二审法院认为：（1）将有形物理空间的安全保障义务扩张到无形网络空间，适用网络侵权责任的内容来确定网络服务提供者的安全保障义务，尚存争议，故适用《中华人民共和国侵权责任法》（以下简称《侵权责任法》，已废止）第六条第一款的规定进行处理。（2）高空建筑物的攀爬活动对社会大众有不良影响，是社会公德所不鼓励和不允许的，被告在已知视频内容的情况下，还借助吴某知名度进行直播平台的推广活动并支付报酬，对吴某的坠亡存在过错。（3）吴某从事的高空建筑物攀爬活动并非一项具有普通风险的文体活动，而是对他人和自己都存在巨大安全风险的活动；且《侵权责任法》并未规定"自甘冒险"规则，被告亦非活动的参加者，故无法援引"自甘冒险"规则免除责任。（4）吴某对损害结果的发生存在明显过错，被告可据此减轻责任。最终判决：驳回上诉，维持原判。

2. 裁判探讨

上述案件的处理在一定程度上反映了司法审判中关于涉及网络平台安全保障义务问题的基本立场，目前，在我国立法未明确视频直播平台等网络服务提供者的安全保障义务的情况下，对司法裁判展开规则梳理与评判对今后类案的审理具有指引作用。

（1）合理之处。

其一，厘定负有安全保障义务的主体。一审、二审法院裁判的区别之一在于被告作为网络服务提供者是否负有安全保障义务，一审法院将公共场所的外延拓展至网络空间，认为被告负有安全保障义务；二审法院认为在网络空间是否属于公共场所、能否适用侵权责任认定被告负有安全保障义务尚存争议的情况下，并未认定被告负有安全保障义务。安全保障义务属于严格的法定义务，其义务范围和内容来源于立法的明确规定。❶ 现有的安全保障义务是法律课加给特定主体保护他人人身、财产安全的法定义务，虽然确定何种责任主体范围方能满足当今科技与信息时代的发展要求值得深思，且安全保障义务的具体内容与限度法律并未进行具体规定，但在平台经济日趋繁荣的今天，《民法典》

---

❶ 霍永库，冯潇洒：《社会角色理论的网络运营者安全保障义务分析》，载《西安交通大学学报（社会科学版）》2016 年第 1 期。

仍与《侵权责任法》（已废止）保持一致，未将平台明确纳入安全保障义务主体，而条文中列举的公共场所均为具有物理实体的场所，"等"字是否扩张及于虚拟的网络空间在解释上存在争议，由此平台是否负有安全保障义务并不确定。在此背景下，二审法院的生效裁判无疑是对司法公信力的维护。

其二，重申网络服务提供者的义务样态。侵权责任法规定，网络服务提供者承担义务的形式一般是采取审查、告知、删除、屏蔽、断开链接等技术措施，本案中，被告作为网络服务提供者，法院对为何判定其承担责任及其应承担的责任范围进行了充分阐述。首先，两级法院均通过一般侵权责任的构成要件，即致害行为、主观过错、损害事实、因果关系四个方面对本案进行了分析。其次，二审法院不仅对被告提出的自甘冒险抗辩进行了积极回应，而且从公序良俗和社会公德角度论述，被告作为网络服务提供者、互联网文化单位，应对吴某上传的视频进行规制，即二审法院的认定并未完全脱离于被告作为网络服务提供者固有的义务内容。此外，"以事实为依据，以法律为准绳"是司法裁判的必然遵循，在法律无明文规定、各界尚存争议，而当事人诉至法院、司法无法回避必须予以解决时，严格适用法律，在现有法律框架内解决司法难题，是对有法必依原则的遵守和践行。

（2）存在的问题。

其一，因果关系认定不当。因果关系是构成侵权的基础性要件，如果因果关系不成立，则不能要求行为人对损害后果承担侵权责任。两级法院均认为被告在知道吴某上传危险动作视频的情况下，依然借助吴某知名度进行平台推广活动，并向吴某支付报酬，该种行为系对吴某继续从事危险活动挑战的激励与诱导，故被告存在主观过错，其行为与本案损害事实存在一定因果关系。正如一审承办法官所言"被告的上述行为并不直接导致吴某的死亡这一损害结果，但并不意味着二者不存在任何联系"[1]，但能够依据二者存在联系认定被告行为与吴某死亡具有因果关系吗？吴某在花椒平台拥有粉丝，粉丝对其上传的视频进行打赏，该打赏行为是否亦对吴某从事危险动作视频拍摄起到激励作用？如果被告行为对吴某起到激励作用，粉丝打赏不会吗？粉丝打赏和被告行为的区别在哪里？被告借助吴某的知名度为自身平台做推广，双方存在合同关系，该合同系双方真实意思表示，并已履行完毕，由此可知被告知道吴某从事危险动作视频上传活动，但因果关系的判定与排除需符合特定规则，法院据此认定被告行为与吴某死亡具有因果关系有失妥当。

---

[1] 陈访雄：《浅析网络服务提供者的安全保障义务——以"网红坠亡"案为例分析》，载《法律适用》2019 年第 16 期。

其二，无法实现逻辑自洽。二审法院认为吴某进行的高空建筑物攀爬活动不符合社会公德，被告在已知的前提下仍未对吴某进行规制，存在过错。但需要注意的是，吴某并不是在为被告进行品牌推广过程中发生意外，而是在双方合同履行完毕后。即便被告行为存在过错，其过错在于不应向公众提供危害社会公德的文化产品或违背公序良俗进行经营活动，无法得出被告对吴某的死亡存在过错的结论。此外，《民法典》规定了"自甘风险"规则，即自愿参加一定风险的文体活动，因其他参加者的行为受到损害的，受害人不得请求其他参加者承担侵权责任；但是，其他参加者对损害的发生有故意或者重大过失的除外。高空建筑物的攀爬活动与极限运动的区别并不属于法律概念的范畴，在尚未出台司法解释的前提下，其危险程度是否属于"一定风险"亦不宜直接作出认定，吴某的行为是否属于"自甘风险"有待确定。

（二）立法层面的分野与鸿沟

法定的安全保障义务来源于法律的明确规定，仅限于《民法典》侵权责任编领域，而我国立法中关于平台安全保障义务的规定散落于《电子商务法》、《消费者权益保护法》、《中华人民共和国网络安全法》（以下简称《网络安全法》）等法律条文中，随着平台经济的迅猛发展，涉平台权益侵害和责任承担案件愈发多样，法定安全保障义务与平台安全保障义务的分野与鸿沟日益凸显。

1. 一般安全保障义务的规定

在新的时代背景下，《民法典》第一千一百九十八条对安全保障义务进行了具体性规定："宾馆、商场、银行、车站、机场、体育场馆、娱乐场所等经营场所、公共场所的经营者、管理者或者群众性活动的组织者，未尽到安全保障义务，造成他人损害的，应当承担侵权责任。因第三人的行为造成他人损害的，由第三人承担侵权责任；经营者、管理者或者组织者未尽到安全保障义务的，承担相应的补充责任。经营者、管理者或者组织者承担补充责任后，可以向第三人追偿。"立法是高度概括性与明确针对性的有机统一，相较于《侵权责任法》（已废止）第三十七条关于安全保障义务主体范围的限定，《民法典》将安全保障义务的主体表述由原来的"公共场所的管理人"调整为"经营场所、公共场所的经营者、管理者"，并增加了安全保障义务主体在承担相应责任后，有权向直接侵权行为人追偿的规定。但二者均将安全保障义务的范围限定于现实物理空间，并未扩展到网络虚拟空间，亦未将负有安全保障义务的主体扩展至网络平台。

2. 平台安全保障义务的提出

法律的价值目标是多维的，但安全作为人的基本需要，始终是法律的基本价值。随着互联网技术的快速发展，对网络平台安全保障义务的探讨进入了更专门的领域，但国内法律法规关于网络平台法律责任的规定较为分散，在《电子商务法》、《消费者权益保护法》、《中华人民共和国食品安全法》（以下简称《食品安全法》）等法律中都有规定。其中，《消费者权益保护法》规定，网络交易平台提供者不能提供销售者或者服务者的真实名称、地址和有效联系方式的，消费者也可以向网络交易平台提供者要求赔偿，网络交易平台提供者赔偿后，有权向销售者或者服务者追偿。《食品安全法》进一步规定，网络食品交易第三方平台应对入网经营者进行实名登记，并审查其许可证。《网络交易管理办法》《网络食品安全违法行为查处办法》《网络餐饮服务食品安全监督管理办法》等行政规章进一步规定，平台应建立自查、抽查、监测机制，设置专门的管理人员，承担主动发现、监督控制平台内侵权的责任。2016年颁布的《网络安全法》提出了网络安全的概念，明确了平台维护网络安全的义务，并在如何保障网络运行安全及保护网络信息安全等方面进行了具体的制度设计。2018年8月出台的《电子商务法》首次确立了平台违反安全保障义务时的责任承担，该法规定，对关系消费者生命健康的商品或者服务，电子商务平台经营者对平台内经营者的资质资格未尽到审核义务，或者对消费者未尽到安全保障义务，造成消费者损害的，依法承担相应的责任。

3. 二者的分野与鸿沟

（1）负有安全保障义务的主体。负有一般安全保障义务的主体为经营场所、公共场所的经营者、管理者或群众性活动的组织者，但依据行业的不同，《2020中国互联网企业社会责任研究报告》中将平台划分为电子商务、医疗健康、网络教育、网络安全等18类，而《电子商务法》第三十八条、《食品安全法》规定的负有安全保障义务的主体为电子商务平台的经营者，其他诸如视频、社交、网络游戏等平台是否负有安全保障义务，法律法规并未加以规定。网络平台通过技术手段进行信息撮合，在海量的供需双方之间完成信息、交易的匹配，其本质上是在进行一种组织行为，能否因此将其界定为"群众性活动的组织者"？如果网络空间亦可归入"公共场所"的范围，与时俱进地将《民法典》中安全保障义务的适用范围延拓至虚拟网络空间是否适当？

（2）履行安全保障义务的内容。传统的安全保障义务实质上是一种危险防免义务，义务来源于线下，基于实体物理空间产生，故《民法典》所列的安全保障义务旨在解决不作为侵权的特殊困难，并未将积极作为侵权纳入其文义之内。但平台的安全保障义务来源于线上，基于其在网络虚拟空间中掌握的商品或者服务信息而发生，平台所处的位置有可能是行为实施者，有可能是视频直播平台、利用信息网络提供视频节目服务者，其义务内容包括作为和不作为两种样态，其对安全保障义务作为内容的违反亦需承担责任。

（3）承担安全保障义务的形式。关于未履行安全保障义务时的责任承担方式，在民事领域，《民法典》规定的是补充责任；涉及平台时，《消费者权益保护法》第四十四条规定的是民事赔偿责任，《电子商务法》第三十八条第二款规定的是相应责任，但并未明确是民事责任还是行政责任、刑事责任，是连带责任还是补充责任、按份责任，抑或其他责任形式。有学者认为，基于相应责任的产生基础、立法传统和《电子商务法》自身的内在体系，该法第三十八条第二款规定的相应责任是纯粹的民事责任，是一种具有多元性和包容性的责任，即既可能是连带责任或按份责任，也可能是补充责任，❶ 但学界并未统一，立法亦未明确。

（三）未来的研究展望与探寻

平台作为新型法律主体，因其所处的空间具有虚拟性而有别于传统物理空间中的运营商和管理者，完善平台安全保障义务的制度内涵与外延，发现我国现有法律体系的不足，并探寻完善平台安全保障义务的路径不无必要。

1. 在立法上应明确法定要素，确立法律地位

网络平台是否属于《民法典》第一千一百九十八条规定的法定安全保障义务主体范围并不重要，重要的是课以平台安全保障义务对维护网络安全，打击网络乱象，规范平台行为，维护网民利益是否能够有所助益。尽管文中所列法律法规文件对平台未尽安全保障义务有若干相关规定，但这些规定并无法适应不同形态的网络平台及互联网平台发展的新形势。而在此背景下，囿于成文法的固有缺陷，立法者不可能对民事法律关系进行穷尽地列举，这就促使立法者借助一般条款以应对瞬息万变的社会关系，从而有效地实现自由与安全价值的协调，以适应社会发展变化的需要。❷ 故此，亟待扩充现有法律中负有安全保障义务主体的平台类型，明确其义务内容，确定其责任承担方式。为保证法律的稳定性，可以通过制定《平台安全保障义务案件审理指南》的方式进行修补，以适应不断发展变化的平台经济形势。

---

❶ 王道发：《电子商务平台经营者安保责任研究》，载《中国法学》2019 年第 6 期。
❷ 程啸：《侵权责任法》，法律出版社 2015 年版，第 31 页。

2. 在司法上应厘清判断标准，明晰适用原则

虽然我国并不适用判例法，但司法实务中，作出裁判前，检索并参考在先判决的现象并不鲜见，且在民事判决书中援引在先判决作为判决依据的案件也已出现[1]，最高人民法院公布的指导案例和公报案例，对全国法院的司法裁判无疑亦是裁判指引。穷尽列举平台承担的安全保障义务内容在法律规范层面难以实现，在规范层面具有原则性和概括性的前提下进行明确，为法官在具体案件中进行自由裁量留下了广阔空间。可以通过公布典型案例、指导案例的方式明确各类不同平台的承担安全保障义务的内容，如预防义务、排除义务和救助义务，并确定需遵循的原则，同时清晰划定其需承担的义务范围与承担的责任方式。

3. 在适用上应倡导行业自律，构建和谐网络

随着网络服务社会公共服务属性的加强，网络服务广泛的公共产品属性不断强化，平台的网络安全维护义务亦逐渐增强，其作为社会主体的重要组成部分，应满足社会期待，履行除法律规定和合同约定责任之外的社会整体责任，由此，平台逐渐具有社会自治组织的属性。网络平台具有多样性和开放性特点，网络安全的维护不能仅仅依靠行政机关和司法机关完成，还需要行业的通力配合。为有效遏制网络领域侵权现象，需充分利用平台的社会自治属性，促进平台的行业有效自律，以方便证据收集，确定直接侵权主体责任，助力行政执法和司法裁判。例如，可以通过政府或法院牵头，推动行业建立自治规则或自治条例，以完善平台安全保障义务的体系；遇到存疑的具体案件时，可以参考行业出具的意见，调动行业自律的积极性、参与的主动性。

五、互联网平台多方治理与司法协同

（一）多方利益主体协同共治的基本原则

互联网平台的治理涉及多方利益主体，不同利益主体利益诉求交叉并存，而如何协同这些利益正是互联网平台治理的主要问题。坚持多方利益主体协同共治原则，意味着承认多方利益主体的不同利益诉求，在制定和实施网络治理的规则时，给予多方利益主体发表意见的机会并对其所表达的意见赋予一定的权重，并通过一定的参与或协调机制，使得平台的治理规则能够体现出多方利

---

[1] 参见北京知识产权法院（2015）京知行初字第5540号行政判决书。

益主体的共同利益。❶

1. 规则治理、技术治理与市场约束互补原则

规则治理、技术治理和市场约束机制是对网络平台进行治理的三种手段，其有着各自的适用空间，共同作用于网络平台治理。❷ 首先，规则治理包括法律治理和平台自律两种方式。在互联网平台治理过程中，既要坚持法治原则，明确平台和平台上的用户应当遵守法律法规、接受行政机关的依法监管和司法机关的合法裁判，又要督促平台采取自律措施，尊重平台制定的行之有效的治理规则。其次，重视技术规制在网络平台治理中的作用。正如美国网络法学者莱斯格提出的"代码即法律"的观点，物理世界的法律规则只有被转换为代码才能被计算机所识别，因此如何保障技术治理内容与法律规则要求相一致也是值得关注的问题。最后，应当充分发挥市场机制对平台的激励与约束作用。平台经济的本质是注意力经济，其作用在于营造一种有利于创造优质信息内容的网络环境以吸引用户注意力并进行经济变现。在多个互联网平台相互竞争的环境下，市场会激励平台主动采取一定的治理措施，但这种正面的激励与约束作用具有条件限制，即充分竞争和法治环境。

上述三种治理手段之间相互补充、相互制约。技术治理要在规则治理的框架下进行，规则治理也要考虑技术实施的可行性；既要保证法律规则的有效运行，也要营造平台公平竞争的市场环境；既要防范平台以技术治理名义进行不正当竞争，也要制止占据市场优势地位的平台阻碍技术创新发展。

2. 公开、透明原则

在平台经济背景下，无论是在社会公众信息获取渠道的控制上，还是在人与人之间网络社会交往媒介的沟通上，各类型的互联网平台都发挥着举足轻重的作用。无论是以新浪微博、百度贴吧为代表的传统互联网社交平台，还是以抖音、快手为代表的新兴短视频平台，都对平台信息上传和管理规定了相应的审查政策，并采用了一定的信息过滤机制。而这些信息审查政策和过滤机制在一定程度上直接决定了平台用户是否能够获得信息或获得何种信息。同时，互联网平台出台的用户协议和平台公约也对用户行为产生了直接约束。因此，在互联网平台治理过程中，无论是国家机关制定的各类法律规则，还是平台企业制定的自律规范，抑或是政府执法机关或网络平台企业所采取的技术治理措施，都应该做到公开、透明。

---

❶ 周学峰，李平：《网络平台治理与法律责任》，中国法制出版社2018年版，第35页。
❷ 周学峰，李平：《网络平台治理与法律责任》，中国法制出版社2018年版，第35页。

3. 鼓励创新原则

党的十九届五中全会明确了"十四五"时期我国经济社会发展的指导方针、主要目标和重点任务，提出要坚持创新在我国现代化建设全局中的核心地位，加快数字化发展，发展数字经济。当前，新一轮科技革命和产业变革孕育兴起，数字经济、平台经济强势崛起，产业数字化、数字产业化创新升级，互联网平台形态和商业模式不断演化，与此同时，互联网平台的治理理念、方式和治理手段也在不断创新发展。正如美国著名的联邦法院法官伊斯特·布鲁克所说："我们不要试图用不完善的法律体系来生搬硬套我们尚不理解的正处于演进中的世界。"[1] 对于数字经济时代的互联网平台治理，应当保持一定的自由度和开放度，在设计平台治理体系和治理机制时，应当包容、保护和激励创新。立法机关、政府监管机构以及司法机关在对平台进行规制时，也应当保持审慎的态度，一定程度上减少强制干预，避免对新技术、新业态、新模式的发展轻易作出否定性评价。

（二）多方利益主体协同共治的具体措施

随着治理复杂性的提高以及平台企业一系列新的经济社会角色的出现，传统单一依靠政府直接治理所有市场主体的方式已经难以适应新的形势。让政府、平台、用户等多元主体充分发挥各自优势，构建多元主体共同参与的协同治理体系，既是治理实践的客观需要，也是国家治理体系和治理能力现代化的应有之义。[2]

1. 行政机关与平台的协同治理

从目前的实践来看，行政机关与平台企业之间的关系主要有三种类型：行政机关作为管理主体、平台企业作为管理对象的管理型；行政机关主导、平台企业参与的协助型；行政机关、平台企业共治的合作型。对于第一种类型而言，虽然可能会凸显平台企业的被动角色，但也正是基于平台企业在网络空间和整个平台治理中的"枢纽节点"[3]作用，才会将其作为管理的重点和切入点。在后两种类型中，平台都发挥着重要的治理功能，但在治理过程中，其与政府间的地位存在差异。实践中，这三种类型是相互并存的，不是彼此独立也

---

[1] Frank H. Easterbrook, Cyberspace and the Law of the Horse, University of Chicago Legal Forum, Volume (1996): 207.

[2] 中国信息通信研究院：《互联网平台治理研究报告（2019）》。

[3] ［美］艾伯特·拉斯洛·巴拉巴西：《链接：商业、科学与生活的新思维（十周年纪念版）》，沈华伟译，浙江人民出版社2013年版，第85页。

不是非此即彼的关系，而是在不同领域上相互配合，最终完成行政机关与平台的协同治理。

管理型平台治理是政府直接将公权力的命令向网络平台传达并借用行政强制手段保障法律规定的实现。我国于 2016 年、2018 年先后通过《网络安全法》《电子商务法》，从法律层面对网络安全的监管和电子商务行为的规范作了系统规定。国家互联网信息办公室根据国务院授权也先后出台了《互联网新闻信息服务管理规定》《区块链信息服务管理规定》等多部规章和规范性文件，明确各行政机关执法职权。2019 年，公安部、中央网络安全和信息化委员会办公室、工业和信息化部、公安部、国家市场监督管理总局联合开展了 App 违法违规收集使用个人信息专项整治行动，重点针对无隐私协议、收集使用个人信息范围描述不清、超范围采集个人信息和非必要采集个人信息等情形，集中发现、侦办和查处整改了 100 款违法违规 App。

协助型平台治理是将公权力的需求交由平台协助实现。在协助型网络平台治理中，数据方面的协助监管和执法是最典型的例子。根据《网络安全法》第二十八条的规定，"网络运营者应当为公安机关、国家安全机关依法维护国家安全和侦查犯罪的活动提供技术支持和协助"。另外，在《电子商务法》《网络食品安全违法行为查处办法》《网络交易管理办法》等相关法律法规中，都明确规定了平台向行政机关提供相关数据和信息义务。❶ 虽然平台因其跨地域和虚拟性的特点给政府监管带来了一定冲击，但也由于平台信息集中存储和处理等因素为政府机关带来了便利。❷

与前两种类型相比，合作型平台治理更强调行政机关与平台通过洽商、合作协议等更加平等和对等的形式实现双方共同的治理诉求。国家与社会力量可以利用互联网平台进行互动，相互赋权，相互改造。❸ 一方面，从平台来看，尽管其在数据、技术、用户等方面存在信息资源优势，可以通过"私权力"形式对平台内部进行治理，但这种治理本身存在脆弱性，故对行政机关等公权力存在一定的协助需求。例如，在平台账号体系受到攻击、用户信息受到非法获取等事件发生后，考虑到自身能力的局限性，平台必须与公安部门联动破获

---

❶ 《网络食品安全违法行为查处办法》第五条，《电子商务法》第二十八条，《网络交易管理办法》第二十六条。
❷ 王锡锌：《网络交易监管的管辖权配置研究》，载《东方法学》2018 年第 1 期。
❸ 郑永年：《技术赋权：中国的互联网、国家与社会》，邱道隆译，东方出版社 2014 年版，第 15—18 页。

案件。❶ 另一方面，平台自身出于维护内部生态环境、创造良好信誉口碑等发展目的，也会积极寻求与行政机关的合作，推动保护平台利益与公众利益的共同发展。比如，对于电商平台来说，一旦贴上"假货平台"标签就会面临商誉受损、用户流失、评价降低等发展压力，因此打假不仅仅是行政机关的执法任务，平台自身也具有打击假货的内在动力。相较于打击售假而言，打击制假更为关键，但平台对此却常常力有不逮，故而迫切需要行政机关的积极执法。

2. 司法机关与平台的协同治理

在社会治理过程中，行政机关、司法机关和市场机制都发挥着重要的作用。行政监管的行为模式是支配，即划定"应当"和"不应当"的底线；市场机制的行为模式是"妥协"，即商定"可以"和"不可以"的区间；而法院不仅是矛盾纠纷的裁判者，也是行为合法性的决策者、引导者。但与工业社会不同的是，在互联网社会，新一轮科技革命和产业变革孕育兴起，数字经济、平台经济强势崛起，新产业、新业态、新模式的产生在促进社会进步和经济发展的同时，也产生了一系列法律关系复杂的新问题。

从当前形势来看，一方面，立法的滞后性、监管的中心化、市场的趋利性等问题都使得传统社会的治理手段难以完全适应网络社会治理需求。另一方面，互联网司法通过结合电商平台、社交平台、OTA 平台、云服务平台、信息存储平台等不同类型平台的服务模式、技术特点、发展阶段等，并充分考虑案件具体场景，合理界定平台责任，探索建立网络社会行为规则。可以说，互联网司法对立法规则空白的填补作用、对行政监管功能的补充作用以及案件审判示范作用日益突出。

近年来各地法院（特别是三家互联网法院）积极发挥裁判规则补强法律规范体系的重要功能，促进提升依法治网、综合治网水平。以北京互联网法院为例，自 2018 年 9 月 9 日挂牌成立以来，北京互联网法院坚持"以裁判树规则、以规则促治理、以治理助发展"的工作理念，紧跟技术发展趋势、把握互联网产业规律、建立互联网审判思维，深入互联网司法新领域、新场景，审理了暗刷流量服务合同案、爱奇艺超前点播案、微信读书案、直播带货案、短信推送案等一批具有填补空白、树立规则、先导示范意义的互联网案件，实现了以司法裁判定标尺、明边界、促治理。此外，法院还通过积极发送司法建议、实地调研走访平台企业、了解平台法律问题和发展需求，平衡平台发展和

---

❶《百度多部门联合打击网络黑产治标后寻求治本》，http://science.china.com.cn/2016.-08/26/content_8991199.htm，访问日期：2020 年 1 月 10 日。

公民权益保护，促进司法机关和平台之间的协同治理。

3. 司法机关与行政机关的协同治理

目前，平台出现的融合发展和跨境发展的趋势，对立法、司法、监管都提出了新的挑战。不论是单一条线的行政监管还是司法治理都很难覆盖迭代扩张的平台经济发展全过程。只有创新立法、行政、司法的融合发展模式，才能适应时代发展需要、跟得上技术发展趋势、实现更高效的平台治理。

一方面，强调技术赋能，积极运用大数据、区块链、人工智能等新兴技术。当前，各地法院尤其是三家互联网法院在新兴技术与司法应用深度融合上作出了积极尝试，杭州、北京、广州三地的互联网法院已经完成了各自的区块链建设，北京互联网法院的"天平链"、杭州互联网法院的"司法区块链"和广州互联网法院的"网通法链"分别在2018年和2019年建成上线。与此同时，以北京市版权局为代表的行政机关也在积极尝试新兴技术与政府公务的对接。因此，通过运用大数据、区块链、人工智能等新兴技术，实现行政机关和司法机关的数据对接、提高协同效率成为重要的有益尝试。2020年9月，北京互联网法院与北京市版权保护中心构建的"版权链－天平链协同治理平台"正式启动，真正实现了北京互联网法院"天平链"与北京市版权保护中心"版权链"的跨链对接，打通了行政版权登记信息与司法审判数据的壁垒，实现版权登记信息实时交互、高效调取，有利于促进版权纠纷数量的前端化解。

另一方面，调动各方资源，形成治理合力，创新治理模式。互联网是信息科技前沿技术对人类社会改造的产物，社会主体的生产工具、行为方式、交互模式有着很强的专业性，矛盾纠纷也逐渐趋于专业化和多元化。互联网平台治理本身就是多角度、多维度、多部门协同共管的复杂体系，而一个简单案件的产生往往是多主体相互摩擦牵连的后果。司法机关要想实现审判端口前移，发挥社会治理功能，就要充分调动各方资源力量，并不断创新治理模式。例如，北京互联网法院以收案量最大的版权纠纷为切入点，探索出党委领导、府院联动、规则引领、多方参与、科技支撑的诉源治理模式，构建起分层递进、衔接配套的纠纷解决体系，形成了以"e版权诉源共治体系"为切入口，可拓展应用至涉网音乐版权、互联网金融、网络购物等纠纷的诉源治理模型。

4. 用户与平台的协同治理

互联网平台本质上是一个多元主体复杂互动的网络空间，它是这个空间中的连接者、匹配者、市场设计者。互联网平台上的用户既不是平台的直接埋单方，也不是平台需要服务和负责的唯一主体。尤其互联网平台上用户的状态与需求是海量、实时、千差万别的，单个用户的特殊诉求只能在这张巨大网络的复杂互动中被解决（或被忽略），而无法期望平台像对待上帝般满足每个用户的每个诉求。❶ 同时，为了维护平台生态的良好发展，让其中活跃的绝大多数群体获得更佳体验，平台会对用户行为和活动进行管理，甚至对某些破坏平台秩序和影响他人利益的行为进行惩罚。例如，微博会对违规行为的用户进行内容处理和账户处理，包括但不限于删除、屏蔽、禁止被转发、禁止发布微博和评论、限制访问直至关闭、注销账号等措施。❷ 淘宝对于出售假冒商品、不当注册、不当获取适用信息、扰乱市场秩序等违规行为实行扣分制，并同时采取下架、删除商品及店铺信息、搜索降权及限制发布、监管账户等措施。❸ 腾讯对于传播骚扰、广告信息、垃圾信息以及侵权他人合法权利等不法行为，有权不经通知随时对相关内容进行删除，并视行为情节对违规账号进行限制或禁止使用全部或部分功能等处罚。❹

---

❶ 《互联网平台必须处理好的"十大关系"｜平台时代》，https：//www.sohu.com/a/126855781_455313，访问日期：2020 年 1 月 10 日。

❷ 《微博社区公约》，https：//service.account.weibo.com/roles/gongyue，访问日期：2020 年 1 月 10 日。

❸ 《淘宝规则》，https：//rule.taobao.com/detail-14.htm? spm = a2177.7231193.0.0.3b2217eaeUk7Q3&tag = self，访问日期：2020 年 1 月 10 日。

❹ 《腾讯视频软件许可及服务协议》，http：//m.v.qq.com/about/privacy.html.8.4，访问日期：2020 年 1 月 10 日。